Wilhelm Volkert

Adel bis Zunft
Ein Lexikon des Mittelalters

Adel bis Zunft

Ein Lexikon des Mittelalters

Von Wilhelm Volkert

Verlag C. H. Beck München

Die Deutsche Bibliothek – CIP-Einheitsaufnahme

Volkert, Wilhelm:
Adel bis Zunft : ein Lexikon des Mittelalters / von
Wilhelm Volkert. – München : Beck, 1991
ISBN 3 406 35499 8
NE: HST

ISBN 3 406 35499 8

Satz: C. H. Beck'sche Buchdruckerei, Nördlingen
Druck und Bindung: Parzeller, Fulda
Gedruckt auf alterungsbeständigem (säurefreiem) Papier
gemäß der ANSI-Norm für Bibliotheken
Printed in Germany

Inhalt

Einführung

Im Lexikon „Adel bis Zunft" werden Begriffe und Institutionen aus der Geschichte des deutschen Mittelalters entwicklungsgeschichtlich in knapper Form dargestellt. Obwohl die alphabetische Folge der Artikel von „Ablaß" bis „Zweikampf" reicht, wurden für den Titel die Schlagworte „Adel" bis „Zunft" gewählt; denn „Adel" repräsentiert die wichtigste mittelalterliche Gesellschaftsschicht und „Zunft" weist (gleichsam pars pro toto) auf das Bürgertum hin, das im Spätmittelalter neue Impulse für die soziale, wirtschaftliche und rechtliche Entwicklung brachte.

Bei der Auswahl der Stichworte wurden vor allem Begriffe des Sozial- und Wirtschaftsgefüges, der Rechts- und Verfassungsverhältnisse und der kirchlichen Organisation des Hoch- und Spätmittelalters im deutschen Reich berücksichtigt. Der Zeitraum, über den das Lexikon handelt, beginnt mit dem frühen zehnten Jahrhundert und reicht bis zum Anbruch des 16. Jahrhunderts. Die Zäsur in den Jahrzehnten um 900 ergibt sich aus der politisch-herrschaftlichen Entwicklung. Der Niedergang der ostfränkischen Karolingerdynastie setzte neue Kräfte in den Oberschichten der einzelnen Stammeslandschaften frei; die sogenannten jüngeren Stammesherzogtümer bildeten in der ersten Hälfte des zehnten Jahrhunderts die Grundlage für die Restauration eines ostfränkischen Königtums, das sich unter der Herrschaft der sächsischen Ottonen und der fränkischen Salier vom „regnum Francorum orientalium" zum „regnum Teutonicorum" wandelte. Die Königsherrschaft bildet den Rahmen für die hochmittelalterliche Geschichte im deutschen Reich. Mit dem Königtum stand immer der Adel in engster Wechselwirkung. Er war in stärkster Weise an der Gestaltung des öffentlichen Lebens beteiligt. Hier trat im zwölften Jahrhundert ein entscheidender Wandel ein; der Hochadel gestaltete die Fürstenherrschaft des Spätmittelalters. Sie bildet die Grundlage für den Staat der Neuzeit.

Das Lexikon erläutert dies in Artikeln, deren Schlagworte Titel, Rang oder Standesbezeichnungen nennen[1]; diese kommen in der la-

[1] Schlagworte zur Adels- und Königsherrschaft: Adel; Burggraf; Erzherzog; Freie; Freigraf; Fürst; Graf; Herr, Freiherr; Herzog; Kaiser; König; Kurfürst; Landgraf; Markgraf; Pfalzgraf; Unfreie.

teinischen Entsprechung oder in der deutschen Form in mittelalterlichen Quellen vor. Sie werden auch in unserer modernen Umgangssprache verwendet, haben dort aber vielfach einen anderen begrifflichen Inhalt. Den Bedeutungswandel, dem die Begriffe in den mittelalterlichen Jahrhunderten unterlagen, zeigt das Lexikon in chronologischen Längsschnitten; daraus ergibt sich dann auch der Bedeutungsunterschied gegenüber dem neuzeitlichen Sprachgebrauch.

Die mittelalterliche Königs- und Adelsherrschaft ist durch besondere Verfassungsbegriffe[2] zu beschreiben; sie trat besonders in Jurisdiktion und Administration deutlich in Erscheinung. Die Artikel, die dies erläutern[3], kommen überwiegend in mittelalterlichen Urkunden und Rechtstexten vor, sind zum Teil aber auch erst von der späteren Forschung geprägt worden. Hier findet sich auch eine Anzahl von Begriffen, die der Gegenwartssprache fremd sind und deshalb der Erläuterung bedürfen[4], zumal auf sie in anderen Artikeln zu verweisen ist.

Die Rechtsordnung im hohen und späten Mittelalter steht in engstem Zusammenhang mit der sozialen Gliederung der Gesellschaft[5], die ihrerseits mit Gegebenheiten des Wirtschaftslebens in Wechselwirkung steht[6]. In der Wirtschaft spielt das Geld- und Münzwesen

[2] Spezielle Schlagworte zum Verfassungsgefüge: Fehde; Immunität; Landfrieden; Landstände; Landtag; Lehenswesen; Regalien; Reichstag; Residenz; Territorium; Vogtei.

[3] Schlagworte über Gerichtsbarkeit und Verwaltung: Amt; Appellation; Buße; Eid; Evokation; Femegerichte; Folter; Gerichtsbarkeit; Gottesurteil; Halsgericht; Hexerei; Hochgericht; Hofgericht; Landgericht; Landrecht; Niedergericht; Pfand; Rat; Rechtsaufzeichnungen; Rechtsbücher; Rechtskreise; Reichsgerichte; Rezeption fremder Rechte; Richter; Römisches Recht; Schöffe; Steuer; Testament.

[4] Vgl. etwa Acht; Anleit; Asyl; Auflassung; Bann; Bürge; Gau; Geisel; Gewere; Munt; Oberhof; Reichskleinodien; Rüge; Scharwerk; Urfehde; Wergeld; Zent; Zweikampf.

[5] Schlagworte zum sozialen Gefüge: Bauer; Bevölkerung; Burg; Bürger; Dorf; Ehe; Familie; Frau; Fremde; Haus; Hofrecht; Juden; Seuchen; Spital; Stadt; Zunft.

[6] Schlagworte zum Wirtschaftsleben: Allmende; Bergbau; Botenwesen; Brache; Darlehen; Dreifelderwirtschaft; Feldgraswirtschaft; Forst und Jagd; Fronhof; Gilde; Grundherrschaft; Gutsherrschaft; Hafen; Handel; Handwerk; Hanse; Hochacker; Kogge; Kolonisation; Kux; Landwirtschaft; Lokator; Markt; Meier; Messe; Preis; Rentenkauf; Rodung; Schiffahrt; Straße; Verlagssystem; Villikation; Weinbau; Wüstung; Zins; Zoll.

mit einer Anzahl von erläuterungsbedürftigen Begriffen[7] eine wichtige Rolle.

Recht und Verfassung, Wirtschaft und Gesellschaftsgliederung bedingen sich gegenseitig in vielfältiger Weise. Eine eindeutige und ausschließliche Zuordnung zu den einzelnen Sachgebieten ist hier ebensowenig möglich wie bei den in das Lexikon aufgenommenen Begriffen des Wehrwesens[8].

Über die Kirchenorganisation, das kirchliche Vermögensrecht und über das mittelalterliche Bildungswesen informieren Artikel[9]; außerdem sind Begriffe der historiographischen Quellenkunde und der Urkunden- und Amtsbücherüberlieferung erläutert[10].

Spezielle Ausdrücke, die nicht unter dem eigenen Schlagwort, sondern unter einem übergeordneten Begriff erklärt sind, weist das Register am Schluß des Bandes nach. Es stellt auch die notwendigen Querverbindungen zwischen den einzelnen Stichwortartikeln her.

Das Gebiet, dessen mittelalterliche Geschichte das Sachlexikon behandelt, umfaßt die Stammeslandschaften der Sachsen und Friesen, der Lothringer, Franken und Thüringer, der Alamannen und Bayern; es reichte von den Küsten der Nord- und Ostsee bis in den südlichen Alpenraum, vom Maas- und Moselgebiet bis in den Osten der norddeutschen Tiefebene. Nach der Ostkolonisation rechneten dazu auch die Länder in Mecklenburg, Brandenburg, Pommern, Preußen und Schlesien; auch Böhmen und Mähren standen in rechtlicher Verbindung mit dem Reich, zu dem somit germanische, romanische und slawische Völkerschaften gehörten.

Die Geschichte des Hochmittelalters wird durch die Folge der Königsdynastien der sächsischen Ottonen (919 bis 1024), der fränkischen Salier (1024 bis 1125) und der schwäbischen Staufer (1137 bis 1254) gegliedert; diese Zeitabschnitte sind gemeint, wenn in den Arti-

[7] Schlagworte zum Münz- und Geldwesen: Dukaten; Geld, Geldwirtschaft; Groschen; Gulden; Heller; Hohlpfennig; Kreuzer; Mark; Münzen, Münzwesen; Pfennig; Pfund; Schilling.

[8] Schlagworte zum Wehrwesen: Gleve; Herold; Landsknecht; Rüstung; Schießpulver; Wappen; Wehrwesen.

[9] Schlagworte zu Kirche und Bildung: Ablaß; Bistum; Domkapitel; Investitur; Kanonisches Recht; Ketzer; Kloster; Konkordat; Konzil; Kreuzzug; Orden; Papsttum; Pfarrei; Pfründe; Schule; Universität; Zehnt.

[10] Schlagworte zur Quellenkunde: Annalen; Archiv; Buchdruck; Chronik; Goldene Bulle; Kanzlei; Notar; Papier; Pergament; Siegel; Urbar; Urkunde; Weistum.

keln von der ottonischen, salischen und staufischen Epoche die Rede ist. Wenn auf Entwicklungslinien aus der Karolingerzeit verwiesen wird, dann ist darunter die Zeit vom späten achten Jahrhundert bis zum Anfang des zehnten Jahrhunderts zu verstehen.

Das Lexikon möchte Lesern, die sich für die Geschichte des Mittelalters interessieren, den Zugang zu historischen Grundbegriffen erleichtern. Angehende Historiker, die im Grundstudium des Faches Geschichte Urkunden und andere Rechtstexte des Mittelalters lesen und analysieren müssen, werden dort Begriffen begegnen, die das Lexikon inhaltlich und entwicklungsgeschichtlich beschreibt. Für die berufsmäßigen Mediävisten, die Universitätskollegen und die gelehrten Mitarbeiter einschlägiger Forschungsinstitute, ist das Buch nicht geschrieben worden; sie werden das, was in diesem Lexikon steht, schon wissen (im günstigen Fall) oder sie werden es besser wissen (das ist der für den Verfasser ungünstigere Fall). Horst Fuhrmann hat für seine „Einladung ins Mittelalter" (der ich viel Anregung und Information verdanke), die Buch-Zuklappvorrichtung erfunden, die dann automatisch wirken soll, „wenn ein Berufshistoriker hineinschaut". Diese Maschine ist noch nicht konstruiert worden; so muß sich das Lexikon der Kritik der Fachleute stellen.

Wer genauere Informationen sucht, wird in den Büchern, die das Literaturverzeichnis nachweist, Belehrung und Anregung zu weiterer Lektüre finden.

Ablaß

In der kirchlichen Bußpraxis (→ Buße) konnten unter bestimmten Voraussetzungen die Gläubigen die Vergebung begangener Sünden erlangen. Dabei mußten Bußwerke geleistet werden, die nach der hochmittelalterlichen Kanonistik auch durch Geld oder Almosenspenden abgelöst werden konnten. Daneben gab es seit dem 11. Jh. die Möglichkeit, durch gemeinnützige Werke (z. B. Teilnahme an einem → Kreuzzug; Beitrag zum Bau einer Kirche) einen Nachlaß („Ablaß") zeitlicher Sündenstrafen zu erlangen. Die Scholastik, besonders Thomas von Aquino (gest. 1274), hatte die Lehre entwickelt, daß die Kirche aus dem Wirken Christi und der Heiligen einen unausschöpfbaren Schatz von Verdiensten (thesaurus ecclesiae) besitze, aus dem sie Gläubigen eine Gegenleistung für erbrachte Werke zur Verfügung stellen könne. Die Verteilung der Gnadenmittel nahmen die Päpste in Anspruch, vor allem die Gewährung vollkommener Ablässe. Die Kompetenz der Bischöfe bei der Ablaßgewährung wurde seit dem 4. Laterankonzil (1215) eingeschränkt. Ablaßerwerb war hauptsächlich in dazu privilegierten Kirchen möglich, die ihrerseits zur Erlangung solcher päpstlichen Privilegien erhebliche Mittel aufwandten. Seit dem von Papst Bonifaz VIII. 1300 erstmals abgehaltenen Jubeljahr in Rom bot der Besuch römischer Kirchen an den päpstlich angeordneten Jubeljahrs-Terminen besondere Möglichkeiten zur Gewinnung von Ablässen. Es konnte dabei nicht ausbleiben, daß die finanzielle Seite der Ablaßgewährung und des Ablaßerwerbs immer mehr in den Vordergrund trat und daß sich dabei im Bewußtsein der einfachen Gläubigen die sachlichen und die kausalen Zusammenhänge verschoben. So war unter dem Volk im Spätmittelalter die Meinung verbreitet, daß auch der außerhalb des Bußsakraments erworbene Nachlaß von zeitlichen Sündenstrafen die Möglichkeit für die Gewinnung der Absolution eröffnen könne. Es traten auch Prediger auf, die in übertriebener Weise den Ablaßerwerb propagierten, um die kirchlichen, besonders die kurialen, Einnahmen zu erhöhen. Daraus entstanden Mißstände in der kirchlichen Beicht- und Bußpraxis. Aus dieser im 15. Jh. eingetretenen Situation erwuchs einer der Anlässe für die von Martin Luther 1517 ausgelöste Reformation.

Acht

Abgeleitet aus frühmittelalterlichen Rechtsvorstellungen, ist die Acht auch im Hoch- und Spätmittelalter die Rechtlosigkeit, in welche der aus der Friedensgemeinschaft ausgeschlossene friedlose Täter schwerer, ehrloser Verbrechen (Totschlag, nächtlicher Diebstahl, nächtliche Brandstiftung, Notzucht) verfällt. Jedermann war befugt, den Friedlosen zu töten. Daneben bahnte sich aber schon in karolingischer Zeit die Entwicklung an, daß die Acht als prozessuale Strafe ausgesprochen wurde, welche das Königsgericht mit Wirkung für das ganze Reich aussprechen konnte. Auch die Grafengerichte (→ Gerichtsbarkeit) konnten Achturteile fällen, die aber nur für deren eigenen Zuständigkeitsbereich galten. Als Tatbestand, der ein Achturteil nach sich ziehen konnte, wurde nun auch die Weigerung des Beklagten, vor dem Gericht zu erscheinen, betrachtet. Dieser „Ächtung wegen Ladungsungehorsams" verfiel beispielsweise Herzog Heinrich der Löwe, der 1179/80 der dreimaligen Ladung vor das Gericht, welches über die gegen ihn erhobenen Klagen wegen Landfriedensbruchs entscheiden sollte, nicht folgte.

Die volle Friedlosigkeit trat erst ein, wenn nach dem Achturteil Jahr und Tag verstrichen waren, ohne daß der Verurteilte sich dem Gericht stellte. Jetzt verfiel er der Oberacht („Aberacht").

Das Recht der → Landfrieden kannte die durch die Tat selbst verwirkte Achtstrafe; sie wurde häufig in Landesverweisung umgewandelt, wobei dem Täter auferlegt wurde, bestimmte Gebiete oder Gerichtsbezirke für immer oder für bestimmte Zeit zu verlassen. Diese Strafe sprachen im Spätmittelalter häufig die königlichen → Landgerichte aus, welche zur Kontrolle seit dem 13. Jh. sogenannte Achtbücher führten; in diese wurden die dieser Form der Acht Verfallenen eingetragen. Achturteile sprachen auch die → Femegerichte aus; noch im 15. Jh. wurden solche Urteile im ganzen Reich vollstreckt.

Die Confoederatio cum principibus ecclesiasticis von 1220 (→ Fürst) enthielt das königliche Zugeständnis an die geistlichen Fürsten, daß dem kirchlichen → Bann die weltliche Achtstrafe folgen solle, wenn der Bann länger als sechs Wochen dauere. Die Acht sollte auch erst dann aufgehoben werden, wenn der Geächtete aus dem Bann gelöst sei. Im bayerischen Landfrieden von 1281 war festgelegt, daß die Acht den Kirchenbann nach sich zieht.

Adel

Die mittelalterliche Gesellschaftsordnung ist grundsätzlich von der Ungleichheit der Personen und der Persönlichkeitsrechte geprägt. An der Spitze stand, was die politische Gestaltung und die gesellschaftlichen Lebensformen anlangt, der Adel, dessen Angehörige in den lateinischen Quellen als nobiles, proceres o. ä. bezeichnet wurden. Die Grundlagen dieser gesellschaftlichen Differenzierung reichen weit in die germanische Vorzeit zurück; adelige Stellung beruht auch im Hochmittelalter auf großem Besitz und der damit verbundenen Herrschaft über Abhängige, auf Ansehen und persönlichem Durchsetzungsvermögen (auctoritas), auf dem in längerer Generationenfolge entstandenem Familienbewußtsein und auf dem in altmagischen Vorstellungen wurzelnden Heil, der gesteigerten Fähigkeit zu glückhaftem, erfolgreichem Handeln. Letzteres wirkte nach im Königsheil, das den an der Spitze der Adelsgesellschaft stehenden Träger der Königskrone auszeichnete oder auszeichnen sollte.

Die Entstehung der Adelsschicht ist in den einzelnen Stammesgebieten auf unterschiedlicher Grundlage und in unterschiedlicher Weise vor sich gegangen. Bei den Sachsen und Friesen mag in stärkerer Weise der Grund- und Herrschaftsbesitz Ausgangspunkt gewesen sein, vielleicht weil diese Befugnisse durch Eroberung fremder Völkerschaften entstanden sind; bei den Franken hat wahrscheinlich die Nähe zum König und die Leistung von Königsdienst Adelsqualität erwirkt; bei den Bayern hat wohl die rechtliche Differenzierung zur herausgehobenen Stellung der sogenannten Genealogiae (fünf große Sippenverbände mit stärkerem Rechtsschutz durch erhöhtes → Wergeld) beigetragen. Immer aber waren großer Besitz und die damit verbundenen eigenständigen Gerichts- und Kirchenherrschaftsrechte maßgebend für adelige Qualität.

Aus dieser unterschiedlichen Ausgangsposition entwickelte sich im 9. Jh. unter dem Einfluß der karolingischen Reichsherrschaft eine ziemlich einheitliche Reichsadelsschicht, die das ostfränkisch-deutsche Reich des Mittelalters entscheidend geprägt hat. Wichtig hierfür waren vor allem die dem Adel übertragenen, Autorität erfordernden Grafenämter (→ Graf, Grafschaft).

Nachdem im ostfränkischen Reichsteil die Königsherrschaft der Karolinger zu Ende gegangen war (911 mit dem Tod König Ludwigs des Kindes), gewannen die dem regionalen Adel angehörigen führenden Geschlechter besondere Bedeutung; aus ihren Reihen gingen die Repräsentanten des sogenannten jüngeren Stammesherzogtums (→ Herzog) hervor.

Zum mittelalterlichen Adel konnte sich seit dem 10. Jh. rechnen, wer großen Grundbesitz mit Herrschaft über Hintersassen hatte und in diesem Bereich auch die Kirchenherrschaft, meist im Sinne des Eigenkirchenwesens, ausübte. Aus dieser Schicht kamen die Amtsträger in den Grafschaften (vom Königtum bestellt und legitimiert) und in den Kirchenvogteien (von den kirchlichen Institutionen berufen). Besonders zu den Bischofskirchen bestanden enge Beziehungen, weil Angehörige des Adels auch auf die Bischofssitze berufen wurden, sofern sie über eine hinreichende geistliche Ausbildung verfügten, welche sie meist in der Hofkapelle des Königs erhalten hatten.

Die Erforschung dieser Adelsschicht bereitet erhebliche Schwierigkeiten, weil bis weit in das 11. Jh. hinein die genealogischen Zusammenhänge schwer zu ermitteln sind; denn bis in diese Epoche gab es keine Familien- oder Sippennamen. Das mag auch damit zusammenhängen, daß in der Frühzeit (bis zur Jahrtausendwende etwa) das genealogische Zusammengehörigkeitsbewußtsein mehr in einzelnen Adelskreisen von Zeitgenossen, in sogenannten kognatischen Verbänden, lebendig war, während später das Abstammungsbewußtsein aus der generationenlangen Abfolge von einem Agnaten mehr in den Vordergrund trat. Die Familie wurde zunehmend als agnatischer Verband verstanden. Dies ist etwa an den großen Dynastenverbänden der Liudolfinger in Sachsen, der Burkhardinger in Schwaben oder der Luitpoldinger oder Aribonen in Bayern zu erkennen, welche jeweils auf einen Ahnen (Liudolf, Luitpold, Burkhard oder Aribo) zurückgingen.

Im 11. Jh. setzt auch die Gewohnheit ein, Familiennamen zu führen; meist waren die Namen von den Bezeichnungen der Stammburgen als Besitz- und Herrschaftszentren abgeleitet (→ Burg).

Mit der seit der ausgehenden karolingischen Epoche wachsenden militärischen Bedeutung der Reiterheere (→ Wehrwesen) als strategische und operative Einheiten wurde der berittene, schwer gerüstete Einzelkämpfer ausschlaggebend für die Kriegsentscheidung. Dies bildete die Grundlage für die besondere berufsständische Qualifikation der Ritter. Das Rittertum baute auf der besonderen Bewaffnungs- und Kampftechnik auf, entwickelte ein qualifiziertes Berufs- und Standesethos, welches schließlich die ganze Adelsgesellschaft kennzeichnete und prägte.

Im Berufsstand des Ritters spielte die persönliche Freiheit eine geringe Rolle, so daß auch die persönlich unfreien Dienstleute (ministeriales; → Unfreie), welche Ritterdienste leisteten, dem Adel zugerechnet werden konnten. In der Königs- und Fürstenministerialität konnten Dienstleute bis in die höchsten Ämter aufsteigen, was mit großem Ansehen und dem Anschluß an die oberen Adelsränge verbunden war.

Die Differenzierung des ursprünglich ständisch ziemlich einheitlichen Adels in den reichsfürstlichen Hochadel, den vom König abhängigen ritterschaftlichen Adel und den landsässigen (d.h. einer fürstlichen Landeshoheit unterworfenen) Niederadel steht offensichtlich im Zusammenhang mit der im 12. Jh. vorangetriebenen Formalisierung des → Lehenswesens. Dem reichsfürstlichen Hochadel war der Heerschild unmittelbar unter dem König vorbehalten, den Grafen und Herren war der Rang nach diesen Fürsten reserviert, darunter rangierten die Ritter und einfachen Adeligen. Wie der Reichsfürstenstand im späten 12. Jh. abgeschlossen war (→ Fürst), so schloß sich der auch berufsständisch geprägte Geburtsstand der Ritter im 14. Jh. ab, so daß der Zugang zu diesen Gruppen nur mehr durch ausdrückliche Zustimmung des Königs möglich war. Dafür sind seit der Zeit um 1350 (von Ludwig dem Bayern und Karl IV.) Adels- und Wappenbriefe überliefert; seitdem kann man von einem sogenannten Briefadel sprechen. Auch Bürger aus den aufblühenden → Städten konnten, wenn sie im Großhandel tätig waren, auf diese Weise Zugang zur Adelsschicht finden. Adelsbriefe erteilten auch die Hofpfalzgrafen (→ Pfalzgraf).

Der spätmittelalterliche Adel ist gegliedert in den reichsständischen und den landsässigen Adel; letzterer war vielfach in landständischen Korporationen organisiert (→ Landstände). Die durch das ständische Konnubium abgeschlossene, in ihren altüberlieferten, autochthon erwachsenen Herrschaftsrechten über Hintersassen durch Privilegien bestätigte Adelsgesellschaft wirkte weiterhin führend im öffentlichen Leben, im Fürstendienst und in den höheren kirchlichen Ämtern.

Das volle Waffenrecht, das die Angehörigen des Ritterstandes genossen, war Voraussetzung für die Teilnahme an den seit dem 13. Jh. aufkommenden Kampfspielen der Turniere (→ Zweikampf). Das Streben nach Exklusivität, das jedem Geburtsstand innewohnt, führte seit dem 14. Jh. zu formalen Voraussetzungen für die Aufnahme in den Ritterstand; diejenigen, die aufgenommen werden wollten, mußten vor Ritterschlag und Schwertleite die Ahnenprobe, den Nachweis von acht oder auch 16 ritterlich lebenden Ahnen, führen können. Auch die Teilnahmeberechtigung an den Turnieren wurde im 15. Jh. in Turnierordnungen an derartige Bedingungen geknüpft, weil sich der sogenannte Turnieradel als adelige Oberschicht verstand.

Allmende

Allgemeine Bezeichnung für unverteilte Gemeindegründe (hauptsächlich Wald, Weide, Ödungen), in bayerisch-österreichischen Gebieten auch Gmain oder Gemeinde genannt.

Die Nutzungen aus dem Wald (Bau- und Brennholz, Waldfrüchte) und aus den Weidegrundstücken (im alpinen Bereich häufig in der Form der Almwirtschaft) standen im allgemeinen den Nutzeigentümern der Dorfgemarkung zu, wobei jedoch seit hochmittelalterlicher Zeit auch die Grund-, Gerichts- und Landesherrschaften Eigentumsansprüche erhoben. Dies wurde besonders bei der Jagdnutzung sichtbar, die das Königtum als Wildbann in Anspruch nahm oder auch an geistliche und weltliche Herrschaftsträger übertrug. Aus dem allgemeinen Allmendregal entwickelte sich das seit dem 13. Jh. in Händen der Fürsten und anderer Gerichtsherren befindliche Jagdregal. Die am Wald sonst nutzungsberechtigten Bauern wurden meist ganz von der Jagd ausgeschlossen; in jedem Fall aber verloren sie die hohe Jagd (auf Hirsch- und Rehwild). Eine ähnliche Entwicklung nahm die Fischerei in den Gewässern der Allmende. Mit dem aus dem Allmendregal abgeleiteten herrschaftlichen Aneignungsrecht über unerschlossene Waldgebiete hängt auch das Recht zur Anlage von → Rodungen zusammen, welche seit dem 12. Jh. in der sogenannten Binnenkolonisation die landwirtschaftlich genutzten Flächen wesentlich erweiterten und neue Gebiete für Dauersiedlungen erschlossen haben.

Amt

Die karolingischen Könige konnten ebensowenig wie die deutschen → Könige des Hochmittelalters alle Herrscherfunktionen persönlich ausüben; sie mußten regionale und lokale Sachwalter einsetzen, die in ihrem Sinne die Gerichtsbarkeit und die Administration der Königsgüter wahrnahmen. So gelten karolingische → Herzöge als Amtsherzöge; auch die → Grafen erhielten ihre Aufgaben amtsweise übertragen. Mit der Amtsausübung waren häufig Einkünfte verbunden. Schon in karolingischer Zeit wurden Ämter nach Leiherecht vergeben; davon ausgehend wurden die hohen Reichsämter und die Grafenämter in das System des → Lehenswesens eingegliedert. Die hohen Reichsämter der Herzöge und der herzogsgleichen → Fürsten wurden zu Reichslehen, die sich in den Dynastien der Lehensleute vererbten. Durch diese Feudalisierung der übertragenen Funktionen trat der Charakter des Amtes in den Hintergrund, da der Dienstherr bei der Besetzung nicht mehr frei über das Amt verfügen konnte. Aus den Amtsherzogtümern wurden im 11. und 12. Jh. die Lehen der Reichsfürsten. Die Grafenämter waren in Händen des → Adels; sie stärkten die Position dieser für die hoch- und spätmittelalterliche Verfassungs- und Sozialgeschichte höchst wichtigen Schicht von Herrschaftsträgern. Die salischen und staufischen Könige versuchten, mit der Übertragung von Amtsfunktionen an Ministerialen (→ Unfreie) in der Reichsverwaltung dem Amts- und Dienstrecht eine neue Form zu geben. Dies scheiterte jedoch, da die großen Reichsministerialen in die Adelsschicht hineinwuchsen und seit dem 13. Jh. selbst territoriale Adelsherrschaften aufbauen konnten (→ Territorium).

In den fürstlichen Landesherrschaften gewann seit dem frühen 13. Jh. das Amtsrecht eine neue Bedeutung. Die Fürsten bestellten zur Verwaltung der Kammergüter, der Burgen und der Burgbezirke Amtleute, die durch Dienstvertrag (Bestallung) zur Amtsführung bevollmächtigt wurden und die, wenn sie gleichzeitig als → Richter wirkten, durch die landesfürstliche Bannleihe (→ Bann) die Gerichtsbarkeit übertragen erhielten. Das *landesfürstliche Ämterwesen* bildet eine der wichtigsten Voraussetzungen des frühneuzeitlichen Staates, der seine Gestalt in den Territorien, nicht im Reich, fand. In den reichsfürstlichen Territorien entstand seit dem 13. Jh. ein differenziertes System von Ämtern. In den Außenämtern wirkten Kastner, Pfleger und Richter, in den Zentralstellen unterstützten Räte und Hofbeamte den Fürsten; in größeren Territorien gab es auch Beamte einer regionalen Mittelinstanz (Viztume, Hauptleute, Landvögte, Rentmeister), die in Verwaltung und Gerichtsbarkeit zwischen dem Fürstenhof und den Außenämtern standen.

Besondere Bedeutung am Königshof und (seit dem 13. Jh.) an den Fürstenhöfen haben die *Hofämter* erlangt. Sie gehen zurück auf die schon in frühmittelalterlicher Zeit am Herrscherhof differenzierten Funktionen des Truchsessen (für den eigentlichen Haushalt), des

Marschalls (für das berittene Gefolge und für das gesamte militärische Aufgebot), des Kämmerers (zur Vermögensverwaltung) und des Schenken (für den Keller). Seit der Zeit Ottos I. ist nachgewiesen, daß bei besonders feierlichen Gelegenheiten (z.B. der Königskrönung) diese Hofämter von den Inhabern der bedeutendsten Fürstentümer, den Stammesherzögen, ausgeübt wurden. Die Ämter wurden als Ehrenämter (*Erzämter*) verstanden, die schließlich (seit dem 13. Jh.) für immer bestimmten Reichsfürsten zukamen; so war der Pfalzgraf bei Rhein Erztruchseß, der Herzog von Sachsen Erzmarschall, der Markgraf von Brandenburg Erzkämmerer und der König von Böhmen Erzschenk. Als Inhaber der Erzämter gehörten sie zu den Königswählern und bildeten zusammen mit den Erzkanzlern das Kollegium der → Kurfürsten. Die wichtigste Erzkanzlerwürde hatte der Erzbischof von Mainz inne (→ Kanzlei); seit dem 11. Jh. war der Erzbischof von Köln Erzkanzler für Italien; der Erzbischof von Trier beanspruchte seit dem frühen 14. Jh. ebenfalls ein Erzkanzleramt („per Galliam").

Für die gewöhnliche Ausübung der Ämter am Königshof gab es sogenannte *Erbämter*, die bei minder wichtigen Anlässen die Funktionen im Hofdienst wahrnahmen. Die wichtigsten von ihnen waren die Truchsessen von Waldburg, die Marschälle von Pappenheim, die Kämmerer von Bolanden-Falkenstein und die Schenken von Limpurg.

Auch die großen Reichsfürsten richteten seit der Wende vom 12. zum 13. Jh. Hofämter ein, wofür sie hauptsächlich Ministerialen heranzogen. Neben den vier alten Hofämtern (Truchseß, Marschall, Kämmerer und Schenk) gab es hier, wie auch am Königshof, weitere Hofämter, die geringeren Rang hatten, wie das Jägermeister- oder Küchenmeisteramt. Wie diese, so gehörte auch das Hofmeisteramt nicht zu den alt angesehenen Hofämtern. Gleichwohl erlangten die Hofmeister an den Fürstenhöfen seit dem 13. Jh. vielfach Schlüsselstellungen als Vertreter des Fürsten im → Rat und im → Hofgericht.

Anleit

Die mittelalterliche Rechtssprache kennt den Ausdruck Anleit (oder Anleite) für den Vorgang der Einweisung eines Berechtigten in den Besitz eines Grundstückes, eines Bauerngutes, eines städtischen Hauses oder einer sonstigen Liegenschaft. Häufig wurde auch die Übertragung eines grundherrschaftlich gebundenen Gutes an den neu aufziehenden Grundholden (→ Grundherrschaft) als Anleit bezeichnet.

In besonderer Weise wurde die Besitzeinweisung im sogenannten Anleitverfahren ausgebaut. Hier nahm das Gericht die Einweisung vor, wenn auf die Klage eines Gläubigers der Schuldner die Leistung verweigerte und sich auch dem Gericht nicht zur Verantwortung stellte; der ungehorsame Beklagte verfiel schließlich der → Acht. Als Rechtsfolge trat dann nach mehreren Gerichtsterminen die Zwangsvollstreckung in sein Vermögen ein, wenn das Gericht dem Kläger mit der Anleit die Besitzeinweisung in die Liegenschaften des Beklagten erteilte. Acht und Anleit waren die wichtigsten Zwangsmittel des → Hochgerichts. Das komplizierte gerichtliche Verfahren war deshalb notwendig, weil die Übertragung der → Gewere an dem Gut auf den Kläger gegen den Widerstand des ursprünglich Berechtigten durchgesetzt werden mußte, wenn die sogenannte → Auflassung, der Verzicht des früheren Eigentümers auf die Gewere, fehlte.

Annalen

Unter Annalen versteht man Aufzeichnungen von außergewöhnlichen, bemerkenswerten Ereignissen in der chronologischen Jahresfolge. Sie wurden in vielen früh- und hochmittelalterlichen Klöstern und Bischofskirchen, den geistigen Zentren der Zeit, in lateinischer Sprache geführt. Entstanden sind derartige Jahrbücher dadurch, daß schreibkundige Beobachter ihre Feststellungen in freie Räume der Ostertafeln eintrugen, woraus sich die chronologische Jahresfolge der Aufzeichnungen ergab. Ostertafeln sind Jahrestabellen, die den beweglichen Ostertermin für jedes Jahr festhalten; weil davon der Ablauf des liturgischen Kirchenjahres abhängig ist, waren die Tafeln sehr wichtig und weit verbreitet. Dementsprechend gibt es viele annalistische Aufzeichnungen, die sich seit der Karolingerzeit als eigene historiographische Überlieferungsform entwickelt haben, von einem Kloster zum anderen aus- und abgeschrieben wurden und häufig die Grundlage von → Chroniken gebildet haben. Annalenwerke, die für die Geschichte vom 10. bis zum 12. Jahrhundert besonders wichtig sind, entstanden beispielsweise in Salzburg, Niederalteich, Marbach im Elsaß, Paderborn, Pöhlde und Quedlinburg. Besonders reichhaltige Annalen, die von einzelnen, namentlich bekannten Verfassern im 11. Jh. zusammengetragen worden sind, stammen aus den Klöstern

Reichenau und Hersfeld; sie folgen dem annalistischen Gerüst, führen aber über den beschreibenden Bericht hinaus zur verknüpfend reflektierenden Darstellung und nähern sich damit der Überlieferungsgattung Chronik.

Appellation

Grundsätzlich war die → Gerichtsbarkeit des Mittelalters von dem Gedanken geprägt, daß jeder Prozeß durch das Endurteil endgültig abgeschlossen war. Aus frühmittelalterlicher Zeit war aber auch die Vorstellung überliefert, daß die im Verfahren unterlegene Partei das Urteil angreifen („schelten") könne, womit im Grunde das Gericht der falschen Rechtsanwendung bezichtigt wurde. Das Verfahren mußte dann bei einer Instanz höheren Ansehens, dem Königs- oder Herzogsgericht, neu aufgerollt werden. Seit der Entwicklung der gerichtlichen → Oberhöfe bestand auch die Möglichkeit, bereits abgeschlossene Verfahren wieder aufzugreifen. Nachdem das kanonische Verfahrensrecht durch die Praxis der geistlichen Gerichte seit dem 13. Jh. mehr und mehr im deutschen Reich bekannt wurde, bürgerte sich die dort bekannte Art der Berufung (Appellation) gegen ein Gerichtsurteil ein, ohne daß sich jedoch dieses Rechtsmittel vollständig durchsetzte.

Die fürstlichen Territorialherren (→ Territorien) waren daran interessiert, den königlichen Einfluß von ihren Gerichten fernzuhalten. In der → Goldenen Bulle (1356) hatten deshalb die Kurfürsten die Freistellung ihrer Herrschaften von der königlichen Gerichtsbarkeit erlangt, indem es den Untertanen nicht mehr gestattet war, das Königsgericht anzurufen (→ Evokation). Von Reichs wegen wäre es auch kaum möglich gewesen, Appellationsfälle in größerer Zahl zu erledigen; denn die Leistungsfähigkeit des königlichen Hofgerichts (→ Reichsgerichte) war beschränkt. Seit der Errichtung des Reichskammergerichts (1495) war dafür eine Instanz vorhanden, die in der frühen Neuzeit wirksam wurde.

Archiv

Seit der Zeit, da die schriftliche Fixierung von rechtlich, politisch oder wirtschaftlich wichtigen Vorgängen üblich geworden war, hat man auch Vorsorge für die sichere und dauernde Aufbewahrung solcher Dokumente getroffen. Das konnte jedoch auf die Dauer nur dann erfolgreich sein, wenn der Empfänger wichtiger → Urkunden einen festen Wohnsitz hatte. Das war in frühmittelalterlicher Zeit nur bei den Bischöfen und Klöstern der Fall; die Könige und die anderen weltlichen Großen hatten bis in das 13. Jh. herauf keine feste → Residenz. Archivähnliche Einrichtungen zur Aufbewahrung von Dokumenten finden sich daher noch im Hochmittelalter nur bei geistlichen Institutionen; sie standen häufig in enger Verbindung mit dem Kirchenschatz, weil eben Kaiserdiplome und Papstprivilegien ebenso wie Traditionsbücher wegen ihrer rechtlichen Beweiskraft von höchstem Wert für die Vermögens- und Wirtschaftsverwaltung waren.

Eine geordnete Verwaltungsführung mit systematischer Sicherung des Schriftverkehrs hat das deutsche Königtum weder bei der Reichsgutsverwaltung noch bei den → Reichsgerichten zustande gebracht. Archivähnliche Einrichtungen des Reiches gab es nur in schwachen Ansätzen. Erfolgreicher waren hier die Reichsfürsten (→ Fürst). Seit dem 13. Jh. nahm die Schriftlichkeit in der Verwaltung und Jurisdiktion der → Territorien erheblich zu; Rechte und Abgabenverpflichtungen wurden zunehmend in → Urbaren, Gült-, Zehnt- oder Pfandregistern festgehalten. Diese in den fürstlichen oder städtischen → Kanzleien geführten Aufzeichnungen erlangten eine den Urkunden entsprechende Beweiskraft, wenn sie dauernd in Archiven aufbewahrt wurden. Die vom → kanonischen Recht, besonders im Prozeß vor geistlichen Gerichten ermöglichte Beweisführung mit Archivdokumenten hat die Entstehung von Archiven begünstigt; sie wurden neben den Kanzleien geführt, waren in besonders sicheren Gewölben der fürstlichen Burgen und Schlösser untergebracht und seit dem 15. Jh. auch durch eigene Verzeichnisse erschlossen. Sie galten als „armaria“ (Schatzkammern) von Rechtstiteln, nicht als historische Dokumentationsstätten. Das wurden sie erst seit dem ausgehenden 18. Jahrhundert.

Asyl

Als Asyl wurde der Zufluchtsort bezeichnet, in dem ein Verfolgter (auch wenn er ein Rechtsbrecher war) vorübergehend Schutz vor dem Zugriff seines Verfolgers genoß. Grundlage war der besondere Rechtsschutz, den der Hausfrieden (→ Haus) bewirkte; in besonderer Weise war dies der Fall beim „festen Haus", der → Burg. Der Haus- oder Burgherr konnte dem Verfolger den Zutritt und damit den eigenmächtigen Zugriff auf den Verfolgten verwehren. Dadurch ergab sich für diesen die Möglichkeit, Sühneverhandlungen zur Beendigung einer → Fehde anzubahnen oder die Einleitung eines → Gerichtsverfahrens in Strafrechtsfällen zu erreichen. Kirchen und Klöster galten seit dem Hochmittelalter als Asylstätten; auch auf Gebäude und Örtlichkeiten, die unter besonderem, herrschaftlich garantierten Schutz standen, wie Mühlen, Schmiedstätten oder Flußfähren, wurde auf dem Privilegienweg das Asylrecht ausgedehnt. Dem Mißbrauch, der damit im Spätmittelalter getrieben wurde, suchten die → Landfrieden entgegenzuwirken, indem sie die Asylherren verpflichteten, offensichtliche Landfriedensbrecher an das Gericht auszuliefern. Mit der Zurückdrängung der Fehde als Rechtsmittel ging auch die Bedeutung des Asylrechts zurück. Das diplomatische Asylrecht entwickelte sich erst in der Neuzeit, nachdem die Gesandtschaften ständige Einrichtungen geworden waren.

Auflassung

Durch die → Anleit erlangte der Erwerber eines Grundstücks die → Gewere daran. Dies setzte aber voraus, daß der vorherige Eigentümer darauf verzichtete. Dies geschah in einer symbolischen Handlung (Wegwerfen von Halmen oder Auslöschen des Herdfeuers), womit der Veräußerer das Verlassen des Objekts und die Aufgabe seines Rechts darstellte; dies war die Auflassung. Fand die Auflassung vor Gericht statt, so genoß sie besondere Publizität wegen der Öffentlichkeit der Verhandlungsführung und besonderes Ansehen, weil die Parteierklärungen durch die Autorität des Gerichts (→ Bann) gestärkt wurden. Aus der Auflassung vor dem Gericht wurde schließlich die gerichtliche Auflassung. In Ländern sächsischen Rechts wurde sie zur allgemein üblichen Form der Liegenschaftsübereignung, wie dies auch der Sachsenspiegel (→ Rechtsbücher) vorschrieb.

Bann

Schon in karolingischer Zeit verstand man unter Bann die Fähigkeit der Herrschaftsinhaber, unter Strafandrohung Gebote und Verbote anzuordnen. Besondere Bedeutung hatte der vom König ausgeübte Bann, der auch – je nach Anwendungsgebiet – als Friedensbann, Gerichtsbann oder Heerbann bezeichnet wurde. Die karolingischen → Grafen benötigten zur Ausübung der hohen → Gerichtsbarkeit die Übertragung des Gerichtsbannes durch den König. Nachdem die Reichsfürsten (→ Fürst) die Gerichtsbarkeit als Folge der Belehnung durch den König ausüben konnten, übertrugen sie selbst den von ihnen eingesetzten Richtern die Legitimation zur Ausübung des Richteramtes durch die *Bannleihe*. Neben die königliche Bannleihe, welche weiterhin die in unmittelbarer Beziehung zum König stehenden Richter erhielten, trat die landesherrliche Bannleihe; dies hat die Entwicklung der territorialfürstlichen Justiz entscheidend vorangetrieben (→ Territorium).

Mit dem Ausdruck Bann wird auch die Ausübung von monopolartigen Zwangsrechten (z. B. Mühlenbann) bezeichnet; im Spätmittelalter wurden vielfach kleinere, das tägliche Leben im bäuerlichen Umkreis prägende Anordnungen und Befehle der Gerichts-, Grund- und Gutsherrschaft unter dem formelhaften Ausdruck „*Zwing und Bann*" zusammengefaßt.

Kirchliche Strafen waren der große Bann (Ausschluß aus der Gemeinschaft der Gläubigen; Anathema) und der kleine Bann (Ausschluß vom Sakramentenempfang); von beiden Formen des *Kirchenbannes* konnte der Papst absolvieren. Seit dem frühen 13. Jh. folgte auf den kirchlichen Bann die weltliche Strafe der → Acht.

Bauer

Bewirtschafter einer ganzen Hofeinheit (auch Hufe genannt), welche die Hofstätte, die im Sondereigentum stehenden Feld- und Wiesengründe sowie die Nutzungsrechte der unverteilten Gemarkungsteile (→ Allmende) umfaßte. Meist besaß dies der Bauer nach bäuerlichen Leiherechten im Rahmen der → Grundherrschaft zu Nutzeigentum. Die Hofeinheit wurde im altbayerischen Rechtsbereich häufig als Hoffuß bezeichnet; dies stellt eine zu Zwecken der Besteuerung angenommene, seit dem 15. Jh. in den Quellen belegte Bewirtschaftungseinheit dar. Der Hofinhaber (Bauer) wirtschaftete und leistete → Scharwerk mit einem vollen Pferdegespann, der Inhaber eines halben Hofes (Huber) mit einem halben Gespann (zwei Pferde), der Inhaber eines Viertelhofes (Lehner) mit einem Viertelgespann (einspännig). Die weit überwiegende Besitzform war das herrschaftlich geprägte Nutzeigentum unter dem Obereigentum des Herrn (→ Grundherrschaft; → Gutsherrschaft). In einigen Gebieten des alpinen Bereichs (Tirol, Schweiz) und der norddeutschen Küstenlandschaft (Friesland) gab es auch Bauern, die ihr Gut zu freiem Eigentum besaßen. Im Spätmittelalter war die personenrechtliche Bindung des Bauernstandes stark rückläufig (→ Unfreie); die Rechts- und Betriebsformen waren vielfältig (→ Villikation; → Meier; → Landwirtschaft).

Die soziale Stellung des Bauernstandes wandelte sich im Mittelalter in außerordentlicher Weise. Im Frühmittelalter gab es in größerer Zahl freie Bauern ohne herrschaftliche Bindung an einen Fronhofsverband. Viele von ihnen haben sich unter die Herrschaft eines Herrn begeben (→ Freie; → Unfreie). Sie wurden damit in ihrer Rechtsfähigkeit beschränkt, insbesondere verloren sie damit die Waffenfähigkeit. Von einer Einheitlichkeit der landwirtschaftlich arbeitenden Bevölkerung konnte zu keiner Zeit die Rede sein. Freie Bauern und herrschaftlich gebundene (aber für sich persönlich freie) Bauern, welche größere Betriebe bewirtschafteten, beschäftigten stets in großer Zahl Gesinde, Knechte, Mägde und Taglöhner, welche im Haushalt des Bauerngutes lebten oder auch von kleinen ländlichen Häusern der Arbeit auf den Höfen nachgingen. Sie bildeten, wirtschaftlich und sozial gesehen, die unterste Schicht des Landvolks. Mochten sie persönlich frei oder leibeigen sein, an ihrer tatsächlichen Stellung als „Arbeitnehmer“ änderte dies wenig. Wie alle anderen Stände war auch der Bauernstand höchst inhomogen.

Bergbau

a) Edel- und Buntmetalle

Seit dem 10. Jh. gewann der Abbau von silberhaltigem Gestein am Rammelsberg bei Goslar besondere Bedeutung; die Aufbereitung und Metallgewinnung fand in zahlreichen kleinen Hüttenbetrieben im Harz statt, wo Energie (Holzkohle und Wasserkraft) zur Verfügung standen. Weitere Gebiete, in denen Silber gewonnen wurde, waren seit dem 12. Jh. Freiberg in Sachsen, Kuttenberg in Böhmen, Friesach und das Lavanttal in Kärnten. Mit der Gewinnung von Silber stand die Kupfer-, Zinn- und Bleiproduktion in engem Zusammenhang, welche nach Gewicht und Menge die Silberproduktion weit übertraf.

Oberschlesien (Beuthen und Troppau), Graupen im böhmischen Erzgebirge und Villach in Kärnten waren im 13. und 14. Jh. ergiebige Abbauorte; in Mitteldeutschland waren das Mansfelder Revier und schließlich Schneeberg und Annaberg im sächsischen Erzgebirge ertragreiche Buntmetallorte. Im 15. Jh. waren die Gruben bei Schwaz mit Abstand die wichtigsten Kupfer- und Silberlieferanten.

Grundsätzlich stand zunächst bei allen Bodenschätzen das Eigentum dem Grundeigentümer zu. Wegen des engen Zusammenhangs mit dem → Münzwesen (→ Geld) erhob schon in ottonischer Zeit der König Ansprüche auf die Silbergewinnung, woraus sich das seit dem 12. Jh. genauer faßbare Bergregal (→ Regalien) entwickelte. Für die östlichen Kolonisationsgebiete (→ Kolonisation) wurden die bergrechtlichen Grundsätze des Freiberger Reviers richtungsweisend. Sie beruhten auf dem Gedanken der Bergbaufreiheit, wonach das Eigentum an den Bodenschätzen vom Grundeigentum getrennt ist. Danach durfte der Finder abbauen, wenn er dem Grundeigentümer eine Entschädigung und dem Landesherrn eine Abgabe (oft als Bergzehnt bezeichnet) entrichtete. Da das Bergregal seit dem 13. Jh. meist in Händen der Territorialfürsten war, entwickelten diese die Aufsicht über das Bergwesen zu einem in manchen Gebieten sehr wirksamen Instrument zur Festigung der Landeshoheit.

Die technischen Schwierigkeiten wuchsen, je mehr die oberflächennahen Lagerstätten erschöpft waren und die Abbaugänge und Stollen in größere Tiefen vorgetrieben werden mußten. Grubenausbau und Wasserhaltung waren an manchen Orten sehr schwierig; überall waren sie sehr kostspielig. Dies führte zur Bildung von Gesellschaften unter Beteiligung von Landesfürsten wie auch von kapitalkräftigen Großhandelshäusern (z.B. der Augsburger Fugger, die sich zu Ende des 15. Jhs. an mehreren ostalpinen Bergbauorten engagierten). Die Gewerkenanteile, nunmehr → Kuxe genannt, wurden auch als Vermögensanlage gehandelt.

b) Eisen

Das Ausschmelzen des metallischen Eisens aus eisenhaltigem Gestein, welches entweder gesammelt oder aus Aufschlüssen geringer Tiefe gewonnen wurde, war eine seit der „Eisenzeit“ bekannte handwerkliche Technik, die in großen Grundherrschaftsbetrieben (→ Fronhof; → Villikation) bekannt war und angewendet wurde. Die Nachfrage nach Roheisen zur Weiterverarbeitung im städtischen Handwerk wuchs seit der Entwicklung des Städtewesens (→ Stadt); dies regte den Bergbau auf Eisenstein und die Verarbeitung zu Schien- oder Stabeisen als Halbfertigfabrikat stark an. Im 13. Jh. entstanden überregional wichtige Produktionsgebiete in der Oberpfalz mit dem Amberger Erzberg als Zentrum und um den Erzberg in der Steiermark sowie in Hüttenberg in Kärnten. Ob es im westdeutschen Sauerland um diese Zeit auch schon Eisenschmelzen gegeben hat, ist urkundlich nicht gesichert. Die wichtigen Verarbeitungsstätten im Siegerland treten im 15. Jh. in Erscheinung.

Die Eisensteine wurden in z.T. aufwendigen Untertagebauten gewonnen; diese Bergbauunternehmen standen unter der Leitung führender Bürgerfamilien der Bergbaustädte, wobei vor allem Amberg in der Oberpfalz und Leoben in der Steiermark als Organisationsmittelpunkte zu nennen sind. Die den Bergbau betreibenden Gesellschaften hatten das Rohstoffmonopol, von dem die Hammerwerke abhängig waren. Deren Inhaber, die Hammermeister, schmolzen in sogenannten Zerrenn-Öfen das Eisen aus dem Schlackengestein und verarbeiteten es unter dem durch ein Wasserrad getriebenen Hammer zu Schienen und Stäben. Diese bildeten das Rohmaterial für das im Spätmittelalter vielfach differenzierte und auf hohem technischem und kunsthandwerklichem Niveau stehende städtische Metallgewerbe.

Der Eisenerzbergbau war zunächst nicht dem Regalienrecht unterworfen; aufgrund der Bergbaufreiheit forderte der Landesherr jedoch Abgaben (Bergzehnt), wie er auch die Abbaugenehmigung erteilte, wenn der Finder in der Mutung darum nachsuchte. Die Organisation des Bergbaus lag überwiegend, in der Oberpfalz ausschließlich, in Händen der führenden Bürgerkreise; die Verarbeitung zu Roheisen geschah in den Hammerwerken, welche wegen der notwendigen Antriebskraft an den Wasserläufen der näheren und weiteren Umgebung um die Lagerstätten errichtet waren. Die wirtschaftliche Basis für diese Werke bildeten vielfach Grundherrschaften der Hammermeister (Hammergüter), welche dem landsässigen Adel oder auch dem landstädtischen Ratsbürgertum oder dem reichsstädtischen Patriziatsbürgertum (z.B. von Nürnberg) angehörten. Vielfach stiegen Hammermeister in diese Schicht auf; technische Kenntnisse, organisatorisches Geschick und der Grundherrschaftsbesitz der Hammergüter wirkten bei diesem sozialen Aufstieg zusammen. Die im Hammergewerbe tätigen Bürger waren häufig auch im Eisenhandel und im Transportgewerbe beschäftigt.

Die Oberpfälzer Hammermeister schlossen im 14. Jh. Hammereinungen (1346 und 1387; im folgenden Jahrhundert mehrfach erneuert und von der Landesherrschaft bestätigt), welche verbindliche Absprachen über Preise und Qualitätsnormen, Arbeitsbedingungen und Löhne sowie über die Kennzeichnung der Produkte trafen. Die Hammereinungen wirkten ähnlich wie die Zunftordnungen (→ Zunft), indem sie gute Produktqualitäten sicherten, die Stabilität der Werke durch Ausschluß starker Konkurrenz förderten und die Arbeitsverhältnisse der Hammerbelegschaften im Sinne hergebrachter Dienst- und Treuebindungen fixierten. Für das 14. und 15. Jh. erwiesen sich diese Regelungen als förderlich für eine aufsteigende Konjunktur; in der beginnenden Neuzeit behinderten sie jedoch den technischen Fortschritt.

c) Salz

Salz, für die Ernährung von Mensch und Tier unentbehrlich und als Konservierungsmittel von höchster Wichtigkeit, wurde durch Verdampfen des Wassers der in den Salinen gewonnenen Sole hergestellt. Zentren der nord- und mitteldeutschen Salzproduktion waren Lüneburg und Halle; in Süddeutschland waren Reichenhall, Hallein, Aussee und Hall i. Tirol seit alters die wichtigsten Salzorte, deren Produktion im deutschen Sprachraum und darüber hinaus versandt wurde.

Anlage und Unterhalt der Salinen war meistens genossenschaftlich organisiert, wobei die Unternehmer – ähnlich wie beim Edelmetallbergbau – dem zuerst königlichen, dann landesfürstlichen Regalienwesen unterworfen waren. Die eigentlichen Produktionsstätten waren die Sudpfannen, die durch Verleihung oder Kauf in Händen geistlicher oder weltlicher Grundherren waren. Diese setzten unternehmerisch tätige Sudmeister ein, welche allein oder in Genossenschaften den Sudbetrieb in Gang hielten und den Verkauf organisierten. Im 14. Jh. konnten die deutschen Salinen allgemein Produktion und Absatz steigern, sahen sich jedoch bald einem starken Importdruck von spanischem und westfranzösischem Salz ausgesetzt. Deren Lieferungen gingen auch in außerdeutsche Länder des Nordens und Ostens, die bisher Salz aus deutschen Salinen bezogen hatten. Diese Konkurrenz, dann aber auch technische Schwierigkeiten, wie sie dem Bergbau um diese Zeit insgesamt zu schaffen machten (schwer erreichbare Lagerstätten, Probleme mit der Holzversorgung), führten im 15. Jh. zu krisenhaften Erscheinungen im Salzgewerbe. An einigen Plätzen versuchten daraufhin Landesfürsten, sich in den Betrieb einzuschalten, Sudpfannen zu erwerben und in eigener Regie zu führen (z. B.

das Haus Bayern in Reichenhall; die österreichischen Habsburger in Aussee). Insgesamt nahm der territorialfürstliche Einfluß auf dem Gebiet der Salzproduktion und des Salzhandels zu.

Bevölkerung

Es erscheint nahezu unmöglich, für die Epochen des Hochmittelalters und des Spätmittelalters einigermaßen genaue Angaben über die *Bevölkerungszahl* im Gebiet des deutschen Reiches zu machen. Für das ostfränkische Reich (9. Jh.), welches etwa die Stammesgebiete der Sachsen, Franken, Alamannen und Bayern umfaßte, rechnet man mit weniger als drei Millionen Einwohnern, was ungefähr einer Bevölkerungsdichte von acht Personen pro Quadratkilometer entsprochen haben mag. Für die Stauferzeit (ca. 1150–1250) ist für das durch die Ostsiedlung erheblich vergrößerte Gebiet, in welches Populationen aus den niederländisch-flämischen Gebieten zugewandert waren, eine Bevölkerungszahl zwischen sieben und acht Millionen angenommen worden. Jedenfalls ist für die Zeit bis zum Ende des 13. Jhs. mit einem erheblichen Anwachsen der Bevölkerungszahl zu rechnen. Dies bildete auch die Voraussetzung für die Binnenkolonisation (→ Rodung) und die Ostsiedlung (→ Kolonisation). Zu dieser großen Bevölkerungsumschichtung kam auch noch die Wanderungsbewegung von den agrarischen Gebieten in die neuen städtischen Siedlungen, die von der Mitte des 12. bis zur Mitte des 14. Jhs. wohl eineinhalb Millionen Menschen aufgenommen haben.

Die Einwohnerzahlen der → Städte waren nicht allzu hoch; die meisten Städte hatten jeweils einige Tausend Einwohner. Gemeinwesen mit 10000 Menschen konnten schon als „Großstädte" gelten. Köln mit 40000 Einwohnern (14. Jh.) war während des ganzen Mittelalters die volkreichste deutsche Stadt.

Die europäische Bevölkerungsentwicklung weist im 14. Jh. eine tiefe Zäsur auf. Das bis dahin seit Generationen erkennbare Wachstum kam zum Stehen, was wohl mit erhöhter Sterblichkeit, die sich nach Hungersnöten (besonders in den Jahren 1316 bis 1318 in europäischem Ausmaß) einstellte, und dann vor allem mit der Seuchenkatastrophe der Jahrhundertmitte (→ Seuchen) zusammenhängt. Bis in die 1370er Jahre kam es gebietsweise immer wieder zu epidemieartigem Aufflackern der Beulenpest, welche nur wenige Gebiete Mitteleuropas (wie etwa Böhmen und Mähren) verschonte. Die engbesiedelten, unhygienisch versorgten Städte wurden stärker heimgesucht als ländliche Gebiete mit Weiler- und Einödhofsiedlungen. Der Süden und Westen des Reiches waren stärker heimgesucht als die nördlichen und östlichen Landstriche. Von diesem schockartigen Einbruch hat sich die Bevölkerungsstatistik bis zum Anbruch des 16. Jhs. nicht mehr erholt. Erkennbar ist dies vor allem an den Einwohnerzahlen der Städte, die allgemein stagnierten.

Die Bevölkerungszahl des mittelalterlichen deutschen Reiches ist nur ganz annähernd zu schätzen, weil einigermaßen verläßliche Grundlagen erst aus wesentlich späterer Zeit (genauere statistische Erhebungen erst aus dem späten 18. Jh.) erhalten sind. Eine grundlegende Schwierigkeit für derartige Feststellungen ergibt sich zudem daraus, daß die Zugehörigkeit zum Reich und seinen Nebengebieten vom 10. bis zum 15. Jh. stark wechselt und nur schwer eindeutig zu definieren ist.

Auch nach *Sprache* und *Volkstum* war das Reich weit davon entfernt, eine Einheit zu sein. Waren schon die niederdeutschen und niederländischen Stämme (Sachsen, Friesen), die mitteldeutschen Völkerschaften (zusammengefaßt unter der Sammelbezeichnung Franken) und die unter den weitreichenden Stammesnamen der Alamannen und Bayern subsumierten Bevölkerungsgruppen in Oberdeutschland nach Sprache, Lebensformen und Brauchtum höchst unterschiedlich strukturiert, so rechneten zum ostfränkischen Reich und dann zum Herrschaftsgebiet der deutschen Könige auch zahlreiche romanische Gruppen (im burgundisch-lothringischen Raum), Rätoromanen und Karantanen („Alpenslawen“) im südlichen Teil des bayerischen Stammesgebiets und in seinem Grenzsaum, sowie sehr zahlreiche Slawen in Böhmen und Mähren (die seit dem 11. Jh. in verfassungsrechtlicher Bindung zum Reich standen) und seit der → Kolonisation auch in Brandenburg, Pommern und Schlesien. Im Deutschordensstaat, welcher ebenfalls in lockerer Form dem Reich verbunden war und von einer deutschsprachigen Führungsschicht beherrscht wurde, standen Völkerschaften slawischen und baltischen Volkstums (Polen, Litauer, Letten, Esten) mit dem Reich in Verbindung. Für den Zusammenhalt wirkten in vielen dieser Gebiete einheimische Fürstengeschlechter, die mit dem deutschen Adel vielfach versippt waren. Ein starkes Bindungselement war ferner die lateinische Sprache als Kult- und Bildungssprache.

Bistum

Die *Organisation* der Bistümer als Sprengel, in denen *Bischöfe* kirchliche Aufsichtsrechte über die → Pfarreien ausüben, ist im deutschen Rheingebiet in den Grundzügen bereits im 7. Jh. gelegt, in Mittel- und Süddeutschland durch die Tätigkeit des von Rom autorisierten Missionserzbischofs Bonifatius in der ersten Hälfte des 8. Jhs. aufgebaut und im nordwestdeutschen Sachsen zur Zeit Karls des Großen entwickelt worden. Um 800 waren 25 Diözesen in den fränkischen, schwäbischen, bayerischen und sächsischen Stammesgebieten nach Kirchenprovinzen mit den Sitzen der *Erzbischöfe* in Mainz, Köln, Trier und Salzburg organisiert.

Die Erzbischöfe standen selbst jeweils auch einem Diözesansprengel vor. Die eigentlich erzbischöflichen Funktionen waren nicht allzu bedeutend. Sie hatten gewisse Aufsichtsrechte über die zugeordneten Bischöfe ihrer Kirchenprovinz. Diese hießen in Bezug auf die Zugehörigkeit Suffraganbischöfe. Häufig wirkten Erzbischöfe als päpstliche Legaten.

Im 9. Jh. wurden die Bischofssitze Hamburg-Bremen zur Metropole für die nordische Mission erhoben; im 10. und 11. Jh. kamen zu dieser Kirchenprovinz weitere sechs Diözesen. Davon wurden im 12. Jh. Norwegen und Schweden abgetrennt und als selbständige Kirchenprovinzen organisiert. Missionszentrale für die Gebiete der östlichen → Kolonisation wurde im 10. Jh. Magdeburg mit fünf zugeordneten Diözesen, die in dieser Zeit entstanden waren. Die östlich anschließenden Gebiete umfaßte das um 1000 eingerichtete Erzbistum Gnesen mit drei Diözesen in den polnischen und schlesischen Ländern.

Dem Mainzer Metropolitangebiet waren vom 10. bis zum 14. Jh. fünf neue Diözesen zugeordnet worden; davon wurden Prag und Olmütz im 14. Jh. ausgegliedert, Prags Bischofssitz zum Erzstuhl erhoben. Das ebenfalls ursprünglich zum Mainzer Sprengel gehörige, im frühen 11. Jh. errichtete Bistum Bamberg erreichte im 12./13. Jh. die Exemtion vom Erzbischof und war seitdem unmittelbar der römischen Kurie unterstellt.

Für die vom deutschen Ritterorden (→ Orden) besetzten und christianisierten baltischen Gebiete entstand um die Mitte des 13. Jhs. die erzbischöfliche Kirche Riga mit vier zugeordneten Bistümern.

Eine Sonderstellung nahmen die vier sogenannten Eigenbistümer ein, die Salzburger Erzbischöfe in ihrem großen Bistumsgebiet im 11. und 13. Jh. errichtet hatten.

Aus altkirchlicher Tradition besaßen die Bischöfe innerhalb ihrer Diözese eine umfassende priesterliche Vollmacht, die besonders in der Befugnis, Klerikern Weihen zu erteilen, zum Ausdruck kam (→ Pfarrei). In der Entwicklung und der Tradition des kirchlichen Amtes erlangten daher Stellung und Funktion des Bischofs, die durch die *Bischofsweihe* vermittelt wurden, ganz besondere Bedeutung. Die frühzeitige Fixierung der Bischofssitze in den Städten, in denen bischöfliche Kathedralkirchen (Dome) errichtet wurden, und die Bindung des einzelnen Geistlichen an eine bestimmte Diözese haben das hierarchische System des Klerus entscheidend geprägt. Die bischöfliche Weihe-, Lehr- und Aufsichtsvollmacht hat die Interessen und die Wirkungsmöglichkeiten der weltlichen (zum Teil auch der klösterlichen) Eigenkirchenherren (→ Pfarrei) im Zaum gehalten und die Grundlage für eine ziemlich einheitliche Kirchenorganisation gegeben.

Aus altkirchlichen Traditionen heraus sollten die Bischöfe von den Klerikern der Domkirche und der Diözese (gelegentlich wohl auch unter Beteiligung von Laien) gewählt werden. Doch die dem sakralen Charakter des Königtums (→ König) verpflichteten weltlichen Herrscher verfügten seit dem 9. Jh. über die Bischofssitze und investierten den für das Amt Bestimmten durch die Überreichung des Bischofsstabes (→ Investitur). Dieses System baute Otto I. planmäßig aus und verfügte, wie auch seine ottonischen und salischen Nachfolger bis zum frühen 12. Jh., über die bischöflichen Ämter, deren Kandidaten meistens Kleriker der königlichen Hofkapelle waren. Die hier sichtbar werdende enge Bindung des Episkopats an das Königtum war deshalb in besonderer Weise geboten, weil seit den ottonischen Königen die Bischöfe viele wichtige, hohe Reichsämter übertragen erhalten hatten, weil große Königsgutskomplexe den Bischöfen zur Nutzung und Verwaltung übertragen worden waren, weil die Könige zahlreiche Grafschaften (→ Graf) den Bischöfen überlassen hatten und schließlich weil die → Immunitäten der Reichskirche sehr wichtige Faktoren für die weltliche Friedens- und Rechtsordnung darstellten. Wie die → Pfarreien überwiegend unter dem Einfluß des adeligen Eigenkirchenwesens, so standen die Bistümer unter dem herrschaftlichen Anspruch des Königtums der Ottonen und Salier. Die führenden Geschlechter des → Adels stellten auch die Aspiranten für die Bischofsämter, die zur Priesterweihe qualifiziert sein sollten.

Die Verfügung des Königtums über die Bistümer und die Investitur in diese wichtigen Kirchenämter durch einen Laien mußte auf scharfen Widerspruch stoßen, sobald die von den Klöstern und der römischen Kurie ausgehenden Reformgedanken das Gefüge der deutschen Reichskirche erreichten (→ Investitur). Diese im Investiturstreit vor sich gehende Auseinandersetzung zwischen der geistlichen und der weltlichen Herrschaft fand im Kompromiß des Wormser → Konkordats von 1122 ihren Abschluß; die Besetzung der Bischofsstühle wurde durch die Abmachung zwischen Kaiser Heinrich V. und Papst Calixt II. in kasuistischer Weise neu geregelt. Die Wahl des Bischofs sollte Klerus und Volk zustehen, wobei der Kaiser oder ein Beauftragter anwesend sein sollte. Er hatte auch bei der Entscheidung über zwiespältige Wahlen ein Mitwirkungsrecht. Im deutschen Reich sollte der Gewählte vom König in die weltlichen Herrschaftsrechte durch die Überreichung eines Zepters (Zepterinvestitur) eingewiesen werden. Die geistliche Vollmacht empfing der angehende Bischof danach vom Papst oder dem Metropoliten durch die Investitur mit Ring und Stab bei der Konsekration.

Das aktive Wahlrecht übten schon bald ziemlich ausschließlich die jeweiligen → Domkapitel aus; andere Kleriker und Laien hatten seit dem 13. Jh. keine Mitwirkungsmöglichkeit mehr. Das → kanonische Recht hat die Formalitäten der Wahlen und das zur Konsekration und Inthronisation führende Verfahren genau geregelt. Der Einfluß des Papstes nahm zu, der des Königs ging zurück. Friedrich II. hat 1213 auf die Mitwirkung bei Bischofswahlen und bei der Entscheidung über zwiespältige Wahlen verzichtet.

Es blieb aber bei der Zepterinvestitur des Gewählten durch den König; dieser eigentlich amtsrechtliche Vorgang wurde im 12. Jh. in der Sicht des → Lehenswesens umgedeutet. Der mit dem Zepter Investierte erhielt Rang und Stand in der Heerschildordnung, die übertragenen Rechte und Befugnisse wurden Reichslehen, die Erzbischöfe und Bischöfe wurden geistliche → Fürsten; der bischöfliche Grund- und Herrschaftsbesitz bildete die Grundlage für die geistlichen Territorien der *Hochstifte*. Die Stellung der deutschen Erzbischöfe und Bischöfe als weltliche Landesherren ist eine Besonderheit innerhalb der römischen Kirche, für die es mit Ausnahme des Kirchenstaates keine Parallele gibt. Die Erzbischöfe von Mainz, Köln und Trier stiegen in den höchsten reichsfürstlichen Rang der → Kurfürsten auf.

Dem fürstlichen Rang entsprechend kamen als Bischofskandidaten nur Angehörige des → Adels in Frage. Vor den Wahlen durch die

Domkapitel fanden häufig Verhandlungen zwischen den Wählern und den Bewerbern über die künftige Regelung von Fragen der Diözesan- und Hochstiftsverwaltung und über die Verteilung der Einkünfte aus den Bistums- und Herrschaftsgütern statt. Seit dem 14. Jh. sind darüber schriftlich fixierte Verträge (Wahlkapitulationen) überliefert.

In fast allen Diözesen wirkten seit dem 13. Jh. Hilfsbischöfe, die den Diözesanbischof bei den Weiheaufgaben und bei der Spendung der dem Bischof vorbehaltenen Sakramente unterstützten. Sie wurden *Weihbischöfe* genannt; sie waren auf Bischofssitze in Kleinasien, im vorderen Orient und in Nordafrika ordiniert, deren Diözesen seit dem Vordringen der Araber und Türken in die Hände von Nichtchristen gefallen waren (episcopi in partibus infidelium).

Ebenfalls seit dem 13. Jh. bestellten die meisten Bischöfe für die mit dem Amt verbundenen Jurisdiktionsaufgaben *Offiziale* als beamtete, im kanonischen Recht geschulte Berufsrichter. Das Verfahren vor den bischöflichen Offizialatsgerichten hat die Prozeßführung der weltlichen → Gerichtsbarkeit beeinflußt.

Für bischöfliche Verwaltungsaufgaben kommen in den größeren deutschen Diözesen seit dem 14. Jh. *Generalvikare* vor, die zunächst in speziellen, ihnen übertragenen Aufgaben, dann bei Abwesenheit des Bischofs und schließlich ganz allgemein als ständige Mandatare („alter ego") des Diözesanbischofs wirkten.

Eine Unterteilung der Diözesen in Bezirke von Erzpriestern (Archipresbyterate), Erzdiakonen (Archidiakonate und Dekanate) findet sich seit dem 9. Jh.; die Funktionen der Amtsträger und die Größe der Sprengel waren erheblichem Wandel unterworfen. Seit dem 13. Jh. hatten die *Dekane* vor allem Kontroll- und Ausbildungsaufgaben für den Landklerus in den → Pfarreien, welche die untersten Einheiten der kirchlichen Ämterorganisation darstellten.

Botenwesen

Öffentliche Einrichtungen zur allgemeinen Nachrichtenübermittlung gab es im Mittelalter nicht. Wie der Kaufmann seine Waren selbst zu transportieren hatte und dabei auf die Dienste und die Hilfe der Anlieger an den Transport- und Verkehrswegen angewiesen war, so mußte auch der an der Übermittlung von Nachrichten oder Dokumenten Interessierte selbst für den Transport sorgen. Über größere

Entfernung konnten dies nur die Herrscherhäuser leisten; in karolingischer Zeit haben wohl die → Grafen für die Übermittlung königlicher Nachrichten gesorgt. Die → Herzöge und andere reichsfürstliche Obrigkeiten unterhielten eigene Boten, die zu Fuß oder zu Pferd zu den Adressaten unterwegs waren. Da die → Straßen schlecht und die Geschwindigkeiten von der Leistungsfähigkeit von Mensch und Pferd abhängig waren, dauerte die Übermittlung lange; im 13. Jh. waren Nachrichten von den Niederlanden nach Rom einen Monat unterwegs. Im kleinräumigen Verkehr, der besonders nach der Entstehung der → Städte seit dem 12. und 13. Jh. an Bedeutung gewann, haben vielfach Händler, Pilger oder wandernde Scholaren Briefe mitgenommen; auch mußten Hintersassen im → Scharwerk Botendienste leisten. Besonders leistungsfähig war dieses System nicht.

Ein wesentlicher Wandel in der Nachrichtenübermittlung bahnte sich im 15. Jh. an. Zwischen den Städten Mailand, Venedig und Rom wurden feste Linien eingerichtet, an denen feste Stationen (mansiones positae) mit Pferden und Reitern bestanden; diese übernahmen stafettenartig die ankommenden Sendungen zum Weitertransport an die nächste Station. Das ist die Entstehung der Postkurse. An deren Organisation war die lombardische Adelsfamilie von Taxis beteiligt. Die Taxis bauten ab 1490 im Auftrag König Maximilians I. einen Postkurs von Innsbruck nach den Niederlanden, dann auch nach Wien und über Freiburg im Breisgau nach Straßburg auf. Anfangs dienten diese Postlinien nur der Nachrichtenübermittlung des Hauses Habsburg; bald wurden jedoch auch Sendungen anderer Auftraggeber (zuerst der großen oberdeutschen Handelshäuser) von der Taxis-Post befördert. Das bildete die Grundlage des im 16. Jh. europaweit organisierten Postnetzes der Taxis, die dafür schließlich ein Monopolrecht erhielten. Die Geschwindigkeit der Nachrichtenübermittlung wurde durch das Stafettensystem ganz erheblich gesteigert; demgegenüber kam das im Spätmittelalter und auch noch in der frühen Neuzeit weiter bestehende landesfürstliche und städtische Botenwesen ganz ins Hintertreffen.

Brache

Derjenige Teil einer vorwiegend landwirtschaftlich genutzten Gemarkung, welcher nach dem Abernten des Sommergetreides (vorwiegend Hafer) zunächst durch Abweiden der Stoppeln genutzt, dann mit dem Pflug umgebrochen und bis zur neuen Bearbeitung mit dem Hakenpflug ungenutzt (brach) im folgenden Jahr liegen blieb. Danach stand das Brachland für die Einsaat des Wintergetreides (vorwiegend Roggen) zur Verfügung. Diese voll durchgeführte Form der → Dreifelderwirtschaft kam in einzelnen herrschaftlich organisierten Hofverbänden wohl schon in karolingischer Zeit vor, breitete sich aber erst in den folgenden Jahrhunderten aus, so daß sie bis zur Mitte des 12. Jhs. die überwiegende landwirtschaftliche Betriebsform war, neben der es aber auch noch die → Feldgraswirtschaft gab.

Buchdruck

Mit dem Problem, handschriftliche Texte auf mechanischem Weg zu vervielfältigen, beschäftigten sich im 15. Jh. an mehreren Orten Mechaniker und Skriptoren. Den wesentlichen Durchbruch zur neuen Technik des Druckes mit gegossenen, beweglichen, wieder verwendbaren Lettern gelang den Werkstätten in Straßburg und Mainz, wo Johann Gutenberg (gest. 1468) als Erfinder und Johann Fust (gest. um 1467) als Organisator die wichtigsten Impulse für die epochale Entwicklung gaben. Die um 1455 in Mainz hergestellte sogenannte 42zeilige Vulgata-Ausgabe bildet den Ausgangs-, gleichzeitig aber auch den Höhepunkt der neuen graphischen Gestaltungskunst. Nach der raschen Ausbreitung der neuen Technik wurden Drucker und Setzer bald handwerksmäßig in → Zünften organisiert.

Burg

Wie das → Haus, so ist auch die mittelalterliche Burg ein Wohngebäude gewesen. Sie war nicht nur ein Wehrbau mit militärischer Funktion, wie dies das moderne Verständnis annimmt, welches überwiegend vom Bild der spätmittelalterlichen Ritterburg geprägt ist. Im äußeren Erscheinungsbild und in der Funktion hat die Burg vom Frühmittelalter bis zum Anbruch der Neuzeit starke Wandlungen durchgemacht, die von der Entwicklung der sozialen, wirtschaftlichen und rechtlichen Zustände abhängig sind.

Vom Frühmittelalter bis herauf in das 10. Jh. versteht man unter Burgen großräumige Anlagen, die mit Erdwällen und Holzpalisaden, gelegentlich auch schon mit Steinmauern, umgeben waren und bei feindlicher Bedrohung nicht nur für die Bewohner, sondern auch für die Leute des Umlandes Schutz boten. Unter dem Schutz des Burgherrn hatte die Burg die Funktion einer *Fluchtburg*. In vielen Fällen hatten diese Burgen urbanen Charakter und waren kirchliche Zentren mit dem Rang von Bischofssitzen; sie stellen den Anfang der Stadtentwicklung (→ Stadt) dar. Das Ortsnamensgrundwort „-burg" für zahlreiche alte Bischofsstädte (Augsburg, Regensburg, Würzburg, Kolnaburg als Frühform für Köln) erinnert daran noch heute.

Ein anderer Burgtyp, der von der karolingischen Zeit bis in das Hochmittelalter bestand, war die *Königspfalz* mit einem mehr oder weniger repräsentativen Palastbau für den Aufenthalt des → Königs mit seinem Gefolge. Man kann davon ausgehen, daß seit der ottonischen Zeit die großen Pfalzorte (wie Aachen, Frankfurt oder Ingelheim im Rheingebiet, Regensburg an der Donau) befestigt waren und Burgcharakter hatten. Die unmittelbar dabei gelegenen Königshöfe dienten der Versorgung des königlichen Hofhalts; sie waren ähnlich gestaltet wie große Adelshöfe (→ Fronhöfe) und hatten dörflichen Charakter. In den Gebieten der Ostkolonisation (→ Kolonisation) spielten feste, burgartige Plätze bei der Unterwerfung der nichtdeutschen Bevölkerung eine wichtige Rolle. Häufig handelte es sich um Neuanlagen, denen Landbezirke als sogenannte Burgwardbezirke zugewiesen wurden. Gelegentlich fanden Burganlagen der slawischen Stämme weitere Verwendung.

Das deutsche Königtum im Mittelalter kannte keine zentrale → Residenz; der König realisierte seine Herrschaft vielmehr auf dauernden Reisen durch das ganze Reichsgebiet. Dies war aus wirtschaftlichen Gründen geboten, weil die Erträge der dem König zur Verfügung stehenden Güter schwer zu transportieren waren und deshalb an Ort und Stelle verbraucht werden mußten. Außerdem war die zeitweilige Anwesenheit des Königs mit seinem Gefolge und mit seiner Kanzlei an möglichst vielen Plätzen des Reiches außerordentlich wichtig für die Evidenthaltung der Herrschaft. Dieses „Reisekönigtum" war in hohem Maße auf ein Netz fester Plätze angewiesen; vom ottonischen bis zum staufischen Zeitalter der deutschen Königsherrschaft wurde dieses System der Reichsburgen auf- und ausgebaut. Wegen der außerordentlichen Bedeutung der Burgplätze für die tatsächliche Herrschaftsausübung nahmen die Könige nun auch das Recht in Anspruch, den Bau von Burgen zu genehmigen. Ähnlich wie die Anlage von Städten gehörte auch der Burgenbau zu den Königsrechten.

Die vollständige und konsequente Durchsetzung dieses königlichen

Rechtsanspruchs war jedoch nicht möglich, so daß der mit übertragenen und eigenständigen Herrschaftsrechten ausgestattete → Adel seit dem 12. Jh. seine festen Häuser burgartig ausbaute. Seitdem benannten sich viele Burgherren nach ihren Burgen, wobei die Burg- und Ortsnamen mit den Grundworten -berg, -burg, -fels-, -stein, -haus, -eck typenbildend wurden. Die Burg als Mittelpunkt des adeligen Patrimoniums gewann solche Bedeutung, daß ihr Name zur Bezeichnung der ganzen Besitzerfamilie werden konnte. Das hat die Entwicklung der im Hochmittelalter entstehenden Familiennamen nachhaltig beeinflußt.

Diese vom ritterlich lebenden Adel errichteten Wehr- und Wohnbauten wurden im Zeitraum zwischen dem 12. und 14. Jh. zu den wichtigsten Herrschaftszentren des Adels, welcher zunehmend die Herrschaft über die Hintersassen in flächenmäßig geschlossenen Bezirken, deren Mittelpunkte die *Adelsburgen* der Ritterschaft waren, auszuüben trachtete.

Entsprechend dem Wandel des → Wehrwesens wurden die Befestigungsanlagen der Burgen ausgebaut. Die hoch- und spätmittelalterlichen Burgen entstanden an schwer zugänglichen Plätzen (Höhen- oder Wasserburgen). Die Bauanlage stellte sehr häufig schwierige technische Probleme. Zur Finanzierung der kostspieligen Bauten und zum Unterhalt mußten alle der Herrschaft des Burgherrn unterworfenen Abhängigen Abgaben und → Scharwerk leisten.

In der Auseinandersetzung der spätmittelalterlichen Landesfürsten mit dem Königtum einerseits und mit dem landsässigen Adel, welcher Burgen besaß, andererseits spielte der Besitz von wehrbereiten Burgen eine wichtige Rolle. Könige wie Fürsten nahmen häufig Adelige in ein besonderes Dienstverhältnis auf, um auf diese Weise das sogenannte Öffnungsrecht der Burgen zu erlangen. Der adelige Burgherr mußte in diesem Fall seine Burg offen zugänglich halten.

Die mittelalterliche Herrenburg war häufig mit mehrgliederigen Wehrmauern, Zwingern (= Raum zwischen innerer und äußerer Burgmauer) und Torsystemen versehen, enthielt Türme als innere Wehrbauten, palastartige Wohnbauten mit gelegentlich repräsentativen Saalbauten, heizbaren Räumen (Kemenate von „camera caminata“), Kapellen und Versorgungsgebäude (Ställe, Vorratshäuser).

Die Adelsburg war eine Kleinstimmunität, in der der Burgherr selbst die Rechtsordnung im Rahmen seiner haus- und hofherrlichen Rechtsstellung garantierte; dies hängt eng mit der Fehdefähigkeit des Adels (→ Fehde) zusammen. Die Fehde galt bis zum Ewigen Landfrieden von 1495 (→ Landfrieden) als Rechtsmittel, das von einem festen Haus (= Burg) aus eingesetzt werden konnte. Wirtschaftlich verarmte Adelige, die auch in sozialer Hinsicht heruntergekommen waren, haben im Spätmittelalter das Fehderecht in Anspruch genommen und mißbräuchlich, oftmals in höchst schikanöser Weise, ausgeübt. Dabei kamen Adelsburgen in den üblen Ruf von Raubritternestern, von denen aus städtische Kaufmannszüge beraubt wurden, wenn die Burgherren meinten, Ansprüche gegen bürgerliche Kaufleute zu haben. Auch die offenen Dörfer von Grundherrschaftsbauern suchten solche Ritter mit Raub und Brand heim, wenn sie sich bei einem Gegner unter dem vorgeblichen Rechtstitel der Fehde schadlos halten wollten. Bis zum Anbruch des 16. Jhs. gelang es nicht, diese Landplage zu beseitigen, obwohl die fürstliche Landfriedenspolitik mehrfach versuchte, die mit dem Burgenbau für den Adel verbundenen Privilegien einzuschränken und insgesamt die Neuanlage von Burgen zu erschweren. Das Aufkommen der Feuerwaffen (→ Schießpulver) hat seit dem 14. Jh. allmählich auch den Befestigungswert der Burganlagen reduziert. Aber erst im 16. und 17. Jh. konnten Burgmauern und Bastionen durch Sprengmittel ernstlich gefährdet werden.

Bürge

Die Bürgschaft steht entwicklungsgeschichtlich mit der Geiselschaft (→ Geisel) in Zusammenhang. Angehörige der → Familie oder der Gefolgschaft waren gegenseitig verpflichtet, einen Gläubiger zu befriedigen, wenn der eigentliche Schuldner nicht zahlen konnte. Sie mußten füreinander bürgen. Der Bürge sollte den Schuldner dazu anhalten, die Gläubigerforderung zu erfüllen oder sich dem Gericht zu stellen („Gestellungsbürgschaft"). Nach mittelalterlicher Rechtsanschauung haftete der Bürge vor dem Schuldner, an dem er sich dann seinerseits durch Pfändung (→ Pfand) schadlos halten konnte. Eine spezielle Form der Geiselbürgschaft war das seit dem 12. Jh. unter Adeligen häufig bei Schuldverträgen vereinbarte *Einlager.* Hier verpflichtete sich der Bürge, beim Zahlungsverzug des Schuldners sich mit Gefolge in ein bestimmtes Wirtshaus zu begeben und dort auf Kosten des Schuldners zu leben, bis dieser seine Schuld beglichen hatte. Der Schuldner sollte dadurch zur Erfüllung seiner Leistungspflicht veranlaßt werden.

Bürger

Der Inhalt des Begriffs Bürger wandelt sich im Mittelalter in rechtlicher Hinsicht in derselben Weise, wie die → Stadt einem verfassungsmäßigem und rechtlichem Wandel unterworfen ist. Urbane Wohnplätze, die sich nach der Bauanlage und der Tätigkeit der Bewohner von den Siedlungen auf dem flachen Land unterschieden, gab es in West- und Süddeutschland, besonders im Rhein- und Donaugebiet, seit der Spätantike; in ihnen fand häufig die kirchliche Verwaltung mit den Bischofssitzen ihre Zentren. Ihre Baugestalt mit festen Gebäuden aus Stein und mit Umwehrungen (Wall und Graben) gab den frühmittelalterlichen Städten den Charakter von großen → Burgen, wovon der lateinische Ausdruck „urbani" oder „oppidani" für die Einwohner abgeleitet ist; daraus entwickelte sich die deutsche Bezeichnung Bürger, die an den altüberlieferten Burgcharakter der Stadt erinnert.

Die *soziale Stellung* der Einwohner jener frühen Städte war nicht wesentlich anders als die Sozialstruktur der ländlichen Bevölkerung; es gab dort freie und unfreie Leute, deren wirtschaftliche Betätigung mehr von Handel und Gewerbe geprägt war, als dies auf dem Land der Fall war. Diese Städte standen unter der Herrschaft eines Stadtherrn; in den meisten Fällen waren dies die Bischöfe, deren Rechtsstellung häufig auf königliche Privilegierung zurückging. Die Dienstleute der Bischöfe (bischöfliche Ministerialen) hatten dabei besonderen Rang und besondere Funktionen in der frühstädtischen Gerichtsbarkeit und Verwaltung.

Den entscheidenden Wandel der *bürgerlichen Rechtsstellung* brachten die seit dem 12. Jh. einsetzenden Stadtgründungen, die vornehmlich von fürstlichen Hochadeligen eingeleitet wurden. Das Interesse der fürstlichen Stadtherren an der raschen Entwicklung der neuen Städte bewirkte die rechtliche Besserstellung der städtischen Neusiedler, welche überwiegend die Bindungen der persönlichen Unfreiheit ablegen konnten und mit der freien Erbleihe der städtischen Grundstücke eine günstige Rechtsform des Grundbesitzes erhielten. Alle ständischen Gruppen, vom freien oder ministerialischen Adeligen bis zum bäuerlichen oder handwerklichen Hörigen und Leibeigenen, waren unter den Neubürgern vertreten. Die fürstlichen Stadtherren privilegierten nicht die einzelnen Bürger, sondern erteilten der Stadt insgesamt Rechte und forderten von der Gemeinschaft (communitas civium) Leistungen. Dies bildete die Grundlage für die besondere Rechtsstellung der Bürger gegenüber den ländlichen Hintersassen. Die durch Privilegien den städtischen Bürgern übertragenen Aufgaben begünstigten die Entstehung und Weiterentwicklung eines bürgerlichen Bewußtseins, das zu einem tiefgreifenden Unterscheidungsmerkmal gegenüber der ländlichen Bevölkerung wurde. Eine einheitliche Stellung der Stadtbewohner in sozialer und rechtlicher Hinsicht entstand daraus jedoch nicht. Denn die unterschiedliche Herkunft aus adeligen, bäuerlichen und unterbäuerlichen Schichten, die wirtschaftliche Betätigung im Großhandel und in der Kleinkaufmannschaft (→ Handel), im zünftigen Handwerk (→ Zunft) und in der gewerblichen Lohnarbeit führte in den Gründungsstädten von Anfang an zu einer starken sozialen Differenzierung zwischen den die Verwaltung beherrschenden Ratsbürgern und den vornehmlich nur an den Lasten beteiligten Beisassen und Inleuten. Dies war in den Gründungsstädten der Kolonisationsgebiete in ähnlicher Weise der Fall wie in den Ländern Süddeutschlands und Westdeutschlands.

Die bürgerliche Bewegung in den alten Bischofsstädten hatte schon seit dem frühen 12. Jh. zum Abbau der (meist in Händen der Bischöfe befindlichen) Stadtherrnrechte geführt. Ausgangspunkt dafür war häufig eine von führenden Familien der Gildekaufleute initiierte Schwurgemeinschaft (conjuratio; → Eid). Die Auseinandersetzungen der bischöflichen Stadtherren mit den Führungsschichten der Kaufmannschaft und die Entwicklung einer Gesamtbürgerschaft, in der auch die bischöflichen Ministerialen eine wichtige Rolle spielten, verliefen in den einzelnen Städten in unterschiedlich langen Zeiträumen. Mancherorts (etwa in Regensburg) war erst in der Mitte des 13. Jhs. die volle Unabhängigkeit erreicht, so daß erst von diesem Zeitraum an von eigentlich bürgerlichen Verwaltungs- und Gerichtsgremien die Rede sein kann.

Im Besitz des Stadtregiments waren verhältnismäßig wenige *Geschlechter*, aus deren Reihen der Rat besetzt wurde und deren Mitglieder die wichtigeren Ämter (Bürgermeisteramt, Stadtgericht, Stadtkammer, Bauamt udgl.) oft in fast erblicher Weise innehatten. Für diese Führungsschicht kam im 16. Jh., vermittelt durch den Humanismus, die vom Altrömischen abgeleitete Bezeichnung *Patriziat* auf. Handwerker gehörten dieser Schicht nur in Ausnahmefällen an, allenfalls dann, wenn zum Handwerksbetrieb größerer Kapitaleinsatz Voraussetzung war, wie bei Gold- und Silberschmieden oder den Kürschnern als Verarbeitern teuerer Pelze. Auch Handwerks- oder

Handelsunternehmen, die Regaliencharakter hatten (wie die Münzergenossenschaften oder die Salzsiedergemeinschaften), konnten den Zugang zu der patrizischen Geschlechterschicht ermöglichen. Die wirtschaftliche Betätigung im kapitalintensiven und risikoreichen Groß- und Fernhandel war im allgemeinen die Berufsvoraussetzung für die Zugehörigkeit zu den Patriziern (sogenanntes Handelspatriziat), die Herkunft aus Ministerialengeschlechtern, welche seit alters im Verwaltungsdienst der bischöflichen Stadtherren gestanden waren, konnte ebenfalls patrizischen Charakter bürgerlicher Familien begründen (sogenanntes Verwaltungspatriziat). Wichtig war in den allermeisten Fällen, daß erheblicher Reichtum den patrizischen Rang begründete, weil nur dieser wirtschaftliche Hintergrund die zeitlichen und finanziellen Möglichkeiten für die ehrenamtliche Teilnahme am Stadtregiment schuf.

Die patrizische Schicht suchte Anschluß an die Ritterschaft; als seit dem 14. Jh. in verschiedenen Städten (z.B. Speyer, Augsburg, Braunschweig oder Lüneburg) Handwerker Zugang zum Rat gefunden hatten, war das wichtige patrizische Merkmal der ausschließlichen Ratsfähigkeit in Frage gestellt. Nun stand auch die Adelsqualität der städtischen Geschlechterfamilien zur Diskussion. Um sich eindeutig als adelig zu qualifizieren, gaben viele Familien die kaufmännische Tätigkeit im Großhandel und den Wohnsitz in der Stadt auf, erwarben Landgüter und übernahmen die Lebensformen des Landadels. Wirkliche Adelsqualität erlangten die weiterhin in den Städten verwurzelten Patrizier erst im 17. und 18. Jahrhundert.

Mit der wachsenden Zahl der Stadtbewohner und mit der immer deutlicher erkennbaren Besserstellung der Bürger gegenüber den Landbewohnern entstanden Probleme zwischen den Herrschaftsträgern der Städte und denen der umgebenden Landes- und Grundherrschaften. Es war offensichtlich vielfach vorgekommen, daß Personen den Bürgerstatus mit der Teilnahme an den bürgerlichen Privilegien erlangten, dabei aber ihren Wohnsitz auf dem Land, also außerhalb der Städte, beibehielten. Solche Leute hießen *Pfahlbürger*; die sprachliche Ableitung des Wortes ist ungeklärt. Von königlicher Seite ergingen mehrfach Erklärungen gegen das Pfahlbürgertum (Fürstengesetze 1231/32; Mainzer Reichslandfrieden 1235; ähnlich auch noch in der → Goldenen Bulle 1356).

Die Inhaber der Stadtherrschaft waren in dem Dilemma, daß sie einerseits den Zuzug von Neubürgern als Gewinn für das junge städtische Gemeinwesen betrachteten, daß andererseits aber die sich aus der Abwanderung ergebenden Verluste für die ländlichen Grundherren auch ihre Interessen betreffen konnten, wenn dadurch die Einkünfte ihrer eigenen Landesherrschaft reduziert wurden. So ist das Pfahlbürgertum vielfach geduldet worden, um verschiedenartige Interessen zwischen Stadt und Land auszugleichen.

Der Ausdruck *Spießbürger*, der erst in der frühen Neuzeit einen abwertenden Beigeschmack bekam, ist daraus abzuleiten, daß die städtischen Aufgebote zum Kriegsdienst überwiegend aus Bürgern, welche zu Fuß kämpften und mit Spießen bewaffnet waren, bestanden. Reiterdienste leisteten nur die Bewaffneten der patrizischen Oberschicht.

Burggraf

Die Ausübung gräflicher Rechte (→ Graf) in Großburgen, die Vorläufer von Städten waren, nahmen Adelige, die für das Grafenamt qualifiziert waren, wahr; davon ist die Bezeichnung Burggraf (praefectus urbis, burggravius) abgeleitet. Häufig bestand eine enge Verbindung zum königlichen Burg- (und Stadt-)herren, wobei der Amtscharakter der Burggrafschaft in Gerichtsbarkeit und in der Verwaltung von Reichsgütern in der Umgebung des Burggrafensitzes im Hochmittelalter gewahrt blieb. Die Burggrafschaft konnte auch Ausgangspunkt adeliger Territorialpolitik werden, wie dies besonders deutlich bei den Inhabern der Burggrafschaft Nürnberg (seit 1191/92 die schwäbischen Zollern) zu beobachten ist. Die Burggrafen erwarben im Spätmittelalter Herrschaftsrechte in Ostfranken (mit den wichtigen Zentren Kulmbach, Hof, Ansbach, Cadolzburg); sie mußten zwar den ursprünglichen Herrschaftsmittelpunkt der Reichsburg Nürnberg aufgeben, errichteten jedoch, unterstützt von den Jurisdiktionsansprüchen des „Landgerichts Burggrafentums Nürnberg", aus vielschichtigen Rechten ein Herrschaftsgebilde, welches nach dem Erwerb der Markgrafschaft Brandenburg (1417) die Bezeichnung Markgraftum Ansbach und Kulmbach führte, womit der Burggrafentitel unterging.

Ein weiteres Beispiel einer auf der staufischen Reichsgutsverwaltung aufbauenden Burggrafschaft ist Friedberg in Hessen. Die unter dem Burggrafen stehende Burgmannschaft warf sich zum Landesherrn in der Wetterau auf und erwarb dazu weitere Pfandschaften, so 1455 die vor der Burg entstandene Reichsstadt Friedberg.

Die Regensburger Burggrafschaft war ein personales Herrschaftsgefüge unter einer Dynastensippe, welche die ursprüngliche Amtsbezeichnung „Burggraf" als Familienname führte. Nach dem Aussterben (spätes 12. Jh.) gingen die burggräflichen Rechte in der Stadt an die Herzöge von Bayern, die auf dem Land an die → Landgrafen von Leuchtenberg über.

Militärische Befehlshaber von → Burgen, die nur lokale Wehrfunktionen hatten, führten gelegentlich auch die Bezeichnung Burggraf; diese zum landsässigen Niederadel gehörenden Adeligen übernahmen die Amtsbezeichnung manchmal auch als Namensbestandteil.

Buße

Die germanischen Volksrechte setzten Ausgleichszahlungen, die ein Rechtsbrecher an den Geschädigten oder an dessen → Familie zu leisten hatte, fest. Durch Geldzahlung (compositio) konnte das Vergehen gesühnt werden (→ Wergeld). Diese Form des mittelalterlichen Strafrechts wird als Kompositionensystem bezeichnet. Die Buße sollte dem Ausufern der → Fehde als Rechtsmittel zur Wiederherstellung des Rechtsfriedens entgegenwirken. Zum Teil mußten diese Beträge an den Richter gezahlt werden; sie gewannen dadurch den Charakter von Strafen neben dem dem Geschädigten zustehenden Schadensersatz. Die hohe Gerichtsbarkeit umfaßte bis in das 11. Jh. die Fälle, die mit hohen Bußen belegt waren. Das führte zu einer Fiskalisierung der Rechtspflege, was sich äußerst negativ auf die öffentliche Sicherheit auswirkte. Im Zusammenhang mit der Bewegung der → Landfrieden entwickelte sich die → Gerichtsbarkeit zum System der Todes- und Körperstrafen, der Blutgerichtsbarkeit. Nur in leichteren Fällen von Körperverletzung oder Beleidigung konnte seit dem Spätmittelalter die Tat mit einer Geldbuße, die dem Gericht zufiel, gesühnt werden. Die Buße war nun zur Geldstrafe geworden. Die sprachliche Bedeutung von „Buße" und „büßen" ist jedoch auch noch in der Neuzeit vielschichtig; eine eindeutige begriffliche Trennung der Ausdrücke im Sinn von öffentlicher Strafe und privater Wiedergutmachung ist nicht immer möglich.

Im kirchlichen Sprachgebrauch bezeichnet Buße (paenitentia) die dem sündigen Menschen auferlegte Sühne mit dem Ziel der Lossprechung des Sünders von den Sünden. Die Buße galt als Sakrament, das nach dem Bekenntnis (Beichte; confessio) und nach gezeigter Reue (contritio) unter Auferlegung von Bußwerken durch die Absolution vom Priester gespendet wurde. Die Bußleistungen (Gebete; Wallfahrten; Teilnahme an → Kreuzzügen; Fasten oder andere Abstinenz) konnten zum Teil durch Geldzahlungen abgelöst oder durch die Gewinnung eines → Ablasses erbracht werden.

Chronik

In der hochmittelalterlichen Historiographie gibt es neben den → Annalen Werke, deren Verfasser in zeitlich weit ausgreifender Weise mit literarischem Anspruch über die geschichtliche Entwicklung ihres jeweiligen Themenkreises referieren und reflektieren. In der quellenkundlichen Systematik bezeichnet man solche Texte als Chroniken, wenn auch die mittelalterliche Terminologie dem nicht immer entspricht. Die Geschichte von Klöstern und Bischofssitzen, die Folge der Kaiser und der Päpste oder auch die Lebensgeschichte berühmter, heiligmäßig lebender Personen bieten den Rahmen für die Arbeiten von Chronisten. Die Lebensbeschreibungen (vitae) gelten auch als eigene historiographische Gattung. Der historische Erkenntniswert der mittelalterlichen Chroniken ist umso höher einzuschätzen, je näher der Verfasser der Zeit seines Berichtsgegenstandes stand. Für zeitlich zurückliegende Epochen benutzten die Chronisten in kompilatorischer Weise häufig ältere Annalen oder andere Chronikwerke. Das berühmteste Werk mittelalterlicher Geschichtsreflexion ist die Chronik des Bischofs Otto von Freising (Chronica sive Historia de duabus civitatibus), die in den 40er Jahren des 12. Jhs. entstanden ist und eine umfassende geschichtsphilosophische Deutung und Vorschau des Weltenlaufs bietet. Weltchroniken gibt es auch noch aus dem Spätmittelalter, so etwa die Sächsische Weltchronik des Sachsenspiegelverfassers Eike von Repgow (→ Rechtsbücher). Vom 14. Jh. an sind auch aus vielen Städten Chroniken überliefert, die über den annalistischen Bericht hinaus die Verfassungs-, Wirtschafts- und Sozialentwicklung der bürgerlichen Gemeinwesen schildern.

Chroniken und Annalen gehören zu den historischen Quellen, die in der Absicht hergestellt worden sind, Zeugnis von der Vergangenheit zu geben („Traditionsquellen"). Bei ihrer Bewertung ist daher die Absicht des Verfassers zu berücksichtigen; außerdem ist die Überlieferungsgeschichte, ebenso wie bei den → Urkunden, zu ermitteln.

Darlehen

Seit alters war es im Wirtschaftsleben üblich, Geld oder andere ersetzbare Sachen auszuleihen, wobei sich der Darlehensnehmer verpflichtete, bei der Rückgabe einen Aufschlag auf das Darlehen, den Zins, zu entrichten. Die Kirche sprach sich unter Berufung auf Stellen der Heiligen Schrift (besonders Lukas 6, 34) gegen die Zinsnahme aus. Dieses sogenannte *kanonische Zinsverbot* war unter Christen in der von der karolingischen Zeit bis ins hohe Mittelalter vorherrschenden Naturalwirtschaft mit dem verhältnismäßig geringen Kreditbedarf der Wirtschaft im allgemeinen durchzusetzen, zumal es genügend jüdische Kaufleute gab (→ Juden), die Kredite gewährten, → Zinsen empfingen und das Kapital zurücknahmen. Erst mit der wachsenden Bedeutung der Geldwirtschaft seit dem 13. Jh. stieg die Nachfrage nach Krediten; die von Großhändlern (→ Handel) aus Handelsgewinnen angesammelten Geldmengen wurden im Spätmittelalter vielfach an Territorialfürsten oder andere adelige oder bürgerliche Kreditnehmer ausgegeben. Zur Umgehung des Zinsverbots gewann auch der → Rentenkauf große Bedeutung, zumal die Judenaustreibungen vom 14. Jh. an die Zahl der jüdischen Geldleiher drastisch verringerten. Die Entwicklung ging seit dem 16. Jh. dahin, „gerechtfertigte" (d.h. allgemein von der Rechtsordnung anerkannte) Zinssätze zu gestatten und unter „Wucher" (die ursprüngliche Bezeichnung für Zinsnahme) nur mehr die überhöhte, ungerechtfertigte Zinsforderung zu verstehen.

Domkapitel

Die in den frühmittelalterlichen Bischofsstädten am Dom (der Bischofskirche) und an den anderen städtischen Kirchen wirkenden Geistlichen lebten in einer mönchsartigen Gemeinschaft nach bestimmten, in einer Regel zusammengefaßten Vorschriften, die seit dem 9. Jh. dem hl. Augustinus zugeschrieben wurde. Da die Regel bei den täglichen Zusammenkünften kapitelweise verlesen wurde, bürgerte sich für diese Klerikerversammlung die Bezeichnung Domkapitel (bei einer Bischofskirche) oder Stiftskapitel ein. Letztere gab es im allgemeinen nur in den großen frühmittelalterlichen Städten des Rhein-, Main- und Donaugebietes. Die Kapitel wurden zu vermögensfähigen Korporationen; sie verwalteten das aus dem bischöflichen Tafelgut (mensa episcopalis) herausgelöste Domkapitelgut für die Domkanoniker (Domkapitulare), nachdem seit dem 10. Jh. die meisten Kapitel die gemeinsame Lebensführung (vita communis) aufgegeben hatten, die Domherren jeweils einzelne Kanonikatshäuser bewohnten und die dazugehörigen Pfründen nutzten. Im Spätmittelalter besaßen häufig Domherren gleichzeitig mehrere Pfründen (Pfründenhäufung); dadurch wurde die Residenzpflicht vernachlässigt; die Erfüllung der Amtspflichten durch Vikare war oft mangelhaft. Die Domkapitel ergänzten sich in den meisten Fällen durch Zuwahl; vom 13. Jh. an wurde der Kreis der Aufnahmefähigen eingeschränkt. Hatten zunächst noch Anwärter aus Ratsbürgerfamilien neben den aus Hoch- und Niederadelskreisen stammenden Bewerbern gewisse Aussichten auf den Erwerb einer Domherrenpfründe, so verstärkte sich im 15. Jh. der Zug zur adeligen Exklusivität ganz entschieden.

Die wichtigste Aufgabe der Domkapitel war die Wahl des Bischofs als Oberhirten des → Bistums; seit dem 12. Jh. waren sie dafür allein zuständig. Als Korporation erreichten sie auch Einfluß auf die Regierungsführung der Bischöfe, vor allem durch entsprechende Vereinbarungen mit den Wahlkandidaten (Wahlkapitulationen), die seit dem 14. Jh. nachgewiesen sind. Auf diese Weise haben die Domkapitel in der geistlichen Administration der Diözese und in der weltlichen Herrschaftsverwaltung der Hochstifte eine umfassende Mitregierung neben den Bischöfen entfaltet.

Als Korporationen hatten die Kapitel Selbstverwaltungsrechte; sie konnten sich Statuten geben, ihr Vermögen selbständig verwalten und eigene → Siegel führen. Leitungsfunktionen hatten die *Dignitäre*, der Dompropst (vor allem für die Vermögensverwaltung), der Domdekan (für das eigentliche Kapitelleben), der Scholaster (für die am Dom bestehende → Schule und das Bildungswesen in der Diözese), der Kantor (für Liturgie und Chor), der Kustos (für den Domschatz). Wie auf die Besetzung der Kanonikerstellen, so haben auch bei der Bestellung der Dignitäre, deren Pfründen oft besonders reich ausgestattet waren, Papst und Bischöfe, König und Fürsten Einfluß genommen; die weltlichen Herrscher taten dies in der seit dem 13. Jh. vorkommenden Form der „Ersten Bitten“. Dieses Recht gab den weltlichen Herrschern die Befugnis, einmal nach dem Regierungsantritt in den Kapiteln einen Kandidaten für eine freie Stelle zu benennen. Die Entwicklung der Domherrnpfründen zu Versorgungsstellen des Adels wurde im Spätmittelalter dadurch beschleunigt, daß adelige Kandidaten bevorzugt benannt wurden.

Dorf

In lateinischen Quellen wird das mittelalterliche Dorf meist villa oder vicus genannt; von villa ist auch „wilare" abgeleitet, woraus sich die Siedlungsbezeichnung Weiler für einen kleineren, dorfähnlichen Ort mit mehreren bäuerlichen Anwesen entwickelte. Von der Größe her, der Zahl der Bewohner oder Gehöfte, kann das Dorf nicht eindeutig definiert werden, auch nicht von der Siedlungsform (wenn man darunter die Anordnung der einzelnen Häuser und Hofstätten versteht) oder von der landschaftlichen Verteilung der Dorf-, Weiler- oder Einödhofsiedlung. Von der Nord- und Ostseeküste über die Mittelgebirge bis zu den Alpen wechseln Siedlungsgebiete mit überwiegender Dorfstruktur und Landstriche mit Einzelhofsiedlungen, wofür weder die geographischen Gegebenheiten, noch die Mentalität der Bevölkerung Anhaltspunkte für eine Erklärung oder Begründung zu liefern vermögen. Soviel ist allenfalls zu erkennen, daß in den deutschen Altsiedelgebieten westlich der Elbe-Saale-Linie sowie im oberdeutschen alamannisch-bayerischen Siedlungsraum Gebiete mit jeweils überwiegender Einödhof-, Weiler- und Haufendorfsiedlung wechseln und daß in den hochmittelalterlichen östlichen Kolonisationsgebieten (→ Kolonisation) die nach einem regelmäßigen Schema von Straßen- und Angerdörfern angelegten Dorfsiedlungen vorherrschen. Derartige regelmäßige Anlagen kommen auch in den Binnenkolonisationsgebieten der Altsiedelländer vor.

Die ländliche Siedlungsstruktur des Mittelalters ist vornehmlich von der herrschaftlichen Organisation geprägt worden. Aus der frühmittelalterlichen Siedlungseinheit des Herrnhofs (→ Fronhof) konnte sich ein größeres Dorf entwickeln, wenn Bauernanwesen von abhängigen Leuten, welche persönlich frei waren, in der Umgebung des herrschaftlichen Ansitzes entstanden und diese dann im Lauf der Generationen im Erbgang geteilt wurden, so daß sich die Häuser und Hofstätten zum Dorf verdichteten. Der grundherrliche Hofverband konnte auf diese Weise zum bestimmenden Element der Dorfentwicklung werden. Mit dem → Hofrecht des → Adels war auch Gerichtsbarkeit verbunden; das Dorf konnte ein *Gerichtsverband* sein, wenn die gesamte Siedlung einem Grund- und Gerichtsherrn gehörte.

In Bayern hieß dieses adelige Niedergericht auch Dorfgericht, das dann im Spätmittelalter vielfach zur Adelshofmark wurde (→ Gerichtsbarkeit).

Auch als *Wirtschaftsverband* spielte das Dorf eine wichtige Rolle, war doch vielfach ein Teil der Dorfmarkung als unverteilte → Allmende in gemeinsamer Nutzung. Außerdem mußten die Dorfgenossen wirtschaftlich eng zusammenarbeiten, nachdem die Wirtschaftsweise der → Dreifelderwirtschaft in Übung gekommen war.

Den Charakter einer eigenen Rechtspersönlichkeit hatten die Dorfgemeinden in mittelalterlicher Zeit noch kaum; dazu war die herrschaftliche Leitung der führenden Adelsschicht (→ Adel) zu stark ausgeprägt. Das hinderte aber nicht, daß auch gewisse genossenschaftliche Momente in der Verwaltung der Dörfer zu erkennen sind, etwa bei der Besetzung von Dorfämtern (Hirte, Flurwächter udgl.) oder bei der Nutzung gewerblicher Einrichtungen, wie Mühle, Schmiede, Taferne oder Bad. Diese, oft mit monopolartigen Zwangsrechten ausgestatteten Betriebe standen aber vielfach auch unter der Leitung der Dorfherrschaft. Diese besaß meist die Befugnis, Gebote oder Verbote anzuordnen („Zwing und Bann"), wobei gelegentlich die Gemeinschaft der Dorfbewohner Mitsprachemöglichkeiten erhielten. Vollberechtigte Mitglieder einer Dorfgemeinde waren nur die Besitzer größerer Anwesen (Ganz-, Halb- oder Viertelhöfe), während die Kleinbauern (Söldner, Katener, Häusler) minderberechtigt waren und die Tagelöhner, das Gesinde und die Heuerlinge als Angehörige der dörflichen Unterschichten gar kein Mitspracherecht besaßen. Die ländliche Bevölkerung war in sozialer Hinsicht stark differenziert. Sie ist auch wirtschaftlich nicht einheitlich gewesen; denn neben den Lebens- und Verdienstmöglichkeiten in der Landwirtschaft boten die Dorfsiedlungen immer schon auch Handwerkern der Eisengewinnung und Metallverarbeitung, der Mühlentechnik, dann auch des Baugewerbes und der Textilherstellung Arbeitsmöglichkeiten, wenngleich meist in Verbindung mit der Tätigkeit in der Landwirtschaft.

In der *Baugestaltung* der Dörfer dominierte der Holzbau (→ Haus); aus Stein waren in der Frühzeit allenfalls die Kirchen errichtet. Besondere Bedeutung hatte der Dorfzaun („Etter"), der den engeren Wohn- und Siedlungsbereich gegen die Feldmarkung abschloß. Er hatte nicht nur Schutzfunktion, um das Eindringen wilder Tiere oder das Davonlaufen der Haustiere zu erschweren, er umschloß auch den engeren Dorfbereich, in dem durch die sogenannte

Ettergerichtsbarkeit der Dorffriede von Herrschafts wegen garantiert war.

Dreifelderwirtschaft

Landwirtschaftliche Nutzungsform in Gebieten mit überwiegendem Getreideanbau. Vor der im Herbst stattfindenden Aussaat des Wintergetreides (meist Roggen, in günstigen Lagen Dinkel oder Weizen) wurde der dazu bestimmte Teil der Ortsflur (das „dritte Feld“) zweimal mit dem Pflug bearbeitet und blieb „umgebrochen“ (= brach) eine Vegetationsperiode liegen (→ Brache), was der Regeneration des Bodens diente. Die Flureinteilung mit der davon abhängigen Wirtschaftsweise war in karolingischer Zeit wohl in größeren westdeutschen Klostergrundherrschaften, vielleicht auch in größeren königlichen → Villikationen üblich. Bis in das 12. Jh. breitete sich die Dreifelderwirtschaft aus, besonders auch (wenn dies klimatisch möglich war) in den Rodungsgebieten der sogenannten Binnenkolonisation (→ Rodung) und in den landwirtschaftlich neu erschlossenen ostdeutschen Siedlungsgebieten (→ Kolonisation). Da es in den landwirtschaftlich genutzten Teilen der Fluren gar keine oder nur wenige Wirtschaftswege gab, bildete die Kooperation der Nutzer der einzelnen Parzellen in den Großfeldern der Flur eine wichtige Voraussetzung für das Funktionieren der Dreifelderwirtschaft. Sehr häufig ist deshalb die Dorf- und Wirtschaftsordnung durch die adeligen oder geistlichen Eigenwirtschaftsbetriebe (→ Fronhof) gelenkt worden, weil die herrschaftlichen Grundstücke sich in Gemengelage mit den Flächen der bäuerlichen Hintersassen befanden. In Gegenden mit wenigen herrschaftlichen Regiebetrieben oder mit einem höheren Anteil von freieigenen → Bauern dürften wohl auch bäuerlich genossenschaftliche Elemente die Wirtschaftsführung und damit das Dorfleben beeinflußt haben (→ Meier).

Dukaten

Goldmünze größeren Nennwertes (→ Geld), die seit dem späteren 13. Jh. in Venedig geprägt wurde. Den Namen erhielt die Münze vom Schlußwort der Umschrift „Sit tibi, Christe, datus, quem tu regis, iste ducatus“. Auf Handelswegen fanden die → Münzen weite Verbreitung; von den Nachprägungen haben für das Reichsgebiet nördlich der Alpen besonders die seit dem frühen 14. Jh. verbreiteten ungarischen Dukaten größere Bedeutung erlangt.

Ehe

Nach der älteren, bis in das 12. Jh. ziemlich ausschließlich anerkannten Meinung beruhte die Ehe, durch welche ein neuer Hausstand (→ Haus) begründet wurde, auf einem Vertrag, den ursprünglich die → Familien von Braut und Bräutigam abschlossen. Anstelle dieser recht archaischen Vertragsehe trat dann die zwischen dem Bräutigam einerseits und dem Vater oder sonstigen Muntträger (→ Munt) der Frau andererseits vereinbarte Ehe, wo die Braut zwar nicht als Vertragspartnerin auftrat, aber doch durch die notwendige Konsenserklärung für das Verlöbnis und die Trauung eine auch rechtlich bessere Stellung erhielt. Wichtig war aber immer noch, daß die Munt über die → Frau von der bisherigen auf die neue Familie überging.

Einen wesentlichen Wandel brachte die Kirchenrechtslehre, die seit dem Decretum Gratiani (→ Kanonisches Recht) und dem vierten Laterankonzil (1215) bestimmte, daß die Ehe ein Sakrament und damit grundsätzlich unauflöslich sei und der kirchlichen Gesetzgebung und Rechtsprechung unterliege. Das Kirchenrecht entwickelte ein kasuistisch ausgebautes System von Vorschriften, vor allem über die Ehehindernisse (geistlicher Stand, Verwandtschaft, Religionsunterschiede) und über die Formalien der Eheschließung. Für die künftige Entwicklung wurde wichtig, daß die Kirche den Konsens der Partner zur wesentlichen Grundlage der Eheschließung machte und daß die geistlichen Gerichte die Ehegerichtsbarkeit an sich zogen.

Zur Sicherstellung eigener Einkünfte der Frau im Fall der Auflösung der Ehe durch den Tod des Mannes mußten der Vater der Braut eine Aussteuer (zugleich Abfindung des Erbanspruches der Frau auf das väterliche Vermögen) und der Mann das Wittum und die Morgengabe (donum propter nuptias) bereitstellen. War einerseits der Gedanke der Gütertrennung lebendig, wenn nämlich beim Tod der Frau dieser Vermögenskomplex an ihre Familie zurückfiel (sofern keine erbberechtigten Kinder vorhanden waren), so galt doch auch der Grundsatz, daß der Mann die → Gewere am Frauengut und damit ein kaum beschränktes Nutzungsrecht auch über das Heiratsgut besaß. Der Mann mußte daher häufig zum Wittum eine sogenannte Widerlegung in gleicher Höhe erbringen. Diese Vermögensteile konnte der Mann zwar nutzen, wobei auch die Rolle der Frau als Inhaberin der Schlüsselgewalt erheblich ins Gewicht fiel, er war jedoch in der alleinigen Verfügung darüber beschränkt. Der Gedanke der Gütergemeinschaft bahnte sich im Spätmittelalter, vor allem in den großbürgerlich-städtischen Gesellschaftsschichten, an; in der Verwaltung dominierte jedoch der Ehemann.

In der Gliederung der mittelalterlichen Gesellschaft nach Geburtsständen kam dem Prinzip der *Ebenbürtigkeit* sehr große Bedeutung zu. Dieser Grundsatz schloß Ehen zwischen Angehörigen verschiedener Stände eigentlich aus. In der Lebenswirklichkeit wurde das Prinzip nicht eingehalten. Interessen, die sich aus Besitz, Herrschaft und Vermögen von Familienverbänden ergaben, oder emotionale Bindungen persönlicher Art haben in vielen Fällen zu Eheschließungen geführt, die in ständischer Hinsicht unebenbürtig waren. Dabei galt seit dem Hochmittelalter, daß eine unebenbürtige Frau den Stand des Mannes nicht erlangte und daß die Kinder aus einer solchen Ehe dem geringeren Stand („der ärgeren Hand") folgten. Unebenbürtige Frauen erhielten kein Wittum, sondern lediglich die Morgengabe; das bildete die Grundlage für die Entwicklung der in fürstlichen Familien der Neuzeit häufig vorkommenden morganatischen Ehen („Ehen zur linken Hand").

In den haus- und hofrechtlichen Verbänden (→ Haus) mußten die der Herrschaft unterworfenen Leute die Zustimmung des → Herrn (→ Unfreie) zur Eheschließung einholen. Ehen zwischen Angehörigen verschiedener Hofrechte waren unerwünscht; kamen sie doch zustande, so schlossen die Herren, bevor sie den Konsens erteilten, häufig Verträge, durch welche die Zugehörigkeit der aus solchen Ehen hervorgehenden Kinder geregelt wurde.

Eid

In allen Kulturen und Epochen hat die Wahrheitsversicherung unter Anrufung der Gottheit, verbunden mit einer bedingten Selbstverfluchung des Schwörenden, große Bedeutung, vor allem im Rechtsleben und in der gerichtlichen Praxis, gehabt. Die Eidesleistung war rituell gebunden und in Wort und Geste streng formalistisch festgelegt. Man kann unterscheiden zwischen Eidesleistungen, durch welche die Wahrheit behaupteter und schon eingetretener Tatsachen bekundet werden sollte (Wahrheitseid, assertorischer Eid), und solchen, die das Versprechen eines besonderen eigenen Verhaltens in der Zukunft zum Inhalt hatten (Gelöbniseid, promissorischer Eid).

Der *Wahrheitseid* war im gerichtlichen Verfahren (→ Gerichtsbarkeit) außerordentlich wichtig. Vom Frühmittelalter bis zum 12. Jh. wurde er als Reinigungseid geleistet; durch Schwur reinigte sich der Beklagte vom Klagevorwurf. Unterstützt durch Eidhelfer versicherte er dabei in formaler Weise, daß er kraft Persönlichkeitsstruktur als Täter oder Rechtsbrecher gar nicht in Frage käme. Dies führte zu vielem Mißbrauch, so daß die Rechtsordnung, besonders seit der Strafrechtsentwicklung der → Landfrieden, die Zulassung zum Reinigungseid (was als Vorrecht des Beklagten erschien) erschwerte. An seine Stelle trat im Verfahren mehr und mehr der Zeugeneid, durch den Sachkundige die Wahrheit von Tatsachen unter Eid bezeugten. Ein falscher Wahrheitseid galt als Meineid, der unter strenger Strafandrohung (Abhauen der Schwurhand) stand.

Die *Gelöbniseide* hatten große Bedeutung in der mittelalterlichen, ständisch angelegten Gesellschaftsordnung. Könige leisteten solche Schwüre über die Ausübung des Herrscheramtes. Die großen Lehenhöfe waren durch die Treueide der Lehensgefolgschaft zusammengehalten (→ Lehenswesen). Amtleute der → Territorien waren durch Amts- und Diensteide mit den Landesherren verbunden. Die Schwurgemeinschaft (conjuratio) der Bürger hielt die → Städte zusammen. Landfriedenseinungen und politische Verträge wurden beschworen. Als beschworener Landfrieden ist wohl auch der Bündnisvertrag der innerschweizerischen Talschaften Uri, Schwyz und Unterwalden zu betrachten (1291 erstmals schriftlich überliefert); aus ihm entwickelte sich die Schweizerische Eidgenossenschaft. Allen diesen Eiden gemeinsam war die Verpflichtung zu entsprechendem Verhalten in dem jeweiligen Verband. Dies galt ebenso für eidlich gesicherte Verträge oder → Urfehden. Nichteinhaltung eines Versprechenseides galt als Eidbruch. Bestraft wurde der Eidbrüchige für die Nichteinhaltung der dem Eid zugrundeliegenden Verpflichtung; für den Eidbruch an sich gab es kaum Strafandrohungen.

Erzherzog

Der Titel Erzherzog (archidux) wurde von dem Habsburger Rudolf IV. (1358–1365 Herzog v. Österreich) erfunden und erstmals geführt.

Das stand im Zusammenhang mit dem „Privilegium maius“, einer von Rudolf veranlaßten Urkundenfälschung, in deren Mittelpunkt die Erweiterung des dem Herzogtum Österreich 1156 gewährten Privilegs („Privilegium minus“) steht. Der Habsburger wollte damit die Rechte seines Hauses (Unteilbarkeit der Stammländer, Ehrenvorrechte u.a.) denen der Kurfürsten, welche diese in der → Goldenen Bulle von 1356 erhalten hatten, angleichen. Seit der Bestätigung der österreichischen Kaiserprivilegien durch Friedrich III. (1442 und 1453) galt der Titel als reichsrechtlich korrekt; die Habsburger führten ihn bis zum Ende der Monarchie.

Evokation

Da nach mittelalterlicher Anschauung alle Gerichtsgewalt im König ihre Begründung fand, konnte dieser Verfahren an sich ziehen, indem er die Parteien aus der Instanz eines anderen Gerichtsherrn herausrief (evocare). An die Stelle eines örtlich zuständigen Gerichts traten dann das königliche → Hofgericht oder ein kaiserliches → Landgericht; auch die → Femegerichte nahmen durch die sogenannte Abforderung eines Verfahrens dieses Recht in Anspruch. Die Prozeßparteien konnten wohl eine Überweisung an ein königliches Gericht beantragen, einen Anspruch darauf hatten sie jedoch nicht.

Im Rechtsleben spielte die Evokation an das Hofgericht keine bedeutende Rolle, schon deshalb nicht, weil dieser Gerichtshof organisatorisch gar nicht in der Lage war, eine größere Spruchtätigkeit zu entfalten. Deshalb waren die Könige im Spätmittelalter bereit, auf das Evokationsrecht zu verzichten, wie dies in der → Goldenen Bulle (1356) zugunsten aller Kurfürsten geschah.

In der Form von sogenannten Gerichtsstandsprivilegien ließen sich seit dem späten 13. Jh. viele Reichsstände den Ausschluß fremder Gerichte von ihrer eigenen, territorial bezogenen Gerichtsbarkeit bestätigen. Dadurch wurde der Aufbau der Jurisdiktion der → Territorien wesentlich erleichtert.

Versuchen der Prozeßparteien, mittels der → Appellationen die Grenzen der territorialstaatlichen Jurisdiktion zu überwinden, wirkten die fürstlichen Gerichtsherren entgegen, indem sie vom König sogenannte Appellationsprivilegien erwirkten, die oft in Verbindung mit den Evokationsprivilegien standen; durch beide Privilegienarten sollte die Jurisdiktion fremder Gerichte von den sich mehr und mehr festigenden und gegeneinander abschließenden Territorien ferngehalten werden. Durch die Reichskammergerichtsordnung von 1495 verlor die Evokationsmöglichkeit völlig an Bedeutung; von da an wurde die Reichsinstanz für Personen, die nicht persönlich reichsunmittelbar waren, mehr und mehr ausgeschlossen.

Evokation wie Appellation hatten nur in den nicht sehr häufigen Fällen, in denen Rechtsverweigerung oder Rechtsverzögerung durch das Gericht nachgewiesen werden konnten, einige Wirksamkeit.

Familie

Erst in der Neuzeit bürgert sich der moderne Familienbegriff ein, mit dem im weiteren Sinn die Verwandten und im engeren Sinn die in einer Hausgemeinschaft lebenden verwandten Personen gemeint sind. Diese Lebensgemeinschaft wurde vorher meist aufzählend („Mann, Frau, Kinder") beschrieben und war auf den gemeinsamen Haushalt (→ Haus) bezogen. Als eine nach genealogischen Zusammenhängen definierte Personengruppe hatte die Familie die größte Bedeutung für die mittelalterliche Sozialgeschichte. Das Früh- und Hochmittelalter kennt auch den Begriff der *Sippe* als Verwandtschaftskreis aller von einem gemeinsamen Stammvater abstammenden Personen („agnatische Sippe") oder als Gemeinschaft der gleichzeitig lebenden verwandten und verschwägerten Personen („cognatische Sippe"); da diese Personengemeinschaften aber nur schwer in genauerer Weise nach Zugehörigkeit, Organisation und Kompetenz des Verbandes zu definieren sind, kommt dem auf dem rechtlich normierten Hofverband (→ Hofrecht) beruhenden Familienverband eine wesentlich größere Rechts- und Verfassungsbedeutung zu. Das in Generationenfolgen denkende agnatische Verwandtschafts- und Familienbewußtsein erstarkte im Hochmittelalter, speziell im 12. Jh., wozu die lehenrechtliche Bindung der großen Familiengüter beigetragen hat. Da alle Agnaten eines Familienverbandes potentielle Inhaber des Lehengutes und in die Gesamtbelehnung einbezogen waren, hat das auf diese Weise gebundene Stammgut den Zusammenhalt der Besitzerfamilien geprägt.

Wichtiger aber war der auf der Ehe eines voll rechts-, waffen- und handlungsfähigen Mannes beruhende Hausverband, zu dem mit der Hausfrau die unter der → Munt des Familienvaters stehenden minderjährigen und die erwachsenen, unverheirateten Kinder sowie das unfreie Gesinde gehörten. Diese Verbände bezeichnet man als *„familia“*; das Wort gehört etymologisch zu „famulus“ und „famula“ (Knecht und Magd) und bezeichnet diejenigen Personen, die personenrechtlich der Munt des Hausvaters unterstehen und wegen der Güter, die sie bewirtschaften, auch sachenrechtlich von der → Gewere des Herrn von Haus und Hof abhängig sind. Das Haus, als Kern der (biologisch definierten) Familie und als Mittelpunkt der herrschaftlich organisierten „familia“ hat die allergrößte Bedeutung für die hochmittelalterliche Sozialgeschichte.

Die Familie des → Freien oder des Mannes von → Adel bildete den Kern des Hausverbandes; sie entstand durch die Gründung des Hausstandes in einer rechtsgültigen → Ehe. Die der Herrschaft des Hausherrn und Familienvaters unterworfenen → Unfreien konnten innerhalb des Haus- und Hofverbandes Ehen eingehen und Familien bilden; sie waren als Angehörige der „familia“ in das Wirtschaftssystem des → Fronhofs oder der späteren → Grundherrschaft eingegliedert. Ehen zwischen unfreien Angehörigen verschiedener „familia“-Verbände waren von Seiten der Herren wenig erwünscht. Diese haben die Zustimmung jedoch erteilt, wenn Abmachungen darüber zustande kamen, welchem Verband die Kinder aus solchen Familien angehören sollten. Gelegentlich wurde auch durch Verträge zwischen den Herren vereinbart, daß die Kinder aus den Ehen Unfreier aufgeteilt werden sollten, daß die Söhne dem Vater, die Töchter der Mutter folgten. Die unmittelbaren rechtlichen Wirkungen der persönlichen Unfreiheit wurden seit dem 13. Jh. stark reduziert; die enge Bindung der persönlich unfreien Leibeigenen an die „familia“ eines weltlichen oder geistlichen Herrn lockerte sich deshalb. Besonders in den Gebieten der Rentengrundherrschaften waren die selbständig wirtschaftenden grundherrschaftlichen Bauern aus der früh- und hochmittelalterlichen „familia“-Bindung entlassen; hier gewann die Familie im engeren, verwandtschaftlich definierten Sinn größere Bedeutung.

Wegen der schwierigen und unsicheren Wirtschaftsführung der agrarischen Bevölkerung war die Existenz und das Überleben des Einzelnen nur in der Personengruppe der Familie (oder auch der zahlenmäßig größeren „familia“) möglich; nur in der Gemeinschaft war das durch Klima und Wetter der Gesundheit von Mensch und Tier und dem Gedeihen der Feldfrüchte drohende Risiko zu tragen. Besondere Erschwernis brachten die Aufbauarbeiten bei der → Kolonisation in den Ostgebieten oder bei den → Rodungen in den Altsiedelländern.

Ziemlich ausschließlich Sache der Familie war die Erziehung und Ausbildung der Kinder und Heranwachsenden; die wenigen → Schulen erreichten nur einen kleinen Teil der Bevölkerung. Eine gewisse Besserung brachte erst die Entwicklung des städtischen Schulwesens; es vermittelte Bildung an Bevölkerungsschichten, deren Familien sich bis dahin auf einem niedrigen Bildungsniveau befunden hatten. Die Berufsausbildung für die Arbeit in der Landwirtschaft oder im Handwerk leistete in hochmittelalterlicher Zeit ebenfalls die Familie; mit dem Aufschwung des städtischen → Handwerks seit dem 13. Jh. fand die Handwerkerausbildung der Meistersöhne häufig in anderen Familien statt.

Außerordentlich wichtig war der Familienverband für die Versorgung von kranken, arbeitsunfähigen oder invaliden Angehörigen, die nur im Kreis der Familienmitglieder Obdach, Nahrung und Pflege erhielten. In den spätmittelalterlichen Städten entstanden für die Versorgung der Alten und Arbeitsunfähigen spezielle Stiftungseinrichtungen, die → Spitäler. Dies zeigt an, daß die Familien diese Aufgaben auf die Dauer nicht mehr erfüllen konnten und daß deshalb andere Formen der Hilfeleistung gefunden werden mußten.

Die Bildung der Familien war von der Eheschließung abhängig; → Ehen kamen meist nur dann zustande, wenn die Partner demselben Geburtsstand angehörten. Dementsprechend waren auch die Familien nach Standesschichten gegliedert. Die Familien achteten darauf, daß nur standesgemäße Ehen geschlossen wurden.

Fehde

In frühmittelalterlicher Zeit war die Fehde ein durch die Rechtsordnung anerkanntes Verfahren, mit dem ein Verletzter oder seine → Familie am Täter einer den Frieden (→ Landfrieden) brechenden Gewalttat Rache nehmen konnte. Das wurde nicht als ungerechtfertigte Selbsthilfe empfunden; durch die Fehde sollte vielmehr der vom Gewalttäter gebrochene Rechtsfrieden wieder hergestellt werden. Dies war dem Geschädigten und seiner Familie überlassen, weil es eine allgemeine Rechtsgarantie und ein Monopol der Rechtsverwirklichung von Staats wegen ursprünglich nicht gegeben hat. Schon in karolingischer Zeit bemühten sich die Könige, das Fehdewesen einzuschränken; die Grafen wurden angehalten, durch Gerichtsverfahren mit gerichtlich angeordneter Sühne den Frieden wieder herzustellen.

Außerdem wurden bestimmte Gewalttaten, wie die sogenannte Heimsuchung (gewaltsame Besetzung von Häusern) oder Brandstiftung, bei Fehden verboten. Bestimmte Gebäude oder Örtlichkeiten wurden zu Asylstätten (→ Asyl) erklärt; dadurch ergab sich die Möglichkeit zur Anknüpfung von Sühneverhandlungen oder zur Einleitung gerichtlicher Verfahren.

Eine wesentliche Einschränkung des weitverbreiteten und allgemein üblichen Fehderechts brachte die Beschränkung der Waffenfähigkeit breiter Bevölkerungsschichten, als mit dem Wandel der hochmittelalterlichen Gesellschaftsordnung der Großteil der bäuerlichen Leute das Recht, Waffen zu tragen, verloren hatte (→ Bauer). Die Landfriedensbewegung (→ Landfrieden) griff seit dem frühen 12. Jh. diese Entwicklung auf und schränkte die Fehde als Rechtsmittel auf die ritterliche Gesellschaft ein (→ Adel).

Diese Form der ritterlichen Fehde wurde durch die mit dem → Lehenswesen einhergehende Militarisierung der adeligen Rittergesellschaft gestärkt, was zu bedenklichen Sicherheitszuständen führte; besonders die Hintersassen fehdeführender Herren litten darunter. Seit der Mitte des 12. Jh. versuchten Könige und Reichstag, die Fehde zu verbieten. Dies gelang nicht. Es wurden nun bestimmte Regeln für eine „rechte“ Fehde aufgestellt, die rechtzeitig anzusagen war und für deren Beginn gewisse Wartefristen einzuhalten waren. Bestimmte Zeiten (Fest- und Feiertage) und Örtlichkeiten wurden für fehdefrei erklärt. Die Hintersassen sollten vor den Folgen der Fehdehandlungen nach Möglichkeit geschützt werden. Viel Erfolg hatten diese Bemühungen aber nicht; denn zahlreiche Adelige beunruhigten von ihren → Burgen aus unter dem Vorwand, eine berechtigte Fehde zu führen, den Verkehr auf den Landstraßen und die Grundherrschaftsdörfer ihrer Gegner.

Endgültig hat dann das Reichsgesetz von 1495 über den „Ewigen Landfrieden“ die Fehde als Rechtsmittel abgeschafft und jede Fehdehandlung zur verbotenen Eigenmacht erklärt. Durchgesetzt wurde diese Anordnung jedoch erst in der ersten Hälfte des 16. Jhs. durch die Fürstenstaaten (→ Territorium).

Seit dem Spätmittelalter wandelte sich der Inhalt des Begriffs Fehde; man verstand nun darunter auch den Krieg, der politische Auseinandersetzungen fürstlicher Herren entscheiden sollte. Ein von der Rechtsordnung erlaubtes Rechtsmittel war diese Art der Fehde nicht mehr.

Feldgraswirtschaft

Landwirtschaftliche Nutzungsform von Grundstücken, die dem Akkerbau und der Viehzucht in einer Dorfflur dienen. Um dem Boden nach der Ackernutzung Zeit und Möglichkeit zur Regeneration zu geben, ließ man die abgeernteten Felder mit Gras überwachsen und nutzte sie zur Weide. Der Wechselrhythmus zwischen Wiesen- und Feldbau wurde schon im Frühmittelalter zeitlich geregelt, wodurch dann eine wirtschaftliche und organisatorische Vorstufe der → Dreifelderwirtschaft erreicht wurde. In manchen Gegenden (besonders in den oberen Lagen der Mittelgebirge und im alpinen Bereich) blieb die Feldgraswirtschaft bis weit in die Neuzeit herauf die allein übliche landwirtschaftliche Nutzungsform.

Femegerichte

Im 15. Jh. gewann im ganzen Reich die von den Freigerichten in Westfalen ausgeübte Femegerichtsbarkeit als besondere Form der hohen Jurisdiktion Bedeutung. Diese → Gerichtsbarkeit ist wohl von den alten Grafengerichten (→ Graf) herzuleiten. Gerichtsherr war der Erzbischof von Köln in seiner Eigenschaft als Herzog von Westfalen. In Erinnerung an die königliche Bannleihe übertrug er den → Freigrafen den Gerichtsbann (→ Bann). Deshalb genossen die Urteile dieser Gerichte zeitweilig sehr großes Ansehen im ganzen Reich. Die Freigerichte tagten zunächst öffentlich; später war nur mehr den Freischöffen die Teilnahme erlaubt. Dies brachte den Gerichten den Ruf des Geheimen und des Geheimnisvollen ein.

Die Femegerichte hielten sich in allen schweren Kriminalfällen, die mit der Todesstrafe bedroht waren, für zuständig, so daß sie aus dem ganzen Reichsgebiet nördlich der Alpen Klagen annahmen; dies galt auch für den Fall der Rechtsverweigerung bei einem anderen Gericht. Als Urteiler fungierten Beisitzer unter der Bezeichnung Freischöffen; sie kamen aus dem ganzen Reichsgebiet.

Seit der Mitte des 15. Jhs. suchten territoriale Gerichtsherren und Reichsstädte die Wirksamkeit der westfälischen Femegerichte einzuschränken, indem sie ihren Untertanen und Bürgern verboten, dort Klage zu erheben oder sich den Gerichten als Beklagte zu stellen. Dieses Vorgehen war schließlich erfolgreich, so daß seit der Einrichtung des Reichskammergerichts (→ Reichsgerichte) die Freigerichte keine über Westfalen (das Gebiet zwischen Rhein und Weser) hinausreichende Bedeutung mehr hatten.

Folter

Seit dem 12. Jh. entwickelte sich das Gerichtsverfahren zum Inquisitionsprozeß (→ Gerichtsbarkeit), in dem das Gericht den der Klage zugrundeliegenden Sachverhalt erforschen mußte. Formale Beweismittel, wie der → Eid, traten dabei in den Hintergrund; der Zeugenbeweis wurde wichtig. Das wichtigste Beweismittel war nun das Geständnis des Angeklagten. Jedes Mittel war recht, dieses herbeizuführen. Androhung und Anwendung körperlicher Zwangsmaßnahmen, die Folter (Tortur), waren seit dem 13. Jh. (erstmals nachgewiesen 1221/30 in österreichischen Stadtrechtsquellen) bei der gerichtlichen Beweiserhebung gang und gäbe. Der Angeklagte war der Willkür des Gerichts und der Folterknechte ausgeliefert. Die Auswüchse dieser barbarischen Verfahrensweise vor weltlichen wie geistlichen Gerichten nahmen im 15. Jh. zu, als neben den Verfahren gegen → Ketzer auch Prozesse wegen → Hexerei und Schadenzauber häufiger geführt wurden. Den Höhepunkt dieser Praktiken brachten die Hexenverfolgungen im späten 16. Jahrhundert.

Forst und Jagd

Vor der großen Binnenkolonisation, dem hochmittelalterlichen Landesausbau durch → Rodung, gab es in den deutschen Altsiedelgebieten große, zusammenhängende Waldgebiete, welche gar nicht oder nur gering besiedelt waren. Vielfach handelte es sich dabei um ursprünglich herrenloses Land, dessen Eigentum der König aufgrund seiner Banngewalt (→ Bann) in Anspruch nahm. Dadurch kamen solche Waldungen in ein besonderes Schutzverhältnis zum König und standen unter der königlichen Rechts- und Friedensgarantie, sie wurden „eingeforstet“; aus den Urwaldgebieten wurden Königsforste. Sie standen der vom Königtum eingeleiteten Besiedlung durch Rodung offen. Kam in vielen Fällen bei der Einforstung das Eigentum an Grund und Boden an den Forstherrn, so erhielt anderwärts dieser lediglich Nutzungsrechte; darunter war vor allem das *Jagdrecht* von

Bedeutung. Als Wildbannrecht bezeichnet, ist es neben dem Forstrecht (= Recht zur Einforstung) im 12. Jh. ausdrücklich als Königsrecht (→ Regalien) bezeichnet worden.

Vom König eingeforstete Gebiete kamen durch Verleihung häufig in Hände geistlicher und weltlicher Reichsfürsten; Forstschenkungen waren häufig die Grundlage für die Landeshoheit geistlicher → Fürsten (z.B. Passau, Augsburg, Regensburg).

Das Forstrecht nahmen jedoch auch Angehörige des Hochadels kraft eigenständigen Adelsrechts (→ Adel) in Anspruch; das war in weiten Teilen der unwegsamen Mittelgebirge, im alpinen Raum und in ober- wie niederdeutschen Heide- und Sumpfgebieten häufig der Fall. Auch hier gab es Forste, in denen die Fürsten durch Rodung ihre Herrschaftsgebiete erweiterten.

Das Jagdrecht wurde seit dem Hochmittelalter mehr und mehr vom Eigentum an Grund und Boden gelöst und allein von der Herrschaft in Anspruch genommen. Dies galt besonders für die hohe Jagd (auf Bären, Wildschweine, Hirsch- und Rehwild), die dem Nutzungsberechtigten des Waldes stets entzogen wurde. Auch die *Fischerei* wurde mehr und mehr von der Herrschaft in Anspruch genommen. Ausübung von Jagd und Fischerei waren deshalb von besonderer Wichtigkeit, weil dadurch häufig und an vielen Stellen das Recht ausgeübt und damit die Rechtslage sichtbar gemacht werden konnte. Die Rechtsausübung von Konkurrenten konnte ausgeschaltet werden.

Das Forstregal, der Wildbann und die Fischerei nahmen bis in das Hochmittelalter die Könige in Anspruch (→ Regalien). Die Herrschaft über Forsten, für welche kein individuelles Eigentum geltend gemacht wurde, das Recht zur Aneignung des Wildes und der Fische in öffentlichen Gewässern wurde dann zu einem Bestandteil der Landeshoheit der Fürsten. Diese waren an diesen Rechten um so mehr interessiert, als sie hier Gelegenheit hatten, die territorialen Ansprüche fremder Herren zurückzuweisen. Auch die Ansprüche des landsässigen Adels und der bäuerlichen Hintersassen fremder Grundherrschaften konnten in Wald und Flur zurückgewiesen oder wenigstens überwacht werden.

Im 15. Jh. wurde die Jagd mehr und mehr zur Hauptbeschäftigung oder zum Zeitvertreib der aristokratischen Schicht, die die Bauern aus dieser Waldnutzung völlig verdrängte. Der Forst war nun das fürstliche Jagdrevier. Die Binnenkolonisation hat die Siedlungsreserven ziemlich verbraucht; um die Jagdreviere zu erhalten, sollten die noch bestehenden eingeforsteten Waldungen vor Siedlungserschließung geschützt werden. Der Wildbestand wurde systematisch durch die fürstlichen Jagdbeamten gehegt. Dazu mußten die bäuerlichen Hintersassen durch Jagdscharwerk (→ Scharwerk) beitragen. Außerdem hatten sie dem Jagdpersonal der Jagdherren vielfache Dienste zu leisten und Kost und Herberge zu bieten.

Gewisse Nutzungsrechte an Waldungen und Forsten blieben der ländlichen Bevölkerung erhalten; das waren Bau-, Brenn- und Werkholzbezugsrechte sowie Weiderechte (→ Allmende).

Frau

Die *soziale Stellung* der Frau im Mittelalter ist geprägt von der durch die Kirche beeinflußten Lebensordnung, die einerseits das weibliche Geschlecht von den wichtigen Funktionen innerhalb der Kirche ausschloß nach dem Grundsatz „mulieres in ecclesiis taceant“ (1. Kor. 14,34) und Gehorsam und Unterordnung unter den Mann forderte (Gen. 3,16), andererseits aber auch der Frau als der Geschlechtsgenossin Mariens, der Gottesmutter, eine herausgehobene Position einräumte. Der Marienkult hat dem höfisch-ritterlichen Frauendienst Impulse verliehen. Der Dienst für die adelige Dame in der ritterlichen Gesellschaft beruhte auf der Vorstellung von der Überlegenheit der Frau über den Mann. Er fand Ausdruck im ritterlichen Minnedienst, der in der adeligen Oberschicht gesellschaftlichen Spielcharakter hatte und das Beziehungssystem zwischen Dame und Ritter geistig und erotisch prägte.

Die soziale Stellung der Frauen innerhalb der bäuerlichen und handwerklichen Unterschichten ist schwer faßbar; die schriftlichen Quellen, die nahezu ausschließlich von Männern geschrieben wurden, geben darüber wenig Auskunft. Das wichtigste Wirkungsfeld der Frau war die → Familie; das war grundsätzlich bei allen Ständen der Fall.

Besser als die soziale Stellung der Frau ist deren *rechtliche Position* im Mittelalter dokumentiert. Seit dem Frühmittelalter unterstanden die Frauen der sogenannten Geschlechtsvormundschaft, weil sie von Natur aus nicht waffen- und wehrfähig waren. Darum besaßen sie keine volle Rechts- und Handlungsfähigkeit. Bei freien Frauen übte die Vormundschaft (→ Munt) der Vater, nach der Eheschließung (→ Ehe) der Ehemann. Besser gestellt war die Witwe, da sie nach dem Tod des Gatten von dessen Vormundschaft frei wurde, aber nicht unter die Munt des Vaters oder eines männlichen Verwandten zurückkehrte. Die Witwe konnte über Mitgift, Morgengabe und Wittum und über das vom Ehemann ererbte Vermögen verfügen; sie konnte auch selbständig über eine Wiederverheiratung entscheiden („Selbstverlobungsrecht"). Die Handlungsfähigkeit der Frau im rechtlichen Bereich erweiterte sich dadurch. Die Witwen standen wie auch die Waisen unter dem speziellen Friedensschutz des Königs; auch dies hat die Position der Frau im Rechtsleben gestärkt.

In den höheren Adelskreisen, insbesondere in den Familien, die zu Königs- und Fürstendynastien aufstiegen, haben verwitwete Frauen mitunter wichtige politische Positionen eingenommen und höchst einflußreich gewirkt, so etwa die Kaiserinwitwen Theophanu (gest. 991), Adelheid (gest. 999), Agnes (gest. 1077), Konstanze (gest. 1198) oder die Markgräfin Mathilde von Tuszien (gest. 1115).

Frauen erhielten bei der Eheschließung, mit der sie aus der väterlichen Familie ausschieden, eine Aussteuer (Mitgift), die auch als Abfindung von Erbansprüchen galt. Deshalb kamen verheiratete Frauen bei Erbteilungen nach dem Tod des Vaters für eine Erbfolge nur dann in Frage, wenn der Erblasser keine Söhne hatte. Diese agnatische Erbfolgeordnung, die auch die unverheirateten Töchter des Erblassers ausschloß, hat sich beim fürstlichen Hochadel bis in die Neuzeit erhalten.

Wie im Erbrecht waren Frauen auch im Lehenrecht und im Prozeß vor Gericht benachteiligt. Frauen waren grundsätzlich nicht lehensfähig; sie hatten keinen Platz in der Heerschildordnung (→ Lehenswesen). Als schließlich seit dem Spätmittelalter auch Frauen Lehengüter erhalten konnten, mußten sie bei der Leistung der Lehenspflicht einen männlichen Lehensträger einschalten. Vor Gericht waren Frauen benachteiligt, weil sie als eidesunfähig galten. Da im Früh- und Hochmittelalter der Formaleid (→ Eid) im Prozeßrecht große Bedeutung hatte, Frauen diesen aber nicht leisten konnten, mußten sie sich häufiger als Männer dem Verfahren eines → Gottesurteils unterziehen.

Die spätmittelalterlichen Stadtrechte kennen solche rechtlichen Beschränkungen von Frauen, die im Geschäftsleben standen, nicht mehr, so daß die bürgerlichen Frauen, wenn sie ein eigenes Geschäft betrieben, in rechtlicher Hinsicht nicht mehr sehr viel schlechter gestellt waren als die männlichen Bürger.

In den hochmittelalterlichen Haus- und Hofverbänden (→ Haus) lebten unfreie Frauen, die mit unfreien Männern (→ Unfreie) in gültiger Ehe verheiratet waren. Beide Partner unterstanden der personenrechtlichen Herrschaft des Herrn. Wie der Mann war auch die unfreie Frau in der Freizügigkeit und in der Gattenwahl beschränkt; in den → Grundherrschaften, die sich aus den Fronhofsverbänden (→ Fronhof) entwickelten, konnten Frauen als Hintersassen Leihegüter selbständig bewirtschaften. Die wirtschaftliche und rechtliche Stellung der Frau besserte sich auf diese Weise auch im ländlich-agrarischen Bereich. Unverheiratete Frauen hatten wenig Möglichkeiten, selbständige Positionen zu erlangen. Mithilfe in der Land- und Hauswirtschaft sowie Arbeiten im Textilgewerbe (Spinnen, Wirken, Stricken o.ä.) bildeten das Berufsumfeld.

Die Bildungsmöglichkeiten für Frauen waren sehr beschränkt. Weltliche Schulen, die auch Mädchen besuchen konnten, entstanden erst in den Städten seit dem 13. Jh. Für unverheiratete Frauen bot der Eintritt in einen → Orden Gelegenheit zu geistlich-geistiger Betätigung. Verschiedene Kanonissenstifte und Benediktinerinnenklöster waren schon seit spätkarolingischer Zeit geistige, künstlerische und kunsthandwerkliche Zentren ersten Ranges. Auch die meisten Reformorden des Hoch- und Spätmittelalters errichteten Frauengemeinschaften, die sich häufig karitativen Aufgaben zuwandten und Bildungsaufgaben, besonders in der Mädchenerziehung, übernahmen.

Freie

Die Ansicht darüber, was unter der freien Person, dem freien Mann oder der freien Frau, nach mittelalterlichem Verständnis zu verstehen ist, darf nicht vom Inhalt des modernen Freiheitsbegriffs, der die Unabhängigkeit des Menschen in den Mittelpunkt der Betrachtung stellt, ausgehen. Bei dieser Begriffsbildung ist vielmehr zu bedenken, daß ursprünglich (in der germanischen Vorzeit und im Frühmittelalter) derjenige als frei galt, der voll rechts- und waffenfähig war und bei der Regelung der öffentlichen, die Allgemeinheit betreffenden Belange in der Volksversammlung und in der Rechtsprechung vollgültig mitwirken konnte. Freiheit in mittelalterlichem Sinn bezeichnet weniger die Unabhängigkeit als vielmehr die volle Teilhabe an der Landrechtsordnung (→ Landrecht). Frei waren natürlich die Adeligen (→ Adel). Wie die sogenannten Volksrechte der fränkischen Zeit belegen, kam den Adeligen ein höheres → Wergeld als den Freien zu; in manchen Stammesgebieten (bei den Sachsen etwa) bestand ein ausdrückliches Heiratsverbot zwischen Adeligen und Freien. Der Adel war durch großen Besitz, durch Ansehen und Führungsfähigkeit aus der Masse der Freien herausgehoben.

Die Freien waren Grundbesitzer und Herren über die in ihrem Haus- und Hofverband lebenden und arbeitenden Abhängigen (→ Unfreie). Die Freiheit war im wesentlichen rechtlich definiert; man erlangte sie durch Geburt. Somit bildeten die Freien ebenso wie die Adeligen zunächst einen Geburtsstand. Bis in das 9. Jh. darf man sich darunter jedoch nicht eine systematisch beschreibbare und mit eindeutigen Definitionsmerkmalen versehene Personengruppe vorstellen; der Übergang von einem zum anderen Stand war fließend; wegen der starken Abhängigkeit der Zuordnung von der Besitz- und Herrschaftsfundierung waren die Stände auch in sich stark differenziert. Maßgebliches Kriterium war (und das wirkte ins Hochmittelalter weiter) ein Landbesitz, zu dessen Bewirtschaftung abhängige Leute notwendig waren; er bildete die wirtschaftliche Grundlage für die hofrechtliche Herrschaft der Freien (→ Hofrecht).

Dieser Stand der Freien, die möglicherweise in karolingischer Zeit in manchen Gebieten in einem besonderen Abhängigkeitsverhältnis zum König gestanden waren, wurde offensichtlich seit dem 10. Jh. zahlenmäßig reduziert. Das hängt vor allem mit dem damals verstärkt einsetzenden Wandel der Kriegstechnik (→ Wehrwesen) zusammen. Nun bestand der taktisch operierende Kern des militärischen Aufgebots aus schwer gepanzerten Reitern. Die sachgemäße Ausübung des Waffenhandwerks war schwieriger geworden, die Ausrüstung und Bereitstellung äußerst kostspielig. Zudem waren die Reiter und das zugehörige Hilfsgefolge bei weiträumigen Einsätzen (gegen Normannen und Ungarn im 9. und 10. Jh., bei den Italienzügen seit den Ottonen, bei den → Kreuzzügen seit dem 11. Jh.) lange Zeit abwesend; dies vertrug sich auf Dauer nicht mit der wirtschaftlichen Tätigkeit der Freien in der Landwirtschaft. Beide Komponenten – hohe Kosten der militärischen Ausrüstung und Unentbehrlichkeit in der Wirtschaftsführung – führten im Hochmittelalter zur massenhaften Kommendation Freier unter die Schutzherrschaft (→ Munt) Vermögender, die dadurch ihrerseits den Aufstieg zum Adel oder die Verstärkung ihrer Stellung in der Adelsschicht erlangten. Bei der Kommendation konnte der Freie die persönliche Rechtsstellung aufgeben, so daß der Kommendierte in die Leibeigenschaft absank; es konnte aber auch nur die sachenrechtliche (den Grundbesitz betreffende) Stellung davon betroffen sein, so daß der in den hofrechtlichen Verband eintretende Freie persönlich frei blieb. Der Grundhold dieser

Art erhielt sein Gut zur Bewirtschaftung in einem freien, landrechtlich gesicherten Leiheverhältnis übertragen. Diese Entwicklung bildete eine wesentliche Voraussetzung für die Entstehung der spätmittelalterlichen → Grundherrschaft mit den landrechtlichen Leiherechten. Der frühmittelalterliche Stand der Freien löste sich bis ins 13. Jh. auf; entweder stiegen die Freien zum Herrenstand auf (→ Herr) oder sie wurden zu → Unfreien in persönlicher oder sachenrechtlicher Hinsicht. Ob der in manchen Gebieten (Tirol, Westfalen, Niedersachsen, Friesland, Ostmitteldeutschland) lebende freie Bauernstand, dessen Angehörige das Land zu freien Eigen besaßen, auf ein altfreies Bauerntum zurückgeht, ist fraglich. Wahrscheinlich handelt es sich bei dieser Art freier Bauern um Leute, die leib- oder grundherrschaftliche Bindungen ablösen oder auch abschütteln konnten und sich dadurch von der Masse der anderen, herrschaftlich gebundenen Landleute unterschieden (→ Bauer).

Einen neuen, andersgearteten Inhalt erhielt der mittelalterliche Freiheitsbegriff in der im 12. Jh. einsetzenden, seit dem 13. Jh. mit großer Intensität verlaufenden Entwicklung der → Städte. In den frühmittelalterlichen urbanen Siedlungen gab es Freie der beschriebenen ständischen Gliederung wohl kaum. Mit der Abschüttelung der alten, meist bischöflichen Stadtherrschaft erlangten die → Bürger die Freiheit von personenrechtlichen Bindungen einer älteren Stadtherrschaft, blieben vielfach jedoch sachenrechtlich in grundherrschaftsähnlichen Verhältnissen gebunden. Dies galt auch für die Neubürger, die in die seit dem 13. Jh. massenhaft entstehenden Gründungsstädte zogen und dort als persönlich freie Bürger oder Beisassen der besonders gearteten Herrschaft des Stadtherrn und der Herrschaft des bürgerlich geprägten Rates unterworfen waren und Grundstücke innerhalb der Stadtmauern nach dem Recht der freien Erbzinsleihe besaßen.

Freigraf

In alamannischen und sächsischen (besonders westfälischen) Gebieten kommt seit dem 12. Jh. für die Instanz des Grafengerichts die Bezeichnung „comecia libera, comicia regia, freigericht, freigrafschaft“ vor. Diese Gerichte hatten stets die hochgerichtliche Kompetenz, sie übten die Blutgerichtsbarkeit aus (→ Gerichtsbarkeit). Ob sie von den Grafschaftsgerichten der karolingischen Zeit abzuleiten sind oder eventuell nur (oder vielleicht auch vorwiegend) von der Gerichtsbarkeit über Freie, welche allein dem König unterworfen sind, herkommen, ist in der Forschung umstritten. Die in Westfalen vorkommenden Freigrafschaften erhielten offensichtlich auch dadurch einen wesentlichen Entwicklungsimpuls, daß nach dem Sturz Heinrichs des Löwen (1180) der Erzbischof von Köln die ihm in Westfalen übertragene Herzogswürde nicht voll realisieren konnte, so daß die Gerichtsbarkeit über das freie westfälische Bauerntum in engerer Beziehung zum Reich blieb und die königliche Verleihung des Gerichtsbannes sich erhielt. Die unter dem Vorsitz eines Freigrafen tagenden westfälischen Freigerichte wurden zum Ausgangspunkt für die → Femegerichte.

Die Freigrafschaft Burgund wurde als Teil des Herzogtums Hochburgund im 12. Jh. durch Kaiser Friedrich I. eigentlich als Pfalzgrafschaft (→ Pfalzgraf) organisiert. Das um den Doubs gelegene Land zwischen dem elsässischen Sundgau und der Saône führte seit dem 14. Jh. die Bezeichnung Franche-Comté; die Freigrafschaft kam seit 1384 in den Sog der Herrschaftsbildung der Herzöge von Burgund und aus deren Erbe dann an das Haus Habsburg.

Fremde

Die mittelalterliche Gesellschaftsordnung beruht auf Personenverbänden, die Schutz-, Friedens- und Rechtsgemeinschaften waren. In den Stämmen, die bis in das Hochmittelalter das politische Organisationsgerüst des jüngeren Stammesherzogtums (→ Herzog) bildeten, galt nach dem Personalitätsprinzip das Stammesrecht grundsätzlich nur für die zum Stammesverband gehörigen Leute. Der Stammesfremde, der vorübergehend, etwa als Kaufmann oder als Gesandter, anwesend war, stand außerhalb der Rechtsgemeinschaft. Im fränkisch-deutschen Reich waren die Stammesrechte gleichberechtigt; im Königsgericht wurde das Stammesrecht des Beklagten angewendet. Deshalb galt im Hochmittelalter derjenige als Fremder, der nicht zum Reichsverband gehörte. Zur Wahrung der Rechte des Reichsfremden war das Königtum berufen; der Gast stand somit unter Königsschutz.

Mit der Formierung der → Territorien und der → Städte gewann das Fremdenrecht stärkere Bedeutung. Die außerhalb des territorialen Rechtsverbandes, des Landrechts, und außerhalb des jeweiligen Stadtrechts stehenden Leute waren Fremde. Sie unterlagen rechtlichen Beschränkungen (etwa beim Liegenschaftserwerb); gelegentlich wurden bei ihnen auch Sondervorschriften des Prozeßrechts angewendet. Das Sonderrecht der → Juden beruhte auf der Religionszugehörigkeit.

Ortsfremde, die keinen festen Wohnsitz hatten (wie Landstreicher oder Vaganten) oder die wegen der Art des Gewerbes außerhalb der Siedlungsgemeinschaft wohnten (wie Müller, Schäfer oder Abdekker), genossen geringes soziales Ansehen; ihre Gewerbe galten als unehrlich. Das war jedoch keine moralische, sondern eine soziale Klassifizierung. Dieselbe Abwertung mußten sich auch Leute gefallen lassen, die von der Obrigkeit zur Verrichtung niederer und blutiger Aufgaben angestellt wurden (Straßenkehrer, Hirten, Gerichtsbüttel, Folterknechte, Henker). Angehörige dieser Berufe schlossen sich ihrerseits zu genossenschaftlichen Verbänden zusammen, weil sie keinen Zugang zu den „ehrlichen" Gewerben, vor allem den „zünftigen", finden konnten. Der Makel der unehrlichen Geburt war ebenso wie die uneheliche Geburt ein rechtserhebliches Hindernis auf dem Weg zum gesellschaftlichen und wirtschaftlichen Aufstieg.

Fronhof

In Eigenwirtschaft eines Herrn (daher der Name) stehender agrarischer Betrieb, dem auch ländliche Handwerker zugeordnet sein konnten. Fronhöfe waren vielfach Mittelpunkte von → Villikationen. Solchen Fronhofsverbänden waren nach Leiherecht ausgegebene, mehr oder weniger selbständige Bauernwirtschaften zugeordnet. Deren Inhaber mußten zum Fronhof Dienste leisten (→ Scharwerk). Die bereits in merowingisch-karolingischer Zeit belegten Fronhöfe des Königtums und des Adels entwickelten sich vom 12. Jh. an zu Zentren der ostdeutschen → Gutsherrschaft, wenn die Eigenwirtschaft intensiviert wurde, was vielfach in den Siedlungsgebieten (→ Kolonisation) der Fall war; es konnten aus Fronhöfen aber auch → Meierhöfe entstehen, wenn (was häufig in Süddeutschland der Fall war) sich die hochmittelalterliche Adelsherrschaft zur wirtschaftlichen Form der Rentengrundherrschaft (→ Grundherrschaft) entwickelte. Der Bewirtschafter des Meierhofes konnte zum Amtsträger in der grundherrschaftlichen Verwaltung oder auch zum Sprecher genossenschaftlicher Verwaltung in der bäuerlichen Wirtschaftsgemeinde werden.

Fürst

a) Inhalt und Bedeutung des Fürstenrangs in älterer Zeit

Das schon in althochdeutschen Formen vorkommende Wort Fürst (und seine in den mittelalterlichen Quellen häufiger auftauchende lateinische Entsprechung princeps) bezeichnet den an der Spitze eines politischen Verbandes stehenden Mann. Die Bedeutung engte sich jedoch ein: Im 10. Jh. wurden principes diejenigen genannt, die → Herzöge waren oder herzogsgleiche Stellung hatten. Die Fürsten bildeten die oberste Schicht des → Adels; aus ihrer Mitte ging der → König hervor; sie waren maßgeblich an der Wahl des Königs beteiligt. So ergab sich ein besonders enges Beziehungssystem zwischen Fürsten einerseits und König und Reich andererseits. Sie waren zum Militärdienst auf der Heerfahrt und durch die Hoffahrt zum Hofdienst als Berater des Königs verpflichtet. Das Selbstbewußtsein und die Wirkungsmöglichkeiten der weltlichen Fürsten wurden durch die politische Entwicklung im Investiturstreit seit der zweiten Hälfte des 11. Jhs. nachhaltig gestärkt. Neben den *weltlichen Fürsten,* den Herzögen, Landgrafen, Markgrafen und auch einigen Grafen traten nun als *geistliche Fürsten* die Erzbischöfe, Bischöfe und einige Äbte größerer Klöster in Erscheinung; denn auch ihnen kam herrschaftlich-weltliche Bedeutung zu, nachdem sie seit dem Zeitalter der Ottonen Reichsgut, Grafenrechte und andere Regalien übertragen erhalten hatten. Beide, weltliche wie geistliche Fürsten, übten *Herrschaft über Land und Leute* aus. Eine Abgrenzung der Fürsten von den anderen adeligen Herrschaftsträgern, der Masse der Grafen und der freien Herren, ist rechtlich-systematisch nicht möglich; außergewöhnlich großer Besitz, Grafschafts- und Vogteirechte sowie Einfluß im politischen Geschehen haben den Fürsten zu einem herausgehobenen Rang verholfen.

Im Lauf des 12. Jhs. setzte die Entwicklung ein, welche die Fürsten zu einem abgeschlossenen Stand, dem Reichsfürstenstand, vereinte.

b) Der Reichsfürstenstand

Nach dem Wormser Konkordat (1122) wurden die hohen kirchlichen Würdenträger, die geistlichen Fürsten, in die weltlichen Herrschaftsrechte, die Regalien, durch den König eingewiesen (investiert). Diese Regalieninvestitur wurde alsbald in einen lehenrechtlichen Akt umgedeutet (→ Lehenswesen). So kamen die Erzbischöfe und Bischöfe in eine unmittelbare lehenrechtliche Beziehung zum König. Auch die weltlichen Großen, welche herzogliche oder herzogsähnliche Funktionen hatten, waren *unmittelbare Lehensleute des Königs*. In der lehenrechtlich normierten Terminologie, welche für das 12. Jh. zu erschließen ist, besaßen beide den nächsten „Heerschild" (die nächste Rangklasse) nach dem König. Diejenigen weltlichen Großen, welche unmittelbar vom König belehnt waren, dazu auf der Grundlage von *Eigenbesitz* und übertragenen *Grafen- und Vogteirechten* eine Gebietsherrschaft (→ Territorium) aufbauen konnten und ihren persönlichen Gerichtsstand vor dem *königlichen Hofgericht* hatten, rechneten nun zu dem Reichsfürstenstand, welcher seit den politischen Umwälzungen nach dem Sturz Herzog Heinrichs des Löwen (Aufteilung der welfischen Herzogsherrschaften in Süd- und Norddeutschland 1180) ein exklusiver Kreis der höchsten Herrschaftsträger nach dem König war. Als besondere Führungsschicht erhob sich daraus das Kollegium der → Kurfürsten.

Seit dem späten 12. Jh. sind förmliche *Fürstenstandserhebungen* durch den König mehrfach nachgewiesen, so für die Markgrafen von Mähren (1182) oder die Grafen von Hennegau, welche zu Markgrafen von Namur ernannt wurden (1184/88), für die Welfen in Braunschweig-Lüneburg (1235), die Landgrafen von Hessen (1292), die Grafen von Henneberg (1310) oder die Burggrafen von Nürnberg (1363). Daneben gab es auch gefürstete Grafschaften, wie die von Anhalt oder von Tirol (1342–1369 mit dem Haus Bayern, seitdem mit Österreich verbunden).

c) Die „Fürstengesetze"

Bei der Formierung des Reichsfürstenstands haben die „Confoederatio cum principibus ecclesiasticis" (1220) und das „Statutum in favorem principum" (1231/32) besondere überlieferungsgeschichtliche Bedeutung; zu beachten ist, daß die üblichen Bezeichnungen der Diplome nicht zeitgenössisch sind. In dem erstgenannten Dokument übertrug Kaiser Friedrich II. den *geistlichen Reichsfürsten* die Ausübung wichtiger Reichsrechte (Zoll, Münze, Gerichtsbarkeit); die bedeutenderen der geistlichen Erz- und Hochstifte wurden dadurch zu großen, mehr oder weniger geschlossenen Immunitäten. Außerdem verzichtete die königliche Seite auf Rechte bei der Bischofseinsetzung. Im „Statutum" erhielten die *weltlichen Fürsten* die entsprechenden Zugeständnisse. Beide Gesetze stellen jedoch mehr eine Fixierung bereits bestehender Verfassungsverhältnisse als eine Neuverleihung dar. In sachlichem Zusammenhang damit steht der Reichslandfrieden von Mainz (1235), durch welchen die Fürsten nur den Vollzug der ihnen im „Statutum“ zugestandenen Rechte, nicht aber diese ihrer Substanz nach erhalten sollten. Da aber allein die Fürsten in der Lage waren, den → Landfrieden nachdrücklich durchzusetzen, konnte dieser Versuch der Wahrung von Reichsrechten auf die Dauer nicht erfolgreich sein; die → Territorien dominierten in der Ausübung der Herrschaftsrechte. Auch als Rudolf von Habsburg 1281 den Mainzer Reichslandfrieden erneuerte und damit in den Rang eines der wenigen Reichsgrundgesetze erhob, konnte er dadurch die starke Position der großen Fürstenherrschaften nicht mehr wesentlich reduzieren, weil die Landesherrschaften der Fürsten die organisatorischen Grundlagen für die Garantie der öffentlichen Sicherheit in den landesfürstlichen Ämtern und Gerichten geschaffen hatten, während das Reich eine entsprechend funktionierende Organisation nicht aufbauen konnte. Der Fürstenstaat dominierte; das Reich konnte nichts bieten. Es wurde kein „Staat“.

Gau

Gau (pagus) ist ursprünglich ein vorwiegend geographischer Begriff, der Landschaften nach Flüssen oder Gebirgen (z.B. Donaugau, Harzgau) oder auch nach Himmelsrichtungen (z.B. Nordgau) kennzeichnete. Früh belegte Gaubezeichnungen sind auch in Anlehnung an Orte und Herrschaftsmittelpunkte gebildet (z.B. Salzburggau, Augs[burg]gau) oder von Völkerschaftsnamen abgeleitet worden (z.B. Schwabengau, Hessengau). In manchen Teilen des Reiches, besonders in Sachsen, dürften in frühmittelalterlicher Zeit die Gaue auch die Grundlage für ein politisch-herrschaftliches Organisationsgefüge von Sippenverbänden unter der Führung von Gaufürsten oder Gauhäuptlingen gewesen sein. Ein durchgehendes System von Gauen gab es jedoch nicht. Als seit der karolingischen Zeit die Herrschaft der → Grafen ein wichtiger Garant der öffentlichen Sicherheit und der Rechtspflege wurde, stimmte in manchen Teilen des Reiches das örtliche Wirkungsfeld der Grafen mit älteren Gauen überein. Gelegentlich war wohl auch ein Graf Amtsträger für einen bestimmten Gau. Wie es kein durchgehendes System von Gauen gab, so existierte weder in karolingischer Zeit noch später ein geschlossenes Netz von Grafschaften. Der Graf war mehr Graf im Gau als Graf des Gaues.

Das ergab sich schon daraus, daß das vom König übertragene Aufgabengebiet des Grafen in erster Linie personenbezogen war, wie dies der früh- und hochmittelalterlichen Gesellschaftsordnung entsprach. Als Siedlungslandschaften waren die Gaue gebietsmäßig definierte Räume, die für eine personenbezogene Herrschaftsausübung nur in recht ungenauer Form den Rahmen abstecken konnten. In manchen Teilen des Reichs, besonders in Sachsen oder in Mitteldeutschland, mag der Zusammenhang zwischen Gau und Grafschaft enger gewesen sein als anderwärts, etwa in Süddeutschland. Die noch im Hoch- und Spätmittelalter in Sachsen übliche Bezeichnung „Go (Goe)" (abgeleitet von Gau) für ein mit der hohen Jurisdiktion in Straffällen (Blutgerichtsbarkeit) ausgestattetes Gericht mag andeuten, daß in Nordwestdeutschland Entwicklungslinien von den vorkarolingischen Stammes- und Landesbezeichnungen über die Gaunamen zu den späteren Grafenämtern führten.

Geisel

Der (oder die) Geisel war seit frühmittelalterlicher Zeit eine Person, die sich in der Gewalt eines anderen befand, wenn dieser Ansprüche an den Geisel hatte und durch dessen Festsetzung die Erfüllung seiner Forderungen sichern wollte. Grundlage der Geiselhaft konnte ein Vertrag sein (etwa über die Beendigung einer → Fehde, über Waffenstillstand oder über Friedensschluß). War der Vertrag erfüllt, so fiel der Grund für die Geiselschaft weg; Geiseln mußten freigelassen werden. Diese archaische, in vielen Rechtsordnungen nachgewiesene Form des „Menschenpfandes" hat sich in den internationalen Beziehungen bis in die neueste Zeit erhalten und wird vielfach in der unmenschlichsten Weise angewendet. Außer der vertraglichen kam auch die gewaltsame Geiselnahme vor, um die Durchsetzung berechtigter oder vermeintlicher Ansprüche zu erzwingen.

Auch in persönlichen Beziehungen, besonders bei Schuldverhältnissen, kam Geiselstellung des Schuldners vor; man nennt dies die Selbstvergeiselung. Sie konnte, wenn die Forderungen nicht erfüllt wurden, zur dauernden Knechtschaft, ja zum Tod des Schuldners führen. Diese Art der Geiselschaft, zu der auch Angehörige der Familie oder des Gesindes des Schuldners verpflichtet waren, wurde seit dem Hochmittelalter durch die Geiselbürgschaft (→ Bürge) abgelöst.

Geld, Geldwirtschaft

Münzgeld war im Frühmittelalter als Tausch- und Zahlungsmittel und als Maßstab für Wertansatz bekannt, auch wenn die wirtschaftliche Bedeutung des Geldverkehrs gering war. In karolingischer Zeit gab es Münzstätten in den alten Verkehrs- und Handelsorten am Rhein (z.B. Straßburg, Mainz, Köln), östlich des Rheins nur in Würzburg und Regensburg. Der Umlauf von → Münzen war gering, weil der Handel gering war. Die sogenannte Karolingische Münzreform des 8. Jhs. mit der Bevorzugung der Silberprägung von Denaren (→ Pfennig) und der Fixierung der Rechnungseinheiten → Pfund und → Schilling sollte wohl weniger wirtschaftlichen als politischen Zwecken (Stärkung der Reichseinheit) dienen. Mit dem Aufschwung des → Handels, der vornehmlich von → Juden getragen war, wuchs seit dem 10. Jh. die Bedeutung des Geldverkehrs, was am Entstehen zahlreicher neuer Münzstätten sichtbar wird. Das Recht, Münzen zu schlagen, erhielten über Privilegien zunächst vor allem Bischöfe; aber auch weltliche Große (wie die Herzöge von Bayern, Sachsen und Schwaben, dann auch Grafen) ließen Münzen produzieren.

Der Bedarf an zirkulationsfähigem Geld wuchs seit dem 11. Jh. wegen der Entwicklung der → Städte, dann besonders durch die enge Verbindung des Königtums, vor allem der Staufer, mit Italien. Seit dem 13. Jh. wurden vielfach auch Grundherrschaftsabgaben, die in Naturalien zu leisten waren, mit einem Geldwertansatz versehen und dann auch in Geld geleistet. Wie die Münzprägung kam auch der Geldverkehr seit dem 13. Jh. unter den Einfluß der fürstlichen Herrschaften in den → Territorien; man nennt das die Territorialisierung der Geldwirtschaft. Die Fürsten erließen häufig sogenannte Münzverrufe, wobei die alten Münzen aus dem Verkehr gezogen und durch Stücke geringeren Edelmetallgehaltes ersetzt wurden. Die Einkünfte aus dem Schlagschatz, dem Gewinn aus der Münzherstellung, wurden dadurch erhöht.

Die Geldgeschichte des Mittelalters ist (ebenso wie in der Neuzeit) durch Geldentwertung (schleichende Inflation) gekennzeichnet. Der karolingische Denar wurde bis in das 12. Jh. in seinem Wert stark gemindert; dies führte zur Ausprägung höherwertiger Silbermünzen (→ Groschen; → Kreuzer; → Schilling); nun wurde auch wieder Gold als Münzmetall verwendet (→ Dukaten; → Gulden).

Gerichtsbarkeit

a) Gerichte und Gerichtsherrschaft

In der außerordentlich vielschichtigen und vielfältigen Entwicklungsgeschichte der mittelalterlichen Gerichtsbarkeit gibt es eine Konstante: Die Beendigung von Streitigkeiten zwischen verschiedenen Personen durch Urteil oder Beschluß eines Gerichts hat nur dann rechtliche, soziale und wirtschaftliche Bedeutung, wenn die rechtsprechende Instanz durch die Autorität und das Ansehen einer Gerichtsherrschaft legitimiert ist. Innerhalb des Personenverbandes mußte Übereinstimmung darüber bestehen, daß der gerichtliche Spruch Achtung und Beachtung verdient. Dem stand nicht entgegen, ob diese Ein- und Unterordnung auf freiwillige Weise oder auch durch herrschaftlichen Zwang zustande gekommen war.

Daraus ergibt sich im langen Zeitraum der hoch- und spätmittelalterlichen Geschichte eine außerordentliche Vielfalt von Gerichtszuständigkeiten in persönlicher, örtlicher und sachlicher Hinsicht. Diese veränderten sich im Lauf der Entwicklung der gesellschaftlichen und wirtschaftlichen Verhältnisse vom frühen 10. bis zum späten 15. Jh. außerordentlich stark.

Aus der Tradition des karolingischen Königtums war im Mittelalter die Anschauung ziemlich unbestritten, daß dem Spruch des unter dem Vorsitz des → Königs tagenden Gerichts in besonderer Weise Bedeutung und Rechtskraft zukam (→ Reichsgerichte). Aber weder das ältere *Königsgericht* noch das von Friedrich II. im 13. Jh. eingerichtete *Reichshofgericht* wurden institutionell voll organisiert, was vor allem dadurch bedingt war, daß das Gericht keinen festen Sitz hatte. Das ergab sich zwangsläufig daraus, daß das Königtum bis in das 14. Jh. ein Wanderkönigtum war. Das Gericht befand sich mit dem König stets auf Reisen und war deshalb schwer erreichbar. Als die Reichsgerichtsbarkeit schließlich im 15. Jh. im königlichen Kammergericht organisiert wurde, war die Jurisdiktion in den reichsfürstlichen → Territorien schon so gefestigt, daß für eine eigentliche Reichsgerichtsbarkeit wenig Raum mehr blieb.

Ebenfalls auf Einrichtungen der karolingischen Zeit ging die im 10. und 11. Jh. dominierende Gerichtsbarkeit der *Grafengerichte* (→ Graf) zurück. Die Grafen leiteten ihre Legitimation aus einer königlichen Verleihung des Gerichtsbannes (→ Bann) ab. Die Grafenämter und somit die Ausübung der Gerichtsbarkeit waren in Händen der adeligen Oberschicht (→ Adel). Diese, wie auch die den → Herzögen zukommende Jurisdiktion über die → Freien stärkte die Position des dynastischen Hochadels und ebnete den → Fürsten den Weg zum Territorialstaat (→ Territorium).

Eine späte Form der Gerichtsbarkeit, die sich ausdrücklich auf den königlichen Gerichtsbann bezog, war die Jurisdiktion der → Femegerichte. Sie wurde von westfälischen Freigerichten ausgeübt und erlangte im 15. Jh. große Bedeutung in weiten Teilen des Reiches.

Die unmittelbar auf das Königtum bezogene Gerichtsbarkeit erfaßte nur einen Teil der hochmittelalterlichen Bevölkerung; davon ausgeschlossen waren die zu den Haus- und Hofverbänden (→ Haus; → Fronhof) gehörigen Leute, die dem → Hofrecht ihrer Herren unterworfen waren. Die Hausherren hatten nicht nur über Streitigkeiten unter ihren Hörigen und Grundholden zu entscheiden, sie saßen auch über Delikte ihrer Hintersassen zu Gericht. Die Herrenschicht, die solche Herrschaftsrechte über abhängige Leute (→ Unfreie) ausüben konnte, bildete den → Adel. In vielen der großen Besitzkomplexe besaßen die Adeligen → Immunität gegenüber der Grafengerichtsbarkeit; sie übten dort selbst als → Vögte öffentliche Herrschaftsbefugnisse aus. Diese bildeten eine höchst wichtige Grundlage für die Entwicklung der → Territorien, welche die Adelsoberschicht der Reichsfürsten (→ Fürst) ausbaute. Hier bildete die hofrechtliche Gerichtsbarkeit eine wichtige Voraussetzung für die landrechtliche Jurisdiktion (→ Landrecht).

Das Hofrecht wirkte jedoch auch in den unteren Schichten der Adelsgesellschaft weiter, weil die nicht zur Reichsstandschaft aufsteigenden → Herren und Ritter über ihre Hintersassen Jurisdiktion, Polizeigewalt und Verwaltungshoheit ausübten. Es gab hier unter Adelsherrschaft stehende *Dorfgerichte* (→ Dorf); in manchen Teilen des Reiches, besonders im Südwesten, gab es auch genossenschaftliche Dorfgerichte. Nachdem der nichtfürstliche Adel zum überwiegenden Teil seit dem 13. Jh. der Landeshoheit der Fürstenherrschaften unterworfen war, fand sich diese Adelsschicht in den → Landständen zusammen und erlangte damit die Bestätigung der Jurisdiktion über die Grundholden in ihren → Niedergerichten. Diese Gerichtskompetenz besaß auch die Ritterschaft (→ Herr), die nur den König als Oberherrn anerkannte und sich im 16. Jh. in der Reichsritterschaft organisierte.

Streitigkeiten über Lehen wurden vor den Lehenhöfen ausgetragen, die als *Lehengerichte* fungierten (→ Lehenswesen). Die Lehengerichtsbarkeit betraf eine bestimmte Personengruppe, die aktiv und passiv Lehensfähigen.

Die Anfänge einer weiteren Differenzierung der Gerichtsbarkeit nach den wirtschaftlichen oder technischen Gegebenheiten der zur Entscheidung anstehenden Sachen (wie Bergbau-, Schiffahrts-, Forst-, Handels-, Gewerbe- oder Zunftangelegenheiten) bahnte sich noch im Spätmittelalter an, erlangte jedoch erst in der Neuzeit in landschaftlich unterschiedlicher Weise ihre institutionelle Ausformung.

Große Bedeutung für die Gerichtsbarkeit im Hoch- und Spätmittelalter hatten die *geistlichen Gerichte* der Bischöfe und Archidiakone, die nach dem → kanonischen Recht urteilten. Sie waren Standesgerichte für die Kleriker und nahmen die Kompetenz für Laien in den Sachen in Anspruch, die in besonderer Weise als Sünde galten (z.B. Ketzerei, Meineid, Wucher). Wegen des sakramentalen Charakters der → Ehe judizierten sie auch im Familienrecht. Seit dem 13. Jh. bestanden an deutschen Bischofskurien *Offizialatsgerichte*, deren im kirchlichen Recht entwickeltes Verfahren auch für die Entwicklung der Prozeßführung vor weltlichen Gerichten wichtig wurde. Auch das im Spätmittelalter weitverbreitete Schiedsgerichtsverfahren ging auf das kanonische Recht zurück. Es setzte die Einigung der Streitparteien auf den gewählten Schiedsrichter und auf die Anerkennung des Schiedsspruches voraus. Vorteilhaft war, daß das Schiedsgerichtsverfahren schneller abzuwickeln und weniger von Prozeßformalien geprägt war.

Die enge Verbindung zwischen weltlicher und geistlicher Gerichtsbarkeit trat besonders deutlich dadurch in Erscheinung, daß die kirchliche Strafe des → Bannes die weltliche Strafe der → Acht nach sich zog.

b) Aufgaben und Zuständigkeiten der Gerichte

Die Gerichtsbarkeit des Mittelalters beschränkte sich nicht (wie dies modernem Verständnis entspräche) auf die Rechtsprechung in gerichtlichen Verfahren; zur Gerichtsbarkeit im weiteren Sinn gehörte es auch, für die öffentliche Sicherheit, den Landfrieden, in vorbeugender Weise zu sorgen; es gehörte dazu auch die allgemeine Anordnungsbefugnis in Angelegenheiten des Gemeinschaftslebens und das öffentliche Beurkundungswesen. Der unter dem Schlagwort „Gerichtsbarkeit" zusammengefaßte Aufgabenkomplex war im Zeitraum vom 10. bis zum 15. Jh. in höchst vielschichtiger Weise in dauernder

Entwicklung, die von den allgemeinen sozialen Bedingungen abhängig war und in den einzelnen Landschaften und Herrschaftsgebieten sehr differenziert verlief. In einer knappen Zusammenfassung können nur einige allgemeine Grundlinien dieser Entwicklung umrissen werden.

Aus karolingischer Tradition bestanden die Gerichtsbarkeit des Königs und der von ihm abhängigen Grafengerichte. Sie waren besonders wichtig in allen Sachen, die Liegenschaften betrafen, weil die gerichtliche Besitzeinweisung durch die → Anleit, welche diese Gerichte bewirken konnten, einen hohen Grad von Rechtsschutz gewährte.

Die Bedeutung dieser Gerichte war auf dem Gebiet des Strafrechts vom Frühmittelalter bis in das 11. Jh. herauf verhältnismäßig gering; das hing damit zusammen, daß die meisten Delikte durch die Zahlung von → Bußen nach dem volksrechtlichen Kompositionensystem reguliert wurden und daß in der adeligen Oberschicht, die der Königs- und Grafengerichtsbarkeit unterworfen war, die Streiterledigung durch das erlaubte Rechtsmittel der → Fehde gang und gäbe war. Kriminelles Verhalten derjenigen Leute, die der Haus- und Hofherrschaft des Adels unterstanden, wurde innerhalb der adeligen Immunitäten und Vogteien durch die Immunitäts- und Vogteiherren geahndet. Ein grundlegender Wandel der Strafgerichtsbarkeit wird seit dem 12. Jh. sichtbar. Das bis dahin herrschende System der Strafrechtspflege konnte die elementaren Forderungen der Friedenssicherung nicht mehr gewährleisten, weil wegen des Wandels der gesamten gesellschaftlichen Verhältnisse durch die stark und plötzlich zunehmende Mobilität weiter Bevölkerungsschichten der Landfrieden stärkstens gefährdet war. Die Strafdrohung der → Acht konnte, auch wenn sie mit dem kirchlichen → Bann verbunden war, die öffentliche Sicherheit nicht mehr gewährleisten. Die sich im 12. Jh. anbahnende, im 13. Jh. voll entwickelte Rechtssicherung durch die → Landfrieden schuf eine neue Form der Verfolgung der schweren Kriminalität. Schwere Delikte gegen Leib und Leben (Totschlag, Notzucht) und gegen das Eigentum (Diebstahl, Raub, Brandstiftung) wurden durch die Landfriedensgesetze mit drakonischen Strafen, unmittelbar an Leib und Leben vollzogen, bedroht. Diese Form der Justiz in schweren Kriminalfällen, die Hochgerichtsbarkeit, stellte sich als eine neue Form der Blutgerichtsbarkeit dar. Die Befugnis zu ihrer Ausübung entwickelte sich wohl aus dem älteren königlichen Gerichtsbann der Grafengerichte, vollzogen wurde sie jedoch nicht von königlichen

Gerichtsinstanzen, sondern von den als Hochgericht fungierenden → *Landgerichten* der Reichsfürsten in deren → Territorien. Diese für das Hochmittelalter neue Form der hohen Jurisdiktion wurde zu einem wesentlichen Baustein für die spätmittelalterlichen Territorialstaaten der Fürsten. Indem die Fürsten die Sachkompetenz der hohen Strafjurisdiktion (Blutbann) als Bestandteil der Landeshoheit der Territorien ausbauten und durch ihre Landrichter ausüben ließen, schufen sie eine der wichtigsten Voraussetzungen für den Fürstenstaat des Spätmittelalters und der frühen Neuzeit.

Neben der hohen Strafrechtskompetenz erlangten die Landgerichte auch die Rechtsprechung in Zivilsachen bei Streitigkeiten um Grund und Boden. Für den Liegenschaftsprozeß war das Landgericht zuständig, in dessen Hochgerichtssprengel das umstrittene Grundstück lag. Diese Sachkompetenz der fürstlichen Landgerichte trug dazu bei, die territoriale Geschlossenheit der sich entwickelnden Flächenstaaten zu festigen.

Die strafrechtliche und die zivilrechtliche Kompetenz der fürstlichen Hochgerichtsbarkeit erstreckte sich über die Landsassen und deren Hintersassen. War der Landesherr als Gerichtsherr auch gleichzeitig Grundherr, so umfaßte die Zuständigkeit der Landgerichte auch die landesfürstlichen Hintersassen (Grundholden) im Bereich der niederen Jurisdiktion. Standen die Untertanen jedoch unter einer adeligen oder geistlichen Grundherrschaft, so waren sie auch dem → Niedergericht des Landsassenadels oder der mit Jurisdiktion ausgestatteten Prälatenklöster unterworfen. Das reichsfürstliche Hochgericht und das adelige Niedergericht wurde um die Wende vom 13. zum 14. Jh. häufig durch vertragsähnliche Abmachungen zwischen den Fürsten und ihren → Landständen ausgehandelt; es galt im allgemeinen die Formel, daß die hochgerichtliche Zuständigkeit der fürstlichen Gerichte durch die „drei (oder vier) Fälle, die zum Tode ziehen" (schwerer Diebstahl, Notzucht, Totschlag, Brandstiftung), umschrieben war. Delikte, auf welche die Todesstrafe stand, urteilte das Hochgericht ab; die Sachen der kleinen Kriminalität (Körperverletzung, Beleidigung u. ä.) blieben den Adelsgerichten, wenn die Tat in ihrem Bezirk geschehen war. Forderungsklagen, die zwischen Hofmarkshintersassen erhoben wurden, blieben ebenfalls beim Niedergerichtsherrn; nur der Liegenschaftsprozeß war vor dem Landgericht (Hochgericht) zu führen.

Die auf das Hofrecht zurückgehenden Dorfgerichte hatten in manchen Gegenden und in manchen Herrschaftsgebieten eine eingeschränkte Niedergerichtsbarkeit, die durch den Wert des Streitgegenstandes oder auch durch die Höhe der zu verhängenden Buße definiert war („72-Pfennig-Buße“).

Die Zuständigkeit der Gerichte in den → Städten und Märkten beruhte auf den Privilegien der Stadtherren. In persönlicher Hinsicht war sie auf den Kreis der Stadtbewohner (Bürger, Beisassen, Inleute) beschränkt. Sie wirkte, soweit das „Weichbild“ reichte. Darunter war ein meist mit Grenzsteinen abgemarktes Gebiet zu verstehen, das außer dem Bereich der befestigten Stadt auch noch das (häufig von Stadtbürgern landwirtschaftlich genutzte) Umland umfaßte. Das dem Stadtrecht und dem Stadtgericht unterstehende Landgebiet erreichte bei einigen bedeutenden Reichsstädten beträchtliche Ausdehnung (z.B. Ulm, Rothenburg ob der Tauber, Nürnberg). Die sachliche Zuständigkeit der Stadt- und Marktgerichte in den fürstlichen Territorien ging im allgemeinen nicht über den Bereich des Niedergerichts hinaus; nur in wenigen Einzelfällen erhielten fürstliche Residenzstädte noch im Spätmittelalter eine höhere Kompetenz. Den größeren Reichsstädten gelang seit dem 13. Jh. der Erwerb des Blutbanns; die städtische Gerichtsbarkeit wurde zudem durch Gerichtsstandsprivilegien (→ Evokation) gestärkt.

c) Das gerichtliche Verfahren

Richter und Gerichtsbeisitzer bildeten das mittelalterliche Gericht; → Richter konnte der Gerichtsherr selbst oder auch ein von ihm Beauftragter sein. Die Gerichtsbeisitzer stammten aus der Gerichtsgemeinde; sie mußten Ansehen genießen, Lebenserfahrung und Rechtskenntnis besitzen. In manchen Gebieten des Reiches, besonders in den Ländern sächsischen und fränkischen Rechts, waren im Hoch- und Spätmittelalter als Beisitzer nur Leute tätig, die zum Gericht und zur Gerichtsherrschaft in einem engeren Verhältnis standen; sie wurden dann als → Schöffen bezeichnet.

Der Richter hatte als Vorsitzender des Gerichts auf den geordneten Ablauf des Verfahrens zu achten, hatte dem Kläger und dem Beklagten jeweils das Wort zu erteilen, sodann die Beisitzer (Schöffen) oder deren Sprecher (Vorsprecher des Urteils) um den Urteilsvorschlag zu ersuchen, diesen von allen Urteilern oder dem Gerichtsumstand (der Gerichtsgemeinde) bestätigen zu lassen und den Rechtsspruch dann als Urteil zu verkünden. Aufgabe der Beisitzer war die Rechtsfindung, die seit dem 13. Jh. in Anlehnung an die → Rechtsbücher und andere → Rechtsaufzeichnungen mehr und mehr normiert wurde, so daß in manchen Rechtsgebieten (z.B. in Teilen des bayerischen Herzogtums) das Urteil nicht mehr durch den Spruch der Gerichtsbeisitzer (Urteiler), sondern durch das Aufsuchen der einschlägigen Stelle im Rechtsbuch gefunden wurde. Dieses offensichtlich in Anlehnung an das vor den geistlichen Gerichten übliche Verfahren (→ Kanonisches Recht) entwickelte Prozeßsystem bewirkte seit dem Spätmittelalter die Weiterentwicklung des bis dahin in höchst altertümlichen Formen ablaufenden gerichtlichen Verfahrens, das sich mühsam von Urteilsfrage zu Urteilsfrage bewegte. Diese enthielten meist Anträge des Angeklagten oder des Klägers auf Zulassung zum Beweis. Das wichtigste Beweismittel war der → Eid. Bis in das 12. Jh. konnte der Beweis durch einen formalen Reinigungseid des Beklagten, von diesem mit Unterstützung durch Eidhelfer geschworen, erbracht werden; weitere Beweismittel waren → Gottesurteil und gerichtlicher → Zweikampf. Dann setzte sich mehr und mehr der durch den Zeugeneid bekräftigte Sachbeweis durch. Nun konnte auch mit → Urkunden, insbesondere mit Gerichtsbriefen (gerichtliche Beurkundung von Urteilen), oder mit der Aussage von Gerichtsdienern oder Amtsboten über deren Feststellungen oder Beobachtungen (dem sogenannten Gerichtszeugnis) der Beweis geführt werden.

Grundsätzlich gab es für jeden Rechtsstreit nur eine Instanz. Fühlte sich die unterlegene Partei ungerecht behandelt, so konnte sie die „Urteilsschelte" vorbringen; sie erhob damit den Vorwurf, das Gericht habe sich der Rechtsbeugung schuldig gemacht. Aus der Möglichkeit, bei einem Gericht höheren Ansehens (etwa dem Königsgericht) oder bei einem → Oberhof eine Urteilskorrektur zu erwirken, entwickelt sich im Spätmittelalter das Verfahren der → Appellation.

Der Grundsatz, daß nur dann ein Verfahren in Gang kam, wenn ein Kläger auftrat, galt für die Durchsetzung von Ansprüchen, die man nach modernem Verständnis dem Zivilrecht zuordnet, wie auch für Verfahren zur Ahndung ausgesprochen krimineller Delikte. Um sozial Schwachen die Scheu zu nehmen, gegen einen Höherstehenden ein Gericht in Anspruch zu nehmen, kam schon in frühmittelalterlicher Zeit das Prinzip der → Rüge in Übung; es war auch noch in den → Landfrieden des 13. Jhs. üblich. In ihnen gewann das *Handhaftverfahren* große Bedeutung; es besagte, daß der auf handhafter Tat ertappte Rechtsbrecher vor Gericht gestellt und nach der Aussage der Tatzeugen abgeurteilt werden mußte. Landfremde Leute, die in Blutgerichtsfälle verwickelt waren, wurden nach dem schärferen Handhaftverfahren auch dann verfolgt, wenn die Tat schon einige Zeit zurücklag („übernächtig" war).

Im Handhaftverfahren, besonders in dem gegen landfremde und landschädliche Personen, mußte das Gericht die Verbrecher verfolgen (Verfolgungspflicht) und den Sachverhalt durch Zeugen oder andere Beweismittel aufklären (Ermittlung des Sachverhalts von Amts wegen). Diese beiden Regeln kennzeichnen den *Inquisitionsprozeß*. In ihm, der in seinen Grundlagen von den sozialen und rechtlichen Voraussetzungen der spätmittelalterlichen Entwicklung in Deutschland abhängig war, wirkten Normen und Regeln des kanonischen und des römischen Verfahrensrechts (→ Kanonisches Recht; → Römisches Recht) weiter. Als wichtigstes Beweismittel galt nun das Geständnis des Täters, das auf jede Weise, auch durch → Folter, herbeigeführt werden konnte.

Aus dem Handhaftverfahren und dem Inquisitionsprozeß (von dem der vor allem in der Ketzerverfolgung angewendete kirchliche Inquisitionsprozeß zu unterscheiden ist) entstand das neuzeitliche Verfahren in Strafsachen. Das Verfahren im Zivilprozeß erwuchs aus kanonistischen Verfahrensnormen, die das königliche Kammergericht (→ Reichsgerichte) und auch Rechtsordnungen großer Städte (wie Nürnberg oder Frankfurt a. Main) im 15. Jh. übernahmen; auch die Reichskammergerichtsordnung von 1495 ist davon beeinflußt. Sie hielt daran fest, daß das Verfahren öffentlich war, daß es durch das Vorbringen der Parteien vorangetrieben wurde und daß – wie im alten deutschen Verfahren – allein die Assessoren (Beisitzer) ohne den vorsitzenden Kammerrichter das Urteil fanden.

Die *Vollstreckung des Urteils* war zunächst dem erfolgreichen Kläger überlassen. Dies führte schon in karolingischer Zeit zu gewalttätigen Übergriffen der siegreichen Prozeßpartei, so daß die → Grafen in die Urteilsvollstreckung eingeschaltet wurden. Dies war besonders dann der Fall, wenn der siegreiche Gläubiger das Vermögen des unterlegenen Schuldners pfänden wollte (→ Pfand; → Anleit). War beim Schuldner nichts zu holen, so konnte der Gläubiger auf diesen persönlich zurückgreifen und ihn zu unfreier Arbeitsleistung und Schulddienstbarkeit anhalten.

Die Todes- und Leibesstrafen wurden von Gerichtsdienern (Fronboten, Bütteln) vollstreckt; seit dem 13. Jh. sind Scharfrichter (Henker) zum Vollzug der Todesstrafe nachgewiesen. Nachdem durch die → Landfrieden seit dem 12. Jh. das System der Bußzahlung (→ Buße) zurückgedrängt wurde, gewann das grausame und auf Abschreckung zielende System der Verstümmelungsstrafen größere Bedeutung; ursprünglich hatte es derartige Körperstrafen nur für → Unfreie gegeben. Durch die im Spätmittelalter allgemein einsetzende Kriminalisierung des Strafrechts bedrohten sie jedoch jeden Rechtsbrecher ohne ständische Rücksicht.

Die → Acht war im ganzen Mittelalter ein höchst wichtiges Zwangsmittel der Gerichte; sie entwickelte sich in vielen Fällen zur *Verbannung* (Landesverweis). Der Freiheitsentzug war zunächst eine Zwangsmaßnahme, um einen Schuldner leistungswillig zu machen (→ Bürge; → Geisel). Als eigentliche Strafe kam Haft im Hochmittelalter selten vor. Dies hing vor allem damit zusammen, daß die Gerichte keine festen Sitze hatten und daß die Gerichtsherren (Könige, Herzöge, Grafen) dauernd im Herrschaftsgebiet auf Reisen waren. Erst mit der Entstehung von festen → Residenzen seit dem späteren 13. Jh. und mit der Entwicklung der → Städte waren die Voraussetzungen gegeben, daß die Strafhaft vollzogen werden konnte. Zeitweiliges Festsetzen von Straftätern oder hartnäckigen Schuldnern bis zum Abschluß eines Prozesses hat es in der Form der Untersuchungshaft immer gegeben. Der Vollzug der Haft in finsteren Keller- oder Turmgelassen war hart und häufig unmenschlich.

Gewere

Zum Wortbedeutungsfeld „wahren", „bewahren" gehörend, bezeichnet der mittelalterliche Rechtsausdruck Gewere das Innehaben („in Gewahrsam haben") einer Sache oder die berechtigte Ausübung eines Rechtes; dabei wurde angenommen, daß die Sachherrschaft (dominium) den Inhaber als Besitzer des Rechtes an der Sache ausweise. Da die Verfügungsgewalt über Sachen (Fahrnis oder Liegenschaften) und über Rechte nach der älteren deutschen Rechtsordnung stufenweise gleichzeitig mehreren Personen zukommen konnte, trat die Gewere in der mannigfaltigsten Form in Erscheinung. So besaß der Grundherr für sein Obereigentum am Grundherrschaftsgut ebenso Gewere wie der Grundhold für sein Nutzeigentum an demselben Gut (→ Grundherrschaft). Im → Lehenswesen war es nicht anders: Der Lehensherr hatte die Eigengewere und der Lehensmann die Lehensgewere an dem Lehengut. Die Rechte des → Königs am Reich und am Reichsgut gehörten nicht weniger in den Bereich der Gewere, wie die Rechte der Reichsfürsten an ihren → Territorien. → Regalien, wie

Zoll oder Münze, Jagd oder Fischerei, Gerichtsbarkeit oder Abgabenforderung, konnten ebenso Gegenstand der Gewere sein.

Gewere erlangt man durch die Einweisung (→ Investitur) in ein Gut oder in ein Recht. Die mehrfache Schichtung der Gewere trat besonders deutlich bei der gerichtlichen Einweisung in ein Gut, der → Anleit, in Erscheinung. Zunächst wurde dabei dem Gläubiger die „nützliche" Gewere eingeräumt; sie vermittelte über den Besitz hinaus das Nutzungsrecht; im Fortgang des Verfahrens steigerte sich dies zur „rechten" Gewere, die der vollen Sachherrschaft in rechtlicher und tatsächlicher Hinsicht gleichkam. Im Grundpfandrecht hatte der Gläubiger die Pfandgewere am Pfandobjekt, an dem der Schuldner nur noch die ruhende Eigengewere besaß. Eine ideelle Gewere besaß auch derjenige, dem eine Sache geraubt oder gestohlen worden war. Die Gewere verlor, wer in die → Auflassung einwilligte; damit war der Verzicht auf die Gewere verbunden.

Erst in der Neuzeit wurde die nun nicht mehr verständliche Rechtskonstruktion der Gewere in das moderne System des Sachenrechts mit der Unterscheidung von „Besitz" und „Eigentum" eingebaut.

Gilde

Im norddeutschen Raum vorkommende Bezeichnung für den Zusammenschluß von Kaufleuten, gelegentlich auch von Handwerkern, zu gegenseitiger Hilfe bei Handelsfahrten, dann auch zu Regelung und Ordnung gemeinsamer Interessen. Diese betrafen nun nicht mehr nur Fragen der Reisen zu fernen Kaufmannszielen, sondern auch Angelegenheiten rechtlicher, wirtschaftlicher und religiöser Art in den ständigen Wohnplätzen. Auf diese Weise haben Bestimmungen, die aus dem Gilderecht abzuleiten sind, Eingang in die Entwicklung des Stadtrechts (→ Stadt) gefunden, wie auch Organe der Gilden Vorstufen von städtischen Organen waren. Eine besondere Ausprägung des von Nord- und Westeuropa beeinflußten Gildewesens stellt die → Hanse dar.

Gleve

Unter Gleve versteht man die kleinste taktische Einheit des spätmittelalterlichen Heeres, bestehend aus einem gepanzerten Reiter, einem mit einem langen Spieß bewaffneten Fußkämpfer und einigen Dienern. Kriegstechnisch hatte sich diese Gruppe von Kämpfern daraus entwickelt, daß der schwer gepanzerte Reiter nicht ohne Hilfe zum Kampfplatz kommen konnte und daß sich zur Abwehr der gegnerischen Fußtruppen Reiter und Fußkämpfer gegenseitig unterstützen mußten. Die zum Reichsheer oder auch zu den fürstlichen Aufgeboten zu stellenden Kräfte wurden im 15. Jh. häufig nach Gleven bemessen (→ Rüstung).

Goldene Bulle

Bullen sind → Siegel aus Metall; außer Blei wurde hauptsächlich Gold verwendet. Goldbullen wurden aus dünnem Goldblech hergestellt, in das das Relief des Siegelstempels geprägt wurde. Goldbullen waren stets zweiseitig geprägt (sogenannte Münzsiegel); auf der Vorderseite zeigten sie das Bild des Königs, auf der Rückseite die stilisierte Wiedergabe der Stadt Rom („aurea Roma"). Die seit den ottonischen Kaisern gebräuchlichen Goldbullen wurden an Urkunden, welche ihrem Inhalt nach besonders wichtig waren, angebracht; sie waren auch ein bedeutendes Symbol für die Wichtigkeit und Erhabenheit des Kaisertums. Die bekannteste, mit einer Goldbulle versehene Urkunde ist das Reichsgesetz Kaiser Karls IV. von 1355/56 mit der Regelung der Königswahl, die die Kurfürsten vornahmen. Dieses Dokument wird seit dem 15. Jh. als „Goldene Bulle" bezeichnet. – Andere wichtige Urkunden, die mit diesem Siegel versehen waren, sind die sogenannte Goldene Bulle von Eger 1213 (Friedrich II. verzichtete gegenüber Papst Innozenz III. auf die Mitwirkung bei der Bischofswahl) oder die Goldene Bulle von Rimini 1226, mit der Friedrich II. dem Hochmeister des Deutschen Ordens (→ Orden) Rechte eines Reichsfürsten verlieh.

Gottesurteil

Die Aufgabe der Gerichte in frühmittelalterlicher und karolingischer Zeit (→ Gerichtsbarkeit) bestand weniger darin, den einer Klage zugrundeliegenden Sachverhalt durch Tatsachen- oder Zeugenbeweise zu klären; im Prozeß wurde vielmehr in erster Linie die Gesamtpersönlichkeit des Angeklagten gewürdigt und in formaler Weise dem

Klagevorwurf gegenübergestellt. Deswegen war das wichtigste Beweismittel, mit dem der Angeklagte die Klage zurückweisen konnte, der → Eid (→ Gerichtsbarkeit). Daneben gab es als subsidiäres Beweismittel, vor allem für Personen, die nicht eidesfähig waren (z. B. Frauen oder unfreie Hintersassen), das ebenfalls dem sakral-magischen Vorstellungskreis angehörige Gottesurteil, mit dem sich die angeklagte Person durch das Bestehen einer elementaren Naturprobe vom Klagevorwurf reinigen konnte. Am häufigsten wurde noch in karolingischer Zeit die Feuerprobe (Schreiten über glühende Pflugschare) oder die Wasserprobe (Eintauchen in fließendes Wasser) angewendet. Im 8. und 9. Jh. waren diese Verfahren mit christlichen Ritualien versehen worden. Auch der Ausgang des gerichtlichen → Zweikampfs wurde nun als Gottesurteil verstanden und bewertet. Reinigungseid, Gottesurteile und Zweikampf kamen auch im Verfahren vor den kirchlichen Gerichten vor; Gottesurteile waren aber nur bei Laien erlaubt. Gleichwohl nahm im 12. Jh. die Abneigung der Kirche gegen diese formalistische Beweisführung zu. 1215 hat schließlich das 4. Laterankonzil dagegen Stellung genommen, so daß deren Bedeutung im Prozeßrecht schnell zurückging. Außerdem war im Bürgertum der Städte die Bereitschaft gering, zum gerichtlichen Zweikampf anzutreten; in vielen Stadtrechten seit dem späten 12. Jh. wurde der Zweikampf unter Bürgern ausgeschlossen. Gottesurteile wurden wohl noch veranstaltet; ihre Bedeutung ging jedoch stark zurück, wenn auch noch im 16. Jh. bei manchen Delikten (→ Hexerei) Formalien im Prozeß angewendet worden sind, die frühmittelalterlichen Gottesurteilen ähnlich waren.

Graf, Grafschaft

a) Grundlagen und ältere Erscheinungsformen

Der Graf (comes) als Inhaber einer Grafschaft (comitatus) leitete den Aufgabenbereich des vom Königtum abhängigen Amtes aus dem auf das karolingische Reich zurückgehenden Grafenamt ab. Die Verwaltung des Königsgutes und die Organisation des Heeresaufgebots aus den zum Kriegsdienst verpflichteten → Freien bildete den Kern der Funktionen; dazu erhoben die Grafen die dem König zustehenden Zölle und garantierten den Königsschutz. Gerichtliche Aufgaben ergaben sich zunächst aus der Urteilsvollstreckung, die der Autorität des Grafen anvertraut war. Das machte seine Anwesenheit bei der

Verhandlung notwendig, was wiederum die Grundlage dafür bildete, daß dem Grafen die Aufgaben des Gerichtsvorsitzenden (→ Gerichtsbarkeit) zuwuchsen. Das *Grafengericht* war Instanz für die dem Grafenamt unterstehenden Leute, vor allem also für solche, die auf Königgut saßen; darüber hinaus war es zuständig für diejenigen Freien und Adeligen, welche selbst an der Spitze eines Haus- und Hofverbandes standen und darin öffentliche Funktionen, auch solche der Jurisdiktion, kraft → Hofrechts ausübten. Das Grafenamt war wohl räumlich fixiert; dies bedeutete aber nicht, daß das ganze spätkarolingische Reich (vor allem östlich des Rheins) in ein durchgehendes System von Grafschaften als Gerichts- und Verwaltungssprengel eingeteilt gewesen wäre. Das Bezugssystem zum Grafenamt und -gericht richtete sich nach personenrechtlichen Abhängigkeiten; die „Grafschaft" stellte gewissermaßen einen Personenverband dar, der in Umrissen geographisch fixiert war, der aber nicht alle in diesem Bereich lebenden Personen gleichheitlich umfaßte.

Die Erledigung der Grafenaufgaben erforderte *Autorität* bei den der Herrschaft Unterworfenen. Das notwendige Ansehen und das die Amtsführung ermöglichende Vermögen besaßen nur die Angehörigen der adeligen Oberschicht, so daß an der Wende vom 9. zum 10. Jh. die Grafenämter durchgehend in Händen des Adels waren. Die Abhängigkeit des Amtes vom Königtum war jedoch in den einzelnen Stammesgebieten unterschiedlich. Im ostfränkischen Bereich war sie enger als in Sachsen und Thüringen, wo die gräfliche Autorität mehr aus dem großen Allodialgut der Amtsinhaber erwuchs, während in Franken die Ableitung von der Amtsübertragung dominierte.

Seit der Mitte des 10. Jhs. übertrugen die sächsischen Könige zahlreiche Comitate an geistliche Einrichtungen, an Bischöfe und Klostervorsteher, welche diese Rechte durch ihre Vögte (→ Vogtei) wahrnehmen ließen. Da mit diesen Übertragungen auch Grundeigentumsrechte an die kirchlichen Empfänger kamen, setzte sich mit dem Eintreten dieser Entwicklung auch die Trennung von der Herrschaft über das Eigentum an Personen und Sachen (Liegenschaften) und der Gerichtsherrschaft durch. Der wichtigste und wesentliche Inhalt der Grafenrechte wurde deshalb die hohe Jurisdiktion über die ihr zugeordneten Freien, die voll rechts-, wehr- und waffenfähigen Leute.

Neben den kirchlichen Immunitäten und den in den Besitz von Hochkirchen überführten Grafschaften gab es auch ausgedehnte *Adelsimmunitäten* (→ Vogt), in denen die mit Comitaten ausgestatteten Adeligen ihrerseits die dem Grafenamt entsprechenden Rechte ausübten. Auch hier handelte es sich um Personenverbände, an deren Spitze jeweils ein Angehöriger der adeligen Herrenschicht (→ Adel) stand. Diese von der spätkarolingischen Zeit bis zur salischen Epoche ablaufende Entwicklung wird auch als Allodifizierung der Grafschaften bezeichnet; sie ging parallel mit dem „Ausverkauf" des Reichsgutes durch die Übertragungen an die Reichskirche, mit der Konsolidierung der Grafenrechte in der hohen Gerichtsbarkeit und mit der Bildung der Dynastenherrschaften des Adels, der mit dem Königtum in ernsthafte Konkurrenz in der Herrschaftsausübung über Land und Leute trat. Die Vorstellung, daß die Grafenrechte stets mit dem Königtum in Verbindung gestanden wären, blieb jedoch stets lebendig. Die Grafengerichtsbarkeit war (und blieb vorerst) ein Teil der vom Königtum garantierten Rechts- und Friedensordnung, des Königsschutzes.

Die Gerichtsbarkeit der Grafen war stets unmittelbar vom Königtum abgeleitet, sie wurde nicht etwa weitergegeben durch die Herzöge, die ebenfalls eine mit dem Königtum zusammenhängende Jurisdiktion übte, in der sie auch als „Obergrafen" bezeichnet werden können (→ Herzog). Dasselbe gilt auch für die „herzogsgleichen" Herrschaftsinhaber, wie die → Pfalzgrafen, → Landgrafen und → Markgrafen sowie die geistlichen Reichsfürsten (→ Fürst).

b) Der Grafenstand im Spätmittelalter

Die Grafschaften, soweit sie als Amt galten, waren seit den hochmittelalterlichen Verleihungen durch das Königtum in den Händen der gesellschaftlich und politisch führenden Adelsgeschlechter, die zudem über Land und Leute ihrer Allodialgüter Grafenrechte ausübten. Grafenherrschaften, wie man die seit dem 12. Jh. vorkommenden Bezeichnungen comicia, comecia oder cometia wiedergeben kann, waren in Händen von herzoglichen oder herzogsgleichen Mitgliedern des Reichsfürstenstandes. Wegen des Einbaues dieser Befugnisse in die reichsfürstliche Territorienbildung (→ Territorium) verschwanden diese Grafschaftsbezeichnungen entweder ganz oder sanken zu Benennungen fürstlicher Verwaltungs- oder Gerichtsbezirke herab, was jedoch keineswegs eine allgemeine Kontinuität zwischen alter Grafschaft und neuer Landgerichtsorganisation signalisiert, wie dies die ältere Forschung für manche Gebiete des Reiches (z. B. Bayern oder Tirol) angenommen hat.

In der formalen Feudalisierung während des 12. Jhs. (→ Lehenswesen) schlossen sich die Angehörigen des zweiten Heerschildes, die weltlichen Reichsfürsten, standesmäßig gegen die anderen Adeligen ab. Nur die wenigsten Grafen (so die von Flandern, Anhalt oder Tirol) fanden als *gefürstete Grafen* Anschluß an diese herausgehobene Gruppe der Fürsten. Die anderen „comicia"-Inhaber wurden zu Grafen, was nunmehr eine Standesbezeichnung des Adels war. Diese neuen Grafen bildeten zusammen mit den Angehörigen des Herrenstandes (→ Herr, Freiherr) jene Adelsschicht, die über dem aus der Ministerialität aufgestiegenen niederen Adel stand. Zum Teil erlangten sie Reichsunmittelbarkeit; sie standen im vierten Heerschild, erhielten unmittelbar vom König Lehen und fanden damit Eingang in das Grafenkolleg des Reichstags. Einige schlossen sich der Reichsritterschaft an, einige wurden auch landsässig unter anderen, reichsfürstlichen Territorialherren.

Groschen

Bezeichnung für „grossus denarius", eine seit der Mitte des 13. Jhs. in Frankreich geprägte → Münze aus Silber, die dem Wert von zwölf Pfennigen entsprach. Der Münztyp wurde von Münzstätten im Rhein- und Moselgebiet, dann auch seit dem frühen 14. Jh. von böhmischen und meißnischen Münzstätten übernommen. Hier und im norddeutschen Raum (mit Ausnahme der Küstenländer Mecklenburg und Pommern) haben die Groschenprägungen den Münzumlauf stark beeinflußt (→ Geld).

Grundherrschaft

a) Die rechtliche Bedeutung

Der Ausdruck Grundherr und Grundherrschaft erscheint erst in spätmittelalterlichen Quellen seit dem 15. Jh. Es wird damit ein rechtliches Beziehungssystem bezeichnet, in dem ein Herr (König, Fürst, Adeliger, Ratsbürger, Bischof, Abt oder auch Pfarrer) ein Bauerngut einem Abhängigen (Grundhold, Hintersassen, Hörigen) zur Bewirtschaftung auf Zeit, auf Lebenszeit oder auch in erblicher Weise überließ („verstiftete") und dafür vom Bewirtschafter Abgaben in Naturalien oder Geld sowie Dienstleistungen (→ Scharwerk) erhielt. Herr wie Hintersasse hatten eigentumsartige Rechte an dem Gut; man sprach vom Obereigentum (dominium directum) des Herrn und dem

Nutzeigentum (dominium utile) des Hintersassen, weil die ältere deutsche Rechtsordnung das *geteilte Eigentum* kannte. Diese Grundstruktur der bäuerlichen Eigentums- und Besitzverhältnisse war in regional unterschiedlichen Formen im ganzen Reich weit verbreitet, sowohl im Altsiedelland wie in den Rodungsgebieten der Binnenkolonisation und in den östlich von Elbe und Saale gelegenen spät kolonisierten Ländern. Der weit überwiegende Teil des bäuerlich bewirtschafteten Bodens war grundherrschaftlich gebunden und blieb dies bis in das 19. Jh. Neben der Form der Rentengrundherrschaft, in der der Herr die Abgaben des Bauern als Rente bezog, bestand die Eigenwirtschaft des Grundherrn weiter; die Wirtschaftsform der → Fronhöfe ging zwar zurück, im Agrarbetrieb der → Gutsherrschaft und der west- und süddeutschen Schloß- oder Hofmarksgüter blieb jedoch die unter der eigenen Regie des adeligen Besitzers laufende Wirtschaftsführung erhalten. Die Hintersassen hatten dazu und zum Unterhalt der Schlösser und sonstigen herrschaftlichen Gebäude Scharwerk zu leisten.

Der Sache nach ist das Rechts- und Wirtschaftsverhältnis der Grundherrschaft jedoch viel älter. Es ist davon auszugehen, daß seit frühmittelalterlichen Zeiten die Gesellschaft hierarchisch-herrschaftlich gegliedert war und daß es eine Gleichheit der Persönlichkeit und der persönlichen Rechtsfähigkeit nicht gegeben hat. Die Angehörigen der führenden Oberschicht, des → Adels, waren Herren über ausgedehnte Liegenschaften; durch Schenkung und Stiftung waren Bischofskirchen, Klöster und Pfarrkirchen zu teilweise sehr großem Grundbesitz gekommen. Dieser wurde von Herrenhöfen (→ Fronhof) bewirtschaftet; vielfach wurden aber auch Bauerngüter, besonders solche, die in größerer Entfernung vom Besitzzentrum des Herrn lagen, in der Form der Landleihe einem Bewirtschafter freien oder auch unfreien Standes (→ Freie; → Unfreie) zu mehr oder weniger selbständiger Wirtschaftsführung überlassen, wofür Abgaben und Dienste zu leisten waren. Diese Beziehung war von der Schutzverpflichtung des Herrn und der Dienst- und Treueverpflichtung des Mannes geprägt.

Die abhängigen Bauern gehörten, auch wenn sie selbständig wirtschafteten, zum Haus- und Hofverband des Herrn (→ Haus). Deshalb waren sie nicht nur wirtschaftlich und besitzrechtlich von ihm abhängig, sondern sie unterstanden auch seiner Haus- und Hofherrschaft. Sie waren dem → Hofrecht des Herrn unterworfen. Diese von den adeligen und kirchlichen Herrschaftsträgern ausgeübte Herrengewalt stellt sich als Herrschaft über Grund und Boden und über die abhängigen Leute dar; sie war ein Rechtssystem, das innerhalb der familia (→ Familie), des herrschaftlichen Hausverbandes, den Lebensumkreis der bäuerlichen Bevölkerung regelte; sie umfaßte Bereiche der Gerichtsbarkeit und der öffentlichen Verwaltung, die nach modernem Verständnis allein dem Staat zukommen. Diese Vorstellung war dem Mittelalter jedoch fremd. Der adelige Herr hatte aufgrund seiner gesellschaftlich herausgehobenen Stellung und seines Ansehens Autorität, die ihn zur Rechtsausübung kraft eigenen Rechts befähigte. Die Adelsherrschaft über leibeigene Leute trat als Leibherrschaft, die über Grundholden als Grundherrschaft (im weiteren Sinn), die über Vogteileute als Vogteiherrschaft (→ Vogtei) in Erscheinung; erst mit den Anfängen der neuzeitlichen Staatlichkeit in den Landesherrschaften (→ Territorium) wurde dieser altüberlieferte Herrschaftsbegriff differenziert. Die Jurisdiktionsbefugnisse nahm in vielen Fällen die landesfürstliche Gerichtsbarkeit in Anspruch, so daß sich die eigentliche Grundherrschaft (im engeren Sinn) als Teilbereich der ursprünglich umfassenden Befugnisse des adeligen Herrn über seine abhängigen Leute herausbildete. Die (nach moderner Terminologie) obrigkeitlichen Rechte des Grundherrn konnten weiterhin bestehen bleiben; sie wurden nun als landständische Hofmarksrechte in die Patrimonialgerichtsbarkeit eingegliedert, die im allgemeinen die Kompetenz des → Niedergerichts und der Dorfherrschaft (→ Dorf) umfaßte. Insofern erhielten sich früh- und hochmittelalterliche Adelsrechte bis in die Neuzeit, wobei die Grundherren immer betonten, daß sie mit der Ausübung der ihnen auch zukommenden Leib-, Gerichts- und Vogteiherrschaft autogene (also nicht übertragene) Herrenrechte geltend machten und auch ausübten.

b) Die wirtschaftliche Bedeutung

Auch wirtschaftlich hat die Grundherrschaft für Struktur und Organisation des Agrarwesens in weiten Teilen des Reiches den Rahmen geliefert. *Ackerbau und Viehzucht* sowie die landwirtschaftlichen Sonderkulturen (wie Reben- oder Hopfenanbau) wurden in älterer Zeit (10.–12. Jh.) mehr von den → Fronhöfen und → Villikationen des Adels und der Kirche, welche als große Grundherrschaftsverbände zu verstehen sind, betrieben. Im Spätmittelalter dominierte in Süd- und Südostdeutschland mehr die Rentengrundherrschaft, in den Ostgebieten mehr die → Gutsherrschaft. In ersterer gewannen die nach den bäuerlichen Leiherechten in die Güter eingewiesenen Bauern als weitgehend eigenverantwortliche Landwirte erhebliche Gestaltungsmöglichkeiten, wie sich dies etwa bei der Einführung der → Dreifelderwirtschaft abzeichnet. Dies war offensichtlich stark von der Einordnungsbereitschaft der grundherrschaftlich gebundenen Bauern abhängig. Im Wirtschaftsbetrieb der Grundholden spielten die an die Grundherrschaft zu erbringenden Leistungen naturgemäß eine wichtige Rolle für Planung und Abwicklung des Wirtschaftsjahres. Neben den jährlich in Naturalien, dann in zunehmender Weise auch in → Geld zu leistenden Abgaben (Zinse, Gülten) waren die bei der Übernahme des Gutes und beim Besitzerwechsel fälligen einmaligen Abgaben (Besthaupt, Mortuarium) aus der laufenden Produktion von Feld und Stall zu erbringen. Die Inhaber der Grundherrschaft waren meist auch Gerichtsherren und leiteten aus beiden Abhängigkeitsverhältnissen Dienstleistungen der Grundholden ab, welche → Scharwerk im herrschaftlichen Hofbau vor allem in Zeiten der Feldbestellung und der Ernte leisten mußten. Durch diesen Einsatz der bäuerlichen Arbeitskräfte, der Zugtiere, Werkzeuge und Geräte wurde die Wirtschaftsführung der Grundholden (Hintersassen) erheblich beeinträchtigt, gelegentlich kam wohl auch schikanöse Ausnutzung der ungemessenen Leistungsforderung durch die Grundherrschaft vor. Es ist jedoch auch nicht zu übersehen, daß das zwischen Herrn und Grundhold bestehende Dienst- und Treueverhältnis dazu beitrug, das große Risiko der Agrarwirtschaft zu teilen, indem der Grundhold bei Mißernte oder Unwetterkatastrophen Anspruch auf Minderung der Gülten hatte. Der Viehbestand, die landwirtschaftlichen Geräte und die Betriebsmittel standen meist im Eigentum der Hintersassen, die davon häufig Abgaben an die Grundherrschaft leisten mußten, wobei besonders die bei Besitzveränderung fälligen Leistungen (bestes Tier, bestes Gewand Verstorbener) zu erheblichen Belastungen führen konnten.

In den Fronhofsverbänden gab es auch *gewerbliche Betriebe*. Die Gewinnung und Verarbeitung der Bodenschätze (vor allem Eisen und Salz; → Bergbau) setzte sehr erhebliche technisch-handwerkliche Kenntnisse und Fertigkeiten voraus und erforderte größere Mittel zum Bau und Unterhalt der Gewinnungs- und Verarbeitungsanlagen. Auch die Errichtung größerer Holz- und Steinbauten erforderte Zimmermanns- und Maurerkenntnisse, die über das hinausgingen, was in der agrarisch arbeitenden Bevölkerung an einschlägigen, der Selbstversorgung dienenden Fertigkeiten als bekannt vorauszusetzen ist. Das mag auch für manche Bereiche der Textilproduktion gegolten haben. Der rasche Aufschwung des städtischen Handwerks seit dem späten 12. Jh. läßt erkennen, daß es schon in den ländlichen Bevölkerungsschichten, die in die neuen → Städte drängten, qualifizierte Handwerker gegeben hat. Auch der seit dem Frühmittelalter nachgewiesene überregionale Handel hat wohl in größeren Fronhöfen seine Stützpunkte gehabt.

Die Bedeutung der ländlichen Gebiete für die Handwerks- und Gewerbeproduktion ging mit dem Aufblühen der spätmittelalterlichen Städte sicher zurück; ein gewisser Handwerksbetrieb auf den Dörfern und in den Schloßgutsbetrieben erhielt sich jedoch immer. In manchen Gewerben entstanden neue Formen von Adelsgütern, die mit einem Gewerbebetrieb verbunden waren, so etwa die Hammergüter in den Eisengewinnungsgebieten der Oberpfalz. Vielfach hatten die Herrschaftsinhaber besonderes Interesse daran, in den Grundherrschaften und Hofmarken nichtagrarische Betriebe, wie Bräuhäuser und Tafernen (Gastwirtschaften), Mühlen, Schmieden oder Badehäuser, einzurichten und von Grundholden betreiben zu lassen. Diese hatten häufig monopolartige Rechte („Ehaftrechte"), wodurch die Hintersassen zur ausschließlichen Benutzung dieser grundherrschaftlichen Einrichtungen gezwungen waren.

c) Die Formen der Grundleihe

Innerhalb der herrschaftlichen Hofverbände besaßen die → Bauern die ihnen zur Bewirtschaftung übertragenen Güter auf Zeit; das Besitzrecht mußte jährlich erneuert werden, wobei die Abgaben zu liefern waren. Diese umfaßten einen Anteil des Gutsertrages (häufig ein Drittel) in Naturalien. Damit war das Ernterisiko zwischen dem Herrn und dem Grundholden geteilt. Die rechte → Gewere an solchen Leihegütern stand dem Herrn, die Nutzgewere dem Bewirtschafter zu. Dieses Leiherecht wurde als *Freistift* bezeichnet, weil es dem Herrn freistand, das Leiheverhältnis (die Verstiftung) zu beenden, wenn der Grundhold mit den Abgaben im Rückstand war oder das Gut nicht sachgemäß bewirtschaftete. Innerhalb des Hofverbandes gewannen die Rechte des Grundholden bei langdauernden Leiheverhältnissen eigentumsartigen Charakter; in diesem Fall sprach man deshalb auch vom Inwärts-Eigen, weil es innerhalb des Hofverbands Geltung hatte. Das einem → Unfreien vom Herrn nach → Hofrecht gewährte Freistiftsrecht (ius colonum, Baumannsrecht) war im Hochmittelalter die am häufigsten auftretende Form der Grundleihe. Weil seit dem 13. Jh. sowohl die Bedeutung des Hofrechts wie auch die

Wirkung der Leibeigenschaft zurückgingen, trat mehr und mehr die Leihe nach → Landrecht in Erscheinung; sie wurde als *Leibrecht* bezeichnet, wenn sie für die Lebenszeit des Grundholden galt, oder als *Erbrecht*, wenn damit auch den Erben des Hintersassen ein Leiherecht eröffnet wurde. Bei derartigen Verleihungen nach Landrecht erhielt der Grundhold Rechte an dem Gut, die auch außerhalb des Hofverbandes wirksam waren; deshalb mußte die Übertragung beurkundet werden. Seit dem 14. Jh. sind in großen Grundherrschaften viele ältere Leiherechte in Erbrechtsverhältnisse überführt worden. Die Grundholden mußten dabei das Erbrecht kaufen; daran waren die Herrschaften wegen der erheblichen Einnahmen interessiert. Mit der Leiheform des Erbrechts war meist eine Fixierung der vom Leihegut zu leistenden Abgaben verbunden; damit ging das Ernterisiko auf den Grundholden über, der bei außergewöhnlichen Mißernten oder anderen Katastrophen (z. B. Brandschäden) den Grundherrn um Abgabenermäßigung bitten mußte. Insgesamt hat jedoch die freie Erbleihe die Rechtsstellung des Bauernstandes verbessert. Bei → Rodungen in schwierigen Lagen oder bei der → Kolonisation bildete dies häufig einen starken Anreiz für die eingesetzten Bauern. Durch rechtliche Besserstellung versuchten Grundherren im Spätmittelalter der Abwanderung von Grundholden in die → Städte entgegenzuwirken.

Die Hintersassen hatten jährlich Abgaben zu leisten. Sie waren in Naturalien abzuliefern; im alten Freistiftsrecht war dies oft ein Drittel des Ernteertrags. Seit dem 13. Jh. kommen auch Zinszahlungen in Geld vor; dabei handelt es sich häufig um Geldablösung von Naturalreichnissen. Die Abgaben blieben im allgemeinen durch lange Zeiträume konstant. Da der Geldwert abnahm, wurden durch die Fixierung von Geldabgaben die Hintersassen begünstigt.

Neu aufziehende Grundholden mußten eine einmalige Zahlung leisten, den Handlohn (laudemium). Aus dem Nachlaß eines verstorbenen Hintersassen hatte der Grundherr Anspruch auf das „Besthaupt“ (bestes Stück Vieh); diese Abgabe geht auf das alte Stiftsrecht von → Unfreien zurück und erinnert daran, daß der Herr ursprünglich die Gewere am Gut hatte.

Eine Sonderform der Grundleihe von Kirchengütern war die Verleihung nach dem Recht der *Neustift*; sie galt auf Lebenszeit des Grundherrn, zu dessen Lebzeiten das Recht auf der Seite des Grundholden vererblich war. Das Neustiftrecht spielte bei der Bewirtschaftung von Bauerngütern der Pfarrpfründen eine Rolle. Der Pfarrer hatte dadurch die Möglichkeit, bei der Neubesetzung der Pfarrei seinen „Widenmann“ mitzubringen, welcher das „Pfarrwidum“ der → Pfründe bewirtschaftete.

Gulden

Bezeichnung für den von deutschen Fürsten seit der Mitte des 14. Jhs. nachgeprägten *Florenus*. Das war eine Goldmünze größeren Nennwerts, die seit der Mitte des 13. Jhs. in Florenz geprägt worden war (→ Geld). Der Name ist von dem Münzbild, der Lilie (flos) als florentinischem Stadtsymbol, abgeleitet. Die bis in die Gegenwart übliche Abkürzung „fl.“ für Gulden knüpft daran an. In Süddeutschland hieß die Münze zunächst „nummus aureus“ oder „goldener Pfennig“, woraus sich der Name „Gulden“ entwickelte. Die Münze hatte zunächst denselben Wert wie der → Dukaten, erfuhr jedoch bald eine Wertminderung; diese sollten die Münzvereine (→ Münzen) seit 1386 begrenzen. Die von den rheinischen Münzherren geprägten rheinischen Gulden wurden die wichtigsten Handelsmünzen des deutschen Spätmittelalters; sie wurden bis zum Ende des 15. Jhs. ausgeprägt. Dann ging die Goldprägung wegen Rohstoffmangels stark zurück. Nun wurden auch silberne Gulden ausgeprägt, so daß von da an die Bezeichnung „Goldgulden“ für die bisherigen Gulden üblich wurde. Die silbernen Gulden erhielten die Bezeichnung Guldengroschen (später auch Gulden) oder Taler.

Gutsherrschaft

Form der → Grundherrschaft, die sich seit dem 13. Jh. vor allem in den Gebieten der ostdeutschen → Kolonisation entwickelte und im Spätmittelalter in der Mark Brandenburg, in Mecklenburg, Pommern, in der Lausitz und in Schlesien das Verhältnis zwischen adeligen Herren und grunduntertänigen Bauern entscheidend prägte. Seit der Wende vom 13. zum 14. Jh. gingen adelige Grundherren, die zunächst in den Kolonisationsgebieten nach dem System der Rentengrundherrschaft wirtschafteten, zum Eigenbetrieb über, vergrößerten die in eigener Regie bewirtschafteten Flächen, wobei sich im 15. Jh. schon Ansätze zum sogenannten Bauernlegen (Auskaufen der bäuerlichen Besitzrechte durch die Grundherren) finden. Die dem Adel angehörenden Grundherren waren im Besitz des gutsherrschaftlichen

→ Niedergerichts oder erlangten durch Privilegien der Landesherren solche Justiz- und Administrativkompetenzen. Dadurch wurde die Abhängigkeit der Grundherrschaftsbauern von der Gutsherrschaft noch enger, zumal die Möglichkeiten zur Handhabung der → Scharwerke die Herren einseitig begünstigte, deren Gutsherrschaftsbetrieb förderte und die kleinen Bauernwirtschaften behinderte. Wirtschaftlich gesehen steigerte die Gutsherrschaft die Erträge des Getreideanbaues; nachdem die Getreideimporte der → Hanse im 15. Jh. stark rückläufig wurden, schoben sich die im Großen für den Exportmarkt produzierenden ostdeutschen Gutsherrschaften allmählich in die führende Rolle im nord-, nordost- und nordwestdeutschen Getreidehandel. Dies ging wirtschaftlich und sozial auf Kosten der ursprünglich freien bäuerlichen Bevölkerung, die zudem auch in rechtlich-hoheitlicher Hinsicht vom ostdeutschen Herrenstand abhängig wurde.

Hafen

See- und Binnenhäfen als Anlege-, Güterumschlags- und Schutzplätze für Schiffe gab es im Mittelalter nur dort, wo die natürlichen Küsten- und Uferlinien die Voraussetzungen dazu boten. Künstliche Hafenbauten existierten in der Zeit vor 1200 kaum. Technische Einrichtungen zum Beladen und Entladen von Schiffen (Kräne) wurden erst im Spätmittelalter errichtet. In Häfen mußten meistens → Zölle oder andere Abgaben entrichtet werden; es bestand auch häufig die Verpflichtung, angelandete Waren zum Verkauf anzubieten (Niederlags- oder Stapelrecht). Deshalb gehörte seit dem 12. Jh. das Hafenrecht zu den → Regalien. Landesherrschaften oder Städtebünde erließen oft Bestimmungen über das Anlaufen bestimmter Häfen; sie konnten auf diese Weise den Schiffsverkehr fördern oder auch behindern.

Halsgericht

Mit Halsgericht wurde seit der zweiten Hälfte des 13. Jhs. die strafrechtliche Kompetenz des → Hochgerichts bezeichnet (→ Gerichtsbarkeit). Abgeleitet wird die Bezeichnung vom Vollzug der Todesstrafe durch Erhängen; Symbol der Halsgerichtsbarkeit war deshalb der Galgen. Zur Halsgerichtsbarkeit gehörten alle Delikte, die mit der

Todesstrafe oder mit Körperstrafen, die zu schweren Verstümmelungen führten, bedroht waren. Seit dem 15. Jh. wurde das Verfahren in diesen schweren Kriminalfällen formalisiert und in Halsgerichtsordnungen schriftlich niedergelegt. Hier zeichnet sich die Entwicklung ab, die zum formalistisch geordneten Strafprozeß führt. In ihm sollte als Voraussetzung für das Urteil der Sachverhalt geklärt werden, wozu Zeugenbeweis und Geständnis des Täters notwendig waren (→ Folter). Im einzelnen wurde dies jedoch erst im 16. Jh. geregelt (besonders in der „Peinlichen Gerichtsordnung" Kaiser Karls V. von 1532).

Handel

Den früh- und hochmittelalterlichen Handel als Warenverkehr zwischen Überschuß- und Nachfragegebieten betrieben Großhändler über weite Strecken. Objekte dieses Handels waren Güter höheren Wertes (Edelmetalle oder daraus hergestellte Gegenstände; Gewürze; Seide oder andere ausgefallene Gewebe; Pelze; menschliche Arbeitskräfte, d.h. Sklaven), für die als Interessenten in erster Linie Angehörige der weltlichen und geistlichen Oberschichten in Frage kamen. Führend in diesem Fernhandel, der vielfach auch als Transithandel zwischen Ostgebieten und Westeuropa und umgekehrt durch Deutschland lief, waren im 10. und 11. Jh. in erster Linie → Juden, die bis in die Zeit kurz vor 1100 wirtschaftlich und auch gesellschaftlich ziemlich weitgehend in die ansässige Bevölkerung integriert waren, ehe dann mit dem Beginn der Verfolgungen der Niedergang der deutschen Judengemeinden einsetzte.

Die gefahrvollen und risikoreichen Reisen meisterten die Kaufleute in Zusammenschlüssen, die als → Gilden und Hansen früh belegt sind und deren bekannteste, die deutsche → Hanse, sich zu einem wirtschaftlich und auch politisch höchst bedeutenden Städtebund entwikkelte, der seine Blütezeit im späten 14. Jh. erreichte.

Wie hansische Kaufleute im Ostsee-, Nordland- und Westeuropahandel sowie im Warenaustausch mit den oberdeutschen Verbrauchsgebieten führend waren, so wurden deutsche Händler seit dem späten 12. Jh. auch im Italienhandel aktiv; dies belegt der früheste Nachweis des Fondaco dei Tedeschi (1228) als Kauf-, Lager- und Wohnhaus deutscher Kaufleute in Venedig. Im frühen 13. Jh. schlossen sich italienische und französische Kaufleute aus Genua und Marseille zusammen, um die Mittelmeerfahrt der deutschen Kaufleute zu erschweren; auch das zeigt deren Ausgreifen in den mediterranen Raum. Die Nord-Süd-Handelswege wurden von Deutschen ebenso bedient wie die Ost-West-Wege (→ Straßen), wobei für die seit dem 12. Jh. stärker in Erscheinung tretende Ost-West-Beförderung von Massengütern (Holz, Getreide) vor allem die → Schiffahrt Bedeutung gewann.

Einen wesentlichen Wandel im Warenverkehr brachte die Entwicklung der neuen Wirtschaftszentren in den → Städten. Der auf den städtischen → Märkten kaufmännisch abgewickelte Handel umfaßte nun ein breites Sortiment landwirtschaftlicher und gewerblicher Güter und Waren des täglichen Gebrauchs. Dieser Handel, vielfach von den Produzenten selbst getätigt, war mit weniger Risiko behaftet, bot aber auch geringere Gewinnchancen als der ältere Fernhandel. Für das städtische Wirtschafts-, Rechts- und Gesellschaftsleben hat der Markt mit dem Handel im Nahbereich und der ihn sichernde herrschaftliche Marktfrieden die größte Bedeutung erlangt. Daneben fanden die großräumig angelegten → Messen weiterhin statt.

In den Handelsverkehr konnten die Landesherrschaften durch die fiskalische Ausnutzung des Zollregals (→ Zoll) eingreifen. Seit dem 14. Jh. nahmen Fürsten häufig → Darlehen von Handelsherren auf, da letztere durch erhebliche Handelsgewinne über größere Geldmengen verfügten. Diese Entwicklung war durch die Entstehung von Handelsgesellschaften (etwa seit dem späten 14. Jh. die Ravensburger Handelsgesellschaft mit monopolartiger Beherrschung des Leinenexports aus Oberschwaben) begünstigt. Aufgrund der Kapitalkraft beeinflußten Kaufleute im Spätmittelalter durch das neue → Verlagssystem auch die Produktion gewerblicher Güter. Außerdem waren Kaufleute und Kaufmannsgesellschaften im Montanbereich als Unternehmer tätig (→ Bergbau).

Handwerk

a) Im ländlichen Bereich

Unter den Arbeitern großer geistlicher oder weltlicher Grundherrschaften (→ Fronhof; → Villikation) befanden sich schon in frühmittelalterlicher Zeit Handwerker, die erlernte Handfertigkeiten mit künstlerischer Gestaltungskraft zu verbinden wußten. Oft handelte es sich bei den Kunsthandwerkern in geistlichen Herrschaften um Klosterbrüder, die über hervorragende Fertigkeiten in der Metall- und

Emailverarbeitung, im Vergolden und beim Fassen von Edelsteinen, im Herstellen von Farben und für die Anfertigung hochwertiger Pergamente verfügten. Auch die Bauhandwerker, Maurer und Steinmetzen, welche für kirchliche Auftraggeber und für Bauten des Königshofes tätig waren, verfügten über hervorragende technische und gestalterische Fähigkeiten. Goldschmiedearbeiten, Bronzeguß und Glasschmelzen wurden technisch bewältigt und künstlerisch gestaltet.

Neben diesen Kunsthandwerkern waren in den Villikationen auch die Handfertigkeiten der Textil- und Lederherstellung und -verarbeitung, der qualifizierten Holz- und Keramikbearbeitung sowie der Metallgewinnung und der Herstellung von Gebrauchsgegenständen aus Metall, hauptsächlich aus Eisen, bekannt.

In den mittleren und kleineren weltlichen Grundherrschaften, auf den Leihegütern und bei den freien Bauern beherrschten die Leute selbst die handwerklichen Techniken der Holz- und Textilbearbeitung, die der bäuerliche Bedarf erforderte; die Fertigkeiten für die Herstellung von Lebensmitteln waren so weit verbreitet, daß es bis ins hohe Mittelalter im ländlichen Bereich dafür keine berufliche Spezialisierung gab. Das Landhandwerk fand zuerst dort Spezialisten, wo größere technische Einrichtungen nötig waren; dies war vor allem in der Müllerei der Fall. Hier griff die Herrschaft in die Handwerksorganisation ein, weil seit dem 12. Jh. die meisten Mühlenbetriebe mit Wasserkraft arbeiteten und deshalb die Wassernutzung überörtlich geregelt werden mußte.

Das ländliche Handwerk diente bis ins Hochmittelalter herauf der Selbstversorgung im dörflich-nachbarlichen Umkreis sowie der Sicherung des Lebensunterhalts kleinbäuerlicher Schichten.

b) Im städtischen Bereich

Der entscheidende Wandel des Handwerks in technischer, organisatorischer, wirtschaftlicher und sozialer Hinsicht bahnte sich seit dem 12. Jh. mit der Entwicklung der → Städte an. Es zogen vor allem handwerklich erfahrene Leute aus den Fronhofsverbänden in die wachsenden städtischen Plätze, weil sie dort bessere Absatz- und Gewinnchancen fanden. Auf den städtischen → Märkten boten die Produzenten selbst in großem Stil Artikel des täglichen Gebrauchs an. Die Nachfrage aus dem städtischen Bereich und aus dem näheren Umkreis bewirkte bald einen erheblichen Wandel in den Wirtschaftsgewohnheiten der Handwerker; sie produzierten jetzt nicht mehr nur in der unmittelbaren Lohnauftragsarbeit, sondern sie arbeiteten für den Markt mit seinen festen Terminen (wöchentlich oder mehrmals jährlich); sie hielten ihre Waren jedoch auch in den Zeiten zwischen den Märkten zum Verkauf in den bei den Werkstätten gelegenen Läden bereit. Dies waren die vor den Fenstern für die Ausstellung der Waren angebrachten (Fenster-)Läden, wovon der Ausdruck Laden für Verkaufslokal abgeleitet ist.

Die Zulassung zum Markt war von einer Garantie für Preis und Qualität der Waren abhängig. Diese leisteten die → Zünfte, welche auch gegenüber dem Marktherrn für die Zahlung der Marktgebühren hafteten.

Die Handwerker-Konzentration in den Städten bewirkte eine erhebliche Qualitätssteigerung, weil die Konkurrenz wuchs und eine starke Spezialisierung innerhalb der Branchen einsetzte. Besonders deutlich sichtbar ist dies bei den seit dem 12. Jh. zu hoher Blüte gelangenden Metallhandwerkern, die nach Produkten (z. B. Geschirr, Messer, Waffen, Rüstungen) oder nach Material (z. B. Messing-, Bronze-, Zinngießer) spezialisiert waren. Großen Aufschwung nahm seit dem 12. Jh. das Textilgewerbe, welches durch die Einführung des horizontalen Webstuhls mit Pedalen und des Spinnrades bessere Tuchqualitäten in kürzerer Zeit herstellen und durch die weiter entwickelte Färbereitechnik die Textilien so gestalten konnte, daß die Produkte den Wettbewerb mit den bis dahin führenden niederländisch-flandrischen Tuchen aufnehmen und bestehen konnten.

In der zweiten Hälfte des 14. Jhs. gewann, von den oberdeutschen Textilzentren Ulm und Augsburg ausgehend, die Produktion von Barchent, einem Gewebe aus Leinen und Baumwollefäden, sehr große Bedeutung. Die Barchentweberei spielte auch in der ländlichen Hausweberei, die den städtischen Tuchmachern zulieferte, eine wichtige Rolle. Im Metallhandwerk, in dem Nürnberg eine führende Position hielt, ergaben sich durch den Bau mechanischer Instrumente (z. B. Räderuhren) neue Spezialisierungen, ebenso in der Geschütz- und Stückgießerei durch die Einführung von Feuerwaffen nach der Erfindung des Schießpulvers (erste Hälfte des 14. Jhs.). Auch die Herstellung von → Schießpulver in den Pulvermühlen und die von → Papier in Papiermühlen (erstmals bei Nürnberg um 1400) beruhten auf neuen Handwerkstechniken. Die wichtigste neue Entwicklung leitete der → Buchdruck mit beweglichen Lettern ein; um die Mitte des 15. Jhs. waren Straßburg und Mainz (mit

Gutenberg und Fust), später dann auch Augsburg und Nürnberg führend im Schriftsetzer- und Druckerhandwerk.

Der Zunftzusammenschluß bewirkte, daß die Handwerkstechniken in reglementierter Ausbildung tradiert und dabei innerhalb der Handwerke geheimgehalten wurden. Die in den Städten weit vorangetriebene Arbeitsteilung bewirkte ferner, daß auch für die Deckung des täglichen Bedarfs an Lebensmitteln nun spezialisierte Handwerker tätig waren (vor allem Bäcker und Metzger), da die Haushalte immer weniger auf Selbstversorgung angelegt waren. Diese Spezialisierung setzte sich im 15. Jh. auch in den ländlichen Handwerken durch. Am Ende des Mittelalters war die Handwerks-Spezialisierung sehr differenziert, war der Qualitätsstandard der Produkte hoch und der Zusammenhalt in der Zunft im allgemeinen sehr eng. Einige Handwerke konnten sich der Bindung an Zünfte entziehen, teils wegen der Besonderheit der Arbeitsleistung (z.B. Bauhandwerker, die den großen Baustellen folgten und somit für eine örtlich organisierte Zunft kaum faßbar waren) oder wegen der Besonderheit der Produkte. So nahmen die mit der Herstellung von → Münzen beschäftigten Münzer, welche sich in Hausgenossenschaften organisierten, durch den engen Kontakt mit der das Münzwesen garantierenden Herrschaft eine Sonderstellung unter den Handwerkern ein. Die in der überwiegenden Zahl der Handwerke dominierende Zunftorganisation hielt durch die restriktiv gehandhabte Zulassung zur Meisterprüfung die Zahl der selbständigen Meister in engen Grenzen. Das konnte aber nicht verhindern, daß im 15. Jh. viele selbständige Handwerker nur knapp das Existenzminimum erreichten. Dieser Krise suchte das → Verlagssystem entgegenzuwirken; hier wirkten Händler und handwerkliche Produzenten zusammen, um die Absatzchancen und Verdienstmöglichkeiten zu verbessern. An manchen Orten, besonders im Ober- und Mittelrheingebiet, schlossen sich seit der Mitte des 14. Jhs. Zünfte desselben Handwerks in verschiedenen Städten zusammen, um durch gemeinsame Produktions- und Geschäftspolitik die Lage des produzierenden Handwerks zu bessern. Diese Zunftbünde begünstigten meist einseitig die Zunftmeister, so daß seit derselben Zeit auch die Gesellen in Gesellenbünden den Zusammenschluß zur Wahrung gemeinsamer Interessen suchten (z.B. in Straßburg oder Basel). Dabei kam es gelegentlich auch zu kollektiven Arbeitsniederlegungen zur Durchsetzung von Lohnforderungen.

Die Handwerker nahmen in den größeren und mittleren Städten einen erheblichen Teil der gesamten Bevölkerung (bis zu 50 Prozent) ein. Ihre Mitwirkung an der Regelung der öffentlichen Angelegenheiten in den städtischen Kommunitäten entsprach nicht diesem hohen Anteil. Trotz erheblicher Anstrengungen, die bis zu gewalttätigen Auseinandersetzungen mit den patrizischen Führungsschichten führten, erreichten die Handwerker keinen entscheidenden Anteil an der Führung der städtischen Politik und Verwaltung.

Hanse

Wie → Gilde Bezeichnung für eine, oft durch Leistung eines → Eides zusammengehaltene, Genossenschaft von Kaufleuten, die sich auf weiträumigen Handelsreisen zu gegenseitiger Unterstützung zusammenschlossen. Die Verbände gewannen seit dem 12. Jh. nicht nur an den Zielorten (etwa London in England, Brügge in Flandern, Venedig, Nowgorod in Rußland, auf Gotland und in den nordischen Ländern) sondern auch in den Heimatstädten große Bedeutung für die rechtliche, gesellschaftliche und religiöse Lebensgestaltung. Aus einem solchen Bund, der seit dem 13. Jh. aus Kaufleuten norddeutscher und nordwestdeutscher Städte für den Handel mit den Ostseeländern entstanden war, bildete sich um die Mitte des 14. Jhs. die *Deutsche Hanse*. Sie war nicht mehr ein Bund von Kaufherren, sondern ein Städtebund, dem unter der Führung von Lübeck, Hamburg und Köln etwa 90 Städte in lockerer Organisationsform angehörten. Handelsgüter waren Naturalien (Getreide, Holz, Fische, Pelze) der Ostseeländer und Fertigprodukte Westeuropas (Tuche und Metallwaren aus England und Flandern). Hamburg als Nordseehafen, Lübeck als wichtigster Hafen an der Ostsee und beide Städte als Endpunkte der Landverbindung zwischen Elbe und Trave kooperierten in der Führung des Bundes und speziell in dessen wendischem Viertel, neben dem es noch ein preußisches Viertel (Danzig), ein sächsisches Viertel (Braunschweig), ein westfälisch-niederrheinisches Viertel (Köln) und einen Zusammenschluß der Städte des Ordenslandes mit den Hansischen Gründungsstädten Riga, Reval und Dorpat an der Spitze gab. Im Norwegenhandel mit dem Kontor in Bergen hatte Bremen eine wichtige Stellung. Von der Hanse gingen zahlreiche Städtegründungen am südlichen Ostseeufer und in dessen Hinterland aus. In der Blütezeit (14. Jh.) organisierte der Bund Flottenfahrten (Konvois), erhob Abgaben, faßte bindende Beschlüsse (Hanserezesse) und griff in die politische Entwicklung in den nordischen Königreichen ein.

Deren zunehmend erstarkende politische Selbständigkeit einerseits und die fürstliche Territorialherrschaft über viele, nicht zur Reichsstandschaft aufgestiegene Hansestädte andererseits bewirkten seit dem 15. Jh. den Rückgang der politischen und der wirtschaftlichen Bedeutung der Hanse als Städtebund, als dessen letzte Mitglieder die Hansestädte Lübeck, Hamburg und Bremen die mittelalterliche Tradition in der Stadtbezeichnung weitertragen.

Im oberdeutschen Bereich kommt der Ausdruck Hanse für Handelsgesellschaften, die besonders der Kapitalbeschaffung dienten, vor. Den Charakter eines Städtebundes erreichten diese Gesellschaften nicht.

Hansgrafen wurden seit dem 12. Jh. beamtete Richter genannt, deren Funktion wohl von dem besonderen Recht der unter Königsschutz stehenden Kaufleute abzuleiten ist. Deren Kompetenz beschränkte sich jedoch seit dem späteren Mittelalter auf kleinere Gewerbe- und Handelsstreitigkeiten; Amt und Bezeichnung erhielten sich lange (z. B. in Regensburg bis zum Anbruch des 19. Jhs.).

Haus

a) Als Gebäude

Der größere Teil der Bevölkerung im Mittelalter lebte von der Landwirtschaft; deshalb ist das bäuerliche Haus mit seinen Nebengebäuden in der kleinsten Siedlungseinheit des Hofes die wichtigste Form des menschlichen Siedelns und Wohnens im Mittelalter. Haus- und Hofformen in den Ländern von den Alpen bis zur Nord- und Ostsee sind höchst mannigfaltig; sie sind landschaftsgebunden, weil nur das in der nächsten Umgebung der Baustellen vorhandene Baumaterial (Holz, Stein, Lehm, Stroh) verwendet werden konnte. Im ländlichen Bereich dominierte der Holzbau in der Blockbauweise; in Laubwaldgebieten mit größeren Eichenbeständen entwickelte sich der Fachwerkbau mit Lehmflechtwerk in den Gefachen. Die Verwendung von Stroh zum Eindecken der Dächer setzte größeren Getreideanbau voraus. In waldarmen Gebieten gab es früh Steinbauten (vermörteltes Bruchsteinmauerwerk); auch der Ziegelbau ist seit der Römerzeit nicht in Vergessenheit geraten.

Wohnbauten in alten urbanen Siedlungen und in den hochmittelalterlichen Gründungsstädten (→ Stadt) waren ebenfalls vielfach aus Holz; möglicherweise hat hier der Steinbau schon früher eine größere

Rolle gespielt als im ländlichen Bereich. Insgesamt bestand jedoch kein großer Unterschied der Baukonstruktion von Wohnhäusern in Stadt und Land. Besonderheiten der städtischen Bauweise, wie hohe Wohntürme („Geschlechtertürme") oder der Einbau von Werkstätten und Lagerräumen in städtischen Handwerker- und Handelshäusern, ergaben sich vor allem seit dem Aufblühen des Städtewesens im 12. Jahrhundert.

b) Als Rechtsbereich

Das Haus war nicht nur Wohnstätte, es war auch der Mittelpunkt des Rechtsverbandes der familia (→ Familie). Auch hier gab es die mannigfachsten Besonderheiten, die von der sozialen und wirtschaftlichen Struktur der Bevölkerung abhängig waren. Der Hausverband war grundsätzlich herrschaftlich organisiert; die dazugehörigen Familienmitglieder (Frau, Kinder, Verschwägerte) standen ebenso wie das Gesinde unter der → Munt des „pater familias", eines freien Grundbesitzers der Oberschicht (→ Freie). Er übte die sich aus dem Schutz- und Dienstverhältnis ergebende Funktion, in dem er die Hausangehörigen nach außen vertrat und für sie Haftung leistete; er verlangte dafür Dienstleistung und Unterordnung; beide Seiten waren durch das Treueverhältnis nach mittelalterlichem Verständnis verbunden. Der voll rechts-, waffen- und handlungsfähige Hausherr war der Garant für den im Haus- und Hofverband herrschenden Hausfrieden.

Mit der bis zum Hochmittelalter voranschreitenden Differenzierung der sozialen Schichten der Adeligen ritterlicher Lebensweise (→ Adel), der → Freien und → Unfreien, wandelte sich auch das Bezugssystem des älteren Hausfriedensschutzes. Aus dem Hausfrieden des adeligen Hauses wurde der Rechtsverband des „festen" Hauses, der ritterlichen → Burg; seine Rechtsordnung war vom adeligen → Hofrecht bestimmt. Für die große Menge der nicht unter diesem weiterentwickelten Adelsrecht stehenden Häuser ergab sich ein besonderes Schutzverhältnis, das im Rahmen der Gottes- und Landfriedensbewegung (→ Landfrieden) seit dem ausgehenden 11. Jh. vom Königtum garantiert wurde. Nachdem der Vollzug der Landfriedensgesetze den fürstlichen Territorialherren zugewachsen war (→ Territorium), wurde diese Komponente des alten Hausfriedensschutzes Bestandteil der neuen Landeshoheit und ihres überörtlichen Rechtsschutzes. Dem entsprach die Entwicklung in den Städten, wo der Stadtherr die Rechtsgarantie des Hausfriedens übernahm. Das Friedensgebot in den städtischen Bürgerhäusern setzten die Beamten und

Richter des Stadtherrn, vielfach in Gemeinschaft mit den bürgerlichen Gremien (→ Stadt) durch.

Heller

Bezeichnung für den seit der Zeit um 1200 in der königlichen Münzstätte (Schwäbisch)Hall geprägten denarius Hallensis (→ Münzen). Durch massenhafte Prägung und durch Übernahme des Heller-Münzfußes in vielen Münzstätten des Rheingebietes, Frankens und Schwabens sank der Wert, so daß im 14. Jh. der Haller Pfennig (Heller) nur mehr den vierten Teil eines Regensburger Pfennigs galt. 1494 wurde die Hellerprägung in Schwäbisch Hall aufgegeben.

Herold

Herolde waren ursprünglich Leute niederen Standes, die im Heeresdienst Botschaften zu überbringen hatten. Weil sich seit dem 12. Jh. im → Adel, der die wichtigsten und größten Kriegsaufgebote stellte, die Gewohnheit, → Wappen als Erkennungszeichen zu führen, immer mehr verbreitete, setzte die Heroldstätigkeit besondere Kenntnisse des Wappenwesens voraus. Daraus ergab sich schließlich die besondere Kompetenz für alle mit Wappen und Feldzeichen zusammenhängenden Fragen. Im deutschen Reich taucht die Amtsbezeichnung Herold im 14. Jh. auf; die Herolde standen meist im Dienst von Fürsten, nach denen sie benannt wurden (z. B. der Herold Gelre nach dem Herzogtum Geldern oder der Herold Bayern nach dem Herzogtum Bayern) und deren Wappenbilder sie auf ihrem Amtsgewand, einem Tappert genannten Umhang, trugen. Häufig waren sie auch an der Vorbereitung von Turnieren (→ Zweikampf) beteiligt, wobei sie die Turnierfähigkeit der Teilnehmer aufgrund ihrer heraldisch-genealogischen Kenntnisse beurteilten. Als besondere Kenner der Wappen legten verschiedene Herolde Wappenbücher an, die für die spätmittelalterliche Überlieferung der Heraldik von großer Bedeutung sind. Von der Amts- und Berufsbezeichnung Herold ist der Terminus Heraldik für Wappenwesen abgeleitet.

Herr, Freiherr

Herr (lat. dominus) ist während des ganzen Mittelalters eine Bezeichnung für den Mann, der Herrschaft ausübt; dieser können Personen und Sachen unterworfen sein. Die Ehefrau des Herrn ist die Herrin, die → Frau, was von frowe, der weiblichen Form von fron (= Herr; → Fronhof), abgeleitet ist. In allen Rängen der führenden Gesellschaftsschicht des mittelalterlichen Adels gab es Inhaber von Herrschaft mit der „Herren"-Bezeichnung: Herr waren Kaiser, Papst und König; auch die fürstlichen und gräflichen Dynasten führten diese Bezeichnung, wenn sie im älteren Personenverband Herrschaft über Leute ausübten und dann als Landesherren (domini terrae) diese zur Gebietsherrschaft der Territorialstaaten (→ Territorium) ausgestalteten. Wer eine Stadtherrschaft innehatte, war nicht weniger Herr als der Inhaber einer Grund-, Hof- und Hausherrschaft oder der Herr an der Spitze eines Lehenhofes (Lehensherr).

Diese allgemeine Bedeutung des Herren-Begriffs galt während des ganzen Mittelalters und darüber hinaus. Daneben ist seit dem 12. Jh. eine terminologische Einengung des Herrenbegriffs zu erkennen; dies hängt mit der rechtlichen Normierung der feudalen Gesellschaft im lehenrechtlichen System der Heerschildordnung (→ Lehenswesen) zusammen. Wie die Grafen wurden die *freien Herren* in einer Heerschildgruppe zusammengefaßt, weil sie Lehen von den Fürsten nahmen. Diese ständische Normierung wirkte sich bald so stark aus, daß ein freier Herr (wie auch ein Graf), der Lehen unmittelbar vom König erhielt, in der Heerschildordnung nicht in den fürstlichen Rang aufstieg, weil zur Fürstenherrschaft als weitere Kennzeichen die herzogsgleiche oder herzogsähnliche Herrschaftsausübung gehörte (→ Herzog; → Graf).

Die freien Herren waren lehensfähig, was die volle Waffenfähigkeit und die ritterliche Lebensführung voraussetzte. Diese Standesvoraussetzungen besaßen auch die im Ritterdienst stehenden Ministerialen, welche unfreier Abkunft waren. Sie profitierten vom Ansehen ihrer vollfreien Dienst- und Lehensherren, welche ihnen Aufgaben und Ämter in der Herrschaftsverwaltung und in der Rechtsprechung übertrugen. Seit dem 13. Jh. war die Bedeutung und die rechtliche Wirkung der persönlichen Unfreiheit ganz allgemein rückläufig (→ Unfreie). Das bewirkte, daß sich die ministerialischen Dienstleute, insbesondere die Königs- und Fürstenministerialen, gesellschaftlich und rechtlich den freien Herren annäherten und mit diesen zusammen den *adeligen Herrenstand* bildeten. Vereinzelt schon im 14. Jh., häufig dann seit dem 15. Jh. kommt für die Angehörigen dieser Gruppe dann die Bezeichnung *Freiherr* als feststehende Standesbezeichnung in Gebrauch. Der größere Teil dieser adeligen Herren (Freiherren) war der landesfürstlichen Territorialhoheit unterworfen und bildete die Ritterkurie der → Landstände. Zahlreiche Familien, besonders im Westen und Südwesten des Reiches, konnten unmittelbare Beziehung (meist lehenrechtlicher Art) zum König bewahren; dadurch stiegen sie zwar im Heerschild nicht auf, blieben aber reichsunmittelbar und formierten sich zu der seit dem 16. Jh. in den Ritterkantonen organisierten *Reichsritterschaft*.

Die Bezeichnung *Ritter* war kein rangmäßig differenzierender Titel, sondern kam dem „ehrbaren" (d.h. der ritterlichen Standesehre unterworfenen) und dem „festen" (d.h. mit ritterlicher Waffenfähigkeit ausgestatteten) Mann zu, der formal durch den Ritterschlag gesellschaftlich anerkannt war. Fehlte der Ritterschlag, so trug der Betreffende die Bezeichnung „Knecht", was soviel wie „Edelknecht" (Knappe) bedeutete.

Zum *Ritterstand* (ordo militaris) gehörten seit der Karolingerzeit die zum Reiterkampf Befähigten und Ausgebildeten, welche spätestens seit dem 10. Jh. die bei größeren kriegerischen Aktionen eingesetzten Aufgebote bildeten (→ Wehrwesen). Es handelte sich bei dieser Personengruppe um einen Berufsstand von Leuten mit großem Eigengut (Allod) oder entsprechendem Lehensgut (→ Lehenswesen), aus welchen die großen Kosten für Ausrüstung und Kriegsbereitschaft getragen werden konnten. Um die Wende vom 12. zum 13. Jh. wird die Entwicklung erkennbar, welche den Berufsstand zu einem abgeschlossenen *Geburtsstand* werden ließ. Die nun als Voraussetzung der Zugehörigkeit zum Ritterstand in Erscheinung tretende Ritterbürtigkeit forderte die Abstammung aus einer im adelig-ritterlichen Umkreis lebenden Familie. Grundsätzlich war damit der Ritterstand nach unten hin abgeschlossen, wie dies die Konstitutionen von Melfi Kaiser Friedrichs II. dekretierten (1231). Der Zugang zum Ritterstand war künftig nur mehr über eine förmliche Erhebung durch den König möglich. Damit gleichzeitig war der Ritterstand zum Geburtsstand des niederen Adels geworden, der auch nach oben hin zum höheren Adel der Fürsten und Grafen abgegrenzt war.

Herzog, Herzogtum

Dux und ducatus als lateinische Entsprechungen für die deutschen Ausdrücke Herzog und Herzogtum (womit der Raum aber auch der Inhalt der Herrschaftsausübung gemeint sein kann) kennzeichnen in den verschiedenen Entwicklungsstufen des hoch- und spätmittelalterlichen Reiches unterschiedliche Aufgaben- und Funktionskreise der nach dem Königtum wichtigsten Herrschaftsträger.

a) Das „Jüngere Stammesherzogtum"

In merowingisch-karolingischer Zeit hatte die stammesmäßige Bindung der Bayern, Alamannen, Franken und Sachsen die Grundlage für Form und Inhalt der Herzogsherrschaft gegeben; diese war von den fränkischen Königen systematisch zurückgedrängt und nach Kräften reduziert worden, so daß die Herrschaft der sogenannten älteren Stammesherzöge im 9. Jh. zu einer Amtsfunktion karolingischer Präfekten geworden war. Sie stand jedoch weiterhin in enger Beziehung zu den wichtigeren Geschlechtern der Stämme. Aus diesen gingen um die Wende zum 10. Jh. Dynastien hervor, welche sich an die Spitze der Stämme setzten, von diesen anerkannt wurden und somit in der Lage waren, in → Gerichtsbarkeit, Heerbann (→ Wehrwesen), Landfriedenssicherung (→ Landfrieden) und Ausübung der Kirchenherrschaft eine *königsgleiche Stellung* über die Stämme zu errichten. Man nennt diese, das frühe 10. Jh. prägende Herrschaft das „jüngere Stammesherzogtum". Es realisierte sich vor allem in Bayern (unter den Luitpoldingern), in Schwaben (unter den Burkhardingern) und in Sachsen (unter den Liudolfingern); in dem weit gespannten und vielschichtig gegliederten fränkischen Stammesgebiet, welches vom Rhein-Neckargebiet über die deutschen Mittelgebirge bis in das nördliche Vorfeld des Thüringer Waldes und in die Flußlandschaft der Saale reichte, kam es nicht zu einer Konsolidierung einer Herzogsherrschaft. Hier wie im Siedlungsgebiet der Thüringer-Hessen machten die sächsischen Herzöge ihren Einfluß geltend; weil sie seit Heinrich I. (gest. 936) das Königshaus repräsentierten, kam das fränkische Stammesgebiet in besonders engen Kontakt zum Königtum und zum Reich. Dies förderte die herrschaftliche Auflösung des fränkischen Stammesgebiets, weil die zusammenhaltende Instanz einer übergreifenden Herzogsherrschaft fehlte.

b) Amtsherzogtum

Das sogenannte Stammesherzogtum war vor allem fundiert in der Anerkennung des Herzogs durch den Stammesadel (→ Adel); das ist dort gut zu verfolgen, wo besondere Gefahren von außen stammesübergreifende Abwehrmaßnahmen, deren Organisation der Herzog in die Hand nahm, erforderten. Das war in Bayern der Fall, wo die Nachbarschaft zu den Völkerschaften in der Donau-Theiß-Tiefebene besondere Probleme schuf, und in Sachsen, wo die Normannen-Wikinger und Slawen-Wenden die sich zum Stamm formierenden Völkerschaften bedrängten; dagegen organisierten die Liudolfinger die Abwehr, wie dies die Luitpoldinger in Bayern taten. Auch in Lothringen hat sich die Herzogsherrschaft des frühen 10. Jhs. vor allem in der Abwehr der Normanneneinfälle darstellen können.

Mit der Königsherrschaft (→ König) der Liudolfinger seit der ersten Hälfte des 10. Jhs. hat sich die Form der Herzogsherrschaft gewandelt: Die Auseinandersetzung zwischen den Herzögen als Inhabern königsgleicher Herrschaft und den ottonischen Königen (besonders Otto I.) führte zur Einbindung der Herzogtümer in das Reich. Otto I. übertrug den bayerischen, den alamannischen und den lothringischen Dukat an Angehörige seiner Familie. In Sachsen stieg das führende Herzogsgeschlecht der Liudolfinger zur Königswürde auf, wobei gleichzeitig der Dukat einem einheimischen Geschlecht (den Billungern) zufiel. Da die Stammesrepräsentanz des Königtums aber weiterbestehen blieb, verstärkte sich der Amtscharakter des Herzogtums, eine Entwicklung, die auch im alamannischen (schwäbischen) und bayerischen Bereich einsetzte und sich im 11. Jh. mit dem Aufsteigen der Königsherrschaft bis Heinrich III. verstärkte.

Die Bindung der Herzogsherrschaft an das Stammesgefüge wurde zudem lockerer. Dies zeigt beispielhaft die Einsetzung eines neuen dux in den südöstlichen karantanischen Markengebieten Bayerns, im Herzogtum Kärnten (976 durch Kaiser Otto II.). Auch im fränkischen Bereich entstanden auf Initiative des Königs neue Herzogswürden, die teils den Einfluß der Königsdynastie selbst steigern sollten (so das „Herzogtum" Konrads von Rothenburg; gest. 1196), teils der neuen verfassungsmäßigen Rolle der Kirche Rechnung tragen sollten. Letzteres war der Fall, als Kaiser Friedrich I. dem Bischof von Würzburg 1168 die herzogliche Gewalt in Franken übertrug, welche in Ansätzen schon im 11. Jh. bei der Ausübung von richterlichen Funktionen des Bischofs in Franken erkennbar ist.

Das Gebiet des hochmittelalterlichen Reichs war aber keineswegs durchgehend in Herzogtümer gegliedert. Grund dafür war, daß sich zwischen die älteren, auf den Stämmen beruhenden Stammes- und die davon geprägten Amtsherzogtümer einerseits und das Gebietsherzogtum andererseits noch das sogenannte Titelherzogtum eingeschoben hat.

c) Titelherzogtum

Seit dem 11. Jh. kam es mehrfach vor, daß Angehörige von Dynastien, welche Herzogtümer innegehabt und diese aber wieder verloren hatten, den Titel gleichwohl weiterführten. Dies war bei den älteren Welfen der Fall, deren herzogliche Linie in Kärnten 1055 erloschen war; der älteste der jüngeren Welfen, Welf I. (IV.), war 1070 Herzog von Bayern geworden, hatte aber in den Wirren des Investiturstreits das Herzogtum zeitweise wieder verloren. Gleichwohl führte er stets den Herzogstitel. Ähnlich verhielt es sich bei dem schwäbischen Geschlecht der Zähringer, das ebenfalls in Kärnten (1061–1077) und dann in Schwaben (seit 1092) Herzogsrechte beanspruchte. Als sich dort die Staufer als Herzöge durchsetzten, behielten die Zähringer für ihren ausgedehnten alamannischen Besitz- und Herrschaftsbereich bis zum Aussterben des Geschlechts (1218) den Herzogstitel. Auch das Haus Andechs-Meranien beanspruchte für seinen bayerisch-tirolisch-oberitalischen Besitz, der aus Allodien, Grafenrechten und Vogteien bestand, die Dukat-Rechte und -Titel.

Der Herzogstitel wurde nun zum *Kennzeichen der obersten Dynastenschicht* unter dem Königtum; mit der Normierung des Lehenrechts im 12. Jh. (→ Lehenswesen) bildete er ein Definitionsmerkmal für die Zugehörigkeit weltlicher Fürsten zur besonderen Rangklasse der Reichsfürsten in der Heerschildordnung. Parallel damit lief die Entwicklung der Territorialstaaten (→ Territorium) im Reich. Diese bildete die Grundlage für eine neue Form des Herzogtums, das sogenannte Gebietsherzogtum.

d) Gebietsherzogtum

Seit dem 12. Jh. rundeten die Inhaber der alten Herzogtümer auf der Grundlage großer Eigengutkomplexe, zahlreicher Grafenrechte (→ Graf) und umfangreicher → Vogteien über Kirchengüter die Herrschaftsausübung in gebietsmäßiger (territorialer) Hinsicht ab (→ Territorium). Diese, im Hochgericht (→ Gerichtsbarkeit), im Heerbann (→ Wehrwesen) und in der Landfriedenswahrung (→ Landfrieden) deutlich sichtbare, raumübergreifende Herrschaftsausübung konnte auch durch königliche Rechtsakte nach den Normen des Lehenrechts begründet werden. Dies wirkte sich im Bereich des → Landrechts aus. Deutlich erkennbar ist diese Entwicklung bei der Erhebung der Ostmark zum Herzogtum Österreich (1156), bei der Aufteilung der Herzogtümer Heinrichs des Löwen in Sachsen und Bayern (1180), bei der Erhebung der Steiermark zum Herzogtum (1180), bei der Formierung der schlesischen Herzogtümer (12. Jh.) sowie bei dem Aufstieg der Grafen von Schleswig (1232), Braunschweig-Lüneburg (1235), von Mecklenburg (1347) und Jülich-Berg (seit 1356) zu Herzögen.

Entscheidend für die neue Herzogsherrschaft war der Ausbau der Ämterorganisation für die Gerichtsbarkeit und für die Urbar- und Regalienverwaltung; das neue Dienstrecht (→ Amt) führte die aus der Ministerialität (→ Unfreie) kommenden Angehörigen der mittleren Führungsschicht in ein besonderes Beziehungssystem zu den Inhabern der Herzogsherrschaft. Dazu wurde auch die Eingliederung dieser Adelsschicht in den territorialen Landsassenadel (→ Landstände) wichtig für die in den spätmittelalterlichen Jahrhunderten ziemlich weit gediehene staatlich-rechtliche Einheit des Gebietsherzogtums.

Hexerei

Die uralt-magischen Vorstellungen vom Wirken böser, dämonischer Geister in und neben den Menschen wurden seit der Epoche der Christianisierung und im Frühmittelalter von der Kirche bekämpft; die hochmittelalterliche Theologie räumte jedoch den mit dem Teufel im Bund stehenden, Schadenzauber bewirkenden Hexen reale Existenz ein. Geistliche wie weltliche Rechtsüberlieferungen kennen seit dem 12. Jh. die Delikte Zauberei und Hexerei, die zur Ketzerei (→ Ketzer) gehörten. Geistliche wie weltliche Gerichte nahmen die Kompetenz dafür in Anspruch. In der Untersuchung solcher Fälle spielte die → Folter als Mittel zur Erzwingung eines Geständnisses eine schlimme Rolle. Im späten 15. Jh. faßten die päpstliche Hexenbulle Innozenz' VIII. (1484) und der diese kommentierende „Malleus maleficarum" (Hexenhammer; 1487) die Vorstellungen von der Hexerei zusammen und gaben Anweisungen zur Bekämpfung der Hexen. Sie bildeten die Grundlage für die unmenschlichen Ausschreitungen der Hexenverfolgungen und der Hexereiprozesse des späteren 16. Jahrhunderts.

Hochacker

Um die Wende vom 12. zum 13. Jh. bürgerte sich eine landwirtschaftliche Anbautechnik ein, bei welcher der Humusboden in der Mitte der für den Getreideanbau bestimmten Ackerbeete aufgehäuft wurde. Dies wurde durch eine besondere Reihenfolge der Pflugfahrten bewirkt. Diese Hoch-, Wölb- oder Rückenäcker sind heute noch in aufgeforsteten, früheren Ackerfluren zu erkennen. Diese Flurteile wurden offensichtlich zu langjährigem Getreideanbau benutzt. Dazu mußte der Boden durch das Aufhäufen von anderwärts abgetragenen und mit Dünger versehenen Humusschichten verbessert werden.

Hochgericht

Die hohe → Gerichtsbarkeit war in karolingischer Zeit und auch noch im 10. Jh. durch die Höhe der → Bußen definiert; sie wurde meist von den Grafengerichten ausgeübt (→ Graf). Ihnen kam auch bei der Liegenschaftsübereignung und bei Streitigkeiten um Grund und Boden große Bedeutung zu, da sie wegen der Rechtsgarantie, welche der königliche Gerichtsbann (→ Bann) vermittelte, die Sicherheit des Eigentums am Grundbesitz gewährleisteten.

Der strafrechtliche Aufgabenbereich des gräflichen Hochgerichts wandelte sich seit dem 12. Jh. entscheidend unter dem Einfluß der → Landfrieden. Es kam nun zu einer Abgrenzung gegenüber dem → Niedergericht. Die Hochgerichtsbarkeit hatte die mit Lebens- und Körperstrafen bedrohten Delikte abzuurteilen (→ Halsgericht), die nicht durch Geldzahlungen abgelöst werden konnten. Diese Kompetenz in den strafrechtlich schweren Fällen (causae maiores) kam seit dem 12. Jh. durch Einzelverleihungen, seit den sogenannten Fürstengesetzen von 1220 und 1231/32 (→ Fürst) generell an die Landesherren (→ Territorium) und bildete einen wichtigen Bestandteil für den Aufbau der Fürstenstaaten. Es entstanden nun formelhafte Wendungen zur Beschreibung der strafrechtlichen Zuständigkeit; so wurde in Bayern die Hochgerichtskompetenz der herzoglichen und gräflichen Gerichte mit den „drei Fällen“ (schwerer Diebstahl, Notzucht, Totschlag), in Franken mit den „vier Rügen“ (Diebstahl, Notzucht, Totschlag, Brandstiftung) oder in Sachsen mit den „hohen Brüchen“ (ebenso) umschrieben. Diese Hochgerichte (→ Landgericht) hatten im Liegenschaftsprozeß die Sachkompetenz nach dem Grundsatz der örtlichen Zuständigkeit der „belegenen Sache“ (forum rei sitae).

Im 15. Jh. setzte eine neue Fiskalisierung der Gerichtsbarkeit ein; unter bestimmten Voraussetzungen konnte das landesfürstliche Hofgericht verwirkte Kriminalstrafen in Geldstrafen umwandeln. In manchen Teilen des Reiches wurde diese Aufgabe von einem Stellvertreter des Landesherren (vicedominus; daher die Bezeichnung Viztum) ausgeübt. Der Katalog dieser Fälle (der sogenannten Viztumhändel) ergab somit eine Zuständigkeitsbeschreibung der Hochgerichte. Zu den genannten drei oder vier Fällen traten hier weitere Tatbestände, wie unberechtigte → Fehde, Friedensbruch, Münzfälschung.

Hofgericht

Der mittelalterliche Ausdruck Hofgericht (judicium curiae, judicium camerae) ist mehrdeutig. Zunächst ist darunter das Gericht am Königshof zu verstehen (→ Reichsgerichte); dann konnte damit auch das nach Normen des → Hofrechts am Hof eines adeligen Herrn (→ Adel) bestehende Gericht gemeint sein. Schließlich wurden auch die obersten territorialen Gerichte der Reichsfürsten (→ Fürst) so bezeichnet, weil die Gerichtsbarkeit des Reiches die Territorien der größeren Fürsten nicht mehr erreichte und diese deshalb eigene höhere Gerichtsinstanzen einrichten mußten. Ausgangspunkt für diese Entwicklung waren die aus den dynastischen Hofgerichten erwachsenden Gerichte, welche auch als lehenrechtliche Instanz Streitigkeiten im herzoglichen Lehenhof zu entscheiden hatten. Diese Gerichte tagten unter dem Vorsitz des Fürsten, in größeren Territorien dann auch unter einem Vertreter (Hofmeister, Marschall oder Viztum). Die Beisitzer waren adeligen Standes, wie dies der Grundsatz der Ebenbürtigkeit in der ständisch geordneten mittelalterlichen Gesellschaft verlangte. Häufig bestanden enge personelle Verbindungen zwischen dem landesfürstlichen → Rat und dem Hofgericht. Über den herzoglichen Rat fanden seit dem 15. Jh. auch gelehrte Universitätsjuristen Zugang zum Hofgericht, wie dies etwa in der Kurpfalz der Fall war, wo nach Gründung der Universität Heidelberg (1385) Professoren als pfalzgräfliche Räte bestellt wurden.

Vor den reichsfürstlichen Hofgerichten hatten die landsässigen Adeligen den privilegierten Gerichtsstand in persönlichen Klagen oder bei Kriminalfällen. Für Reichsunmittelbare war das königliche Hofgericht die entsprechende Instanz, die dann seit 1495 an das Reichskammergericht überging.

Die Gerichtsstandsprivilegien (→ Evokation) und die Entwicklung des Appellationsverfahrens (→ Appellation) führten seit der Mitte des 14. Jhs. zunächst in den Territorien der Kurfürsten, dann auch bei den größeren Reichsständen praktisch dazu, daß die fürstlichen Hofgerichte oberste Instanzen in den reichsständischen Territorien wurden.

Hofrecht

In der früh- und hochmittelalterlichen Gesellschaftsordnung hatten die unter der Herrschaft eines → Herrn in einem Haus- und Hofverband lebenden Personengemeinschaften außerordentlich große Bedeutung (→ Haus; → Fronhof). Das Zusammenleben der freien und unfreien Leute war rechtlich normiert; die Gesamtheit der Normen bildete das Hofrecht; es gewährte den der Hausherrschaft unterworfenen Personen Schutz und Haftung nach außen und verlangte von ihnen Treue und Dienst. In den großen Verbänden der Könige und der Fürsten waren die Dienstleute als → Unfreie einem speziellen *Dienstrecht* unterworfen. Dieses, wie das Hofrecht im allgemeinen, galt als Sonderform des allgemeinen → Landrechts; das Hofrecht war ein besonderer → Rechtskreis.

Innerhalb der Hofverbände übten die Herren eine hofrechtliche → Gerichtsbarkeit. Diese mündete bei den reichsfürstlichen Herren (→ Fürst) in die Jurisdiktion des territorialen → Hofgerichts. Die hofrechtliche Gerichtsbarkeit des → Adels blieb über das Spätmittelalter hinaus in den → Niedergerichten der Hofmarken und Herrschaften erhalten. Indem die Landesherrschaften die aus dem Hofrecht erwachsenen adeligen Niedergerichte allgemein anerkannten, gliederten sie diese in die landrechtliche Gerichtsorganisation ein und garantierten damit deren Bestand. Die Bedeutung des Hofrechts als eigener Rechtskreis ging dadurch zurück.

Quellen für das Hofrecht sind vor allem in den → *Weistümern* überliefert; sie zeigen neben herrschaftlich geprägten Rechtssätzen auch solche genossenschaftlicher Art und betreffen häufig Fragen der bäuerlichen Wirtschaftsführung und der Dorfgemeinschaft.

Hohlpfennig

Diese, auch Brakteaten genannten, Münzen wurden aus sehr dünnem Silberblech hergestellt und nur einseitig geprägt, so daß das Relief auf der Rückseite sichtbar wurde. Sie sind von der ersten Hälfte des 12. Jhs. bis zum Ende des Mittelalters nachgewiesen. Hauptverbreitungsgebiete waren Mittel-, Nord- und Ostdeutschland; eine der ersten Brakteatenmünzstätten war Magdeburg. Grund für die Herstellung dieser Pfennigmünzen (→ Pfennig) war das Bestreben der Münzer, Material einzusparen. – Eine Vorstufe der Hohlpfennige sind die Dünnpfennige, Halbbrakteaten genannt, die seit spätkarolingischer Zeit ebenfalls aus dünnem Silberblech hergestellt wurden; auch bei ihnen war das Relief der Prägung auf der Gegenseite sichtbar; teilweise wurden die Prägungen dadurch unkenntlich. Halbbrakteaten wurden im Süden und Südwesten des Reiches ebenso geprägt wie in Mittel- und Niederdeutschland. Im 12. Jh. läuft diese Art der Münzprägung mit dem Aufkommen der Hohlpfennige aus.

Immunität

Der mittelalterliche Begriff Immunität (immunitas, emunitas) ist aus der römischen Rechtssprache übernommen worden. Damit ist die Freiheit eines Herrn, seines Besitzes und seiner Hintersassen von den Eingriffen fremder, vor allem königlicher, herrschaftlicher Gewalt bei der Ausübung der Gerichtsbarkeit und der Forderung von Abgaben und Diensten gemeint. Die Herrschaft des → Adels über Land und Leute beruhte auf diesem Immunitätsgedanken; dazu mußten die Adeligen nicht besonders privilegiert werden. Von der karolingischen Zeit bis in die Epoche der ottonisch-salischen Könige sind zahlreiche königliche Immunitätsprivilegien für Bischöfe und Klöster überliefert, deren Grundbesitz damit aus dem Zuständigkeitsbereich der → Grafen herausgenommen wurde. Der geistliche Immunitätsherr erhielt deren Aufgaben übertragen; ausgeübt wurden sie von den → Vögten. Mit der Immunitätsverleihung an die höheren kirchlichen Würdenträger war der Königsschutz über die Reichskirche verbunden. Dadurch sollte die Kirchenherrschaft des → Königs, besonders die königliche Eigenkirchenherrschaft über die Bistümer, gestärkt und die Einflußnahme des Adels zurückgedrängt werden.

Die Königsherrschaft über die Kirche wurde durch die Kirchenreformbewegung seit dem 11. Jh. in Frage gestellt, im Investiturstreit (→ Investitur) heftig umstritten, im Wormser Konkordat von 1122 schließlich auf die Regalieninvestitur (→ Regalien) beschränkt. Die geistlichen Immunitäten wurden auf diese Weise zur Grundlage für die Territorien der geistlichen → Fürsten. Den meisten Bischöfen gelang es, sich der Herrschaft der Vögte zu entziehen, so daß auch die Vogtei über die Bischofskirchen als Komplementärbegriff zur Immunität ziemlich bedeutungslos wurde. Einige Klöster konnten über Immunitätsverleihungen zur Reichsunmittelbarkeit gelangen. Die überwiegende Zahl der mit alten Immunitätsrechten ausgestatteten Klöster kam jedoch unter die Landeshoheit der reichsfürstlichen Territorien, weil die Adeligen des Reichsfürstenstandes sehr häufig Inhaber der Klostervogteien waren.

In vielen Bischofsstädten gab es engere Immunitätsbezirke, die häufig die Bezeichnung *Mundat* führten; zu ihnen gehörten die Domkirchen, die Wohngebäude der Bischöfe und Domkleriker und der bischöflichen Hintersassen. Diese Bezirke standen in besonders enger Beziehung zu den Bischöfen als Stadtherren, so daß sie in der Entwicklung der bischöflichen → Städte eine Sonderstellung erlangten.

Die aus dem Frühmittelalter überkommenen hochmittelalterlichen Adelsimmunitäten ergaben höchst wichtige Bestandteile der spätmittelalterlichen Landesherrschaften der Reichsfürsten. Die aus dem adeligen → Hofrecht in den Landrechtsbereich (→ Landrecht) überführten Befugnisse der Gerichts- und Grundherren bildeten eine wichtige Grundlage der Territorialstaaten (→ Territorium).

Investitur

Im mittelalterlichen Recht spielten Symbole eine wichtige Rolle; dadurch erhielten rechtliche Abstraktionen sichtbare Gestalt. Besonders deutlich trat dies beim Wechsel des Eigentums an Liegenschaften zu Tage; hier wurde der neue Eigentümer durch eine symbolische Handlung in das Verfügungsrecht über das Grundstück, die → Gewere, eingewiesen. Durch Übergabe einer Erdscholle wurde der Eigentumsübergang bei einem Acker vollzogen, durch Überreichung eines aus dem Türstock geschnittenen Spanes bei einem Haus, durch Übergabe des Glockenseiles bei einer Kirche. Durch diese Einweisung, die Investitur, war der Eigentumsübergang perfekt geworden. Nicht anders war dies beim Leiherecht (→ Lehenswesen; → Grundherrschaft). Sollte der Beliehene die Gewere an dem Lehenobjekt erwerben, so mußte eine Investiturhandlung vorgenommen werden. Bei der ritterlichen Leihe war das Übergabesymbol für den Erwerb der Lehensgewere meist eine Fahnenlanze.

Neben dem landrechtlichen und dem lehenrechtlichen Bezug der Investitur hat die kirchenrechtliche Verwendung des Begriffs außerordentliche Bedeutung für die mittelalterliche Rechts- und Verfassungsstruktur des Reiches erlangt. Die meisten frühmittelalterlichen Kirchen waren von Adeligen (→ Adel) errichtet worden. Die Herren stellten die Vermögensausstattung der Pfarrkirchen (→ Pfarrei) zur Verfügung, bestimmten den Geistlichen und wiesen diesen in einem leiherechtlichen Vorgang, der ebenfalls Investitur genannt wurde, in die vermögensrechtliche Nutzung der → Pfründe und in die Funktion des geistlichen Amtes ein. Diese weltliche Herrschaft über die Kirche wurde als *Laieninvestitur* bezeichnet. Dagegen opponierten die Kirchenreformer des 11. Jhs., vor allem auch deswegen, weil über die höheren Kirchenämter, die Bischofsstühle, weltliche Machthaber (seit Otto I. die Könige) verfügten (→ Bistum). Die königliche Kirchenherrschaft dehnte sich auch auf das → Papsttum aus, besonders deutlich sichtbar bei den salischen Kaisern. Hier setzte zuerst die Reformbewegung an. Der königliche Einfluß bei der Besetzung der cathedra Petri wurde zurückgedrängt (Papstwahldekret von 1059); dann setzte Papst Gregor VII. 1078 einen Synodalbeschluß über das generelle Verbot der Laieninvestitur durch (1080 unter Androhung kirchlicher Strafen wiederholt); damit war der *Investiturstreit*, die große Auseinandersetzung um das Verhältnis der beiden obersten Gewalten der abendländischen Weltordnung, voll entbrannt. Mit dem Investiturverbot Hand in Hand ging das *Verbot der Simonie*. Da bei der Übertragung kirchlicher Ämter stets auch weltliche, Geld und Vermögenswerte betreffende Nutzungsrechte und Vorteile ins Spiel kamen, war die Grenze zum offensichtlichen Ämterkauf durch den zu investierenden Geistlichen fließend. Nach der Meinung der rigorosen Kirchenreformer waren Laieninvestitur und simonistischer Ämterkauf gleichzusetzen, wie dies 1075 Papst Gregor VII. in seiner Programmschrift „Dictatus papae" formulierte. Der unmittelbare Anlaß zum Ausbruch der Streitigkeiten zwischen Papst und Kaiser waren die Vorgänge bei der Besetzung des Erzbistums Mailand bald nach 1070; von päpstlicher Seite wurde hier der Vorwurf der Simonie erhoben.

Eine weitere Forderung der Reformer des 11. Jhs. betraf den *Zölibat*; damit war die im Evangelium (Matth. 19, 12) und in der Lehre des Apostels Paulus (1. Kor. 7) begründete Ehelosigkeit der Priester gemeint, die der Abgrenzung des Priesterstandes gegen die Laien ebenso wie der Disziplin unter der Klerikern dienen sollte. Sie wurde zur Voraussetzung für die Zulassung zu den drei höheren Weihen (zum Subdiakon, Diakon und Priester) erklärt. Obwohl zahlreiche Synodalbeschlüsse des 11. Jhs. diese Forderung aufstellten und wiederholten, gelang die Durchführung bei den Weltpriestern in den Adelspfarreien nicht vollständig. Anders war es in den Konventen der Regularkleriker, wo die vom Kloster Cluny ausgehenden und von Gregor VII. übernommenen Reformen stärker beachtet wurden (→ Kloster). Seit der wiederholten Einschärfung des Zölibatgebotes für die Maioristen (Inhaber der höheren Weihegrade) auf dem 2. Laterankonzil von 1139 ist diese Lebensvorschrift für die Geistlichen endgültig Bestandteil des → kanonischen Rechts.

Der Investiturstreit erschütterte Politik und Verfassungsstruktur des Reiches aufs tiefste. Wegen der engen Verflechtung der Kirchenherrschaft mit dem Königtum und dem Adel, wegen der Einbindung des hohen Klerus in die weltliche Herrschaft und wegen des engen Zusammenhangs zwischen dem Besitz der Bischofskirchen und dem Reichsgut waren die meisten geistlichen und sehr viele weltliche Beziehungen davon betroffen und oft schwer gestört. Zeitweilig standen die deutschen Herzöge in Opposition gegen das Königtum auf der Seite des Papstes, während zahlreiche Bischöfe dem König gegen Papst und die sie bedrängenden Herzöge anhingen. Häufig waren die Bischofsstühle doppelt besetzt, mit einem Anhänger des Reformpapsttums und mit einem rivalisierenden Kandidaten des Königs. Ebenso waren an vielen Orten die → Domkapitel gespalten.

Nach nahezu 50jähriger Auseinandersetzung zeichnete sich ein Ende ab, als sich 1122 im Wormser → Konkordat Papst Calixt II. und Kaiser Heinrich V. über die künftig einzuhaltenden Grundsätze bei der Besetzung der Bischofsstühle einigten. Die Kirchenrechtslehre, die besonders in der Schule von Chartres entwickelt worden war, hatte bei der bischöflichen Tätigkeit die Unterscheidung von zwei Bereichen formuliert: Der eigentlich spirituelle Komplex, die in Seelsorge, Lehre, Weihebefugnis und kirchlicher Jurisdiktion sichtbaren spiritualia, konnte begrifflich vom weltlichen Amtsbereich, den die Verwaltung der Kirchengüter und der übertragenen Regalien betreffenden temporalia, getrennt werden. Bei den Temporalien blieb es bei der hergebrachten Investitur des neuen Bischofs durch den König oder seinen Beauftragten; die Spiritualien übertrug der Papst oder in dessen Auftrag der zuständige Metropolit. Dies und die kirchliche Weihe (Konsekration) machten den vom Domkapitel gewählten Kandidaten zum Bischof, der im deutschen Reich vor der geistlichen Handlung die Einweisung mit dem Zepter (Zepterinvestitur) von der weltlichen Seite erhalten hatte. In den Königreichen Italien und Burgund war der weltliche Akt die letzte Stufe bei der Bischofseinsetzung; der Einfluß des Königtums auf die Besetzung der dortigen Diözesen war dementsprechend geringer. Dieselbe Trennung des Bischofsamts in den geistlichen und den weltlichen Bereich enthalten auch die Vereinbarungen zwischen Papst Urban II. und König Philipp I. von Frankreich (1097) und Papst Paschalis II. und König Heinrich I. von England (1105/07).

Die künftig vom König oder seinem Beauftragten vollzogene *Zepterinvestitur* galt schon im 12. Jh. als Vorgang des Lehenrechts; die bischöflichen Herrschaften erschienen als Reichslehen; die Bischöfe wurden zu Reichsfürsten. Sie waren nicht mehr Amtsträger des Reiches, sondern dessen Lehensleute. Die Reichslehengüter der Bischöfe wurden zur Grundlage für die geistlichen → Territorien, die künftig wie die Territorien der weltlichen Fürsten die Staatlichkeit innerhalb der Reichsgrenzen prägten.

Bei den Niederkirchen (→ Pfarrei) konnte der weltliche Einfluß nicht in derselben Weise ausgeschaltet werden wie bei den Hochkirchen. Die Einsetzungsrechte der weltlichen Kirchenherren blieben zunächst bestehen. Im Lauf des 12. Jh. entwickelten Gratian (um 1140) und Papst Alexander III. (gest. 1181) die neue Form der Übertragung der Pfarrfunktionen nach dem Recht des Kirchenpatronats. Der Eigenkirchenherr besaß nun ein Vorschlagsrecht zur Benennung des Priesters; die Einweisung in das Amt stand allein dem Bischof oder seinem Vertreter zu. Es dauerte jedoch lange, bis diese rechtlichen Normen überall in der Praxis angewendet worden sind.

Juden

Schon in frühmittelalterlicher und karolingischer Zeit waren Juden im Gebiet des späteren ostfränkisch-deutschen Reiches ansässig, vor allem in den größeren Städten des Rheinlandes. Seit der ottonischen Epoche sind sie auch in Städten des Donaugebiets und im mitteldeutschen Raum nachgewiesen. Wenn ihnen auch Besitz und Bewirtschaftung von Grund und Boden zunächst nicht untersagt war, so bildete doch schon in früher Zeit die Betätigung im Großhandel über weite Entfernung ihr hauptsächliches wirtschaftliches Arbeitsfeld. Dazu waren sie wohl auch durch weitreichende familiäre Beziehungen und durch besondere Sprachkenntnisse qualifiziert.

Wegen der Religionsverschiedenheit standen die Juden außerhalb der Rechtsordnung, die zunächst von den Stammesverbänden, dann von der Adelsherrschaft (→ Adel) geprägt war. Für die Beziehungen der Juden untereinander galt die durch Tora und Talmud geprägte Ordnung des *jüdischen Rechts*, welches in den Judengemeinden unter der Leitung von Ältestenräten und Judenmeistern unter Mitwirkung von Rabbinern als Gesetzeslehrern gehandhabt wurde. Für die Beziehungen zur christlichen Umgebung waren die Bestimmungen des *Judenrechts* maßgebend, das auf königlichen Privilegien beruhte. Derartige Verfügungen sind seit dem 9. Jh. überliefert; sie räumten dem jeweils Privilegierten (samt den Angehörigen seiner Familie und den zu seinem Haus und Geschäft gehörigen Glaubensgenossen) den besonderen königlichen Schutz ein (→ Munt).

Dieses bis in das spätere 11. Jh. einigermaßen reibungslos funktionierende System des Neben- und Miteinanders der verschiedenen Religionsangehörigen wurde durch die in der Kirchenreformepoche einsetzende allgemeine Spiritualisierung des gesamten Lebensgefühls schwer gestört; in der Vorbereitungsphase des ersten → Kreuzzugs (um 1096) kam es zu den ersten großen, weiträumigen *Judenverfolgungen* im deutschen Reich vom Rhein bis an die Donau. Der vornehmlich christologisch begründete, christliche Antijudaismus traf die blühenden Judengemeinden im Rheinland und anderwärts schwer.

Die existentielle Bedrohung der Juden erforderte eine Neuordnung des *Judenschutzrechts*; nach den Grundgedanken des königlichen → Landfriedens erlangten die Juden (wie die Geistlichen und Frauen) den Status von Personen, die unter besonderem Königsschutz standen (erstmals im Landfrieden Heinrichs IV. 1103 belegt). Als Folge davon entstand die besondere Kennzeichnungspflicht, die dann schließlich 1215 durch kirchliche Vorschriften normiert wurde (Judenhut, gelbe Abzeichen auf der Kleidung). Außerdem büßten die Juden durch diese rechtliche Sonderstellung das Recht, Waffen zu tragen, ein und verloren dadurch einen Teil der vollen Rechts- und Handlungsfähigkeit; sie wurden damit auch in der weltlichen Rechtsordnung von den Christen getrennt, der Graben zwischen diesen und den Nichtchristen wurde tiefer.

Für den Königsschutz hatten die Juden Abgaben an die königliche Kammer zu leisten. Sie galten als *Kammerknechte* (servi camere imperialis), was Kaiser Friedrich II. 1236 in dieser Form ausdrücklich erklärte. Der Judenschutz war als Königsrecht (→ Regalien) normiert; im Lauf des 13. Jhs. ging die Ausübung dieses Rechts an die fürstlichen Landesherren über. Deshalb gab es im späteren Mittelalter keine das gesamte Reichsgebiet umfassende, allgemein gültige Haltung der christlichen Obrigkeiten gegen die Juden, weder in positiver noch in negativer Hinsicht. Die sich aus wirtschaftlichen, religiösen und sozialen Bedingungen ergebenden, gebietsweise äußerst harten und grausamen Judenverfolgungen (besonders um 1298 und zwischen 1348 und 1351) wirkten sich daher in einzelnen Territorien und Reichsstädten je nach Haltung der Schutzherren in unterschiedlicher Weise aus. Insgesamt führten sie jedoch zu einer starken Reduzierung der alten und bedeutenden Judengemeinden, zur Abwanderung sehr vieler jüdischer Familien in die polnisch-russischen Ostgebiete und zu einer beträchtlichen Verminderung der noch im beginnenden Hochmittelalter bedeutenden Stellung der Juden im Wirtschaftsleben des Reiches.

Schon seit den Verfolgungen um 1100 setzte die Entwicklung ein, die die Juden vom landwirtschaftlich nutzbaren Grundbesitz und von der handwerklichen Produktion ausschloß. Dies schränkte ihre Betätigung auf den Handel mit gebrauchten Gegenständen und mit Vieh sowie auf die *Geldleihe* mit oder ohne Pfandsatzung ein. Da sie besonders im Geldgeschäft wirtschaftlich nicht zu entbehren waren, setzten sich beide Seiten (Juden wie Christen) über das im Alten wie im Neuen Testament fixierte Verbot der Zinsnahme (→ Zins) bei → Darlehen hinweg. Man ging davon aus, daß diese biblischen Vorschriften nur für Geschäfte zwischen Gläubigen derselben Religion galten, somit für Vereinbarungen zwischen Juden und Christen unwirksam bleiben konnten.

Im Handel genossen die Juden gewisse Vorrechte, so das sogenannte *Handelsprivileg* (Lösungsrecht, früher als Hehlerrecht bezeichnet). Danach waren Juden zur Herausgabe von gekauften oder gepfändeten Sachen, welche als Diebesgut reklamiert wurden, nur dann verpflichtet, wenn ihnen die entsprechende Kauf- oder Pfandsumme entrichtet wurde. Dieses erstmals zur Zeit Kaiser Heinrichs IV. für jüdische Kaufleute von Speyer und Worms (1090) nachgewiesene Sonderrecht wurde später auch auf christliche Gewerbetreibende (wie Goldschmiede, Pfandleiher) ausgedehnt; entstanden ist das Privileg wohl im Zusammenhang mit dem allgemeinen Aufschwung des Wirtschaftslebens in der Zeit um 1100.

Eine Folge der Judenpogrome, besonders der im 14. Jh., war auch, daß Forderungen jüdischer Gläubiger gegenüber christlichen Schuldnern ganz oder wenigstens teilweise von den Schutzherren zu deren eigenen Gunsten eingetrieben wurden. Dies bedeutete eine weitgehende Enteignung der Juden. Besonders König Wenzel entwickelte im späteren 14. Jh. diese sogenannten Judenschuldentilgungen zum System (1385, 1390). Außer der königlichen Kammer wurden dabei auch städtische Bürger und landsässige Adelige, welche bei den Juden verschuldet waren, durch Reduktion der Zinsen und der ausstehenden Kapitalien begünstigt.

Mit der seit dem 14. Jh. wachsenden Bedeutung der → Zünfte, welche sich nicht nur als wirtschaftliche, sondern auch als religiöse Gemeinschaften verstanden, verstärkte sich die Verdrängung der Juden aus dem Handwerk und der Produktion neuer Waren. Nun entstanden auch die schon seit dem 12. Jh. in Ansätzen erkennbaren abgeschlossenen *Judenviertel* („Judengassen“) in den Städten mit Synagogen, Gemeindehäusern und anderen Gemeinschaftseinrichtungen (Mikwe u. a.). Neben einigen größeren Gemeinden in spätmittelalterlichen Großstädten (wie Nürnberg, Regensburg, Köln, Worms u. a.) bestanden kleine und kleinste ländliche Niederlassungen von Juden, wo sich eben noch Schutzherren fanden. In den zersplitterten Territorialverhältnissen des Elsaß, Schwabens und Frankens konnten sich in kleinen gräflichen und ritterschaftlichen Orten Juden halten, während die Masse der jüdischen Bevölkerung abzog. Italien, Böhmen und der polnische Osten waren weiterhin die Ziele der Abwanderer. Verschiedene Landesherren kündigten den Judenschutz auf (z. B. Österreich 1420/21, Sachsen 1430, Bayern 1450, Jülich 1461, Pommern 1492/93, Steiermark 1496, Brandenburg 1510); auch geistliche Fürsten (z. B. Trier 1418, Hildesheim 1457, Bamberg 1478, Magdeburg 1493, Salzburg 1498) und Reichsstädte (z. B. Nürnberg 1499, Regensburg 1519) vertrieben die Judengemeinden.

Die Judengemeinden waren grundsätzlich selbständig; eine territorienübergreifende Organisation gab es nicht. Aufgrund seines persönlichen Ansehens erlangte der elsässische Rabbiner Josel von Rosheim (um 1478–1554) Bedeutung als Bevollmächtigter der deutschen Judenschaft.

Kaiser

Kaiser und Kaisertum galten bei den Germanen der Frühzeit als *Inbegriff der obersten weltlichen Herrschaft.* Mit der Kaiserkrönung des Frankenkönigs Karls des Großen durch Papst Leo III. (800) erlangte der Herrscher des fränkischen Großreichs den Anspruch auf die *Oberherrschaft über andere Königreiche* und die ihnen unterworfenen Völker. Das begründete die Bindung des Kaisertums an das römische → Papsttum. Der sakrale Charakter der abendländischen Kaiserherrschaft ist hier verwurzelt. Dieses fränkisch-karolingische Kaisertum ging mit dem Aussterben der ostfränkischen Karolingerdynastie zugrunde (911). Anders gestaltet, in vielem aber doch traditionsbezogen war das von König Otto I., der aus dem sächsischen Herzogshaus stammte, neu formierte Kaisertum. Es war auf das Volk bezogen, heißt es doch in Quellen zur Lechfeldschlacht (955): „Den Kaiser macht das Heer". Seit der Kaiserkrönung Ottos I. durch den Papst (962) trat das sakrale Bezugssystem des Kaisertums erneut in Erscheinung. Der Kaiser, vom Papst gesalbt und gekrönt, stand in enger Verbindung zur kirchlichen Hierarchie. Der später formulierte Ausdruck vom sacrum Romanum imperium hat von hier aus nachhaltige Impulse erhalten. Otto I. und besonders sein Enkel Otto III. betonten die Renovatio imperii, womit dem deutschen König die Anwartschaft auf die kaiserliche Würde zukam und gleichzeitig die von den sächsischen und salischen Königen betriebene Politik der weltlichen Kirchenherrschaft von oben her legitimiert war. Die *Kirchenhoheit* war zum wichtigsten Inhalt der Kaiserherrschaft geworden.

Diese dokumentierte sich außerdem in dem Herrschaftsanspruch über die Königreiche (regna) in Deutschland, Italien und Burgund. Während die deutsche Königsherrschaft (→ König) auf der Volks- bzw. Fürstenwahl beruhte (→ Kurfürst), womit bereits die „kaiserliche Waltung" (imperatura) verbunden war, knüpfte die Herrschaft im italischen Königreich an die Besetzung des Langobardenreichs in Oberitalien durch Otto I. (952) und an die Schutzherrschaft über den „Kirchenstaat" (patrimonium Petri) an. In den Wirren der nachstaufischen Zeit des späteren 13. Jhs. ging jedoch die deutsche Kaiserherrschaft in Italien unter. Das Königreich Burgund (regnum Arelatense) kam durch Kaiser Konrad II. unter die Herrschaft des Imperium Romanum (1033). Die äußerst komplizierten Strukturen des Königreichs, des Herzogtums Burgund, welches stets zur Krone Frankreich tendierte, und der Freigrafschaft Burgund verhinderten eine enge Bindung an das Kaisertum, öffneten das Land teils dem Einfluß der Krone Frankreichs, teils der Herrschaft der Herzöge von Burgund (seit dem späten 14. Jh.).

Die Stellung des Kaisers als advocatus ecclesiae kulminierte mit der Kirchenherrschaft der ottonischen und salischen Kaiser des 10. und 11. Jhs., besonders deutlich sichtbar bei der Einsetzung von Päpsten und an der Verfügung über die Bischofssitze. Die Kirchenreform des 11. Jhs. und die Zurückweisung des weltlichen Anspruchs durch die päpstliche Kurie im Investiturstreit mußten deshalb zwangsläufig die kaiserliche Position reduzieren. Die letztmals unter den Staufern (besonders Friedrich I.) glanzvoll in Erscheinung tretende Kaiserherrschaft brach im späten 12. Jh. zusammen. Bei den Thronwirren nach dem Tod Kaiser Heinrichs VI. nahm Papst Innozenz III. das Recht in Anspruch, die Wahl des Königs zu prüfen, zu approbieren und die Eignung (idoneitas) des Gewählten zu beurteilen. Dies wies die kaiserliche Seite zurück, wobei sie Unterstützung bei den deutschen Kurfürsten fand. Dieser im 14. Jh. zur Zeit Kaiser Ludwigs des Bayern mit besonderer Schärfe geführten Auseinandersetzung gaben Staatstheoretiker (wie Wilhelm von Ockham oder Marsilius von Padua) einen stark antikurialen, die kaiserliche Oberhoheit betonenden Inhalt. Dies konnte aber nicht mehr darüber hinweg täuschen, daß die Kaiserherrlichkeit des aufsteigenden Hochmittelalters endgültig vergangen war, daß der Kaisertitel nur mehr eine dem deutschen König zukommende Bezeichnung war, welcher der konkrete herrschaftliche und rechtliche Inhalt fehlte. Schon Eike von Repgow (→ Rechtsbücher) hatte in der ersten Hälfte des 13. Jhs. die Ausdrücke Kaiser und König als Synonyme verwendet.

Kanonisches Recht

Das seit der Spätantike in vielen Verlautbarungen, Dekreten, Beschlüssen und Privilegien von Päpsten, anderen kirchlichen Oberen, → Konzilen und Synoden überlieferte kirchliche Recht sammelte erstmals im 12. Jh. der Bologneser Mönch Gratian (Decretum Gratiani, 1140); bis zum Anbruch des 15. Jhs. wurde diese für kanonisch erachtete, von Gratian kommentierte Sammlung durch Dekretalen späterer Päpste und durch Konzilsbeschlüsse ergänzt; es waren dies der „Liber Extra (Decretum Gratiani decretalium vagantium)“ Gregors IX. (1234), der „Liber Sextus“ (im Anschluß an die fünf Bücher der vorangehenden Sammlung) Bonifaz’ VIII. (1298) und die „Clementinen“ Clemens’ V. (1317), denen eine als nichtkirchenamtlich erachtete Sammlung weiterer päpstlicher Dekrete aus der Zeit vom 13. bis zum 15. Jh. angefügt wurde. Seit dem 16. Jh. bildet dieses geschlossene Sammelwerk unter dem Namen *Corpus iuris canonici* die Grundlage des Kirchenrechts. Die Bezeichnung entstand im Anschluß an das Corpus iuris civilis (→ Römisches Recht). Wie diese Rechtsmaterien durch die Glossatoren und Kommentatoren, so wurde das kanonische Recht durch die Dekretisten seit dem 13. Jh. erläutert; nicht nur durch die ähnliche Art der methodischen Erschließung, sondern auch durch sachliche Inhalte standen beide Rechte in engster Beziehung, wie das gemeinsame Studium beider Rechte (ius utrumque) an den italienischen und später auch an den deutschen Universitäten zeigte.

Der Einfluß des Kirchenrechts auf die Ordnung des weltlichen Lebens und der → Gerichtsbarkeit war groß; das kanonische Recht stellte die Grundlage für die Rechtsprechung der geistlichen Gerichte dar; es war das Standesrecht der Kleriker auch in vielen weltlichen Sachen; es nahm die Kompetenz in Fragen des Vertragsrechts (z. B. durch das Zinsverbot; → Zins; → Juden), des Familienrechts (→ Ehe; Vormundschafts- und Testamentssachen) oder auch in Strafrechtssachen (z. B. Meineid, Wucher; → Eid) in Anspruch. Das Verfahren des kanonischen Prozeßrechts hat die Gerichte vieler Instanzen, auch des königlichen Gerichts (→ Reichsgerichte), beeinflußt; es räumte dem Zeugen-, Sach- und Urkundenbeweis mehr Bedeutung ein, als dies die weltlichen Gerichte taten. Wie im weltlichen, wurde auch im geistlichen Gerichtsverfahren seit dem 13. Jh. die → Folter angewendet.

Seit dem 13. Jh. wurden geistliche Richter vielfach von weltlichen Personen als Schiedsrichter zur Erledigung von Streitfällen angerufen. Dabei wurden die Normen des kanonischen Rechts angewendet; auch auf diese Weise nahm die Bedeutung des Kirchenrechts für die weltliche Rechtspflege zu.

Kanzlei

Der Entwurf und die Ausfertigung von → Urkunden der deutschen Könige gehörte seit dem 10. Jh., der Tradition des karolingischen

Hofes folgend, zu den Aufgaben von Geistlichen, die in der Hofkapelle ihre Ausbildung erhalten hatten und dort wirkten. Sie wurden als → Notare bezeichnet und standen unter der Leitung des Erzkaplans (archicapellanus). Seit der Mitte des 10. Jh. war dies der Erzbischof von Mainz; er führte seit dem 11. Jh. den Titel Erzkanzler. Für die eigentliche Leitung der Arbeiten wurde schon von König Otto I. ein Kanzler bestellt. Da die Könige keine eigentlichen → Residenzen hatten, waren die mit dem amtlichen Schreibwerk beschäftigten Personen stets im Gefolge des Königs auf Reisen. Von einer Kanzlei als organisierter Behörde kann in dieser Epoche noch kaum die Rede sein. Seit dem 12. Jh. lockerte sich die enge Bindung der Notare an die Hofkapelle; es nahm nun auch die Bedeutung der Schriftlichkeit in Verwaltung und Gerichtsbarkeit zu; jetzt erscheint in den Quellen der Ausdruck „cancellaria" für das Amt des Kanzlers. Auch die geistlichen, etwas später dann die weltlichen Fürsten beschäftigten eigene Schreiber, die unter der Leitung eines Protonotars standen. Bis in das 14. Jh. waren nahezu ausschließlich Geistliche in diesem Aufgabenbereich tätig. Dazu gehörten neben der Herstellung der Urkunden, Mandate und Briefe auch die Führung von → Urbaren, Rechnungsbüchern und Registern (Verzeichnisse von auslaufenden Dokumenten), die seit dem 14. Jh. von der Königskanzlei und der Kanzlei der Fürsten und der Städte überliefert sind. Auch Lehenbücher und Hofgerichtsprotokolle wurden von Kanzlisten geführt. Im Spätmittelalter zeichnet sich der Amtscharakter der Fürstenkanzleien deutlicher ab; für den Leiter bürgerte sich die Bezeichnung Kanzler ein. Die Inhaber des Amtes erlangten häufig großen Einfluß im engeren Beratergremium der Herrscher; seit dem 14. Jh. hatte die Geistlichkeit kein Monopol mehr im Urkunden-, Schrift- und Kanzleiwesen. Laien aus dem Bürgerstand kamen mehr und mehr in diesen Tätigkeitsbereich. In den höheren Positionen erscheinen im 15. Jh. Juristen, die ihre Ausbildung an → Universitäten erhalten hatten.

Ketzer

Häretiker, die die kirchliche Lehre oder wichtige Bestandteile davon (vor allem Lehre von den Sakramenten, von der kirchlichen Hierarchie) ablehnten, hat es immer gegeben. Besondere Bedeutung erlangten häretische Bewegungen seit dem 12. Jh., als Gegner der Kirche in größeren Gruppen auftraten und selbständige Organisationen aufzubauen versuchten. Eine Gruppe, die sich um die Mitte des 12. Jhs. in den deutschen Rheingebieten (Zentrum um Köln) sammelte, gab sich den Namen *Katharer* (griech. „die Reinen"); davon ist das seit dem 13. Jh. belegte Wort Ketzer abgeleitet als Sammelbegriff für die Anhänger häretischer Sekten. Nach dem Zentrum Albi in Südfrankreich sind die *Albigenser*, nach dem in Lyon auftretenden Prediger Waldes die *Waldenser* benannt. Nachdem die römische Kirche mit gütlichen Bekehrungsversuchen gegenüber den Sektierern ebenso erfolglos blieb wie mit Kirchenstrafen (bis zur Exkommunikation), suchte sie Hilfe bei der weltlichen Gerichtsbarkeit, beim Kaiser und beim französischen König. Seit dem späten 12. Jh. erkannte die weltliche Seite grundsätzlich die Verpflichtung an, mit weltlichen Strafen gegen diejenigen vorzugehen, die die universale kirchliche Ordnung in Frage stellten. In den außerordentlich grausamen Albigenser-Kriegen (1209–1229) überlagerten sich in Südfrankreich kirchen- und religionspolitische Anliegen mit solchen herrschafts- und territorialpolitischer Art.

Der seit Papst Innozenz III. (1198–1216) im einzelnen geregelte Inquisitionsprozeß wurde vor allem gegen Leute eingeleitet, die der Ketzerei verdächtig waren. Die Methoden der Untersuchung (= Inquisition), der Beweiserhebung durch denunziatorische Zeugen und der Herbeiführung eines Geständnisses (eventuell unter Anwendung der → Folter) machten das Verfahren zu einem in vielen Fällen im Sinne der kirchlichen Ziele zwar wirksamen, in den Einzelheiten aber höchst fragwürdigem Instrument. Kaiser Friedrich II. beabsichtigte, die weltliche Gerichtsbarkeit voll in den Dienst der inquisitorischen Ketzerverfolgung zu stellen; seit 1220 galt die Norm, daß auf den Kirchenbann die weltliche → Acht folgen soll; seit 1224 wurde mehrfach dekretiert, daß die auf Ketzerei stehende Strafe (Tod auf dem Scheiterhaufen) durch die weltliche Instanz zu vollstrecken sei. Häufiger ist dies bis zur ersten Hälfte des 13. Jhs. vorgekommen, in Einzelfällen aber im ganzen Mittelalter. Am bekanntesten ist der Feuertod des böhmischen Theologen Jan Hus, der sich 1415 dem auf dem → Konzil von Konstanz geführten Ketzerprozeß gestellt hatte. Gegen Martin Luther war ein derartiges Verfahren nach dem wegen Häresie gefällten Bann und dem Achtspruch von 1521 nicht mehr durchführbar.

Kloster

Der aus dem spätlateinischen Wort „clostrum" (im klassischen Latein: claustrum) ins Althochdeutsche übernommene Begriff Kloster bezeichnet zunächst dem Wortsinn entsprechend einen abgeschlossenen, nur den Klosterangehörigen, nicht aber Laien zugänglichen Bereich innerhalb der Gebäudegruppe, die für den dauernden Aufenthalt einer Ordensgemeinschaft (→ Orden) bestimmt war. Die lateinische Bezeichnung für den ganzen aus Kirche, Gebetsräumen, Wohn- und Wirtschaftsgebäuden bestehenden Komplex war „monasterium"; daraus entwickelte sich das deutsche Wort Münster, das schließlich nur mehr den wichtigsten Teil des Ganzen, die Kirche, bezeichnete, während die Gesamtanlage künftig Kloster hieß.

In dem Gebiet, das seit dem 10. Jh. zum deutschen Reich zusammenwuchs, gab es seit der merowingisch-karolingischen Epoche Klöster, die der Benediktiner-Regel folgten. Sie waren kirchliche und geistige Zentren für das flache Land ihrer Umgebung; durch das dem benediktinischen „Ora et labora"-Grundsatz folgende christliche Arbeitsethos wurden sie auch zu Wirtschafts- und Gewerbezentren. Die Errichtung eines Klosters erforderte außerordentlich große Mittel für den Bau der Kirche, des Kreuzgangs, der Schlaf- und Aufenthaltsräume für Abt, Mönche und Brüder, der Wohngebäude für die Klosterbediensteten und der Wirtschaftsgebäude für die Klosterökonomie. Zum Lebensunterhalt der Klosterangehörigen, für die Seelsorge und für die Karitas benötigte jedes Kloster ein Vermögen, das entsprechende Erträge abwarf. Es bestand aus Liegenschaften, die entweder in Eigenregie der → Fronhöfe oder → Villikationen bewirtschaftet wurden oder an Hintersassen als Leihegüter ausgegeben waren (→ Grundherrschaft). Klostergründer waren die Angehörigen der vermögenden Adelsschicht (→ Adel) und der König. Die → Bischöfe waren an der Vermögensfundierung der Domklöster beteiligt; ein eigentlich monastisches Zusammenleben der Domkleriker bestand jedoch kaum über das 11. Jh. hinaus. Aus diesen Priestergemeinschaften entwickelten sich die → Domkapitel.

Durch die Gründungsausstattung und durch reiche Zustiftungen kamen die Klöster schon in karolingischer Zeit zu außerordentlich großem Grundvermögen. Die adeligen Stifter fühlten sich als Eigenkirchenherren über ihre Hausklöster, die auch Grablegen der Stifterfamilien waren. Wenn außergewöhnliche Umstände eintraten, griffen sie zur Wendung von Notlagen auf das Klostergut zurück. Das war im 10. Jh. häufig der Fall, als von außen das Reich und die Stammesherzogtümer angegriffen wurden (von den Ungarn im Süden und Südosten, von der Normannen im Norden und Nordwesten). Mit dieser wirtschaftlichen Krise ergaben sich für viele Klöster auch krisenhafte Zustände im eigentlich monastischen Bereich; die gemeinsame Lebensführung (vita communis) funktionierte nicht mehr. Viele Konvente standen kurz vor der Auflösung oder gingen überhaupt ein.

Anstöße zur Reform der inneren und äußeren Zustände der Klöster im deutschen Reich kamen von den Konventen in Lothringen (Gorze bei Metz) und Burgund (Cluny). In deutschen Klöstern wurden sie vor allem durch das Schwarzwald-Kloster Hirsau bekannt, von dem nachhaltigste Wirkungen in der *Klosterreform* des 11. Jhs. ausgegangen sind. Sie prägte seitdem das Leben in vielen alten Benediktiner-Konventen; sie gewann Einfluß auf die Chorherren-Stifte, deren Angehörige nach einer angeblich vom hl. Augustinus stammenden Regel als „regulierte Augustiner-Chorherren" lebten; sie prägte die Statuten der Reformorden der Zisterzienser (seit 1098) und der Praemonstratenser (seit 1121). Sie stand in engem Zusammenhang mit den Reformanliegen der römischen Kirche, die das Verbot der → Investitur in geistliche Ämter durch Laien, das Verbot der Simonie und die strenge Durchführung des Zölibates forderte. In zahlreichen Kloster- und Stiftsgründungen haben im 11. und 12. Jh. reformbeflissene Kleriker und Laien dem kirchlichen Leben neuen Auftrieb verliehen. Die Chorherren-Stifte und die Praemonstratenserklöster, die als deren Reformkonvente gelten können, haben sich besonders der Seelsorge angenommen und in besonders großem Umfang die Inkorporation von → Pfarreien erreicht. Dadurch wirkten sie weit über den engeren monastischen Bereich hinaus.

Die Klöster unterstanden der → Vogtei des Königs, sofern es sich um alte Reichsklöster oder um königliche Eigenklöster handelte, oder der adeligen Klostergründer (→ Adel). Alle Vögte waren bestrebt, ihren Einfluß auf weltliche wie auf geistliche Angelegenheiten der Klöster auszudehnen. Dagegen wandten sich die Reformer, die während des Investiturstreites auch die Beschränkung der Vogtherrschaft forderten. Durch päpstliche Privilege und (nach dem Wormser → Konkordat von 1122) auch durch königliche Verfügungen erhielten zahlreiche Klöster eine neue Form der geistlichen und der weltlichen Schutzherrschaft. Verschiedenen Klöstern gelang es, die Vogteiherrschaft abzuschütteln und den Status reichsunmittelbarer Abteien zu erlangen, wobei die jeweiligen Äbte oder Pröpste die weltlichen Herrschaftsrechte als Zepterlehen verliehen bekamen. Sehr viele Klöster kamen jedoch unter die Schirmvogtei der Landesfürsten, die sie in ihre spätmittelalterlichen → Territorien eingliederten und somit landsässig machten. Weil sie über ihre Hintersassen Herrschafts- und Gerichtsrechte wahrnahmen, wurden diese Klöster Mitglieder der landständischen Korporation (→ Landstände).

Die Phase der hochmittelalterlichen Klostergründungen ging im 12. Jh. zu Ende. Jedes Adelsgeschlecht besaß sein Hauskloster; die bedeutenderen Sippen hatten mehrere Mönchsgemeinschaften eingerichtet und mit Gütern ausgestattet. Im 13. Jh. kamen Klostergründungen auf dem Land nur mehr vereinzelt vor. Jetzt entstanden in den neuen → Städten Ordensniederlassungen der Dominikaner (gegründet 1215) und der Franziskaner (gegründet 1209). Ihre in besonderer Weise dem Armutsideal verpflichteten Mitglieder waren als Prediger und Seelsorger für die Stadtbevölkerung tätig. Diese neuen Orden lebten von Opfern und Almosen der Gläubigen; größeren Grundbesitz erwarben sie nicht.

Die meisten Klöster versuchten, sich der Aufsicht durch die Diözesanbischöfe zu entziehen; viele Konvente erlangten im 14. und 15. Jh. Papstprivilegien über die Exemtion von der bischöflichen Jurisdiktion, womit aber keineswegs eine Verstärkung der päpstlichen Aufsicht über das Klosterwesen verbunden war.

Im 15. Jh. hatten viele Klöster Probleme bei der Einhaltung der inneren Disziplin; auch für die Vermögensverwaltung ergaben sich vielerorts kritische Situationen. Zur Überwindung solcher Schwierigkeiten bildeten sich Vereinigungen von Klöstern (Kongregationen), die Reformstatuten folgen wollten. Am bekanntesten ist die Kongregation um das niederdeutsche Kloster Bursfelde (seit 1433); ihr schlossen sich zahlreiche Benediktinerklöster an. Der Kongregation des Stiftes Windesheim im niederländischen Bistum Utrecht folgten seit 1395 verschiedene Augustiner-Chorherrenstifte.

Auf die Verwaltung der Klostergüter suchten die spätmittelalterlichen Landesfürsten Einfluß zu gewinnen. Sie begründeten dies häufig mit Ansprüchen, die aus alten Vogteirechten oder aus Befugnissen des früheren Eigenkirchenrechts abgeleitet waren. Damit und mit der Ausdehnung der weltlichen → Gerichtsbarkeit auf die Kleriker zeichnet sich die Entwicklung ab, die zum Staatskirchentum der Landesfürsten in der frühen Neuzeit führte.

Kogge

Unter Kogge verstand man den Typ eines Segelschiffes mit hohen Bordwänden; entwickelt wurde er, wohl nach niederländischen Vorbildern, von den Schiffbauern der seehandeltreibenden Unternehmer der → Hanse seit dem 13. Jh. Verwendung fanden die Koggen bis in das 15. Jh. Die Schiffe waren mit einem Heckruder ausgestattet, das die Manövrierfähigkeit wesentlich verbesserte. Eine Kogge konnte etwa 200 Tonnen Last tragen. Im 15. Jh. kamen als neue Schiffstypen der *Holk* (größeres Schiff mit 300 Tonnen Zuladung und mehrstöckigen Aufbauten auf dem Vorder- und dem Achterdeck) und das *Krawel* hinzu (Dreimaster mit 400 Tonnen Ladefähigkeit).

Kolonisation

Im allgemeinen wird unter Kolonisation die Gewinnung neuen, agrarisch bisher nicht genutzten Landes und die Errichtung von vorwiegend bäuerlichen Siedlungsstellen verstanden (→ Rodung). Im speziellen wird damit die sogenannte Ostkolonisation bezeichnet, welche in mehreren Wellen vom 12. bis zum 14. Jh. die Altsiedellinie, welche bis zur unteren Elbe und zur Saale reichte, überschritt, die Ostseeküstenländer bis ins Baltikum, den mitteldeutschen und ostmitteldeutschen Raum und die Randgebiete des böhmischen Kessels erfaßte und in Siedlungsinseln das Karpatengebiet, Siebenbürgen, Großpolen, Wolhynien und Galizien erreichte. Wurde die erste Phase der Siedlungsbewegung (bis etwa zum Ende des 12. Jhs.) vornehmlich von Siedlern aus dem flandrisch-niederländischen Raum mit seiner starken Übervölkerung in das Gebiet bis etwa zur Linie Schwerin-Spandau-Dresden getragen, so kamen in der weiträumigen Ausdehnung der Siedlungsbewegung im 13. Jh. Bauern und Handwerker aus mitteldeutschen (fränkischen) Gebieten und aus den im vorangehenden Jahrhundert erschlossenen Ländern in die neuen, vom deutschen Rechts-, Sozial- und Wirtschaftsleben geprägten Länder. Die in den verhältnismäßig dünnbesiedelten Kolonisierungsgebieten sitzende Bevölkerung slawischen, obotritischen und lausitzischen Volkstums wurde nicht verdrängt, sondern in das von den herrschaftlichen Kräften, welche die deutsche Siedlungsbewegung leiteten, entwickelte Rechts- und Kulturgefüge eingegliedert. Gebietsweise blieben die ethnischen und sprachlichen Besonderheiten erhalten.

Die wesentlichen Impulse zur Kolonisation gingen zunächst von den höheren Herrschaftsträgern des Altsiedelgebietes (wie den Grafen von Schauenburg oder den sächsischen Herzögen aus der Dynastie der Askanier) aus, wurden im Ostseegebiet vom Deutschen → Orden getragen, im schlesischen Bereich vom polnischen Herzogshaus der Piasten und im böhmischen Gebiet von den Przemysliden veranlaßt. Die ländliche Siedlung ging vor allem unter der örtlichen Leitung von → Lokatoren vor sich. Die zahlreichen Städtegründungen (mit Breslau als wichtigstem Handelsort und rechtlichem Oberhof) im Warthe- und Weichselland, im großpolnischen und ungarischen Gebiet gingen auf Anregung der einheimischen Herzogs- und Königsdynastien zurück. Im bäuerlichen Bereich wirkten die planmäßigen Siedlungsanlagen der Straßen-, Anger- und Waldhufendörfer und die verbesserte Wirtschaftsweise der → Dreifelderwirtschaft produktionssteigernd; in den Stadt- und Marktanlagen gab die neue Struktur von Handel und Gewerbe (→ Stadt) wichtige Entwicklungsimpulse, die insgesamt von den Organisationsformen und nach den Normen des „ius theutonicum“ geprägt waren.

König

a) Grundlagen des deutschen Königtums im Hochmittelalter

Das mittelalterliche deutsche Königtum baut auf den ideellen, rechtlichen und politischen Gegebenheiten der karolingisch-ostfränkischen Königsherrschaft auf, deren Dynastie mit dem Aussterben der ostfränkischen Karolinger (911) erloschen war. Dieses Königtum enthielt Elemente uralt germanischer Vorstellungen eines *Volkskönigtums*, wobei unter Volk jedoch nur die obere Führungsschicht des Herrschaft ausübenden → Adels und der → Freien zu verstehen ist. Nur mit deren Zustimmung konnte der König die Herrschaft erlangen und ausüben. Zu diesem Vorstellungskomplex gehört auch das aus der Autorität und Würde der Königsdynastie abgeleitete *Königsheil*, welches den erfolgreich und glückhaft regierenden Herrscher begleitet. Ebenfalls aus alter fränkischer Tradition lebte die christliche Legitimation des Herrschers, der aus der überweltlichen Idee des *Gottesgnadentums* seine Stellung als Garant der Rechtsordnung ableitete. Beide Komplexe wirkten im deutschen Königtum und seinem Verhältnis zu dem beherrschten Volk, dargestellt im Adel und den → Fürsten, und zur Kirche, dargestellt im → Papsttum und dem Episkopat, weiter; die Mitwirkung des Volkes bei der Thronerhebung und die Sakralisierung des Königtums seit den Ottonen sowie seine Verbindung mit dem christlich-ideell überhöhten → Kaisertum lassen dies deutlich erkennen. Wenn sich auch nach dem Investiturstreit (→ Investitur) und endgültig nach dem Zusammenbruch der staufischen Herrschaft das spätmittelalterliche deutsche Königtum nur mehr in wesentlich veränderter Form verwirklichte, so ist doch das Weiterleben altüberlieferter Vorstellungen deutlich wahrnehmbar.

b) Thronfolge

Entwicklungsgeschichtlich bedingt, besteht die Thronerhebung, welche dem neuen Herrscher Rechte des Königtums verleiht und ihm die entsprechenden Pflichten auferlegt, aus einer Folge zusammenhängender Handlungen, die von den ideellen Grundlagen der Herrschaftsausübung insgesamt und von der sozialen Struktur der Adelsgesellschaft (→ Adel) geprägt sind. Zunächst handelte es sich um die Bestimmung der Person des neuen Herrschers; hier wirkte *germanisches Erbrechtsdenken*. Derjenige Bewerber, der dem vorangehenden Herrscher sippenmäßig am nächsten stand, hatte die besten Chancen der Nachfolge, wie die zahlreichen Vater-Sohn-Erbfolgen der deutschen Kaiserzeit bis zur Mitte des 13. Jhs. zeigen. Der sippenmäßige Zusammenhang spielte stets eine große Rolle, was beim Wechsel der Dynastien sichtbar wird. Somit war der Kreis derer, die für die Königswürde in Frage kamen, auf die dünne Schicht des Hochadels beschränkt. Die erbrechtliche Komponente, aus der eine Erbmonarchie des Königtums hätte entstehen können, wurde gesteigert, wenn ein regierender König einen seiner Söhne zum König designierte und ihn damit zu Lebzeiten zum Mitregenten machte. Die *Designation* war keineswegs nur ein unverbindlicher Vorschlag des Königs, sondern sie präjudizierte diejenigen, welche über die Nachfolge stets mitzuentscheiden hatten und ein Wahlrecht besaßen.

Grundsätzlich war dies das Volk, welches aber hier – wie in allen anderen wesentlichen Bezügen der hochmittelalterlichen Herrschaft – durch die adelige Oberschicht der freien, voll rechts- und handlungsfähigen Männer dargestellt wurde. Rechtlich normiert war dieses aktive *Wahlrecht* und sein Verfahren ebensowenig, wie der Kreis der

Wähler eindeutig und erschöpfend definiert und umschrieben war. Ein gewisses organisatorisches Gefüge bot die Gliederung des Reichsvolkes in die alten Hauptstämme der Franken, Sachsen, Schwaben und Bayern. Deren Adelsvertreter hatten die entscheidenden Erklärungen abzugeben; sonstig Anwesende konnten dazu allenfalls ihre Zustimmung erklären, sie konnten akklamieren.

Lag eine Designation vor, so mußten ihr die Wähler wegen der bestehenden Treueverbindung zum König folgen; die Wahlhandlung beschränkte sich in diesen Fällen auf die Herrschaftsanerkennung des neuen Königs.

Diese Thronfolgegewohnheiten prägten das Königtum der Ottonen und Salier im 10. und 11. Jh. Die Umwälzungen des Investiturstreits brachten hier Wandel; in den Wahlen der Gegenkönige (1077 des Herzogs Rudolf von Rheinfelden; 1081 des Landgrafen Hermann) trat die Fürstenmacht des Adels gegenüber dem königlichen Erbrecht in den Vordergrund. Außerdem gewann die päpstliche Kurie entscheidenden Einfluß. Dies bildete die Grundlage für die Stärkung des Gedankens der freien Wahl, die das Sippenrecht überwand.

Den Königen aus dem Haus der Hohenstaufen, von Friedrich I. (1152–1190) bis Friedrich II. (1212–1250), gelang es zwar nochmals, das dynastische Erbrecht zur Grundlage der Thronfolge zu machen. Dann setzte sich aber die *freie Wahl* durch, die nun völlig in die Hände der → Kurfürsten kam. Wahl und Kur wurden rechtlich normiert und schließlich 1356 in der → Goldenen Bulle Kaiser Karls IV. schriftlich fixiert. Vom späteren 13. Jh. bis zum Ende des Mittelalters wechselten die Dynastien, aus denen deutsche Könige hervorgingen, mehrfach (Habsburg, Nassau, Luxemburg-Böhmen, Bayern). Auch hier wird sichtbar, daß die aristokratische Komponente der deutschen Geschichte (Adelsherrschaft) über die monarchische (zentralistisches Königtum) gesiegt hatte.

Nach der erfolgreichen Wahl benötigte der Thronfolger die Anerkennung durch die Stämme des Reiches und deren Repräsentanten, den Hochadel. Das konnte auf einem *Umritt* durch das Reich geschehen, wie für Heinrich I. (919/21) nachgewiesen. Besondere Symbolkraft erlangte die *Besitznahme des Thrones* Karls des Großen in der alten karolingischen Königspfalz zu Aachen, wo auch die *Krönung* durch den Erzbischof von Köln stattfinden sollte. Noch im 14. Jh. spielte die Frage des richtigen Ortes für die Krönung nach der zwiespältigen Wahl Ludwigs des Bayern und Friedrichs von Österreich (1314) eine wichtige Rolle in der Diskussion über die Thronfolge. In

Verbindung mit der Krönung stand die Übernahme der → Reichskleinodien, deren Symbolkraft die Legitimation des Königs steigerte.

c) Inhalt der Königsherrschaft

Dem König kam die oberste *Banngewalt* zu, worunter die Befähigung zu verstehen ist, allgemein bindende Gebote und Verbote anzuordnen und durchzusetzen. Der Königsbann wirkte in unterschiedlicher Intensität in mehrfacher Weise. Im *Heerbann* war die allgemeine Kriegsdienstpflicht zu leisten (→ Wehrwesen); mit dem *Gerichtsbann* übertrug der König den Grafen, dann auch den Vögten für die Vogteigerichtsbarkeit die Befugnis zur Rechtsprechung (→ Gerichtsbarkeit). Die Ausübung dieser Rechte war starkem Wandel unterworfen, wobei die königlichen Eingriffsmöglichkeiten sich rückläufig entwikkelten, vor allem deshalb, weil es nicht gelang, von Reichs wegen eine effiziente Gerichts- und Verwaltungsorganisation aufzubauen.

Der König hatte die aus der Schutzfunktion erwachsene *Hoheit über die Kirche* inne. In ottonischer Zeit verfügte er frei über die Erzbischofsstühle, die Bischofssitze und über große Reichsabteien. Die im Wormser → Konkordat (1122) festgelegte Zepterinvestitur wurde bald in einen lehenrechtlichen Akt als Ausdruck der königlichen Schirmvogtei umgedeutet (→ Fürst; → Regalien).

Der König besaß die → Gewere am *Reichsgut*, das jedoch schwer vom Hausgut der Dynastie zu trennen war. Nachdem seit Otto I. und seinen Nachfolgern Güter und Rechte des Reiches den hohen Kirchenfürsten übertragen worden waren, verschmolzen Reichsgutskomplexe mit Gütern der Bischofskirchen, so daß auf Dauer das Reichsvermögen in außerordentlicher Weise geschmälert wurde. Auch die späteren Könige verfügten durch Schenkung, Verkauf oder Verpfändung über Güter des Reiches, um Mittel für politische Aktionen zu gewinnen. Gegenläufige Bemühungen, wie die Reichsgutspolitik der Staufer oder die Versuche zur Revindikation des Reichsguts unter Rudolf von Habsburg haben hier keinen grundlegenden Wandel geschaffen. Das spätmittelalterliche Königtum war deshalb zwangsläufig darauf angewiesen, die königliche Politik aus den Erträgen des Hausgutes der Dynastie zu finanzieren, wodurch die sogenannte Hausmachtpolitik der Dynastien seit dem Interregnum zu erklären ist.

Der König hatte die → Regalien auszuüben. Doch entglitten auch diese und ihre Erträge weitgehend der Zentralgewalt und kamen in die Hände der Reichsfürsten. Wichtig blieben im Spätmittelalter die

Einnahmen aus den Königs- und Reichsstädten (→ Stadt) und aus einigen kleineren, dem Königtum zugeordneten Reichsvogteien (besonders in Oberschwaben).

d) Königsherrschaften im Reich neben dem deutschen König
Der auf den deutschen Königsthron Erhobene beanspruchte die Kaiserwürde, die er durch die Kaiserkrönung durch den Papst in Rom erlangte; verbunden war damit die Königsherrschaft in *Italien* und *Burgund* (→ Kaiser). Grundsätzlich konnte es daher im deutschen Reich keinen König neben dem Inhaber der Königswürde geben. Eine Ausnahme davon war das *Königtum der böhmischen Herzöge*. Der aus dem Przemyslidenhaus stammende Herzog Ottokar I. erhielt in der besonderen politischen Situation des Jahres 1198 vom deutschen König Philipp die erbliche Königswürde übertragen. Die böhmischen Könige gehörten zur obersten Schicht des führenden Hochadels; sie hatten ein Erzamt (Schenk) inne und fanden Zugang zum Kurfürstenkolleg.

In sehr lockerer Verbindung zum Reich standen die Fürstentümer der polnischen Herzöge aus dem Haus der Piasten; einige waren Lehensleute des deutschen Königs. Seit dem 13. Jh. bauten jedoch auch die böhmischen Könige ein Netz von Lehensabhängigkeiten polnisch-schlesischer Teilfürstentümer zur Krone Böhmen auf. Schon im 11. Jh. hatte Fürst Boleslaw Chrobry und sein Sohn Miezko II. den Königstitel geführt. Auch Przemysl II. ließ sich 1295 zum *König von Polen* krönen. 1300 war das gesamte vereinigte Königreich Großpolen Lehen des deutschen Königs geworden, was aber auf Dauer keine engere Bindung an das Reich ergab.

Konkordat

Der Ausdruck Konkordat für einen Vertrag zwischen dem Papst und weltlichen Herrschern kommt erstmals 1418 vor, als kurz vor dem Abschluß des großen, abendländischen → Konzils in Konstanz Papst Martin V. mit den nach Nationen gegliederten Teilnehmern des Konzils Vereinbarungen über die bei den Verhandlungen vorgebrachten Reformwünsche und Beschwerden traf. Diese betrafen vor allem die Handhabung der kirchlichen Justiz und der Stellenbesetzung, der Ablaßgewährung und der päpstlichen Abgabenforderung. Weitere Konkordate schlossen in der Schlußphase des Konzils von Basel 1447 und 1448 deutsche Fürsten (Kurfürsten von Mainz, Brandenburg und Sachsen u.a.) und König Friedrich III. mit den Päpsten Eugen IV. und Nikolaus V., in denen Fragen der Pfründenbesetzung und der an die Kurie zu entrichtenden Taxen (Annaten und Servitien) im Sinne der päpstlichen, weniger der konziliaren Interessen geregelt wurden. Das mit Friedrich III. geschlossene Konkordat (Wiener Konkordat von 1448) blieb bis zum Ende des alten Reiches 1806 wichtig für das Staatskirchenrecht des Reiches.

Als Vertrag wurden auch die Abmachungen betrachtet, mit denen 1122 Kaiser Heinrich V. und Papst Calixt II. den Investiturstreit (→ Investitur) beendeten. Deshalb bürgerte sich seit dem 17. Jh. für das in einem Kaiserdiplom und einem Papstprivileg niedergelegte Vertragswerk die Bezeichnung Wormser Konkordat ein. Die wichtigsten Bestimmungen betrafen die Wahl, Investitur und Weihe der Bischöfe (→ Bistum).

Konzil

Die in altkirchlicher Zeit häufig abgehaltenen Versammlungen von Bischöfen wurden als *Synoden* bezeichnet. Behandelt wurden Fragen des Glaubens und der Lehre. Sie konnten ökumenisch sein oder auch nur Teilbereiche der Christenheit erfassen. Im fränkischen Reich der Karolinger traten Reichs- und Landessynoden zur Beratung kirchlicher Angelegenheiten (Disziplin der Kleriker, Kirchenorganisation, Besetzung von Bischofsstühlen, Verwaltung des Kirchenvermögens, Erhebung der Zehnten u.a.) unter weltlicher Leitung zusammen. In ihrer Tradition standen die Reichssynoden der ottonischen und salischen Könige; sie stellten in gewisser Weise die königliche Adelsherrschaft über die römische Kirche dar. Die Versammlungen wurden (und werden) auch Konzilien genannt.

Die Päpste (→ Papsttum) versammelten seit alter Zeit benachbarte Bischöfe zu römischen Provinzialkonzilien um sich. Seit der Mitte des 11. Jhs. erschienen dort auf päpstliche Aufforderung häufiger auch Bischöfe der weiteren Umgebung und der außeritalischen Kirchenprovinzen; die Partikularsynoden wurden zu Plenarversammlungen. Aus ihnen entwickelten sich die großen Konzilien des Hochmittelalters, deren wichtigste die vier Laterankonzile sind, benannt nach dem Tagungsort, dem Lateran in Rom. Beraten wurden dort u.a. die Anerkennung des Wormser → Konkordats (1. Laterankonzil

1123), politische Fragen und Fragen der Kirchendisziplin (2. Laterankonzil 1139), Ordnung der Wahl der Päpste (3. Laterankonzil 1179), Verurteilung der Katharer als → Ketzer (4. Laterankonzil 1215). Fragen der päpstlichen Kirchenpolitik (z.B. Durchführung der → Kreuzzüge) gehörten zu den wichtigsten Beratungsgegenständen. Auf Betreiben Innozenz' III. (gest. 1216) wurden sie den großen ökumenischen Konzilen des Altertums dem Rang nach gleichgesetzt; ihre Beschlüsse gingen in das Dekretalenrecht des → kanonischen Rechts ein. Die Bestimmung, daß die Konzile der Berufung und Leitung durch den Papst bedürfen, setzte sich durch.

Aber schon im 14. Jh. bahnte sich die Anschauung an, daß die rechtmäßig zustandegekommenen Konzile die höchste Repräsentation der Kirche seien. Diese Ansicht gewann an Boden, je mehr die Päpste in Rom und in Avignon den Anspruch des päpstlichen Primates überspannten und durch politische Verwicklungen dazu beitrugen, daß das Papalsystem schließlich in Frage gestellt wurde. Dazu erstarkte in Theologie und Kanonistik der Gedanke des Episkopalismus, daß nämlich die Leitung der Kirche den auf einem Konzil versammelten Bischöfen zukomme. Nachdem ein Konzil in Pisa (1409) die Frage der kirchlichen Einheit nicht hatte lösen können, trat auf Veranlassung des deutschen Königs Sigismund (1410–1437), der hier als „advocatus ecclesiae" (Vogt der Kirche) handelte, eine große Kirchenversammlung auf deutschem Boden, das Konzil von Konstanz (1414–1418), zusammen. Dort setzte sich eine grundlegend neue Regelung des Verfahrens durch. Es wurde nicht mehr nach der Zahl der Anwesenden abgestimmt und beschlossen; maßgebend war vielmehr die Willensbildung in den Konzilsnationen (deutsche, italienische, französische, englische und – seit 1416 – spanische Nation). Abstimmungsberechtigt in den Nationen waren die Bischöfe und Prälaten, die theologischen und juristischen Doktoren und die geistlichen Gesandten der Fürsten. Die Konzilssuperiorität, die Lehre, daß das Konzil über dem Papst steht, trat bei der Lösung der „causa unionis" (Frage der Einheit der Kirche) besonders deutlich in Erscheinung, als es gelang, nach der Absetzung beziehungsweise dem Rücktritt der vorhandenen drei Päpste in einem während des Konzils abgehaltenen Konklave einen neuen Papst, Martin V., zu wählen, der allgemein Anerkennung fand. Bei der Behandlung der „causa fidei" (Glaubensfrage) wurden die Lehren des John Wiclif (gest. 1384) und des Jan Hus verurteilt, letzterer als → Ketzer 1415 der Strafe des Feuertodes überantwortet. Die „causa reformationis" (Frage der Kirchenreform) konnte nur in Ansätzen gelöst werden; immerhin wurde die regelmäßige Wiederkehr des allgemeinen Konzils beschlossen. Weitere Reformen fanden in Einzelverträgen, den → Konkordaten, neue Regelungen.

In der Tradition von Konstanz stand das Konzil von Basel (1431 - 1437/49), das den konziliaren Verfassungsgedanken übersteigerte und damit scheiterte. In der Frage der Kirchenreform und bei der Union mit der griechischen Kirche (vollendet auf der Papstsynode von Ferrara 1439) gewann der päpstliche Primat die Oberhand, so daß die Wiederaufnahme von Grundsätzen der hochmittelalterlichen Papstsynoden die Kirchenversammlungen des 16. Jhs. (im Lateran 1512–1517 und in Trient 1545–1563) prägte.

Kreuzer

Bezeichnung für den seit 1271 in der tirolischen Münzstätte Meran hergestellten denarius grossus (→ Münzen; → Geld); der Name ist vom Münzbild, das ein Doppel- oder Radkreuz zeigt, abgeleitet. Ursprünglich hatte er den Wert von 20 Berner Pfennigen (daher auch Zwanziger genannt). Wegen der großen Bedeutung der Tiroler Märkte für den oberdeutschen und österreichischen Transithandel fand der Kreuzer weite Verbreitung. Der Wert der seit 1477 in Hall in Tirol geprägten Münze sank auf das Äquivalent von vier Wiener Pfennigen.

Kreuzzug

Der Ausdruck Kreuzzug bürgerte sich erst im 18. Jahrhundert endgültig ein; vorher stand dafür das seit dem Mittelhochdeutschen belegte Wort „Kreuzfahrt". Der Teilnehmer an einer solchen Unternehmung wird auch jetzt noch als Kreuzfahrer bezeichnet. Kreuzfahrten (Kreuzzüge) waren militärische Unternehmungen, um den christlichen Glauben unter Ungläubigen oder Heiden zu verbreiten oder im Kampf gegen → Ketzer wiederherzustellen. Bis zur Jahrtausendwende galt nach kirchlichen Anschauungen der Grundsatz, daß der offensive Krieg mit dem christlichen Gebot der Gewaltlosigkeit nicht in Einklang zu bringen sei. Die im 9. und 10. Jh. an vielen Stellen des Reiches aufflackernden Kämpfe gegen heidnische Normannen, Wenden oder Ungarn hatten defensiven Charakter; Kreuzfahrten waren diese Unternehmungen nicht. Erst unter dem Eindruck der mit der Kirchenreform des 11. Jhs. stark wachsenden Spiritualität setzte sich die allgemeine Überzeugung durch, daß der offensive Glaubenskampf ein berechtigter Krieg sei, den die waffenfähige abendländische Ritterschaft führen müsse. Die Initiative dazu ging von den Päpsten (→ Papsttum) seit der Mitte des 11. Jhs. aus. Die Entstehung der Kreuzzugsideologie hat besonders Papst Gregor VII. (gest. 1085) gefördert; der unmittelbare Aufruf zum Auszug geht auf Papst Urban II. (gest. 1099) zurück. Den Kreuzfahrern wurden geistliche Vorteile, wie der → Ablaß, in Aussicht gestellt.

Die bekanntesten Kreuzzüge sind die Kriegszüge französischer, deutscher und englischer Ritter und einfacher Leute, die in sieben großen Unternehmungen zwischen 1097 und 1270 aus dem Abendland nach Palästina aufgebrochen sind, um die heiligen Stätten der Christenheit zu besetzen oder wenigstens den Zugang zu ihnen zu sichern. Wallfahrten von Pilgern ins heilige Land hatte es stets gegeben. Die in türkisch-palästinensische Gebiete eindringenden Seldschuken, die 1076 Jerusalem eingenommen hatten, behinderten diese Pilgerreisen; das bewirkte schließlich den Beginn der Kreuzzugsbewegung, deren weitere Entwicklung durch die Bildung der islamischen Abwehrfront, durch die Gründung und den Niedergang der christlichen Kreuzfahrerstaaten (Königreich Jerusalem, Fürstentum Antiochien, Grafschaften Edessa und Tripolis, Königreich Zypern), durch herrschaftliche Interessen der deutschen, französischen und englischen Könige und des Hochadels dieser Königreiche und schließlich durch wirtschaftliche Interessen (vor allem der italischen Seestädte Venedig, Genua und Pisa) bedingt und beeinflußt wurde. Ausgangspunkt der Kreuzzugsbewegung war ursprünglich Frankreich; größere deutsche Aufgebote waren am zweiten Kreuzzug (1147 bis 1149), am dritten Kreuzzug (1189 bis 1191) und am fünften Kreuzzug (1228 bis 1229) beteiligt. Auf letzterer Fahrt krönte sich Kaiser Friedrich II. zum König von Jerusalem; diesen Titel führten seitdem die deutschen Könige.

Eine wichtige Folge der Kreuzzugsbewegung für die deutsche Geschichte ist die Entstehung der geistlichen Ritterorden (→ Orden), vor allem des Deutschen Ordens. Diese geistliche Gemeinschaft verlegte schon bald nach der Gründung im heiligen Land ihre Wirksamkeit in die südöstlichen und östlichen Gebiete Mitteleuropas. Ihre Unternehmungen gegen die Kumanen in Siebenbürgen und die Prussen, Litauer und Livländer in den Ostseeländern können ebenfalls als Kreuzzüge gelten.

Ein Kreuzzug gegen → Ketzer war der Albigenserkrieg (1209–1229) in Südfrankreich.

Dem Vordringen der osmanischen Türken in Palästina, in Anatolien und schließlich auf dem Balkan suchten die Europäer im 14. und 15. Jh. u.a. auch durch eine Neubelebung der Kreuzzugsidee zu begegnen. Erfolge hat dies nicht gebracht, obwohl Kaiser und Papst weltliche und geistliche Mittel einsetzten, um große Heere gegen die Muslims aufzustellen. Besondere Abgaben an die päpstliche Kammer (der Papstzehnt) sollten die Finanzierung sichern. Die Türkenkriege wurden jedoch zu machtpolitischen Auseinandersetzungen, die bis in das 18. Jh. die europäischen Mächte in Atem hielten.

Zum Ketzerkreuzzug rief Papst Martin V. 1420 auf, als er die Katholiken zum Kampf gegen die böhmischen Sektierer aufforderte. Diese bildeten den radikalen Flügel der Anhänger des Jan Hus (gest. 1415; → Ketzer), die sich nach ihrer Stadtgründung Tabor auch Taboriten nannten. Sie lehnten die kirchliche Hierarchie, die Klöster und den reichen Klerus ab. Obwohl in zahlreichen Gefechten und Schlachten gegen die Kreuzfahrerheere siegreich, konnten sich die Taboriten auf die Dauer nicht durchsetzen. Nach der Schlacht von Lipan 1434 gewannen die gemäßigten Hussiten (Calixtiner oder Utraquisten) die Oberhand.

Kurfürst

Der Kreis der Teilnehmer an der Wahl des deutschen → Königs wurde im hochmittelalterlichen 12. Jh. stark reduziert, seit der Mitte des 13. Jhs. sogar auf sieben alleinberechtigte geistliche und weltliche Fürsten, die Kurfürsten (principes electores), beschränkt, deren Rechte und Pflichten dann abschließend die → Goldene Bulle über die Königswahl (1356) festgelegt hat. Bei der Erhebung des deutschen Königs sind zwei Bereiche zu unterscheiden, die politisch und rechtlich unterschiedliche Bedeutung haben: Die eigentliche *Wahl* als die Willensbildung der Wähler ist von der *Kur*, der Willenserklärung durch die Wähler oder ihre Sprecher, zu trennen. Als Vorsprecher des „Kürspruches“ traten die rheinischen Erzbischöfe (von Mainz, Köln und Trier) und der Pfalzgraf bei Rhein 1198 in Erscheinung, als sie die Wahlentscheidung für den welfischen Thronkandidaten Otto von

Braunschweig bekannt gaben. Diese Königserhebung fand auf fränkischem Boden statt. Weil diese vier Fürsten als die wichtigsten Repräsentanten des fränkischen Stammesgebietes galten, waren sie in besonderer Weise zur Mitwirkung an Wahl und Kur qualifiziert.

Daraufhin hat Papst Innozenz III., der zur Stellungnahme und Entscheidung aufgefordert worden war, die drei Erzbischöfe und den Pfalzgrafen als unentbehrliche Teilnehmer an Wahl und Kur des Königs bezeichnet.

Der Kreis der notwendigen Königswähler wurde im 13. Jh. erweitert um den Herzog von Sachsen und den Markgrafen von Brandenburg, wie Eike von Repgow im Sachsenspiegel (1. Drittel des 13. Jhs.; → Rechtsbücher) mitteilt. Dazu kam dann noch der König von Böhmen, den der Sachsenspiegelverfasser ausgeschlossen wissen wollte, weil er kein deutscher Mann gewesen sei; diese Meinung Eikes setzte sich jedoch nicht durch.

Bis zur Mitte des 13. Jhs. erwarben diese sieben Kurfürsten das *alleinige Wahlrecht*, weil nun Wahl (im engeren Sinn) und Kur zusammenfielen; die übrigen Fürsten, darunter so bedeutende wie die Herzöge von Bayern und Österreich oder die Erzbischöfe von Salzburg, Magdeburg, Bremen-Hamburg, wurden ausgeschlossen oder sie verloren ihr Wahlrecht, weil sie nicht mehr zu den Wahlakten erschienen sind. Schlüssig erklärt ist die Zusammensetzung des Kurkollegs aus gerade diesen sieben geistlichen und weltlichen Fürsten nicht. Bei den weltlichen Kurfürsten mag deren Stellung als Inhaber eines Erzamtes (→ Amt) die Auswahl beeinflußt haben; der Erztruchseß (Pfalzgraf bei Rhein), der Erzmarschall (Herzog von Sachsen), der Erzkämmerer (Markgraf von Brandenburg) und der Erzschenk (König von Böhmen) hatten im Zeremoniell des Krönungsmahles wichtige Funktionen. Die Krönung führte der Erzbischof von Mainz, seit 1054 der von Köln durch. Beide waren Erzkanzler.

Der Schwabenspiegel (ca. 1275; → Rechtsbücher) hielt die Siebenzahl der Königswähler fest, dokumentierte damit deren ausschließliche Kompetenz und bekannte sich zum *Majoritätsprinzip*; danach hatte die unterlegene Minderheit (von höchstens drei Kurfürsten) der Mehrheit der Stimmen zu folgen. Diese Praxis war bereits bei den Wahlen seit der Mitte des 13. Jhs. eingehalten worden.

Diese Rechtslage bestätigte die Goldene Bulle Kaiser Karls IV. (1356); damit waren die Rechtsfragen um die Königswahl abschließend geregelt. Besonders wichtig war, daß zur Vermeidung von Doppelwahlen jede Kurstimme nur einmal besetzt sein durfte. Die Landesherrschaften der Kurfürsten waren damit für unteilbar erklärt worden. Geregelt wurde auch das *Reichsvikariat* für die Zeit der Thronvakanz durch den Pfalzgrafen (in den Ländern fränkischen Rechts, in Schwaben und am Rhein) und den Herzog von Sachsen (in den Ländern sächsischen Rechts).

Durch dieses Gesetz war die fürstliche Landesherrschaft als bestimmender Faktor der Verfassung des Reichs endgültig anerkannt; die Kurfürsten waren die obersten Repräsentanten der Adelsherrschaft, die mit dem König das Reich darstellte. Da ihre Länder und Herrschaften unteilbar und nach dem Erstgeburtsrecht vererbbar sein sollten, gewannen die Fürstendynastien gegenüber dem Wahlkönigtum einen erheblichen Vorsprung bei der Realisierung der spätmittelalterlichen und frühneuzeitlichen Staatlichkeit. Die Kurfürstenwürde war und blieb erblich in den fürstlichen Häusern; Grundlage des Königtums war und blieb das Wahlkönigtum.

Kux

Anteil an einem Bergbauunternehmen, seit 1477 erstmals unter diesem Namen belegt. Der Verkauf der Kapitalteile sollte das Risiko des einzelnen Unternehmers einer Bergbaugewerkschaft mindern (→ Bergbau).

Landfrieden

Der deutsche Ausdruck Landfrieden erscheint in Texten seit der zweiten Hälfte des 13. Jhs.; dem entspricht im Lateinischen seit dem Frühmittelalter „pax generalis“ (allgemeiner Frieden) oder „pax terrae, provinciae“ (Frieden in bestimmten Gebieten). Im Zusammenhang mit der Bildung der → Territorien und mit der Formierung des → Landrechts als einer für bestimmte Gebiete allgemein geltenden Rechts- und Friedensordnung erhielt seit dem 12. Jh. der Begriff Landfrieden einen neuen, umfassenden Inhalt zur Kennzeichnung der territorialen Sicherheitsordnung, die von den Landesfürsten und deren Beamten gewährleistet wurde.

Der Sache nach ist die Friedenswahrung als Aufgabe der „öffentlichen Hand“ jedoch viel älter; denn jede Rechtsordnung soll eine Friedensordnung sein. Schon die frühmittelalterlichen Rechtsquellen lassen erkennen, daß ein schwerwiegender Bruch der Rechtsordnung die Friedensordnung verletzt hat, was für den Täter die Friedlosigkeit bedeutete. Dieses Friedenssystem wurde innerhalb der Haus- und Hofverbände durch die adeligen Herren (→ Adel) garantiert; die → Freien und Adeligen waren für ihre Person dem Friedensgebot der Herzogs- oder Königsgewalt unterworfen; die Kirche und ihre Institutionen standen unter dem besonderen, aus der → Munt erwachsenen, Friedensschutz des → Königs. Ziel der Friedensordnung war der Schutz des Lebens vor Totschlägern und Brandstiftern und der Schutz des Eigentums vor Räubern und Dieben.

Da es im Mittelalter kein Monopol zur berechtigten Ausübung öffentlicher Gewalt gab, spielte die → Fehde als Rechtsmittel innerhalb der ritterlichen Gesellschaft eine wichtige Rolle, um kriminelles Verhalten einzelner Angehöriger des zur vollen Waffenführung berechtigten Gesellschaftsstandes zu ahnden. Die skrupellose Ausnutzung des Fehderechts, die Bildung großer und volkreicher Herrschaftsverbände des Hochadels und der Ritterschaft und die mit dem Anwachsen der → Bevölkerung zunehmende Mobilität führten seit dem 11. Jh. zu höchst bedenklichen Sicherheitszuständen.

Als Folge dieser Verhältnisse gewann die vom burgundischen Kloster Cluny wesentlich geprägte Bewegung der *Gottesfrieden* Bedeutung; Ziel dieser von kirchlichen Institutionen erlassenen und getragenen Anordnungen war, der überhandnehmenden Gewalttätigkeit, besonders bei der mißbräuchlichen Ausübung des Fehderechts, entgegenzuwirken, indem Gruppen von Personen geminderter Rechtsfähigkeit (wie Geistliche, Frauen, Juden, landfremde Kaufleute) sowie bestimmte Örtlichkeiten (wie Wohnhäuser, Kirchen und Friedhöfe, Mühlen) unter einen besonderen Friedensschutz (pax dei) gestellt wurden; dadurch waren Fehdehandlungen und gewalttätige Maßnahmen gegen diese Personen und an diesen Orten untersagt und Übertretungen mit geistlichen und weltlichen Strafen bedroht. Eine weitere Form des Gottesfriedens war die sogenannte treuga dei („auf Gott bezogene Treueverpflichtung"), wonach der Waffengebrauch an bestimmten Wochentagen (Samstag, dann Mittwoch abends, bis Montag morgens), an höheren kirchlichen Festtagen und während kirchlich geschlossener Zeiten (Advents-, Weihnachts-, Fasten- und Osterzeit) untersagt war. Die entscheidende Neuerung der Gottesfriedensidee war, daß das christliche Friedensgebot in der weltlichen Adelsgesellschaft an Boden gewann und daß daraus Regelungen abgeleitet wurden, die allgemein gültige Bedeutung erlangten.

Nach dem Gedanken der Friedenssicherung, wie sie schon die frühere Rechtsordnung gekannt hatte, und aus der Friedensidee der „Pax"- und „Treuga"-Bewegung erhielt die sich im 11. Jh. anbahnende Entwicklung der vom Königtum gesetzlich normierten und von den großen Herrschaftsinhabern des Hochadels beschworenen Landfrieden die wichtigsten Impulse. Besondere Bedeutung erlangte das von Kaiser Heinrich IV. 1103 verkündete und von den Fürsten beschworene Friedensgesetz; hier und in den aus der Zeit Friedrichs I. stammenden Landfriedensanordnungen (von 1152, 1158, 1179 und 1186) wurden Maßnahmen zur Reglementierung der Fehde angeordnet und dazu die schweren Kriminalitätsdelikte, die im Zusammenhang und als Folge der Fehden häufig vorkamen (Raub, Diebstahl, Totschlag, Notzucht, Brandstiftung), in neuer, nachhaltig wirkender Weise unter Strafe gestellt. Letzteres geschah dadurch, daß die Möglichkeit, verwirkte Lebens- und Körperstrafen durch Bußenzahlungen abzulösen, drastisch eingeschränkt und durch neue Verfahrensvorschriften ein schnelleres und härteres Vorgehen gegen Rechtsbrecher ermöglicht wurde (→ Gerichtsbarkeit). Diese Leitlinie setzte sich in den aus dem 13. Jh. stammenden Landfriedensgesetzen des Reiches (besonders dem von 1235) und den territorialen Landfriedenseinungen des Spätmittelalters fort, wodurch die Landplage der sogenannten landschädlichen Leute eingedämmt werden sollte. Dabei handelte es sich um sozial deklassierte, in Banden über Land ziehende, landfremde Rechtsbrecher, denen Königtum und Fürsten als Garanten der Friedensordnung durch ein drakonisches Strafensystem beikommen wollten.

Obwohl die wichtigsten Impulse der Landfriedensgesetzgebung vom Reich ausgingen, konnte vom Königtum eine nachhaltig wirksame Gerichtsorganisation zur Durchsetzung dieser Bestimmungen nicht eingerichtet werden; dazu waren in den meisten Teilen des Reiches nur die → Territorien imstande. Indem die Reichsfürsten der größeren Landesstaaten die Kompetenz der Verfolgung und Aburteilung von Landfriedensbrechern für ihre territorialen → Hochgerichte beanspruchten und diesen Anspruch auch durchsetzten, gewannen sie eine außerordentlich wichtige Möglichkeit für die Darstellung der neuen, nach der Landeszugehörigkeit definierten Rechtsordnung. In manchen Gebieten des Reiches (im fränkisch-schwäbischen Süden und Südwesten) konnten zwar kaiserliche → Landgerichte die Landfriedensjustiz ausüben; zur Stabilisierung einer Reichsgerichtsbarkeit trug dies aber ebensowenig bei wie die Rechtsprechung der → Femegerichte in Landfriedenssachen. Die in verschiedenen spätmittelalterlichen Landfriedensgesetzen und -vereinbarungen festgelegten Landfriedensgerichte haben keine größere Bedeutung erlangt; jedenfalls ging von ihnen keine wesentliche, die territoriale Gerichtsbarkeit einschränkende Wirkung aus.

Auf dem Reichstag von 1495 erging als Reichsgesetz der „Ewige Landfrieden", der dauernde, nicht mehr nur – wie die bisherigen Landfrieden – befristete Gültigkeit haben sollte. Jede eigenmächtige, gewalttätige Rechtsverwirklichung in Form der bisherigen Fehde wurde verboten. Dieses Verbot galt auch für die Beziehungen der Reichsstände untereinander; deren Auseinandersetzungen sollten künftig von dem gleichzeitig eingerichteten Reichskammergericht (→ Reichsgerichte) entschieden werden. Die Einhaltung des allgemeinen Fehdeverbotes überwachten die reichsständischen Territorien, die auf diese Weise weiteres staatliches Profil gewannen. Die im 16. Jh. in Gang kommende Rechtsprechung des Reichskammergerichts hat ebenfalls dazu beigetragen, den Frieden zwischen den Ländern des Reiches zu sichern.

Landgericht

In fränkischer Zeit übten die → Grafen über → Freie Gerichtsbarkeit nach landrechtlichen Normen (→ Landrecht) in den Landgerichten (iudicium comecie) aus. Diese Gerichtsbarkeit war seit dem Hochmittelalter in Händen der Reichsfürsten (→ Fürst), welche sie mit dem Reichslehen vom König erhielten. Mit der Belehnung war das Recht verbunden, die Befugnis zur Ausübung der Gerichtsbarkeit (→ Bann) zu delegieren. Die Grafengerichte wurden auf diese Weise vielfach zu landesfürstlichen Territorialgerichten (→ Territorium), die flächenmäßig abgegrenzt waren und von einem vom Fürsten eingesetzten Landrichter auf Grund einer Dienstbestallung versehen wurden. Die Landgerichte waren → Hochgerichte; der ländsässige Adel hatte jedoch bei persönlichen Klagen und in Kriminalfällen den privilegierten Gerichtsstand vor dem fürstlichen → Hofgericht. Im Herzogtum Bayern ist die Entwicklung der Landgerichte besonders deutlich zu verfolgen; hier wurde der Aufbau einer Landgerichtsorganisation seit dem 13. Jh. zu einem wesentlichen Faktor der Territorienbildung. In Österreich entwickelten sich neben den höheren Landgerichten solche geringerer Kompetenz (nur für die nichtadelige

Bevölkerung), die im 15. Jh. vielfach in die Hand landsässiger Adeliger kamen und häufig auch die hochgerichtliche Kompetenz in strafrechtlichen Fällen (→ Halsgericht) erhielten. In der Mark Brandenburg und in anderen mittel- und westdeutschen größeren Territorien entstanden im Spätmittelalter ebenfalls Landgerichte als Obergerichte über landesfürstlichen oder adeligen → Niedergerichten.

Im deutschen Südwesten, in den Stammesgebieten der Franken und Schwaben, bestanden über das Mittelalter hinaus *kaiserliche Landgerichte* als Instanzen der Hochgerichtsbarkeit. Teils gingen sie zurück auf Gerichte in Gebieten mit besonders dichtem Reichsgut (z. B. Hofgericht Rottweil, Landgericht auf der Leutkircher Heide, Landgericht Nürnberg), teils rührten sie von alten Grafengerichten her (z. B. Landgericht Marstetten in Württemberg, Landgericht Hirschberg im nördlichen Oberbayern), deren Lehensabhängigkeit vom Reich erhalten geblieben war. Das kaiserliche Landgericht Würzburg unter der Herrschaft des dortigen Bischofs war von der Verleihung des Herzogtums Ostfranken durch Kaiser Friedrich I. an Bischof Herold von Würzburg (1168) abzuleiten. Wie die territorialen Landgerichte nahmen auch die kaiserlichen die hohe Gerichtsbarkeit in Anspruch und versuchten, sie in einer die zersplitterte Territorienwelt Südwestdeutschlands übergreifenden Weise auszuüben.

Landgraf

In der latinisierten Form lantgravius oder comes terrae erscheint dieser Titel im frühen 12. Jh. vor allem im Südwesten des Reiches (Ober- und Unterelsaß, Thurgau, Aargau, Breisgau u. a.) für Grafen, denen wahrscheinlich die besondere Obsorge für das Reichsgut und dessen Verwaltung zur Aufgabe gemacht war. Die zu Landgrafen aufgestiegenen Grafen brachten häufig auch die Regalienverwaltung in ihre Hände, aber nur wenige konnten reichsfürstlichen Rang erlangen.

Besondere Bedeutung hatten die zu Landgrafen aufgestiegenen fränkischen Grafen aus dem Haus der Rienecker, welche durch zielbewußte und erfolgreiche Territorialpolitik die Landgrafschaft Thüringen im mitteldeutschen hessisch-niedersächsisch-thüringischen Raum aufbauten. Das zur obersten Gruppe der reichsfürstlichen Dynasten zählende Geschlecht starb im Mannesstamm mit dem deutschen „Gegenkönig“ Heinrich Raspe 1247 aus. Sein Erbe ging zum Teil an die Markgrafen von Meißen, zum anderen Teil mit dem Landgrafentitel an das brabantische Grafenhaus über, welches daraus die reichsfürstliche Landgrafschaft Hessen gestaltete.

In einer anderen Bedeutung konnte der Ausdruck Landgraf auch verwendet werden zur Unterscheidung von Dynasten, welche Grafenrechte in Städten (→ Burggraf) ausübten. Die bekannteste Landgrafschaft dieser Art war die Landgrafschaft Leuchtenberg, welche nach dem Aussterben der Burggrafen von Regensburg entstand. Diese Landgrafen rückten in das auf dem „Land“ nördlich der Stadt Regensburg gelegene Dynastenerbe der Burggrafen ein. Im 15. Jh. fanden die Landgrafen von Leuchtenberg dann Anschluß an die Gruppe der Reichsfürsten im Reichstag, so daß ihr Herrschaftsgebiet als gefürstete Landgrafschaft gelten kann.

Landrecht

Seit dem 13. Jh. ist der Ausdruck Landrecht häufig belegt; es wurde damit die Gesamtheit der Rechtsnormen, welche für ein bestimmtes, herrschaftlich organisiertes Gebiet, ein → Territorium, Geltung hatten, bezeichnet. Sachliche Grundlage waren die auf die frühmittelalterlichen Volksrechte zurückgehenden Bestimmungen, welche mündlich überliefert und entsprechend der gesellschaftlichen Entwicklung des Hochmittelalters weiterentwickelt worden waren. Seit der Zeit der → Rechtsbücher, welche das Landrecht vom besonderen Rechtskreis des Lehenrechts deutlich trennten, entstanden zahlreiche Sammlungen landrechtlicher Art mit Bestimmungen über die Verfassung und Organisation der Gerichte (→ Gerichtsbarkeit), über die Prozeßführung und über die Regelung privatrechtlicher wie strafrechtlicher Fragen. Systematisch angelegt waren diese Sammlungen nicht. Sie regelten Einzelfälle, die zur Entscheidung anstanden; sie erlangten dann auch allgemeine Geltung und wurden Normen gleichgeachtet. Grundsätzlich nahmen das Recht zur Feststellung solcher Normen die Reichsfürsten in Anspruch; nach dem Reichsweistum von 1231 waren sie verpflichtet, die Adeligen ihres „Landes“ dabei zu beteiligen (→ Landstände).

Eine Sonderform des Landrechts war das Stadtrecht, welches zunächst ein personenbezogener Rechtskreis für die → Bürger mittelalterlicher Städte war; darüber hinaus hat es das herrschaftliche und genossenschaftliche, das wirtschaftliche und soziale Gefüge der städtischen Kommunitäten insgesamt geprägt.

Seit dem 13. Jh. gibt es zahlreiche → Rechtsaufzeichnungen aus allen Teilen des Reiches, von den Deutsch-Ordens-Ländern (Kulmer Handfeste von 1233) und Österreich (1237) bis nach Flandern (1240/42), Seeland (1256/58) und Westfriesland (1299). Eine amtliche Sammlung des bei territorialen Gerichten angewendeten materiellen und formalen Rechts stellt das von Kaiser Ludwig dem Bayern in seiner Eigenschaft als Herzog von Oberbayern erlassene Oberbayerische Landrecht von 1346 (nach einer verlorenen, zehn Jahre älteren Fassung) dar. Die epochale Bedeutung dieses Rechtsbuches liegt in der Ordnung des gerichtlichen Verfahrens, in dem allein der Richter durch Nachschlagen im Rechtsbuch „das Recht" fand und verkündete, wodurch die aus der Gerichtsgemeinde kommenden Urteiler (Schöffen) ihre Funktion als Urteilsfinder verloren; sie hatten nur mehr dann einen Rechtsspruch zu finden, wenn das Rechtsbuch keine passende Regelung enthielt.

Rechtsbücher sind auch aus vielen → Städten überliefert. Sie enthalten die Texte der von königlichen oder fürstlichen Stadtherren erteilten Privilegien, dann die Ratssatzungen (Anordnungen der Stadträte aufgrund ihres Satzungsrechtes) und schließlich Darstellungen über die Gerichtspraxis bei den Stadtgerichten. Die Überlieferung der städtischen Rechtsbücher ist umso bedeutender, je weiträumiger das Gebiet der jeweiligen Stadtrechtsfamilie war. Wichtig waren das Rechtsbuch der Reichsstadt Mühlhausen in Thüringen, das Eisenacher, Meißener und Breslauer Rechtsbuch (diese zum Magdeburger Stadtrechtskreis gehörig), das Münchener und das Wiener Stadtrechtsbuch.

Landsknecht

In der zweiten Hälfte des 15. Jhs. kommt in Südwestdeutschland die Bezeichnung Landsknecht für den im Lande zu Kriegsdiensten angeworbenen Söldner auf. Die Landsknechte kämpften zu Fuß; sie waren mit langen Spießen, Piken oder auch Lanzen (daher auch im 16. Jh. die Umdeutung des Wortes in „Lanzknecht") ausgerüstet. Die neue Kriegstechnik der Fußkämpfer hat seit dem 14. Jh. die Reitertaktik verdrängt. Besonders in den Kämpfen der Habsburger und der Herzöge von Burgund taten sich in der Schweiz angeworbene Söldner hervor. König Maximilian I. (seit 1477 Herzog von Burgund, seit 1486 deutscher König, seit 1490 König von Ungarn; gest. 1519) hat in gewissem Sinn die Verbindung zwischen Soldrittern und Landsknechtkriegern hergestellt, indem er die Landsknechtshaufen von rittermäßigen Führern organisieren und einexerzieren ließ und somit die neue Kriegstechnik mit der altüberlieferten ritterlichen Kriegergesinnung in Zusammenhang brachte. Ritterliche Adelige wurden als Führer der Regimenter, die sie im Auftrag des Kriegsherrn anwarben, Militärunternehmer. Schon im 15. Jh. waren einzelne Landsknechte mit Feuerwaffen ausgerüstet (→ Schießpulver); die meisten Söldner trugen jedoch Hieb- und Stichwaffen.

Landstände

Der Abschluß des Reichsfürstenstandes (→ Fürst) und die Bildung der reichsfürstlichen → Territorien führten zur Abgrenzung der adeligen Herrschaftsrechte, welche die Fürsten über ihre Leute ausübten und die auch vom Herrenadel in Anspruch genommen wurden (→ Adel). In einem 1231 festgelegten Rechtsspruch verpflichtete der Kaiser die Landesherren (domini terrae), neue rechtsverbindliche Anordnungen nur unter Mitwirkung und Zustimmung der „meliores et maiores terrae“ einzuführen. Damit waren diejenigen Adeligen gemeint, welche Herrschaft über andere Leute, über Hintersassen und Abhängige beanspruchten. Fürsten und Adelige übten die Jurisdiktion der Haus- und Hofherren aus und gewährten den Angehörigen ihrer dynastischen „familia“ (→ Familie) Sicherheit und Rechtsschutz. Die Angehörigen des Herrenadels waren in vielen Teilen des Reiches trotz großen Grundbesitzes und zahlreicher Hintersassen nicht in den Rang der fürstlichen Landesherren aufgestiegen, vor allem deswegen, weil sie lehenrechtlich unter den Fürsten standen und häufig deren Vasallen waren (→ Lehenswesen). Die fürstlichen Hoftage waren auch Versammlungen des Lehenshofes (→ Landtag).

Diejenigen Adeligen, die zu einem Fürstentum in engeren lehen- oder landrechtlichen Dienstverhältnissen standen, waren untereinander in genossenschaftlicher Einung verbunden. Im Lauf des 13. Jhs. gewannen diese Einungen stärkeren Zusammenhalt, weil sich die Bindung des landsässigen Adels an den Fürstenhof lockerte. Dies hängt vor allem damit zusammen, daß die Fürsten die Kosten ihrer Hofhaltung reduzieren mußten. Der Aufwand für Verpflegung und Versorgung des Landsassenadels und der Lehensleute bei deren Aufenthalt im unmittelbaren Fürstengefolge wuchs den Landesherren über den

Kopf. Sie beschränkten das Gefolge; dadurch bewirkten sie, daß sich der Landadel enger in der Genossenschaft verband. Darüber hinaus stellten die Fürsten an die Adeligen finanzielle Forderungen (→ Steuer); diesem Ansinnen konnte sich der Adel wegen des bestehenden Dienst- und Treueverhältnisses grundsätzlich nicht entziehen. Außerdem war der Adel daran interessiert, seine Herrschaftsrechte über die Hintersassen in ein landrechtlich institutionalisiertes Verhältnis zu bringen. Um die Wende vom 13. zum 14. Jh. gelang in den größeren Territorien dem Landsassenadel der Zusammenschluß zur Korporation. Er bildete als Adelskurie den Kern der landständischen Organisation; in manchen Territorien (z.B. Österreich) gab es einen Herrenstand für die Angehörigen des Dynastenadels und einen Ritterstand für die nur passiv lehensfähigen, kleinen Landadeligen freier oder unfreier (ministerialischer) Herkunft. Bei den Verhandlungen zwischen Fürsten und Adeligen standen sich die fürstlichen Hilfe-(Steuer-)forderungen und das Ersuchen der Adeligen nach landrechtlicher Anerkennung ihrer Herrschaftsausübung (besonders in der Gerichtsbarkeit über ihre Hintersassen) gegenüber. Der Ausgleich gelang meist in der Weise, daß die landsässigen Adeligen sich zur Leistung einer Steuer bereit erklärten und dafür die Hofmarks-(Patrimonial-)gerichtsbarkeit (→ Gerichtsbarkeit) über die Hintersassen in ihren geschlossenen Hofmarksdörfern bestätigt erhielten. Dabei wurde die dem Adel überlassene Jurisdiktion kompetenzmäßig als Niedergerichtsbarkeit umschrieben (→ Niedergericht).

Im Lauf des 14. Jhs. schlossen sich neben den Adeligen auch die Prälaten als landständische Kurie zusammen. Dazu waren die Vorsteher (Äbte oder Pröpste) derjenigen Klöster und Stifte qualifiziert, welche ebenfalls Herrschafts- und Gerichtsrechte über ihre Hintersassen besaßen und durch ihre Klosterbeamten ausüben ließen.

Als weitere Kurie formierten sich in der ersten Hälfte des 14. Jhs. die Vertreter der → Städte und Märkte, welche unter landesfürstlicher Stadtherrschaft standen. Sie repräsentierten die Ratsgremien, welche die Obrigkeit für die Stadt- und Marktbewohner in Gericht und Verwaltung darstellten.

In wenigen Territorien waren auch Vertreter der landesfürstlichen Landgerichte auf den → Landtagen anwesend, wodurch auch Bauern als Repräsentanten des Landes in Erscheinung traten. Als Vertreter der landesherrlichen Gerichtsbezirke hatten sie wie die bürgerlichen Abgeordneten zur Leistungsfähigkeit des Landes beizutragen.

Die fürstlichen Hilfsforderungen bildeten stets den Kern der Verhandlungen auf den → Landtagen, zu denen sich Adel, Prälaten, Städte- und gegebenenfalls auch Ämtervertreter in unregelmäßigen Zeitabständen auf Aufforderung des Fürsten versammelten.

Im 14. und 15. Jh. nahm das Selbstbewußtsein der Landstände allgemein stark zu; in vielen Territorien gelang es den Ständen, bedeutenden Einfluß auf die Verwaltung der bewilligten Steuern zu gewinnen und dafür eine eigene Amtsorganisation einzurichten. Auch hier trat der fürstlich-ständische Dualismus in Erscheinung. Neben dem Fürstenhof und seiner Beamtenschaft stellte die Ständekorporation das Land dar. Erst seit dem späteren 16. Jh. dominierte in den meisten Territorien der wachsende fürstliche Absolutismus über die Stände und ihre Korporationen.

Landtag

Schon in karolingischer Zeit gab es Versammlungen in den Stammesgebieten, wo sich bei den Herzögen die wichtigen und einflußreichen Herrschaftsträger versammelten. In den Herzogtümern der ottonischen und salischen Kaiserzeit (→ Herzog) erschienen auf solchen Tagen (conventus, curia) der → Adel und die Bischöfe, in deren Sprengeln die Herzogsgebiete lagen. Die Geistlichen waren dazu als Inhaber weltlicher Herrschaftsrechte qualifiziert (→ Fürst). Die Beratung allgemeiner Landesangelegenheiten, insbesondere über Maßnahmen zur Friedenssicherung und die Gerichtsbarkeit über Angehörige des Adels gehörten zu den Aufgaben solcher Versammlungen, die als Hoftage der Herzöge ähnlich gestaltet waren wie die königlichen Hoftage (→ Reichstag).

Mit der seit dem 12. Jh. zunehmenden Feudalisierung (→ Lehenswesen) wurden die fürstlichen Hoftage zu Versammlungen des Lehenhofes. Nach der lehenrechtlichen Dienst- und Treueverpflichtung hatten die Lehensleute am Hof des Herrn zu erscheinen, um Rat und Hilfe zu leisten.

Die Entwicklung der reichsfürstlichen → Territorien seit dem frühen 13. Jh. und der korporative Zusammenschluß der → Landstände führte zu einem völligen Wandel im Erscheinungsbild der Landtage. Die Bischöfe besuchten die herzoglichen Hoftage nicht mehr, da sie selbst in ihren Hochstiften weltliche Herrschaften, welche den reichsfürstlichen gleichgestellt waren, aufbauten. Das beherrschende Element wurden nun die landsässigen Adeligen, die sich zu Herren- und

Ritterkurien formierten; dazu kamen die Vertreter der Prälatenklöster, welche Herrschaftsrechte über ihre Hintersassen ausübten, und schließlich seit dem 14. Jh. die Vertreter der Bürgerschaften in den landesfürstlichen Städten und Märkten. In wenigen Gebieten des Reiches hatten auch Bauern die Möglichkeit, auf den Landtagen zu erscheinen (z.B. in der Grafschaft Tirol, im Erzstift Salzburg, in den Herzogtümern Jülich und Berg, in der Grafschaft Ostfriesland); im Fürststift Kempten bildeten die Bauern allein den Landtag.

Aus der Hoffahrtspflicht der Lehensleute entwickelte sich das Recht der Teilnahme am Landtag (Landstandschaft); die Berechtigten wurden in den seit dem 15. Jh. überlieferten Landsassenmatrikeln festgehalten. Die fürstlichen Landesherren, die die Landtage einberiefen, hatten großes Interesse am vollständigen Erscheinen der Stände, weil Fernbleibende die gefaßten Beschlüsse oft nicht anerkannten und die Leistung verweigerten. Dies hatte umso mehr Bedeutung, als die Finanzforderungen der Fürsten im Zentrum der Landtagsberatungen im Spätmittelalter standen (→ Steuer). Auch über die Zustimmung zu grundlegenden Landesangelegenheiten (wie Herrschaftsteilungen unter fürstlichen Dynastielinien, Erlaß von Gesetzen oder Landesordnungen, Entscheidung über Krieg oder über Friedensschluß) verhandelten die Stände mit den Fürsten auf den Landtagen. Die fürstlichen Vorschläge (Propositionen) wurden meist in den einzelnen Kurien getrennt beraten, woraus sich dann ein gemeinsames Votum ergeben mußte. Die Geltung von Mehrheitsbeschlüssen war vielfach umstritten; in Finanzfragen wurden sie nicht anerkannt. Im 15. Jh. setzte sich die Anschauung durch, daß die Zugehörigkeit zu den Ständen vom Besitz eines mit Gerichtsbarkeit ausgestatteten und in der Landsassenmatrikel eingetragenen Gutes abhängig war.

Vielfach bildeten sich seit dem 14. Jh. Landtagsausschüsse; sie hatten zwischen den in unregelmäßigen Zeitabständen zusammentretenden Vollandtagen die ständischen Interessen zu wahren. Auch in diesen Gremien dominierten die Adelsvertreter, die sich zunehmend als Hüter ihrer Privilegien verstanden.

Landwirtschaft

Die mittelalterliche Landwirtschaft produzierte im Ackerbau vor allem Getreide (Hafer, Roggen, Dinkel, Weizen); die Viehwirtschaft brachte Rinder, Kleinvieh (vor allem Schafe wegen der Wollerzeugung) und Pferde hervor; in Sonderkulturen wurden Obst- und Weinbau, Hanf- und Flachsanbau, Hülsenfrüchte, Kraut und andere Gemüsepflanzen kultiviert. Bis zum Anbruch des 14. Jhs. dominierte der Getreideanbau; die Viehhaltung war beschränkt wegen der extensiv betriebenen Weidewirtschaft. Es wurden nur geringe Futtervorräte angesammelt, so daß die Zahl der mit Stallfütterung überwinternden Tiere verhältnismäßig gering war. Noch im 13. Jh. nahm in manchen Gegenden, in welchen der Graswuchs klimatisch begünstigt war (norddeutsche Marschengebiete, höhere Mittelgebirgslagen, Schwaigen im Alpenvorland und in alpinen Mittellagen), die Viehhaltung stark zu, da durch die weiterentwickelte Käsereiwirtschaft Milchprodukte gelagert und transportiert werden konnten.

Vom 10. bis zum 13. Jh. nahm die → Bevölkerung allgemein zu; das zeichnet sich in der Rodungsbewegung (→ Rodung) und in der → Kolonisation ab. Die Anbauflächen wuchsen, die Erträge nahmen jedoch nicht wesentlich zu. Das Verhältnis von Aussaat und Ernte blieb beim Getreide während des ganzen Mittelalters ungefähr beim Faktor 1 : 3. Neue Entwicklungen gab es in der landwirtschaftlichen Technik und auch in der landwirtschaftlichen Betriebsform im Hochmittelalter nicht; der eiserne Räderpflug, das Anspannen der Pferde mit dem Kummet, der mehrteilige Dreschflegel, die Getreideverarbeitung in wasserbetriebenen Mühlen, das Düngen der Felder mit Stallmist, der Nutzungswechsel in der → Dreifelderwirtschaft – all dies war schon in spätkarolingischer Zeit bekannt. Die Anwendung dieser landtechnischen Erfindungen breitet sich aus; das führte zu einer Intensivierung des Landbaues. Das Hochmittelalter war von einem wesentlichen Wandel der Nutzungsorganisation gekennzeichnet; an die Stelle der → Fronhöfe und → Villikationen mit der dominierenden Eigenwirtschaft der führenden Herrenschicht trat die Rentengrundherrschaft (→ Grundherrschaft) oder die → Gutsherrschaft. Beides hat den bäuerlichen Lebens- und Wirtschaftsstil nachhaltig beeinflußt, wie dies vor allem in der Entwicklung der grundherrschaftlichen Leiherechte sichtbar wird. Persönlich freie Hintersassen erhielten häufig die Leihegüter nach landrechtlichen Normen (Erbrecht oder Leibrecht); die hofrechtliche Leihe (Freistift), die für unfreie Grundholden galt, trat mehr und mehr in den Hintergrund. Diese Besserstellung der Hintersassen war auch eine Reaktion auf die Abwanderung von Landleuten in die seit dem 13. Jh. zahlreich entstehenden → Städte.

Die Entwicklung der Städte hatte nicht nur Auswirkungen auf die

Rechtsstellung der bäuerlichen Bevölkerung, sondern auch auf die gesamte Wirtschaftstätigkeit und Wirtschaftsgesinnung des Landvolkes, weil nun durch die kontinuierliche Nachfrage nach landwirtschaftlichen Produkten des täglichen Bedarfs auf den städtischen Wochenmärkten sich völlig neue Möglichkeiten des Absatzes landwirtschaftlicher Produkte ergaben.

Im 14. Jh. stagnierte die bis dahin wachsende Zahl der Bevölkerung; das war durch Mißernten mit nachfolgenden Hungersnöten in den ersten Jahrzehnten ausgelöst worden und setzte sich, verstärkt durch die → Seuchen der Jahrhundertmitte (1347/51 europäische Pestepidemie), fort. Dies führte zu einem erheblichen Rückgang von ländlichen Siedlungen (→ Wüstung); im norddeutschen Küstenbereich kamen dazu bedeutende Landverluste durch Sturmfluten (am stärksten wirkte an der nordfriesischen Küste die Flut von 1362).

Die Getreideanbauflächen gingen zurück. Die Viehhaltung nahm zu, was offensichtlich auch durch die guten Absatzmöglichkeiten in den Städten und Märkten bedingt war. Sonderkulturen, wie die Anlage von Fischteichen mit systematischer Teichwirtschaft oder die Erweiterung von Weinbergen, lassen Formen intensiver landwirtschaftlicher Nutzung erkennen, die natürlich stets durch die geographischen Bedingungen von Klima und Oberflächenrelief beeinflußt war. Die bäuerliche Nutzung der → Allmende hatte vor allem durch herrschaftlich oder genossenschaftlich geregelten Bezug von Bau-, Werk- und Brennholz aus den unverteilten Waldungen der Dorfgemarkung Bedeutung; bei der Viehzucht war der Wald als Weide (in Eichen- und Buchenbeständen vor allem für die Schweine) und für die Bienenhaltung wichtig. Der Gewinnung von Honig, dem wichtigsten Süßungsmittel, kam sehr große Bedeutung zu. An der Jagd (→ Forst) hatte die bäuerliche Bevölkerung kaum, am Fischfang in den Allmend-Gewässern wenig Anteil.

Die Agrarwirtschaft wurde entscheidend durch die Betriebsgröße beeinflußt. In Gebieten mit überwiegendem Anerbenrecht übernahm jeweils ein besonders begünstigter Erbe das freie oder auch das grundherrschaftlich gebundene Gut, während die weichenden Erben meist mit geringen Beträgen abgefunden wurden. Auf diese Weise blieben große Anwesen erhalten (so in Teilen des norddeutschen Küstengebietes, in Niedersachsen und Westfalen, in Teilen Süddeutschlands, besonders in Bayern und Österreich). In Ländern mit dem Rechtsbrauch der Realteilung (vor allem in Südwestdeutschland, Ober- und Mittelrheingebiet, Hessen, Franken) entstanden vielfach kleine und kleinste Bauernwirtschaften. Die Betriebsgröße in den ostdeutschen Siedlungsgebieten war meist größer als in den rheinischen und fränkischen Herkunftsgebieten der Siedler, was einen erheblichen Anreiz für den Aufbruch in die Ungewißheit der Ostkolonisation bedeutete. Allerdings setzte mit der Entwicklung der ostdeutschen → Gutsherrschaft noch im Spätmittelalter eine Gegenbewegung ein, die die Flächenakkumulation bei den Rittergütern begünstigte und viele Bauernwirtschaften auf Häusler- und Kätner-Niveau herabdrückte.

Lehenswesen

a) Die Grundlagen des hochmittelalterlichen Lehenswesens
Die wichtigste Voraussetzung für das Lehenswesen ist die rechtliche, wirtschaftliche und soziale Ungleichheit der mittelalterlichen Gesellschaftsordnung. Die führende Schicht des → Adels mit dem → König an der Spitze, besaß das Land und übte darüber und über die das Land bewirtschaftenden Leute Herrschaft aus; damit nahmen König und Adel „öffentliche" Funktionen wahr.

Schon in frühmittelalterlicher Zeit begaben sich → Freie unter den Schutz Mächtigerer; durch diese sogenannte Kommendation an einen Herrn waren sie zu Treue, Dienst und Gehorsam verpflichtet; sie erhielten dafür Schutz und Unterhalt. Dieses persönliche Beziehungssystem hieß *Vasallität*. Vasallen bildeten das Heeresaufgebot der großen Herren, die ihrerseits als Kronvasallen mit dem merowingisch-karolingischen Königtum in Verbindung stehen konnten. Um die mit dem Herrendienst verbundenen Kosten aufzubringen, erhielten Vasallen häufig zu ihrem bei der Kommendation eingebrachten Eigengut weitere Liegenschaften nach dem Recht der Landleihe. Für die Nutzung der dem Vasallen überlassenen Güter hatte dieser ursprünglich Abgaben zu leisten, die auch erlassen werden konnten. Das stellte eine Wohltat, ein Benefizium dar; daher kommt die Bezeichnung des vasallitischen Leihegutes als *Benefizium*. Diese dingliche Seite der Beziehungen zwischen Herrn und Mann wird Benefizialrecht genannt.

Der entscheidende Entwicklungsschritt zum mittelalterlichen Lehenswesen liegt in der Verbindung von Vasallität und Benefizialrecht. Der Eintritt in das Vasallenverhältnis mit dem personenbezogenen Dienst- und Treueband und die Überlassung eines Benefiziums zur wirtschaftlichen Sicherstellung wurden kausal miteinander verknüpft. Schon in karolingischer Zeit war diese Verbindung allgemein üblich; es wurden Rechtsnormen für derartige Leiheverträge entwickelt; damit wurde seit dem 9. Jh. die Basis für die Entstehung des Lehenrechts gelegt. Dieses gewann für die Folgezeit besondere Bedeutung dadurch, daß auch Amtsfunktionen, wie Grafschaften (Comitate), Markgrafenaufgaben oder Dukate (Herzogtümer), in der Art des Leiherechts vom König an adelige Herrschaftsträger überlassen wurden.

b) Erscheinungsformen des Lehenswesens im Hoch- und Spätmittelalter

Die vasallitische Benefizialleihe kam im Zeitalter der ottonischen und salischen Könige vielfach vor. Bei der amtsrechtlichen Übertragung von Herzogtümern und Grafschaften durch den König wurden für die → Investitur häufig leiherechtliche Symbole (z. B. Fahnenlanzen) gebraucht, wodurch die Bestallung nach Amtsrecht mit dem Verleihungsvorgang nach dem überlieferten Benefizialrecht begrifflich zusammenfielen. Daraus ergab sich das hochmittelalterliche Lehenrecht.

Ein wesentlicher Entwicklungsschub zum rechtlich normierten Lehenswesen ergab sich im 12. Jh., als bald nach dem Wormser → Konkordat (1122) die durch Überreichung eines Zepters durchgeführte Regalieninvestitur der Erzbischöfe und Bischöfe in einen lehenrechtlichen Akt umgedeutet wurde; das bildete die Grundlage für die Entwicklung des geistlichen Reichsfürstenstandes (→ Fürst). Der Zepterinvestitur, welche der König den hohen Geistlichen erteilte, entsprach die seit dem 11. Jh. nachgewiesene Fahneninvestitur für die weltlichen Reichsfürsten. Diese Entwicklung des Lehenrechts war eine der Voraussetzungen dafür, daß der Reichsfürstenstand zu einem exklusiven Kreis der höchsten Amts- und Würdenträger im Reich wurde. Gleichzeitig entwickelte sich die *Heerschildordnung* als Rangsystem der lehenrechtlich gegliederten Adelsgesellschaft: Der König stand an der Spitze der Lehenspyramide, im zweiten und dritten Heerschild folgten die geistlichen und weltlichen Fürsten, weitere Heerschilde besaßen die → Grafen, freien → Herren und die einfachen Adeligen, welche selbst nur mehr passiv lehensfähig waren. Die → Rechtsbücher des 13. Jhs. entwickelten eine genaue Kasuistik der nun bestehenden lehenrechtlichen Abhängigkeiten. Das Reich wurde bis zu seinem Ende durch die Normen des Lehenrechts zusammengehalten.

Der König stand an der Spitze der Lehenshierarchie. Das bedeutete aber nicht, daß es nur ein auf den König bezogenes Lehensystem gegeben hätte. Das Leihewesen prägte vielmehr weite Teile des wirtschaftlichen und gesellschaftlichen Lebens. Adel und Kirche, die zusammen den überwiegenden Teil von Grund und Boden besaßen, traten ebenfalls seit alters als Leiheherren auf. Die Feudalisierung des 12. Jhs. erfaßte auch diese Verbände, so daß zahlreiche *Lehenhöfe* entstanden, die von König und Reich unabhängig waren. Wer ritterlichen Standes (→ Herr) war und adelige Lebensformen einhielt, konnte dazu gehören. Der Dienst im Verband eines Lehenhofs war grundsätzlich von der Treueverpflichtung geprägt, beschränkte sich jedoch tatsächlich auf die Leistungsfähigkeit des Lehengutes. Dieser Vorgang wird als die Verdinglichung des Lehenswesens bezeichnet. Für das Lehengut kam seit dem 12. Jh. der Ausdruck „feodum" auf.

Solche lehenrechtlich geordneten Verbände spielten bei der Konsolidierung der reichsfürstlichen → Territorien eine erhebliche Rolle. Im Spätmittelalter bezog sich die Lehenbindung zunehmend auf das reichsständische Territorium, nicht mehr primär auf die Person des dynastischen Fürsten. Man nennt dies die Territorialisierung des Lehenrechts. Der Zusammenschluß der Adeligen eines territorialen Lehenhofes war häufig der Ausgangspunkt für die Bildung der landständischen Versammlungen (→ Landstände; → Landtag).

Das Lehenswesen prägte den feudalen Teil der Gesellschaft, den rittermäßig lebenden Adel. Grundleihe gab es jedoch seit alters auch im bäuerlichen Bereich; daraus entwickelte sich der für weite Bevölkerungskreise höchst wichtige Lebensumkreis der → Grundherrschaft. Auch für die Nutzung von Grund und Boden in den → Städten waren Leiheverhältnisse von großer Bedeutung.

c) Lehenrecht, Lehengericht

In der Frühzeit des Benefizialwesens gab es zunächst keine eigenen rechtlichen Normen zur Regelung der mit der Vasallität und der Benefizialleihe zusammenhängenden Fragen. Allgemeine Rechtssätze entstanden erst in der Zeit der späteren Karolinger dadurch, daß Lehensverträge in gleichheitlicher Weise gestaltet wurden. Es dominierte jedoch weiterhin das Gewohnheitsrecht, zumal die deutschen Könige vom 11. bis zum 14. Jh. nur in einzelnen Fällen, die vornehmlich oberitalienische Vasallen und Lehenverbände betrafen, allgemeine Normen dekretierten. Es wurden darin Fragen der Beziehungen von Untervasallen zu ihren Lehensherren, des Lehenserbrechts und der Verfügungsmöglichkeit über Lehensgüter geregelt. Die Rechtslehrer der oberitalienischen Universitäten nahmen sich auch dieser lehenrechtlichen Materien an, kommentierten sie und gestalteten daraus die „Consuetudines feudorum", die als „Libri feudorum" dem Corpus iuris civilis (→ Römisches Recht) angefügt wurden. Über die → Rezeption der fremden Rechte fanden sie Eingang in das deutsche Lehenrecht seit dem Spätmittelalter.

Im deutschen Reich faßten die Autoren der → Rechtsbücher (13. Jh.) das in → Weistümern und im Gerichtsgebrauch überlieferte Recht des Feudalwesens zusammen; obwohl es sich nicht um Gesetzgebungswerke im eigentlichen Sinn handelte, gewannen die lehenrechtlichen Kodifikationen weite Verbreitung und genossen hohes Ansehen. Zusammen mit dem rezipierten langobardischen Lehenrecht prägten sie das spätmittelalterliche und frühneuzeitliche Lehenrecht. Dieses bildete einen eigenen → Rechtskreis neben dem → Landrecht.

Streitigkeiten, die über Lehenangelegenheiten entstanden, wurden vor *Lehengerichten* entschieden, die unter dem Vorsitz des Lehenherren tagten und mit Genossen des Lehenhofs als Urteilern besetzt waren. Dies ist bereits für das 11. Jh. nachgewiesen. Besonders bekannt ist das lehengerichtliche Verfahren gegen Herzog Heinrich den Löwen (1179/80), der dadurch seine Reichslehen, die Herzogtümer Bayern und Sachsen, verlor. Die Rechtsbücher bringen zahlreiche Vorschriften über das Verfahren im Lehengericht. Da dort auch mit → Urkunden der Beweis geführt werden konnte, wurden seit der Wende vom 13. zum 14. Jh. über Belehnungen zunehmend Dokumente (Lehenbriefe) ausgefertigt; ihnen entsprachen die vom Lehensmann ausgestellten Lehensreverse, welche dessen Verpflichtung festhielten. Aus dem Spätmittelalter sind auch Lehenregister, die in den Kanzleien der Lehenhöfe geführt wurden, überliefert.

Das königliche Hofgericht (→ Reichsgerichte) und die fürstlichen → Hofgerichte waren wegen ihrer durch das ständische Denken des Mittelalters bedingten paritätischen Besetzung mit lehenrechtlichen Standesgenossen die gegebenen lehengerichtlichen Instanzen. Da diese Gerichte jedoch vornehmlich dem Bereich des → Landrechts zugehörten, ging mit dem Ende des Mittelalters ihre Sonderstellung als Lehengerichtshöfe unter. Lehenssachen wurden nun vor den landrechtlichen Hofgerichten verhandelt, bei denen die adeligen Vasallen den privilegierten Gerichtsstand hatten. Dies galt auch für die ursprünglich unfreien Ministerialen; sie wurden den freien Lehensleuten gleichgeachtet.

Lokator

Der Ausdruck Lokator kommt vor allem in den Siedlungsgebieten östlich der Saale und der Elbe vor; die deutsche Entsprechung (meist in Quellen aus Süd- und Südwestdeutschland) heißt Siedlungsmeister. In beiden Fällen handelt es sich um den Organisator bei der Neuanlage von Dörfern in Rodungs- oder anderen Neusiedlungsgebieten (→ Kolonisation; → Rodung). Er wirkte meist im Auftrag einer adeligen oder kirchlichen Herrschaft, leitete die Anlage der Hofstätten, die Urbarmachung der Fluren (besonders die Wasserbaumaßnahmen in Sumpf- und Flußniederungsgebieten), die Verteilung der Flurgrundstücke, erhob namens der Herrschaft die Abgaben und übte niedergerichtliche und administrative Funktionen; die Lokatoren waren bei der Zuteilung der Grundstücke und der Bemessung der Abgaben gegenüber den anderen Bauern begünstigt und genossen bessere persönliche und dingliche Rechte. Auf dieser Grundlage wurden Lokatoren auch zu sogenannten Erbschulzen, erreichten gelegentlich den niederen Adel und errichteten → Gutsherrschaften.

Mark

Gewichtseinheit, die zunächst vor allem im nordgermanischen Bereich vorkommt. Sie hatte ein geringeres Gewicht als das → Pfund; wie dieses wurde auch die Mark als Zähleinheit verwendet. Auf eine Mark gingen 160 Pfennige; das Pfund umfaßte 240 Pfennige. Als Gewichtseinheit hatte besonders die kölnische Mark Bedeutung. – Bis zur Mitte des 19. Jhs. war die kölnische Mark die maßgebliche Gewichtseinheit des deutschen Münzwesens. 1871/73 wurde die Mark (= 100 Pfennige) die Geldeinheit des Deutschen Reiches.

Markgraf

Markgrafen (marchiones, comites marcae) waren seit karolingischer Zeit Inhaber von Grafschaften in nördlichen, östlichen und südöstlichen Grenzgebieten. In der dänischen, sorbischen, wendischen oder awarischen Mark, in der Ostmark, in der Mark Karantanien oder in den Marken Krain, Istrien, Friaul, Aquileja oder Verona gewannen sie bei der Ausübung der Grafenaufgaben (→ Graf) außerordentliche Bedeutung in der Landesverteidigung und im Landesausbau. Das bildete eine wichtige Grundlage für die Entwicklung, welche die Markgrafen über den Rang von Grafen hinauswachsen ließ, wie dies schon im frühen 10. Jh. bei den in Bayern zu Herzögen aufgestiegenen Luitpoldingern der Fall war. In der bayerischen Ostmark stiegen die Markgrafen aus der Dynastie der Babenberger zu Herzögen von Österreich auf (1156); die Markgrafen der karantanischen Mark wurden Herzöge der Steiermark (1180). Die im Mittelelbegebiet wirkenden Markgrafen von Meißen aus dem Haus Wettin trieben im thüringisch-obersächsischen Raum zielbewußte Territorialpolitik und wurden schließlich als Erben der Herzöge von Sachsen-Wittenberg im 15. Jh. sächsische Herzöge und Kurfürsten. Kurfürstlichen Rang erreichten die Markgrafen von Brandenburg schon im 13. Jh.; sie formierten von der Nordmark ausgehend im 12. und 13. Jh. im Havelgebiet und östlich davon die Mark Brandenburg. Nach dem Aussterben der Askanier (1319) und nach der brandenburgischen Herrschaft der Wittelsbacher (1319–1375) und Luxemburger (1375–1417) erlangten schließlich die Zollern mit der Mark Brandenburg die Kurwürde und damit die führende Position im ostmitteldeutschen Raum.

Das altüberlieferte Reichsamt des Markgrafen konnte seit dem 12. Jh. zu einer Titelherrschaft werden, wenn Familien das mit einer Mark verbundene Grafenamt wieder abgeben mußten, den Titel aber weiterhin führten. Auf diese Weise wurden etwa die badischen Zähringer zu Markgrafen, weil einer der Ihren die Mark Verona im 11. Jh. besessen hatte; ähnlich verhielt es sich bei der im bayerischen Schwaben gelegenen Markgrafschaft Burgau, deren Herren (die Grafen von Berg, später die Habsburger) den Titel von den Markgrafen aus dem Haus Ronsberg übernommen hatten. Diese Entwicklung des „Titel"-Markgrafen entspricht der des „Titel"-Herzogs (→ Herzog).

Markt

Auf Märkten trafen sich zu festgesetzten Zeiten an bestimmten Orten Kaufleute, Warenproduzenten und Verbraucher, um Handelsgeschäfte abzuschließen. Wegen der Ansammlung von Menschen und der Anhäufung von Waren (auch Wertgegenständen) bedurften solche Zusammenkünfte stets eines besonderen Rechtsschutzes und einer besonderen Friedensgarantie; beides sicherte der in den Gebieten östlich des Rheins vom Königtum in Anspruch genommene und auch ausgeübte Marktfrieden. Durch Privilegien überließen die ottonischen und salischen Könige seit der Mitte des 10. Jhs. zahlreichen geistlichen und weltlichen Großen das Recht, Märkte abzuhalten, d.h. die Friedens- und Rechtsgarantie für den ordnungsgemäßen und sicheren Ablauf der Handelsveranstaltung zu übernehmen. Häufig war mit dem Marktrechtsprivileg auch das Münzrecht verbunden (→ Münzen). Die in größeren Zeitabständen stattfindenden *Jahrmärkte* dienten der Versorgung einer verhältnismäßig kleinen Gruppe von kirchlich und weltlich Höherstehenden mit Waren des gehobenen Bedarfs („Luxusgüter" wie kostbare Stoffe, Edelmetallgegenstände und Schmuckstücke, ausgefallene Gewürze); wichtiger für die wirtschaftliche, rechtliche und soziale Entwicklung wurden die seit dem 11. Jh. vielfach belegten *Wochenmärkte*, wo nun auch Waren für den täglichen Bedarf angeboten wurden; an dem hier stattfindenden Warenumschlag waren breite Bevölkerungskreise als Hersteller, Anbieter, Käufer und Verbraucher beteiligt, wie dies der Entwicklung des Städtewesens (→ Stadt) seit dem 12. Jh. entsprach. Daneben gab es aber auch weiterhin die seit alters bekannten, überörtlichen Marktveranstaltungen der → Messen, wo hauptsächlich der unter Wiederverkäufern übliche Großhandel abgewickelt wurde.

Die Rechtsverhältnisse der Marktbesucher (Anbieter wie Käufer) standen in enger Beziehung zum Recht der Kaufleute; aus diesem Bereich erhielt das Stadtrecht in der Entwicklungsphase des 12. und 13. Jhs. wichtige Impulse. Für die westdeutsch-rheinischen Städte wurden die *Marktrechte* von Mainz und Köln, für viele Städte in Mittel- und Ostdeutschland die von Magdeburg vorbildhaft.

Der Marktherr konnte Abgaben (Marktzölle) von den Besuchern erheben, Anordnungen über Anbietepflicht (Stapel- und Niederlagsrecht) oder über die Einhaltung bestimmter Straßen und Wege (Wegezwang) treffen und damit das Marktgeschehen beeinflussen.

Viele Orte, an denen früh Marktveranstaltungen stattfanden, entwickelten sich zu → Städten, viele wuchsen aber auch nicht über den Charakter einer „villa fori" (Marktort) hinaus; meist blieb in diesen Fällen die wirtschaftliche Funktion auf den kommerziellen Umsatz im Nahbereich beschränkt.

Meier

Vom lateinischen maior abgeleitete Bezeichnung für den Bewirtschafter eines Meierhofs (curia villicalis). Die seit dem Spätmittelalter vielfach nachgewiesenen Meierhöfe setzten oft die Tradition von → Fronhöfen fort, welche bis zum Ausgang des 12. Jhs. häufig Mittelpunkte von → Villikationen waren. In dieser Entwicklungsphase bildeten die Villikationen die wirtschaftlichen Grundlagen der Königs- und Adelsherrschaft. Über die Wirtschaftsfunktion im Rahmen der Agrarwirtschaft hinaus hatten sie öffentliche Funktionen in den hofrechtlichen Verbänden (→ Hofrecht). Entwicklungslinien davon führen zu den nordwestdeutschen Meiergerichten und den oberdeutschen Hofmarken, in denen Wirtschaftsverwaltung und Niedergerichtsbarkeit gleichermaßen das Leben der abhängigen Grundholden sowie freier Dorfgenossen prägten. Die Meier des 11. und 12. Jhs. waren ursprünglich unfreie Angehörige eines herrschaftlichen Verbandes; vielfach stiegen sie zur Ministerialität auf und konnten im 13. Jh. Zugang zum niederen → Adel finden. Diese Entwicklung war jedoch im 13. Jh. abgeschlossen, wie das Gedicht „Meier Helmbrecht“ (2. Hälfte des 13. Jhs.) zeigt; die Grenze zwischen dem Meier und dem adeligen Ritter war jetzt nicht mehr überschreitbar.

Das niederdeutsche Meierrecht stellte eine besondere Besitzform im Rahmen der bäuerlichen Leiherechte dar (Leibrecht oder Erbrecht). Die spätmittelalterlichen Meierhöfe in Bayern und Österreich waren große bäuerliche Anwesen, deren Inhaber vielfach Führungspositionen in den bäuerlichen Dorf- und Wirtschaftsgemeinden hatten (Dorfführer, „Vierer“ als Angehörige eines Viermännerkollegiums).

Messe

Marktveranstaltung (→ Markt) nach vorangegangener kirchlicher Messe. Große, weiträumige Bedeutung hatten vom 12. bis zum frühen 14. Jh. die unter dem Marktfriedensschutz der Grafen von Champagne und Blois stehenden, halbjährlich stattfindenden Messen in Troyes, Bar-sur-Aube, Lagny-sur-Marne und Provins („Champagne-Messen“), wo Kaufleute im Großhandel Waren der Mittelmeerländer und des Orients gegen Produkte West- und Nordeuropas (Tuche aus Flandern und Brabant, nordische Rohstoffe) umsetzten. Nach dem Übergang der Grafenherrschaft an die Krone Frankreich ging die Bedeutung der Märkte zurück; dafür stiegen Messeplätze in den Niederlanden (besonders Brügge, Ypern, Gent) und Frankreich (Paris, seit dem 15. Jh. auch Lyon) auf. Vom Niedergang der Champagne-Messen und der Verlagerung wichtiger Verkehrswege in das Rheingebiet profitierten seit dem 13. Jh. Köln und Frankfurt. Seit 1268 erhielt Leipzig mehrfach Messeprivilegien. Ein sehr wichtiger Messeplatz für Tuche war während des Spätmittelalters in Oberdeutschland die Reichsstadt Nördlingen.

Munt

Das Wort ist urverwandt mit dem lateinischen Ausdruck „manus" (Hand). Wer unter der Munt stand, genoß den Schutz des Muntinhabers, er war aber auch dessen Herrschaft unterworfen. Munt ist ein Zentralbegriff im mittelalterlichen Personenrecht. Im Innenverhältnis des Muntverbandes mußte sich der „Muntling" der Herrschaft des Muntherrn unterordnen, der ihn nach außen vor Eingriffen anderer schützte und auch die Haftung gegenüber fremden Ansprüchen übernahm. Besonders deutlich trat die Munt im Verband des → Hauses in Erscheinung; der Munt des Hausherrn waren die Ehefrau (→ Ehe) und die Kinder unterworfen. Auch das Gesinde stand nach der Aufnahme in die Hausgemeinschaft unter der Munt des „pater familias". Töchter des Hausherrn verließen dessen Munt bei ihrer Verheiratung, wobei sie aber unter die Munt des Ehemannes kamen. Söhne wurden bei der Begründung eines eigenen Hausstandes oder bei der Wehrhaftmachung „selbstmündig" (umgangssprachlich zu „mündig" verkürzt). Dafür bürgerten sich schon im Hochmittelalter feste Termine ein. Das Mündigkeitsalter von 21 Jahren kennen auch schon die → Rechtsbücher. Hier zeichnet sich die spätmittelalterliche Entwicklung deutlich ab, in der sich die personenrechtliche Bindung durch die Munt im Hausverband lockerte. Dies ist besonders in den Stadtrechten (→ Stadt) zu beobachten; im städtischen Wirtschaftsleben konnten erwachsene, mündige Söhne selbständig Geschäfte führen, auch wenn sie keinen eigenen Hausstand hatten. Die aus der Munt abgeleitete Haftung des Vaters verschwand; die Möglichkeit zur freien Betätigung des „Muntlings" nahm zu.

Elemente des hochmittelalterlichen Schutz- und Herrschaftssystems der Munt kamen in vielerlei Formen auch außerhalb der engeren Hausverbände vor. So ist der Königsschutz (→ König) für Kleriker, Witwen und Waisen, Fahrende und → Juden eine spezielle Form der Munt gewesen. Auch in den → Immunitäten besaß der Immunitätsherr muntähnliche Rechte über die Immunitätsleute. Hier bestanden enge Beziehungen zu den Schutzpflichten und den Herrschaftsrechten, welche den → Vögten zukamen. Auch dieses personenrechtliche Bindungssystem wurde im Spätmittelalter abgebaut und in das Untertanenverhältnis der → Territorien überführt.

Münzen, Münzwesen

Die mit einem Gepräge versehenen Metallstücke bestimmten Gewichtes (Schrot) und Edelmetallgehaltes von Silber oder Gold (Korn) waren als Münzen nach antikem Vorbild dem merowingisch-karolingischem Frühmittelalter bekannt, wenn auch die gesamtwirtschaftliche Bedeutung des → Geldes bis zum 10. Jh. im Rahmen der vorherrschenden Naturalwirtschaft verhältnismäßig gering blieb. Die wichtigste Prägung war der → Pfennig (denarius) als Silbermünze. Die Herstellung der Münzen war vornehmlich dem Königtum vorbehalten; durch Privilegierung erhielten seit dem 10. Jh. auch Bischöfe das Recht zur Münzherstellung. Dieses Recht nahmen auch weltliche Große (→ Herzöge; → Grafen) in Anspruch, um den mit der wirtschaftlichen Entwicklung seit dem 12. Jh. wachsenden Bedarf an Münzgeld zu decken. Dies bildete die Grundlage für das seit dieser Zeit nachgewiesene *Münzregal* (→ Regalien), welches nun von den weltlichen und geistlichen Territorialherrschaften ausgeübt wurde. Daneben gab es nur mehr wenige königliche Münzstätten (im 14. Jh. Frankfurt, Schwäbisch Hall und Nürnberg). Diese Territorialisierung der Münzprägung, die auch vielfach in Händen von Städten (z. B. Lübeck, Bremen, Hamburg) war, führte zu höchst vielfältigen Geprägen unterschiedlichen Wertes und regional beschränkter Verwendungsmöglichkeit. Nur wenige Münzen, wie etwa der aus der königlichen Münzstätte Schwäbisch Hall stammende → Heller, erlangten überregionale Bedeutung. Die königliche Münzhoheit bestand zwar im ganzen Mittelalter; sie schützte das bestehende System, konnte aber eine gesetzliche Regelung des Geld- und Münzwesens von Reichs wegen nicht bewirken.

Wegen der Unübersichtlichkeit der Silberwährung gewann seit dem 13. Jh. die von Italien ausgehende Goldwährung der Münzen von Florenz (→ Gulden) und Venedig (→ Dukaten) große Bedeutung im Handelsverkehr. Das Recht zur Herstellung von Goldmünzen galt als Privileg, welches von König Ludwig dem Bayern im 14. Jh. verschiedene Münzherren erteilt und von Karl IV. in der → Goldenen Bulle den Kurfürsten überlassen wurde.

Die fortschreitende Entwertung des Pfennigs als der wichtigsten Umlaufmünze und der weiter wachsende Bedarf an Münzgeld bewirkten, daß seit dem 13. Jh. höherwertige Prägungen hergestellt wurden (→ Groschen; → Kreuzer).

Der territorialen Zersplitterung des Münzwesens suchten die *Münzvereine* entgegenzuwirken. Von den seit der Mitte des 13. Jhs. entstandenen Vereinigungen jeweils mehrerer Territorialherren zur Stabilisierung des Münzwesens hat besonders der rheinische Münzverein, den der Pfalzgraf bei Rhein und die Erzbischöfe von Mainz, Köln und Trier 1386 zum ersten Mal schlossen, außerordentliche Bedeutung für die Entwicklung des rheinischen → Guldens erlangt.

Die *Münzstätten* (auch Münzen genannt) standen unter der Leitung der Münzmeister, die bei den bischöflichen Münzherren zunächst aus dem Stand der bischöflichen Ministerialen kamen. Seit dem 12. Jh. war der Betrieb von Münzen häufig Genossenschaften (Münzerhausgenossenschaften) übertragen, zu denen sich Mitglieder führender Geschlechter in den größeren Städten zusammenfanden. Der Bedeutung des mittelalterlichen Regensburger Pfennigs entsprechend, war die Regensburger Münzerhausgenossenschaft besonders weit bekannt. Die Unternehmer der Münzstätten waren häufig auch im Wechselgeschäft und im Edelmetallhandel tätig. Hauptlieferanten für die Silberprägung waren die Bergwerke im Harz und (später) in Tirol (→ Bergbau).

Niedergericht

Bereits in karolingischer Zeit gab es in der → Gerichtsbarkeit der Grafen spezielle Termine, in denen weniger schwere Straffälle abgehandelt wurden; sie brachten geringere Sühnezahlungen ein. Eine durchgehende Trennung zwischen Hoch- und Niedergerichten gab es jedoch erst seit dem hohen Mittelalter, nachdem das → Hochgericht als Blutgericht definiert worden war. Der Niederrichter sollte den flüchtigen Täter verfolgen und aufspüren, diesen festnehmen und einem Urteilsspruch zuführen; zur Urteilsvollstreckung mußte er ihn aber an das Hochgericht ausliefern. Lautete das Urteil nur auf eine Züchtigungsstrafe (an „Haut und Haar"), so blieb auch der Vollzug beim Niederrichter. Mit dieser Kompetenz waren besonders die Gerichte der Vogteibezirke ausgestattet (→ Vogtei); damit haben die beamteten Richter der bevogteten Institutionen (Klöster, Bischofskirchen) einen fest definierten strafrechtlichen Zuständigkeitskreis erhalten. Die Richter in den Vogteien wurden zu Vorsitzenden von Niedergerichten.

Damit ging seit dem 12. Jh. die Entwicklung Hand in Hand, durch welche die ursprünglich hofrechtliche Adelsgerichtsbarkeit (→ Adel; → Hofrecht) in die landrechtliche Ordnung überführt wurde. Die adeligen Herren übten über ihre Hintersassen die niedere Jurisdiktion in den leichteren Kriminalfällen (Körperverletzung und Beleidigung) und entschieden über Forderungsklagen, während die Rechtsprechung in todeswürdigen Sachen und im Liegenschaftsprozeß den fürstlichen → Landgerichten vorbehalten blieb. Da auch die Landesfürsten zahlreiche Dynastenherrschaften und -hofmarken besaßen, mit denen derartige Gerichtsbefugnisse verbunden waren, wurden sie selbst auch zu Niedergerichtsherren. Sie ließen in den meisten Fällen diese Jurisdiktion von ihren Landrichtern verwalten, so daß Hoch- und Niedergericht in einer Hand vereinigt war. Das hat viel zur Festigung der Fürstenstaaten im Spätmittelalter beigetragen (→ Territorium).

In den alten Königs- und Bischofsstädten wie auch in den fürstlichen Gründungsstädten (→ Stadt) erlangten seit dem 12. und 13. Jh. die Ratsgremien auf dem Privilegienweg vom Stadtherrn Jurisdiktionsbefugnisse über ihre Bürger und Einwohner; das entsprach meist der niederen Gerichtsbarkeit in den Adelsherrschaften. Nur wenige große Städte erhielten auch die Blutgerichtsbarkeit (z.B. Nürnberg 1320).

Notar

In der → Kanzlei der Könige, seit dem 12. Jh. auch in den Fürstenkanzleien, wirkten Notare, die die Texte der → Urkunden entwarfen, in kleineren Kanzleien die Dokumente wohl auch selbst schrieben, sonst die Schreiber („Mundatoren") überwachten. Bis ins Spätmittelalter wirkten ziemlich ausschließlich Kleriker als Notare in den Kanzleien; erst im 15. Jh. kamen auch weltliche Beamte bürgerlichen Standes in die Fürsten- und Stadtkanzleien.

Notare, die aufgrund einer kaiserlichen oder päpstlichen Bestallung Urkunden mit besonderem öffentlichem Glauben („Notariatsinstrumente") ausfertigen konnten, traten seit der zweiten Hälfte des 13. Jhs. in Deutschland in Erscheinung. Das Notariat hatten meist Kleriker mit niederen Weihen inne, die auch als Schreiber an geistlichen Gerichten tätig waren. Das von den Kaisern ausgeübte Recht zur Ernennung von Notaren ging seit dem 14. Jh. an die Hofpfalzgrafen (→ Pfalzgraf) über; diese und verschiedene dazu bevollmächtigte Fürsten nahmen wegen der damit verbundenen Gebühreneinnahme im 14. und 15. Jh. zahlreiche Notarsernennungen vor; oft hatten die Notare nur geringe juristische Kenntnisse. Erst im 16. Jh. beginnen die Versuche, das Ansehen des Berufsstands zu heben und die Tätigkeit seiner Mitglieder reglementierend zu ordnen (Notariatsordnung von 1512).

Oberhof

In schwierigen Sachfragen oder bei komplizierten Problemen der formalen Prozeßführung haben Richter und Urteiler (→ Schöffen) mittelalterlicher Gerichte häufig Auskunft oder Belehrung von anderen Gerichten eingeholt, die über entsprechende Erfahrung verfügten oder großes Ansehen genossen. Oft gingen solche Anfragen von Gerichten solcher Städte, denen das Stadtrecht einer anderen Stadt verliehen worden war, an das Gericht der „Mutterstadt" (→ Stadt). Für das Auskunft erteilende Gericht bürgerte sich die Bezeichnung Oberhof ein; der Rechtsauskunft kam eine bindende Wirkung zu. Besondere Bedeutung als Oberhöfe hatten die städtischen Gerichte von Magdeburg für den mittel- und ostdeutschen Raum, von Lübeck für die Ostseeländer, von Dortmund für Westfalen, von Freiburg im Breisgau für den deutschen Südwesten, von München für Bayern und Wien für Österreich, weil mit deren Recht jeweils zahlreiche andere Städte bewidmet waren. Auch fürstliche → Hofgerichte wirkten als Oberhöfe für Gerichte der fürstlichen → Territorien. Hier zeichnen sich seit dem 14. Jh. Vorformen der → Appellation ab. Die Korrespondenz zwischen den Auskunft suchenden und den Belehrung erteilenden Gerichten setzte eine entsprechende Entwicklung des Schriftverkehrs voraus, die erst seit dem späten 13. Jh. gegeben war.

Deshalb hat die Spruchtätigkeit der Oberhöfe erst im Spätmittelalter Bedeutung erlangt. In den Gebieten des Reiches, in denen sich größere Fürstenterritorien formierten, wurde seit dem 15. Jh. die Tätigkeit landfremder Oberhöfe eingeschränkt. An ihre Stelle traten seit dem 16. Jh. die Juristenfakultäten der Landesuniversitäten, die nun in vielen Fällen auf der Grundlage der ihnen übersandten Prozeßakten Rechtsauskunft erteilten.

Orden

a) Mönchs-, Nonnen- und Chorherrenorden

Die Grundlage für das gemeinsame Leben von Religiosen in den → Klöstern im Abendland bildet das von Benedikt von Nursia (gest. um 547) formulierte Gesetzbuch, die Regula sancti Benedicti; sie war in der von Abt Benedikt von Aniane (gest. 821) ergänzten Form für alle Klostergemeinschaften im Reich Karls des Großen und Ludwigs des Frommen verbindlich. Die Klöster, welche sich an diese Ordnung (lat. ordo) hielten, bildeten den *Benediktinerorden* (Ordo sancti Benedicti). Zur Aufnahme in die von Schweigen, Gehorsam und Demut geprägte christliche Lebensgemeinschaft hatten die Novizen die drei benediktinischen Gelübde der Beständigkeit (stabilitas loci), der klösterlichen Lebensführung (conversatio monastica) und des Gehorsams gegenüber dem Klosteroberen (oboedientia) abzulegen. Die Mönche, welche die Priesterweihe empfangen hatten, waren in den frühmittelalterlichen Klöstern noch in der Minderzahl. Vom 10. Jh. an setzte sich die Trennung der zum Chorgebet verpflichteten Priestermönche (patres) von den Laienbrüdern (fratres) immer mehr durch. Für das geistlich-geistige wie für das wirtschaftliche und gewerbliche Leben des Hochmittelalters hat der Benediktinerorden die allergrößte Bedeutung. Durch → Schulen, → Spitäler und durch Seelsorge in → Pfarreien wirkten die Klöster weit über ihre Mauern hinaus. Durch Bedrängnis von außen und durch innere Probleme, die sich auch aus dem außerordentlich großen weltlichen Vermögen ergaben, entstanden Krisen, welche die mit der hochmittelalterlichen Kirchenreform einhergehende Klosterreformbewegung überwinden wollte. Daraus gingen Reformorden hervor. Auch die römische Kurie suchte kontrollierenden Einfluß auf den Orden zu gewinnen, da die Klöster bestrebt waren, sich der bischöflichen Aufsicht zu entziehen. Seit dem 13. Jh. ging die Bedeutung der Benediktinerklöster zurück, weil die Idealvorstellung klösterlicher Lebensweise nun eher in den Bettelorden verwirklicht wurde. Von der Kurie ausgehende Reformbemühungen, wie die neue Provinzialeinteilung des Ordens durch Papst Benedikt XII. (1336), hatten keine großen Erfolge. Erst die Bildung von Klosterkongregationen brachte im 15. Jh. eine Stabilisierung des Ordens; beispielhaft waren die von den Klöstern Kastl (1404), Melk (1418) oder Bursfelde an der Weser (1433) ausgehenden Reformbewegungen.

Als wichtigster Reformorden der Benediktiner gilt der *Zisterzienserorden* (Sacer ordo Cisterciensis), dessen Konvente durch ein straff organisiertes Filiationssystem mit dem 1098 von Robert von Molesme (gest. 1111) gegründeten Kloster Citeaux bei Dijon in Verbindung standen. Die 1119 bestätigten Ordensstatuten gewannen seit Abt Bernhard von Clairvaux (gest. 1153) außerordentliche Verbreitung; im 12. und 13. Jh. entstanden Hunderte von Zisterzen in Frankreich und Deutschland. Die Betonung der asketischen Strenge und der Handarbeit brachten große geistliche und wirtschaftliche Erfolge, letztere besonders bei der Erschließung neuer Gebiete im Altsiedelland und in der → Kolonisation. Die Zisterzienser strebten die Freiheit von der → Vogtei an und bemühten sich um die Exemtion von der bischöflichen Jurisdiktion. Auf beiden Gebieten waren sie erfolgreich. Die in Eigenwirtschaft betriebenen Gutshöfe (Grangien) galten als landwirtschaftliche Musterbetriebe. Zahlreiche Laienbrüder und Konversen (Leute, die sich in fortgeschrittenem Lebensalter unter Einbringung ihres Vermögens dem Kloster anschlossen) arbeiteten hier. Disziplinkrisen traten im Spätmittelalter in verschiedenen Klöstern auf; die Wirksamkeit der Zisterzen war in dieser Epoche auch deswegen geringer, weil nach dem Gründungsprinzip des Ordens sich die Klöster meist in abgelegenen, einsamen Gegenden befanden und deshalb die städtische Bevölkerung kaum erreichten, wo die Niederlassungen der Bettelorden ein neues monastisches Betätigungsfeld fanden.

Eine neue Form des Mönchtums entstand im 13. Jh. mit den *Bettelorden*. Die nach der Regel des Franz von Assisi (gest. 1226) lebenden *Franziskaner* oder *Minoriten* (Ordo fratrum minorum) legten größten Wert auf das Einhalten des apostolischen Armutsideals, wonach auch der Orden und die einzelnen Konvente vermögenslos sein sollten und die Mitglieder vom Lohn für ihre Dienste oder (wenn dieser nicht ausreichte) vom Almosensammeln („Betteln") leben sollten. Eigentümer der Ordenshäuser sollte die römische Kirche insgesamt sein. Die Franziskusregel (päpstlich bestätigt 1223) kennt die Stabilität der Mönche in den Klöstern nicht, wodurch die Seelsorge in den massenhaft entstehenden → Städten ermöglicht wurde; sie legt die drei Prinzipien der Armut, der Keuschheit und des Gehorsams bei den Eintrittsgelübden fest. Der christliche Dienst am Nächsten wird danach in der Seelsorge, in der Mission und in der Bekämpfung der Häresie geleistet. Der gesamte Orden war auf die Unterordnung unter das Papsttum abgestellt; er erhielt zahlreiche päpstliche Privilegien über bischöfliche Exemtionen und Vollmachten zur Seelsorge neben den Pfarrorganisationen. Der unter dem Ordensgeneral und dem Generalkapitel stehende, in Provinzen eingeteilte Orden fand sehr großen Anklang und weite Verbreitung in ganz Europa. Über den Vollzug des Armutsideals kam es in der zweiten Hälfte des 13. Jhs. und im 14. Jh. zu heftigen Auseinandersetzungen zwischen den radikalen Spiritualen und den gemäßigten Konventualen; diese Streitigkeiten wirkten sich auch in den politischen Kämpfen zwischen Papst Johannes XXII. (1316–1334) und Ludwig dem Bayern (1314–1347) aus, als sich führende Ordensmitglieder dem König anschlossen. Im späteren 14. und im 15. Jh. stellten die Konventualen den Ordensgeneral; einige Ordensprovinzen bekannten sich auch zu den reformerischen Observanten. Die Spiritualen waren im frühen 14. Jh. ziemlich gewaltsam unterdrückt worden.

Weitere Bettelorden waren die Karmeliter (seit 1238) und die der Augustinerregel folgenden Dominikaner und Augustiner-Eremiten.

Kleriker, die gemeinsam an größeren Stiftskirchen wirkten, schlossen sich unter dem Einfluß der Kirchenreform des 11. Jhs. zu Klostergemeinschaften zusammen und hielten sich an die Vorschriften einer Regel, die dem hl. Augustinus zugeschrieben wurde. Auf diese Weise entstanden die Stifte der *Augustiner-Chorherren*, die in den meisten Fällen die strenge Richtung der gregorianischen Reform im Investiturstreit vertraten. Die Mitglieder waren zu persönlicher Armut verpflichtet und mußten sich strikt an die gemeinsame Lebensführung (vita communis) halten; sie werden als regulierte Chorherren bezeichnet. Als strengere Richtung entstand aus der Stiftsgründung des Norbert von Xanten (gest. 1134) im französischen Prémontré (1121) der *Praemonstratenserorden* (Ordo Praemonstratensis), der auch in Deutschland Niederlassungen errichtete. Beide Orden kümmerten sich besonders um die Seelsorge und waren deshalb auf die Inkorporation von → Pfarreien bedacht.

Der Augustinerregel folgte auch der *Dominikanerorden* (Ordo fratrum praedicatorum), dessen erste Niederlassung Dominicus von Caleruega (gest. 1221) 1215 in Toulouse eingerichtet hatte. Die Regel betonte das Armutsgelübde und stellte die Pflege der Theologie und die Ausübung der Seelsorge, besonders in der Predigt, in den Mittelpunkt; die Handarbeit trat zurück. Die großen Theologen des 13. Jhs., Thomas von Aquino (gest. 1274) und Albertus Magnus (gest. 1280) waren Dominikaner. Hauptanliegen der Dominikaner war die Bekämpfung der → Ketzer; zeitweilig war ihnen deren Inquisition übertragen. Bereits im 13. Jh. breitete sich der Orden in den Städten des deutschen Sprachgebietes schnell aus.

Mehr der ländlichen Seelsorge widmeten sich die Bettelmönche des Ordens der *Augustiner-Eremiten* (Ordo eremitarum sancti Augustini), zu dem sich 1256 mehrere Eremitenverbände in klösterlichen Gemeinschaften zusammenschlossen. Der Orden war in Provinzen eingeteilt; zu Ende des 13. Jhs. bestanden in der deutschen Provinz ca. 80 Klöster. Um Ordensreformen bemühten sich im 15. Jh. besonders die Häuser der sächsischen Ordensprovinz; ihr gehörten auch Johannes von Staupitz und Martin Luther an. Im Zug der Reformation des 16. Jhs. lösten sich die meisten Klöster in Mittel- und Nordostdeutschland auf.

Die Orden der *Karthäuser* (Ordo Cartusiensis; 1084 gegründet) und der *Karmeliten* (Ordo fratrum beatae Mariae virginis de monte Carmelo; seit der Mitte des 13. Jhs. in Deutschland) hatten ebenso wie der Birgittenorden (Ordo sanctissimi Salvatoris; Mitte des 14. Jhs. in Schweden gegründet) verschiedene Klöster in Deutschland.

Neben den Niederlassungen der Mönchsorden entstanden auch geistliche Gemeinschaften von Frauen (Nonnen), denen die Regel Benedikts und die Statuten und Gewohnheiten (consuetudines) der anderen Orden die Richtlinien für das gemeinsame, der Askese und der Karitas dienende Leben boten. Es gab selbständige *Frauenabteien*, dann aber auch sogenannte Doppelklöster, in denen neben dem Männerkonvent auch ein Frauenkonvent bestand. Beim Birgittenorden gehörte dies zu den Grundprinzipien des Ordens. Die Franziskanerinnen und die Dominikanerinnen bildeten als weibliche Ordenszweige sogenannte Zweite Orden, wobei die Männerorden als Erste Orden galten. Entsprechend den Kanonikervereinigungen entstanden *Kanonissenstifte*, die der modifizierten Kanonikerregel folgten. Sie wurden, vor allem im Spätmittelalter, zu Versorgungsanstalten für Töchter adeliger Familien. Die größeren und bedeutenderen Stifte nahmen Kanonissen nur aus Familien des höheren Adels auf. Die

Kirchenreform des 11. und 12. Jhs. war bestrebt, die Kanonissenstifte in Benediktinerinnenklöster umzuwandeln. Das ist nicht überall gelungen, so daß Kanonissenstifte bis zum Beginn des 19. Jhs. Bestand hatten.

b) Geistliche Ritterorden

Die Angehörigen der geistlichen Ritterorden hatten außer den drei Mönchsgelübden auch das Versprechen abzugeben, sich am Kampf gegen die Ungläubigen und Heiden zu beteiligen. Entstanden sind sie seit der zweiten Hälfte des 11. Jhs. in Palästina, dem Land der heiligen Stätten des Christentums, mit der ursprünglichen Aufgabe, notleidende und kranke Pilger zu betreuen und zu schützen. Zu Beginn des 12. Jhs. erhielten die beiden ältesten Vereinigungen, der Johanniterorden und der Templerorden, Ordensregeln in Anlehnung an die Mönchsregeln, wobei die Verpflichtung zur ritterlichen Dienstleistung überwiegende Bedeutung erlangte. Danach bestanden drei Gruppen von Mitgliedern, die Ritter für den Kreuzzugsdienst, die Priester und Kapläne für die geistlichen Funktionen und die Ordensbrüder für Waffendienst und handwerkliche Arbeiten. Unter der Ritterschaft dieser beiden Orden dominierte der französische, burgundische, normannische und englische Adel. Deutsche sammelten sich im Deutschen Orden (Fratres domus sanctae Mariae Theutonicorum), der während des dritten → Kreuzzugs 1190 als Spitalbruderschaft gegründet und 1198 in einen geistlichen Ritterorden umgewandelt wurde; er erhielt die Regel des Templerordens. Wie die älteren Orden erlangte auch diese Gemeinschaft umfangreichen Landbesitz und großes Geldvermögen in Palästina und in Westeuropa. Mit dem Ende der Kreuzfahrerstaaten (1291 Verlust von Akkon an die Mamelucken) ging die Wirksamkeit der Orden im östlichen Mittelmeer zurück; die Johanniter verlegten ihren Sitz über Zypern und Rhodos (seit 1308) nach Malta (1530); der Templerorden ging zu Beginn des 14. Jhs. in Auseinandersetzungen mit Frankreich und dem Papsttum zugrunde. Der Deutsche Orden hatte schon in der ersten Hälfte des 13. Jhs. im östlichen Mitteleuropa neue Betätigungsfelder gefunden. Im ungarischen Siebenbürgen waren Ordensritter gegen die heidnischen Kumanen (zwischen 1211 und 1225) eingesetzt, dann gegen die Prussen im polnischen Masowien (seit 1230). Von dort aus baute der Orden den Deutschordensstaat auf, dessen Hochmeister von Kaiser Friedrich II. reichsfürstliche Rechte erhielt (→ Goldene Bulle); die Zugehörigkeit des Ordenslandes zum deutschen Reich konnte dadurch jedoch auf die Dauer nicht gesichert werden. Das weite Ausgreifen bis in das baltische Livland und nach Kurland wurde durch die Vereinigung mit dem Schwertbrüderorden (1237) begünstigt. Dieser geistliche Ritterorden war 1202 nach dem Vorbild des Templerordens gegründet worden. Die territoriale Entwicklung des Ordensstaates erreichte im späten 14. Jh. den Höhepunkt; dann setzte der Niedergang ein, der zum Teil durch innere Spannungen zwischen der Ordensleitung und dem Adel sowie den Städten des Ordenslandes, überwiegend aber durch die Auseinandersetzungen mit dem Großfürsten von Litauen und Polen (seit 1386 vereinigt) bedingt war. Im Lauf des 15. Jhs. mußte der Orden Gebiete an Polen abtreten und für den restlichen, nun Preußen genannten Ordensstaat die polnische Lehenshoheit anerkennen.

Haupt des Ordens war der Hochmeister, der seit 1309 seinen Sitz auf der Marienburg, seit 1466 in Königsberg hatte. Livland stand unter einem Landmeister, die Verwaltungsbezirke (Balleien) im Reichsgebiet unter dem Deutschmeister. Nach der Säkularisierung des Ordensstaats durch den Hochmeister Albrecht von Brandenburg (1525) übertrug Kaiser Karl V. die Hochmeisterwürde auf den Deutschmeister, der im fränkischen Mergentheim als geistlicher Reichsfürst residierte.

Die deutschen Besitzungen des Johanniterordens unterstanden dem Johannitermeister, der als Haupt der reichsunmittelbaren Kommenden seit dem 15. Jh. Sitz und Stimme im Fürstenrat des → Reichstages hatte.

c) Weltliche Orden

Im Spätmittelalter haben Könige und Fürsten weltliche Orden als adelige Gemeinschaften gestiftet, deren Mitglieder den Anforderungen (was die Standeszugehörigkeit betraf) und den Zielsetzungen der jeweiligen Ordensstatuten entsprechen mußten. Am bekanntesten ist der 1429 von Herzog Philipp dem Guten von Burgund gestiftete Orden vom Goldenen Vlies, dessen Mitglieder (die Zahl war ursprünglich auf 31 beschränkt) bereit waren, den gemeinsamen Glauben zu verteidigen, das adelige Bewußtsein des Ritterstandes zu fördern und die allgemeine Wohlfahrt zu sichern. Religiöse, politische und ständische Aspekte kamen hier zusammen; auf die Dauer war jedoch die Pflege der Exklusivität der europäischen Hocharistokratie das wichtigste Moment, welches die Träger der prunkvoll gestalteten Ordensinsignie (goldenes Widderfell an kunstvoll gestalteter Kette von ineinander verschlungenen Feuersteinen und Feuereisen) verpflichtete. Von den Herzögen von Burgund ging die Großmeisterwürde auf den Habsburger Maximilian I. als Gemahl der burgundischen Erbtochter Maria über.

Grundsätzlich ähnliche Ziele hatten die Adelsbruderschaft des Schwanenordens (1440 von Kurfürst Friedrich II. von Brandenburg gestiftet), der St.-Hubertus-Orden des Herzogs Gerhard V. von Jülich und Berg (1444) oder der St.-Georgs-Orden König Friedrichs III. (1467). Dessen Mitglieder waren besonders zur Abwehr der Türkengefahr aufgerufen. Er wurde 1469 von Papst Paul II. bestätigt.

Papier

Papier wurde aus einem wässerigen, stark faserigen Lumpenbrei hergestellt, indem man die Masse in dünner Schicht auf einem feinen Sieb ausbreitet, das Wasser abtropfen läßt und die Bogen dann weiter trocknet. Diese Technik ist seit der Antike in Ostasien bekannt. Das Produkt kam durch die Vermittlung der arabischen Kulturwelt über Spanien und Sizilien während des 12. Jhs. nach Europa. Als Beschreibmaterial ist es in Deutschland seit dem frühen 14. Jh. verwendet worden; erstmals in Deutschland produziert wurde Papier seit der Zeit um 1390 in Nürnberg. Im Lauf des 15. Jhs. entstanden weitere Produktionsstätten, weil die Nachfrage durch den Bedarf für den → Buchdruck stieg. Da Papier billiger und einfacher herzustellen war als → Pergament, verdrängte es diesen bisher dominierenden Beschreibstoff.

Papsttum

a) Das Amt und sein Wirkungsfeld

Nach biblischer Lehre war der Papst in der Nachfolge des Apostels Petrus (vor allem nach Matth. 16, 16–19) das Haupt der Kirche von Rom; damit war er der Bischof der Stadt. Als Kirche der Hauptstadt des römischen Reiches, in dem unter den Kaisern Konstantin und Theodosius I. im 4. Jh. die christliche Lehre zur Staatsreligion geworden war, beanspruchte sic den Vorrang vor den anderen Ortskirchen. Schon in altkirchlicher Zeit erlangte der römische Bischof die Oberherrschaft (den Primat) über alle Kirchen. Die römische Christengemeinde war durch das Wirken der beiden Apostelfürsten Petrus und Paulus, die dort das Martyrium erlitten hatten, in besonderer Weise aus der Zahl der anderen frühchristlichen Gemeinden herausgehoben.

Die Teilung des römischen Reiches von 395 mit den Zentren in Rom (Westreich) und in Konstantinopel (Ostreich) stellte den Primat des römischen Bischofs in Frage; politische Sonderentwicklungen im Ost- und im Westreich, die sprachliche Differenzierung zwischen der lateinischen Kirchensprache im Westen und der griechischen Kirchensprache im Osten und Auseinandersetzungen um dogmatische Fragen führten zur Entfremdung zwischen der westlichen Hierarchie mit dem römischen Papst an der Spitze und den östlichen, meist autokephalen (unter einem eigenen Oberhaupt stehenden), dem Patriarchen von Konstantinopel nur lose zugeordneten Kirchen. Über dogmatischen, liturgischen und disziplinären Einzelfragen kam es schließlich im Jahr 1054 zu einem tiefgehenden Zerwürfnis zwischen dem Papst als Primas des Abendlands und dem Patriarchen von Konstantinopel als dem Inhaber eines Ehrenvorrangs unter den Vorstehern der Ostkirchen; damit war das große Schisma der Christen endgültig eingetreten. Der Primat des römischen Papstes war künftig auf das Abendland beschränkt; hier bemühte man sich um die theoretische Begründung und deren quellenmäßige Dokumentierung. Dazu wurden (gutgläubig?) Fälschungen hergestellt, von denen die Konstantinische Schenkung (8. Jh.) und die Dekretalensammlung des sogenannten Pseudo-Isidor (9. Jh.) weitreichende Wirkung hatten. Sie trugen bei zur Stärkung der Position des Papsttums im → kanonischen Recht. Nach dem „Dictatus Papae" Gregors VII. (1075) konnte es keinen Richter über den Papst geben, das Haupt der römischen Kirche konnte nicht irren. Die Weihegewalt des Papstes erstreckte sich über alle Kirchen, seiner Gesetzgebungs- und Jurisdiktionsgewalt und seiner Lehrautorität waren alle Christen des Abendlandes unterworfen. Dazu genoß der Papst Ehrenvorrechte; es standen ihm besondere Insignien zu (etwa die Tiara, die seit dem 14. Jh. mit drei Kronreifen geschmückt ist, oder der Purpurmantel).

Die christliche Lehre war durch das Vordringen der arabischen Herrschaft im 7. und 8. Jh. aus Nordafrika, Sizilien und dem größten Teil Spaniens verdrängt, in Palästina stark beeinträchtigt worden. Südeuropa wurde zwar noch im Mittelalter wieder für die christliche Lehre gewonnen und somit dem päpstlichen Primat wieder zugeführt; Nordafrika und der vordere Orient blieben aber weiterhin „Gebiete der Ungläubigen" (partes infidelium; → Bischof).

Eine Ausdehnung des päpstlichen Einflusses auf das heilige Land und den kleinasiatischen Raum brachte die Kreuzzugsbewegung (→ Kreuzzug) mit der Bildung des christlichen Königreichs Jerusalem (1099–1144) und verschiedener christlicher Lehensherrschaften in Palästina. 1204 errichteten französische Kreuzfahrer unter Führung der Grafen von Flandern mit päpstlicher Unterstützung in Konstantinopel das lateinische Kaisertum; die byzantinische Kaiserdynastie der Laskaris mußte sich nach Nikaia zurückziehen. Erst 1261 konnten die griechischen Kaiser der Paläologen-Dynastie Byzanz wieder einnehmen und den abendländischen weltlichen und geistlichen Einfluß zurückdrängen. Das christlich-römische Königreich Jerusalem wurde zwar unter Kaiser Friedrich II. nochmals belebt; Friedrich II. krönte sich zum König von Jerusalem. 1244 ging die Stadt jedoch endgültig verloren. Den Titel führten die deutschen Könige jedoch weiter.

In den deutschen, ungarischen und slawischen Missionsgebieten breitete sich die römische Kirche mit dem lateinischen Ritus im Hoch- und Spätmittelalter aus, zuletzt in den Ostseegebieten der Balten und Prussen sowie in den skandinavischen Ländern. Die Entwicklung der Kirchenprovinzen und der diesen zugeordneten Suffraganbistümer (→ Bistum) läßt diese gebietsmäßige Ausdehnung der römischen Kirchenobödienz erkennen. Nur zum Teil gingen die missionarischen und kolonisatorischen Impulse vom Papsttum aus; Träger dieser Bewegung waren in erster Linie → Adel, → König und geistliche → Orden.

Der *Sitz des Papstes* in Rom ergab sich aus der frühchristlichen Tradition, der Inhaber des römischen Bischofsamtes stehe in der Apostelnachfolge und sei deshalb Oberhaupt der Kirche. Grundsätzlich hat sich daran bis in das Hochmittelalter nichts geändert. Erst die politische Konstellation um die Wende vom 13. zum 14. Jh. brachte Wandel; nach dem Untergang der Staufer war die Kurie immer mehr in die Auseinandersetzungen mit den französischen Königen aus dem Haus Anjou verstrickt worden. Nun dominierte der französische Einfluß so sehr, daß nach dem Tod des Papstes Bonifaz VIII. dessen Nachfolger, Clemens V., vorher Erzbischof von Bordeaux, 1306 den Sitz der Kurie nach Avignon in der Provence verlegte. Dort blieben die Päpste; 1377 kehrte Gregor XI. nach Rom zurück. Nach dessen Tod im folgenden Jahr setzte das „große Schisma des Abendlandes" ein, da sowohl in Rom wie in Avignon Nachfolger gewählt wurden, wobei die avignonesischen Päpste als Gegenpäpste gelten. Die deutschen Könige und die meisten Reichsstände folgten der Obödienz des römischen Papstes. Die Überwindung der Kirchenspaltung ging von der konziliaren Theorie aus, wonach auch der Papst den Beschlüssen eines allgemeinen Konzils unterworfen sei. Das Konzil von Pisa (1409) setzte beide Päpste ab, worauf eine Kardinalsgruppe einen neuen Papst, der seinen Sitz in Bologna nahm, wählte. Die beiden Abgesetzten resignierten jedoch nicht, so daß es drei Päpste gleichzeitig gab. Erst auf dem → Konzil von Konstanz, das 1414/15 vor allem auf Betreiben König Sigismunds und der führenden Reichsfürsten zusammengetreten war, wurde 1417 die „causa unionis" gelöst. Der neu gewählte Papst Martin V. konnte sich gegenüber den bisherigen Päpsten durchsetzen. Er nahm seinen Sitz in Rom.

Eine wichtige Voraussetzung zur Realisierung der päpstlichen Politik war die weltliche Herrschaft der Päpste in Italien. Schon in frühkirchlicher Zeit hatte die römische Kirche das *Patrimonium Petri* aus Schenkungen und sonstigen Erwerbungen in Rom, in der Nachbarschaft der Stadt, in Unteritalien und Sizilien aufgebaut. Im Frühmittelalter war der Papst Herr im Dukat von Rom; dazu erwarb die Kurie Besitz und Herrschaftsrechte in Mittel- und Oberitalien (Spoleto, Ancona, Exarchat Ravenna, in der Emilia). Dies bildete die Grundlage für den späteren *Kirchenstaat*, der im 8. und 9. Jh. unter dem Schutz der Karolinger stand, wobei die sogenannte Konstantinische Schenkung als Besitz- und Herrschaftsbegründung eine wichtige Rolle spielte. Die Stellung des Kaisers als Patricius lebte besonders nach der Krönung Ottos I. 962 wieder auf.

Die Reformpäpste haben seit dem 11. Jh. die Herrschaft weiter ausgebaut, die Lehenshoheit über die normannischen Herrschaften in Unteritalien behauptet und schließlich durch die Ausdehnung des Einflusses auf die Güter der toskanischen Markgräfin Mathilde (spätes 11. Jh.) ihre Position diesseits und jenseits des Apennin gefestigt. Nach den Auseinandersetzungen mit dem normannisch-staufischen Königtum Friedrichs II. war der große Gegenspieler der Päpste in Mittel- und Unteritalien das Haus Anjou. Während des 14. Jhs. kam die Papstherrschaft in Italien durch die Verlegung des Sitzes der Kurie nach Avignon in schwere Krisen, die teils durch die Entsendung von Legaten gemeistert werden konnten; erst nach der endgültigen Rückkehr der Kurie nach Rom zur Zeit Papst Martins V. gelang im 15. Jh. eine gewisse Konsolidierung der Kirchenstaatsherrschaft, die die Gestalt einer absolutistisch ausgeübten Monarchie erst im 16. und 17. Jh. annahm und die vielschichtigen Herzogs-, Fürsten- und Adelsherrschaften und die ursprünglich ziemlich autonomen Städte durch eine zentralistische Staatsorganisation gliedern wollte.

Während des 14. Jhs. bauten die Päpste um Avignon und in der Grafschaft Venaissin an der unteren Rhone einen zweiten Kirchenstaat auf, der bis zur Französischen Revolution unter päpstlicher Herrschaft blieb.

Zur *Finanzierung* der geistlichen und weltlichen Aufgaben der Päpste dienten die Erträge des Patrimonium Petri und des Kirchenstaats, die Einkünfte der Rom zugehörigen Eigenbistümer und die Schutzgelder der dem heiligen Stuhl unmittelbar unterstellten Abteien (→ Kloster). Verschiedene Länder (wie die nordischen Königreiche, England, Ungarn oder Polen) mußten seit alters den Peterspfennig (eine auf jedem Haus lastende Zahlungspflicht) und ihre Herrscher wegen der Lehensabhängigkeit Abgaben an die päpstliche Kammer entrichten. Im 13. Jh. langten diese Einkünfte nicht mehr hin, um den Bedarf zu decken, der besonders durch hohe Ausgaben für die Kreuzzüge außerordentlich angewachsen war. Eigene *Kreuzzugssteuern* und Abgaben aus den Zehnteinnahmen wurden seit dem 12. Jh. dem gesamten Klerus auferlegt, wobei die Kurie den weltlichen Herrschern die Besteuerung des Klerus verbieten wollte; das Verbot ließ sich jedoch nur gebiets- und zeitweise durchsetzen. Die ertragreichste kuriale Steuer war seit dem 13. Jh. der *Papstzehnt* (→ Zehnt); er betrug meist den zehnten Teil des jährlichen Pfründeeinkommens. Besondere päpstliche Kollektoren sammelten die Beträge ein und sorgten für den Transport, seit dem 15. Jh. auch durch Banküberweisungen, zur apostolischen Kammer. Diese päpstliche Zentralfinanzstelle entwickelte vom 13. Jh an ein bürokratisch geordnetes Einhebungs- und Abrechnungssystem nach fiskalischen Grundsätzen.

Beträchtliche Einnahmen brachten auch die *Servitien*, die bei Verleihung höherer Pfründen (Erzbistum, Bistum, größere Abtei) zu entrichten waren. Sie wurden zu Ende des 13. Jhs. als Drittel der Jahreseinkünfte der betreffenden Pfründe festgelegt. Bei häufigem Ämterwechsel stellten die Abgaben eine starke Belastung für den höheren Klerus dar, zumal außer den Hauptgebühren auch noch Nebengebühren für das untere Dienst- und Kanzleipersonal an der päpstlichen Kurie zu zahlen waren.

Ähnliche Abgaben waren die *Annaten*, die in Höhe eines halben Jahreseinkommens bei der Verleihung niederer Pfründen fällig waren. Außerdem beanspruchte die Kurie Anteile vom Einkommen vakanter Pfründen und vom Nachlaß verstorbener Geistlicher. Für die Erledigung laufender Geschäfte verlangten die Behörden der Kurie Gebühren, die als *Taxen* in der ersten Hälfte des 14. Jhs. tabellenmäßig festgelegt und konsequent eingehoben wurden. Das päpstliche Abgaben- und Gebührensystem fand im Spätmittelalter in allen der kurialen Obödienz unterworfenen Ländern mehr oder minder starken Widerspruch, auf den die Kirche häufig mit geistlichen Strafen reagierte.

b) Die Besetzung des päpstlichen Stuhles im Hoch- und Spätmittelalter

In frühmittelalterlicher Zeit war der Klerus der Stadt Rom der bestimmende Faktor bei der Besetzung des päpstlichen Stuhles; die Bischöfe der Nachbardiözesen (Ostia, Albano, Porto) wirkten dabei mit; auch die Zustimmung des römischen Volkes kann als rechtlich begründete Teilnahme an der Auswahl des „Pontifex maximus" gelten. Bis in das frühe 8. Jh. wurde die Wahl vom Kaiser in Konstantinopel bestätigt.

Vom 8. Jh. an haben die Aristokratenfamilien von Rom über den päpstlichen Stuhl und über die anderen höheren kirchlichen Ämter der Stadt verfügt; Anarchie nach dem Tod eines Papstes war an der Tagesordnung; Gewaltanwendung zwischen den Bewerbern und ihren Familien kam häufig vor. Nach der Kaiserkrönung Karls des Großen haben die fränkischen Könige-Kaiser und in ihrer Nachfolge die deutschen Könige bis zur Mitte des 11. Jhs. stärksten Einfluß auf die Besetzung des päpstlichen Stuhles genommen; sie beanspruchten bei der Kandidatenauswahl eine Art von Aufsicht. Die Kandidaten sollten nur aus den Priestern und Diakonen der größeren römischen Kirchen, den Kardinalpriestern und Kardinaldiakonen, genommen werden. Die Könige gewährten den Päpsten Schutz, soweit dies die politische Situation im Reich, besonders in Italien, zuließ, sie griffen auch aktiv in die Auswahl der Kandidaten ein. Am nachhaltigsten betrieb dies Kaiser Heinrich III., der dafür sorgte, daß zwischen 1046 und 1057 hintereinander fünf deutsche Päpste die römische Kathedra bestiegen. Jetzt konnte das Papsttum (betrachtet man es von den Besetzungsmodalitäten her) als kaiserliche Eigenkirche gelten.

Die Reaktion im Sinne der Kirchenreform blieb nicht aus: 1059 formulierte die im römischen Lateranpalast zusammengekommene Synode im sogenannten *Papstwahldekret* den Grundsatz, daß nach dem Tod eines Papstes das Kollegium der Kardinäle den Nachfolger durch Wahl zu bestimmen hätte; von einer Mitwirkung des Königs war nicht die Rede. Die Wahl sollte frei sein von außerkirchlichem

Einfluß, wie dies dem Freiheitsbegriff der Reformer entsprach. Gewählt wurden nach alter Gewohnheit zumeist Mitglieder des Kardinalskollegiums (seit 1378 war dies ausschließlich der Fall); rechtlich fixiert war dies nicht. Der Gewählte mußte rechtgläubig („katholisch") sein; theoretisch war also auch ein Laie wählbar.

Die Führung im Kardinalskollegium hatten die Kardinalbischöfe; das waren die Oberhirten der um die Stadt Rom gelegenen Diözesen (sogenannte suburbikarische Bischöfe). Dazu kamen die in der Seelsorge und in der Karitas wirkenden Priester und Diakone der größeren römischen Pfarreien (Kardinalpriester und Kardinaldiakone). Zur Zeit des Papstwahldekrets gehörten etwa 50 Mitglieder zum Kardinalskollegium.

War durch das Dekret von 1059 der Kreis der aktiv Wahlberechtigten umschrieben, so fehlt noch die Bestimmung über die Gewichtung der Stimmen; noch war das Mehrheitsprinzip, wonach die unterlegene Minderheit der Mehrzahl der abgegebenen Stimmen folgen muß, nicht allgemein anerkannt. Bis in die zweite Hälfte des 12. Jhs. kam es deshalb zu sogenannten zwiespältigen Wahlen, wobei sich die mit ihrem Votum in der Minderheit gebliebenen Kardinäle als der „größere und stärkere Teil" (maior vel sanior pars) des Gremiums erklärten, also eine qualitative Überlegenheit gegenüber einer quantitativen Mehrheit in Anspruch nahmen. Erst auf dem Laterankonzil von 1179 kam die Einigung zustande, daß der mit der Zweidrittelmehrheit der Kardinäle Gewählte rechtmäßiger Papst sei, und zwar schon durch die Wahl; irgendwelcher Zustimmungserklärungen weltlicher Instanzen, des Klerus oder des Volkes bedurfte es nicht mehr.

Oft dauerte es lange, bis sich die Kardinäle auf einen Kandidaten, der einer Zweidrittelmehrheit sicher sein konnte, einigten. Um die Sedisvakanzen abzukürzen, wurde es seit der Mitte des 13. Jhs. üblich, die Kardinäle in einem Gebäude solange einzuschließen, bis sie eine gültige Wahl zustandegebracht hatten. Diese bis heute übliche Art der Wahl des Papstes im *Konklave* wurde auf Veranlassung des Papstes Gregor X. 1274 in einer eigenen Konklaveordnung in den Einzelheiten geregelt.

Alle diese Bestimmungen, die in das → kanonische Recht eingingen, konnten aber nicht verhindern, daß politische Kräfte Italiens und Frankreichs im Kardinalskollegium wirkten, so daß es zwischen 1378 und 1417 zum abendländischen Schisma mit einem Papst in Rom und einem in Avignon kam; nach dem Konzil von Pisa (1409) gab es einen dritten Papst. Erst durch das → Konzil von Konstanz wurde die

Einheit in der römischen Kirche wiederhergestellt (1417). Von nun an prägten die im Hochmittelalter entwickelten Grundsätze (Wahl durch die Kardinäle, mit Zweidrittelmehrheit im Konklave) die Besetzung des päpstlichen Stuhles. Der auf diese Weise Bestimmte erhielt vom Kardinalbischof von Ostia die Bischofsweihe, wenn er noch nicht zum Bischof ordiniert war; dann folgte die Papstkrönung durch den ältesten Kardinaldiakon.

c) Papsttum und Königswahl

Der wichtigste Berührungspunkt zwischen dem römischen Papsttum und dem deutschen Reich im Hochmittelalter war die vom Papst in Anspruch genommene und ihm vorbehaltene Kaiserkrönung und -salbung, die seit der Krönung Ottos I. 962 durch Papst Johannnes XII. die imperiale Vollmacht und sakrale Würde verlieh. Damit knüpfte die Kaiserherrschaft der deutschen Könige (→ Kaiser) an die fränkisch-karolingische, auf die Krönung Karls des Großen durch Papst Leo III. am Weihnachtstag des Jahres 800 zurückgehende Tradition an. Sie war auch die Grundlage für den seit dem 12. Jh. von kurialer Seite in der Translationstheorie (daß die Herrschaft durch den Papst von den oströmischen auf die fränkischen und deutschen Kaiser übertragen worden sei) erhobenen Anspruch des Papstes, über die Person des Kaisers zu bestimmen, was schon bei Gregor VII. (1076) im Bannspruch gegen Heinrich IV. und in dessen Absetzung deutlichen Ausdruck gefunden hatte. Die Kirchenreformer des 11. Jhs. forderten die Freiheit der Kirche von der Unterordnung unter weltliche Mächte. Das ergab die Neuordnung der Papstwahl und führte im Streit um die → Investitur der Bischöfe zum Wormser → Konkordat. Hier blieben bedeutende Einwirkungsmöglichkeiten des Königs auf die Verhältnisse der Kirche im deutschen Königreich bestehen, wie auch die Kirchenherrschaft des Adels insgesamt nicht beseitigt werden konnte.

Die wechselvolle Auseinandersetzung um die Vorherrschaft von „sacerdotium“ oder „imperium“ führte gegen Ende der Regierungszeit Friedrichs I. zum Ausgleich mit der Kurie (Frieden von Venedig 1177; Teilnahme des Kaisers am dritten Kreuzzug). Friedrichs Tod und der Zusammenbruch der weitgespannten Reichspolitik seines Sohnes und Nachfolgers, Heinrichs VI., begünstigten nach dessen Tod (1197) den Vorrang der päpstlichen Position, die unter Innozenz III. (1198–1216) ihrem Höhepunkt zustrebte. Dem Königtum gegenüber trat dies besonders deutlich in Erscheinung, als Innozenz III.

1198 eine entscheidende Rolle bei der Königswahl spielte (→ Kurfürst). Daraus ergab sich der Anspruch des Papstes zur Approbation des gewählten → Königs und zur Prüfung der Eignung (idoneitas) eines Thronkandidaten.

Im 13. Jh. hatten die Päpste mehrfach Einfluß auf die Wahlentscheidungen der Kurfürsten genommen. Der von Papst Bonifaz VIII. 1302 in der Bulle „Unam sanctam" erhobene Weltherrschaftsanspruch wurde in den nachfolgenden Auseinandersetzungen von König Ludwig dem Bayern zurückgewiesen. Auch die deutschen Kurfürsten lehnten die päpstliche Approbation ihres Kurspruches ab (1338). Nach der Regelung der Königswahl in der → Goldenen Bulle (1356) war die Papstapprobation zur Formsache geworden; durch die Krönung in Rom erlangte der von den Kurfürsten gewählte König den Kaisertitel. Die letzte mittelalterliche Kaiserkrönung durch den Papst fand in Rom 1452 statt, als der Habsburger Friedrich III. die Krone erhielt.

Pergament

Aus Esel-, Schweine- oder Kälberhaut durch Gerben und Glätten (mit Bimsstein) hergestellter Beschreibstoff, der seit dem 8. Jh. meist in Klöstern hergestellt wurde und das europäische Schriftwesen bis zum 14. Jh. prägte. Dann wurde Pergament durch das billigere und einfacher herzustellende → Papier verdrängt. Die handwerklich geübte und überlieferte Herstellungstechnik geriet darüber jedoch nicht in Vergessenheit; Pergament wurde auch weiterhin als Schreibmaterial für Rechtsdokumentationen verwendet (→ Urkunde). In den Anfangszeiten des → Buchdrucks gab es auch Pergamentdrucke.

Pfalzgraf

Der Inhaber des schon im Frühmittelalter nachgewiesenen Pfalzgrafenamtes hatte gräfliche Funktionen (→ Graf) in einer Königspfalz, dem Mittelpunkt eines Königsgutbezirkes mit einem palastartigen Gebäude, auszuüben. Der Pfalzbezirk stellte gegenüber dem Grafenamt eine Immunität dar; hier hatte der Pfalzgraf für Sicherheit und Gerichtsbarkeit zu sorgen. Diese Tradition, welche dem Pfalzgrafen eine wichtige Aufgabe im Königsgericht hatte zukommen lassen, führte das von Otto I. im 10. Jh. neu organisierte Pfalzgrafenamt nur zum Teil weiter. Die wichtigste neue Aufgabe der vom König in die Stammesgebiete der Lothringer, der Sachsen und Franken, der Schwaben, Bayern und in das Herzogtum Kärnten entsandten Pfalzgrafen war die Kontrolle der dort entstandenen Herzogsherrschaften (→ Herzog). Das Mittelalter überdauerten diese Reichsämter nur in einem Fall: Aus dem lothringischen Pfalzgrafenamt erwuchs die *Pfalzgrafschaft bei Rhein.* Die anderen Pfalzgrafen konnten sich gegenüber den → Territorien der Herzöge nicht durchsetzen. Das bayerische und Kärntner Pfalzgrafenamt wurde noch im 13. Jh. bedeutungslos; das sächsische kam über die → Landgrafen von Thüringen schließlich an das sächsische Herzogshaus (1422); das schwäbische Amt der Pfalzgrafen von Tübingen ging an die Grafen (später Herzöge) von Württemberg über (1343). Der lothringische Pfalzgraf, Herr der hochbedeutenden Königspfalz in Aachen, gewann schließlich seit dem 12. Jh. reichen Besitz am Mittel- und Oberrhein, im Hunsrück, im Pfälzer Wald und im Odenwald. Er erreichte als Pfalzgraf bei Rhein herzogsgleiche Stellung; er nahm als Erztruchseß das vornehmste Hofamt am Königshof ein (→ Amt), wurde → Kurfürst und Reichsvikar in den Ländern fränkischen Rechts und am Rhein, wie dies in der → Goldenen Bulle (1356) festgelegt war. Damit war der von den Päpsten im 13. und 14. Jh. erhobene Anspruch auf das Reichsvikariat zurückgewiesen. Das Reichsvikariat umfaßte die Ausübung der Königsrechte während der Zeit einer Thronvakanz (mit Ausnahme der Verfügung über Reichsgut und über die großen Reichslehen). Für diese außerordentlich herausgehobene Stellung mag die alte Rolle des Pfalzgrafen im Königsgericht, vor dem gegebenenfalls der König selbst Recht zu nehmen hatte, ausschlaggebend gewesen sein. War der König vom Reich abwesend, so trat die Reichsverweserschaft ein, die 1375 Karl IV. dem Pfalzgrafen bei Rhein bestätigte.

Kaiser Karl IV. führte 1355 im Reich nördlich der Alpen das in Italien schon länger bestehende Amt der *Hofpfalzgrafen* (comites palatini) ein; es konnte Adeligen übertragen werden. Zu den Aufgaben gehörte die Wahrnehmung ursprünglich dem König vorbehaltener Rechte, wie die Ernennung von → Notaren, die Erteilung von Legitimationen, die Bestätigung von Adoptionen, das Ausstellen von Adels- und Wappenbriefen (→ Adel; → Wappen) sowie die Krönung zum Poeta laureatus.

Pfand

Schon das frühmittelalterliche Recht kannte die *Pfandnahme*. Der Gläubiger konnte dem Schuldner einen Pfandgegenstand zur Sicherung seiner Forderung wegnehmen; seit der karolingischen Zeit war dies nur noch statthaft, wenn der Richter die Erlaubnis dazu erteilt hatte. Schließlich wurde es zur Regel, daß der → Graf die Pfändung vornahm. Der Gläubiger, der ein Urteil gegen den Schuldner erwirkt hatte, wandte sich an den Grafen zur Vollstreckungspfändung. Dieses Verfahren war notwendig, wenn Liegenschaften gepfändet werden sollten; denn hier konnte nur durch eine öffentliche Beschlagnahme („Fronung") die Voraussetzung dafür geschaffen werden, daß nach Ablauf der Auslösungsfrist das Pfandobjekt durch die → Anleit an den Gläubiger überantwortet wurde. Nun konnte die gerichtliche Einweisung des Gläubigers in die → Gewere des Pfandobjekts stattfinden. Die eigenmächtige, außergerichtliche Pfändung war jedoch im Hoch- und Spätmittelalter nicht vollständig zu unterbinden, besonders dann nicht, wenn bewegliche Gegenstände (Fahrnis wie Schmuck oder Wertgegenstände, wertvolle Waffen oder Ausrüstungsstücke, Pferde oder andere Haustiere) die Pfandobjekte bildeten. Die → Landfrieden versuchten seit dem 13. Jh. immer wieder die eigenmächtige Pfandnahme zu verhindern oder in rechtlich normierte Bahnen zu lenken. In → Städten wurde häufig seit dieser Zeit ein eigener Beamter, der Pfänder, bestellt; nur er durfte einen städtischen Schuldner pfänden.

In der frühmittelalterlichen Rechtsordnung war auch das *Satzungspfand* („Wette") bekannt. Hier bestimmte der Schuldner einen Gegenstand, durch den die Forderung eines Gläubigers gesichert werden sollte; dieser wurde in den unmittelbaren Besitz der verpfändeten Liegenschaften oder der als Pfand gesetzten Fahrnis oder auch verpfändeter Rechte eingewiesen. Der Gläubiger hatte bis zur Auslösung die Pfandgewere (→ Gewere), er konnte das Pfand nutzen. Löste der Schuldner das Pfand nicht aus, so verfiel es dem Gläubiger. Liegenschaften gingen dann in einem komplizierten gerichtlichen Verfahren durch Urteil und Besitzeinweisung in das Eigentum des Gläubigers über.

Die Pfandsatzung hat sehr große Bedeutung in der Entwicklung der spätmittelalterlichen Territorialstaaten (→ Territorium) gewonnen, weil häufig Herrschaftsrechte verpfändet wurden. Zahlreiche Königs-

oder Reichsstädte (→ Stadt) wurden seit dem späten 12. Jh. vom König an geistliche oder weltliche Fürsten gegen Darlehen verpfändet (z. B. Duisburg 1290 an Kleve; Eger 1322 an Böhmen; Breisach 1335 an Habsburg; Kaiserslautern 1375 an Pfalz; Gelnhausen 1435 an Pfalz) und gelangten, wenn die Pfandsumme nicht zurückerstattet wurde, unter die fürstliche Landeshoheit. Solche Pfandverhältnisse kamen auch häufig zwischen Fürsten vor, die mit Hilfe der Pfandsatzung territorialpolitische Ziele verfolgten. Auch Fürsten und deren landsässiger → Adel (→ Landstände) waren häufig durch derartige Geschäfte verbunden, wenn etwa ein finanzstarker Landsasse seinem Fürsten Bargeld vorschoß und dafür von diesem nutzbare Rechte oder Amtseinkünfte als Pfand versetzt erhielt. Der Fürst bekam bei akutem Geldbedarf eine Vorfinanzierung der Amtseinkünfte. Auf diese Weise konnte auch das kanonische Zinsverbot (→ Zins) umgangen werden, wenn die vom Darlehensgeber eingenommenen Amtserträge höher waren als die ursprünglich ausgezahlte Darlehenssumme. Der staatlichen Konzentration der Territorien hat dieses System nicht geschadet; der Pfandnehmer (adeliger Amtsinhaber) war ebenso wie der Pfandherr (Landesfürst) am Funktionieren der territorialstaatlichen Ämterorganisation interessiert; denn ersterer konnte eine Erstattung seiner Darlehenssumme nur dann erwarten, wenn er sich in das Herrschaftssystem des Fürstenterritoriums einordnete. Dem Fürsten mußte die Rückzahlung der Darlehenssummen erwünscht sein, weil bei der Auslösung der Pfandschaft seine Herrschaftsrechte wieder verstärkt in Erscheinung traten.

In den mittelalterlichen Kaufmannsstädten wurde schließlich eine neue Form des *Grundpfandrechts* entwickelt; durch öffentlichen Vertragsabschluß und durch Eintrag des Grundpfandes in städtische Bücher (in Köln Schreinsbücher genannt) kam der Pfandvertrag zustande. Dem Kaufmannsstand war dadurch die Möglichkeit gegeben, die wertvollen städtischen Hausgrundstücke als Sicherheit für die Beschaffung von Betriebskapital einzusetzen, ohne daß das Pfandobjekt an den Gläubiger herausgegeben werden mußte. Die Gläubigerrechte waren durch die Mitwirkung der städtischen Behörden gesichert; beim Verfall des Pfandes war ihre Realisierung erleichtert. Im städtischen Wirtschaftsleben des Spätmittelalters bestand Nachfrage nach Kapital auf der Seite der Kreditnehmer; gleichzeitig gab es auch Bürger, die Geld anlegen wollten. Den Interessen beider kam die neue Form des Grundpfandrechts entgegen; es übte eine ähnliche Funktion wie der → Rentenkauf aus.

Pfarrei

Die *Pfarrorganisation* entwickelte sich in ihren Grundzügen im Zeitraum vom 8. bis zum 12. Jh. als System, welches das ganze besiedelte Land mit Seelsorgesprengeln unterschiedlicher Größe überzog. Neben den verhältnismaßig wenigen, auf die frühe Phase der Missionierung zurückgehenden, von den Bischofssitzen (→ Bistum) aus eingerichteten ländlichen Pfarrkirchen gewannen die vom → Adel erbauten und unterhaltenen *Eigenkirchen* die allergrößte Bedeutung für den Aufbau der Pfarrorganisation. Die weltlichen Kirchenherren sorgten für den Bau und die Instandhaltung des Kirchengebäudes und der Wohnung des Geistlichen; sie setzten diesen auf die Pfarrstelle und sicherten dessen Lebensunterhalt. Daneben gab es auch genossenschaftliche Gemeindekirchen, deren Priester von den führenden Gemeindeangehörigen gewählt wurden. Die Weihe (Ordination) des Priesters konnte in gültiger Form nur der zuständige Bischof vollziehen. Die Bischöfe waren darüber hinaus bestrebt, auf die Auswahl der in die Pfarrkirchen zu installierenden Personen Einfluß zu gewinnen und für eine ausreichende Vorbildung der Geistlichen zu sorgen. Ebenso wichtig für die Unabhängigkeit des Geistlichen vom Eigenkirchenherrn war die Bereitstellung eines eigenen Kirchenvermögens, dessen Erträge zusammen mit den Opfergaben der Gläubigen und den → Zehnten das Einkommen des Pfarrers ergaben. Die Kirche mit einer ausreichenden Landausstattung und den zugehörigen Nebengebäuden (Pfarrhof, Widumhof zur Bewirtschaftung der Grundstücke) wurde nunmehr von dem Kirchenherrn dem Geistlichen, der vom Bischof examiniert und für tauglich befunden war, als Leihegut übertragen. Nach der Terminologie des → Lehenswesens wurde dieses als Benefizium bezeichnet. Damit ist das dem Priester zur Verwaltung und Nutzung übertragene Pfründevermögen, die ihm anvertraute → Pfründe, gemeint. Schon in hochmittelalterlicher Zeit wurde davon ein zum Bauunterhalt des Kirchengebäudes bestimmtes Stiftungsvermögen abgeteilt. Wegen seiner Zweckbestimmung („ad fabricam ecclesiae pertinens") hieß es Fabrikgut oder *Kirchenfabrik*. Dieser Vermögensteil wurde hauptsächlich durch Zustiftungen mit ausdrücklicher Zweckbestimmung für den Kirchenbau und -betrieb gebildet. Ein Teil des Pfründeeinkommens (ein Drittel oder ein Viertel) sollte Armen zukommen; auch dem Bischof hatte der Pfarrer Abgaben zu leisten.

In der Kirchenreform des 11. und 12. Jhs. wurden die Befugnisse der Eigenkirchenherren entscheidend reduziert und das bischöfliche Verfügungsrecht über die Pfarrbenefizien erweitert. Dem bisherigen Kirchenherrn blieb das *Patronatsrecht*, dessen wichtigster Inhalt war, den Geistlichen zu benennen; bei Eignung mußte der Bischof diesen in das Amt einweisen.

Zahlreiche Klöster übten Seelsorge aus, besaßen Pfarrkirchen und erwarben solche mit den Ausstattungsgütern der weltlichen Stifter. Dieses Eigenkirchenrecht geistlicher Anstalten (auch von Domkapiteln, später auch von Universitäten und Spitälern) erkannte das hochmittelalterliche kanonische Recht an und regelte es durch das seit dem 12. Jh. entwickelte rechtliche System der *Inkorporation*. Dadurch wurde die geistliche Institution für immer zum Pfarrer bestellt; sie konnte das Pfründegut nutzen und war zur Versorgung der Pfarrei verpflichtet. Dies geschah entweder durch Mönche, die vom Kloster aus die Pfarrfunktionen ausübten, oder durch Vikare, die in den Pfarreien wohnten. Gewohnheitsrechtlich oder durch päpstliche oder bischöfliche Privilegierung wurden außerordentlich viele Pfarreien im Spätmittelalter inkorporiert. Dadurch dominierten in der Pfarrseelsorge die Mönchspriester; Weltpriester hatten wenig Möglichkeiten, ertragreiche Pfarrpfründen zu erhalten. Dem Ansehen der Säkularkleriker hat dies sehr geschadet; sie hatten häufig eine höchst mangelhafte Ausbildung.

Mit dem Landesausbau der Binnenkolonisation (→ Rodung) und der → Kolonisation der Länder östlich der Elbe und Saale nahm die Zahl der Pfarr- und Filialkirchen sehr stark zu. In den Pfarrkirchen fanden die Taufen statt; dort wurden die Toten bestattet; der Pfarrer bezog den Zehnt. *Taufstein, Friedhof und Zehntrecht* sind die Kennzeichen der Pfarreien. Dies schloß nicht aus, daß Nebenkirchen einzelne dieser Rechte besaßen. Dann mußte der Inhaber eines solchen Benefiziums dem Pfarrer Abgaben entrichten, welche die entgangenen Stolgebühren ersetzen sollten. Stolgebühren waren Abgaben der Pfarrangehörigen; sie wurden fällig nach kirchlichen Handlungen, bei denen der Priester die Stola trug. Sie waren Bestandteil des Pfarreinkommens.

In den alten Bischofsstädten (→ Stadt) ging die Pfarrorganisation von den Domkirchen aus; neben ihnen bestanden häufig eigene Taufkirchen. Dem Wachstum der Städte entsprechend, wurden Pfarrkirchen neben den Domen errichtet; oft wurden die Pfarrsprengel geteilt und neue Kirchen errichtet. In den hoch- und spätmittelalterlichen

Gründungsstädten besaßen die Stadtherren meist Eigenkirchen- beziehungsweise Patronatsrechte. An deren Ausübung wurden häufig die Bürgergemeinden beteiligt, so daß dem städtischen Rat das Recht zur Wahl der Pfarrer zukam. Auch auf die Verwaltung des städtischen Kirchenvermögens (Kirchenfabrik) erhielten die Bürgergemeinden Einfluß. In vielen Gründungsstädten blieben die alten Pfarrverhältnisse bestehen; der Pfarrsitz befand sich dann außerhalb der Stadt in dem mit dem alten Pfarrecht benachbarten ländlichen Ort. In diesen Fällen waren die städtischen Kirchen nur Filialen der Urpfarrei. In den meisten der größeren Städte entstanden seit dem 13. Jh. Konvente der Bettelorden (→ Orden), deren Mitglieder ohne Rücksicht auf bestehende Pfarrverhältnisse sehr aktive Seelsorge betrieben und sich über den grundsätzlich bestehenden Pfarrzwang, nach dem jeder Gläubige nach dem Wohnsitz einem Pfarrsprengel zugewiesen war, hinwegsetzten.

Die Pfarrer sollten zur religiösen Jugendunterweisung → Schulen unterhalten; es war auch vorgesehen, daß dort einige Grundlagen der allgemeinen Elementarfächer zu vermitteln seien. Pfarrschulen gab es jedoch nur in den spätmittelalterlichen Städten; auf sie gewann auch der städtische Rat Einfluß. Auf dem Land gab es vor dem 15. Jh. kaum Schulen.

Ein Benefizium, mit dem die Verwaltung von Sakramenten verbunden war, konnte nur derjenige erhalten, der zum Priester geweiht war. Das auf altkirchlichen Lehren beruhende, im → kanonischen Recht seit dem 12. Jh. voll ausgebildete Weiherecht kennt sieben Weihegrade; auf die vier niederen Weihen (zum Ostiarius, Lektor, Exorzist und Akoluth) folgten die drei höheren Weihen (zum Subdiakon, Diakon und Priester). Mit der Erteilung der höheren Weihen sollte die Einweisung in ein Amt verbunden sein, um den Lebensunterhalt des Geweihten standesgemäß zu sichern. Voraussetzungen für die Weihe waren männliches Geschlecht, freier Stand, sittliche Lebensführung und bestimmtes Alter (beim Priester: 30 Jahre). Von eigentlich theologischer Bildung konnte bei den Weltpriestern kaum die Rede sein. Der Kleriker war zum Breviergebet verpflichtet, durfte keine unwürdigen Gewerbe ausüben und stand unter dem Zölibatsgebot. Letzteres galt für die niederen Weihegrade nicht und war bei den Inhabern der höheren Weihen im ganzen Mittelalter nicht vollständig durchzusetzen. Die spirituelle Begründung für die Ehelosigkeit der Priester wurde in der hochmittelalterlichen Kirchenreform durch die Überlegung verstärkt, daß die kirchlichen Benefizien in Klerikerfamilien erblich werden könnten. Wegen der seit dem 12. Jh. wesentlich verschärften Vorschriften über den Zölibat verbreitete sich im Spätmittelalter unter den Priestern das Konkubinat.

Das für das öffentliche Leben wichtigste Standesprivileg der Kleriker war das „Privilegium fori", das Vorrecht des ausschließlichen Gerichtsstandes vor dem geistlichen Richter, womit die Geistlichen von der weltlichen Gerichtsbarkeit befreit waren. Vollständig war dies jedoch nur zeitweilig (etwa in der ersten Hälfte des 13. Jh.) erreichbar. Im 14. und 15. Jh. wurden zuerst zivilrechtliche, dann auch strafrechtliche Sachen der Kleriker mehr und mehr vor weltlichen Gerichten verhandelt.

Pfennig

Seit dem 8. Jh. nachgewiesene germanische Bezeichnung für den denarius, die wichtigste aus der Antike überkommene → Münze (→ Geld). Diese wird in lateinischen Texten weiterverwendet, in der Abkürzung „de" bis in die Gegenwart. Die Pfennige wurden nach der Münzstätte benannt (z. B. Regensburger, Augsburger, Kölner Pfennige); sie hatten unterschiedliches Gewicht und verschiedenen Feingehalt. Viele Pfennigprägungen hatten nur im engeren Umkreis der Münzstätte Handelswert. Weiträumige Bedeutung hatten die Regensburger Pfennige (denarii Ratisbonenses) und die Pfennigprägungen der Münzstätte Schwäbisch Hall, die im Spätmittelalter unter dem Namen → Heller umliefen. – Besondere Prägeformen der Pfennige waren die Halbbrakteaten und Brakteaten (→ Hohlpfennig).

Pfründe

Aus dem lateinischen Ausdruck praebenda („das Darzureichende") ist das schon im Althochdeutschen nachgewiesene Lehnwort Pfründe abgeleitet; Praebenden erhielten die Mitglieder der → Domkapitel. Als diese im 11. Jh. die gemeinsame, klosterähnliche Lebensführung (vita communis) aufgaben, wurde der Bezug des Pfründeeinkommens zum wichtigsten Recht der Kanoniker; es wurde nun auch das geistliche Amt als Pfründe bezeichnet. Das war seit dem 12. Jh. auch beim Pfarrklerus (→ Pfarrei) der Fall. Kirchliche Ämter, die mit einem eigenen, dem Lebensunterhalt des Amtsinhabers dienenden Vermögen ausgestattet waren, stellten Pfründen dar, für die das → kanonische Recht eingehende Vorschriften aufstellte. Seit dem Hochmittelalter kam es häufig vor, daß sich Geistliche in mehrere Pfründen gleichzeitig einweisen ließen („Pfründenhäufung"). Die Erfüllung der Amtspflichten im Kirchendienst und in der Seelsorge kam dabei häufig zu kurz. Synodal- und Konzilsbeschlüsse (von 1059, 1179 oder 1215) versuchten, die sich hier ergebenden Mißstände zu beseitigen, was jedoch kaum gelang. Die von den Pfründeninhabern bestellten Vertreter (Vikare) wurden meist schlecht entlohnt. Im 15. Jh. nahm die mißbräuchliche Pfründenhäufung zu. Es kam nun auch die Verleihung von Pfründen allein zur Nutzung ohne Übertragung der Amtsverpflichtung vor; dies wurde als *Kommende* bezeichnet. Kommendeempfänger konnten auch Laien sein.

Als Pfründen wurden auch die Plätze in → Spitälern bezeichnet, weil diese als geistliche Einrichtungen entstanden waren. Solche Pfründen wurden aus dem Spitalvermögen gereicht; oft handelte es sich dabei um die Erträge aus speziellen Zustiftungen, deren Nutzung im Spital den Stiftern auf Lebenszeit vorbehalten war.

Pfund

Gewichtseinheit für das Münzmetall. Dem vom lateinischen „pondus" abgeleiteten Lehnwort entspricht das lateinische Wort „libra". Nach dem karolingischen Münzsystem waren aus einem Pfund 240 Pfennige zu prägen. Daraus entwickelte sich die im Hoch- und Spätmittelalter vielverwendete Rechnungseinheit „Pfund" für 240 → Münzen. – Unter dem Namen Pfunder wurden im späten 15. Jh. in der Tiroler Münzstätte Hall Münzen geschlagen, die den Wert von zwölf → Kreuzern hatten.

Preis

Das agrarisch bestimmte, vornehmlich auf Tauschhandel abgestellte Wirtschaftsleben des Frühmittelalters prägte auch noch die Zeit bis in das 11. Jh. Das dem Menschen immanente Streben nach Gewinn, nach Mehrung von Vermögen und Macht wurde in Grenzen gehalten durch das Ordo-Prinzip der christlich fundierten Sozial- und Wirtschaftsethik. Der Zweck des wirtschaftlichen Handelns war vornehmlich die Sicherung der materiellen Existenz jedes Einzelnen an seinen vorgegebenen Platz in dem von der Schöpfung determinierten Ordnungsschema. Einen allgemein anerkannten Vergleichsmaßstab im Wirtschaftsverkehr, d.h. einen Preis von Waren und Dienstleistungen, konnte es erst dann geben, wenn → Münzen als Wertmesser zur Verfügung standen und in so großer Zahl umliefen, daß man von Geldverkehr (→ Geld) sprechen kann. Diese Voraussetzungen waren vollständig erst seit dem 12. Jh. gegeben, wobei die Auflösung der → Villikationen und die Entstehung der → Städte wichtige Entwicklungsstufen anzeigen. Durch bürgerliches Wirtschaften entstanden Geldakkumulationen. Jetzt wurde es notwendig, die überkommenen Vorstellungen mit der sich entwickelnden „rechenhaften" Gesinnung in Übereinstimmung zu bringen; die Lehre vom „iustum pretium", von dem gerechten (d.h. angemessenen) Preis, formulierten in Ableitungen von den augustinischen Anschauungen Albertus Magnus (gest. 1280) und Thomas von Aquino (gest. 1274). Dies betraf in erster Linie Waren des täglichen Gebrauchs, vor allem Lebensmittel, wo die Gewinn- und Verdienstspannen überblickbar und einsehbar waren. In Zeiten von Mißwachs und Teuerung („in teuren Zeiten") sollten durch die Festsetzung von Preisen spekulative, unter Ausnutzung der Notlage vieler Kaufinteressenten erzielte Handelsgewinne verhindert werden. Ansätze dazu finden sich schon in karolingischer Zeit. Später haben die Organe der Städte und dann auch die → Zünfte das Preisgefüge überwacht und auf die Preisgestaltung Einfluß genommen.

Im Handel mit außergewöhnlichen Gütern, die auf schwer überblickbaren Wegen beschafft und umgesetzt wurden, galt das Prinzip des gerechten Preises weniger, so daß wagemutige und dabei auch erfolgreiche Kaufleute erhebliche Gewinne erwirtschaften konnten und auf diese Weise zu großen Geldvermögen gelangten. Aus dieser Entwicklungslinie sowie aus der vom Gruppenegoismus der Zünfte und Gilden geprägten Verhaltensweise im Wirtschaftsleben entwikkelte sich eine neue Wirtschaftsgesinnung, in der das rationale Gewinnstreben entscheidend dominierte. Gefördert wurde diese Entwicklung auch durch die sozialen und wirtschaftlichen Umwälzungen, welche die Dezimierung der → Bevölkerung um die Mitte des 14. Jhs. und in den folgenden Jahrzehnten (→ Seuchen) brachte. Als Folge davon beherrschten die wirtschaftlichen Aktionen der städtischen Bevölkerung und ihrer führenden bürgerlichen Kreise die spätmittelalterliche Gestaltung der Preise für Waren, so daß von einem ethisch geprägten „iustum pretium" kaum noch die Rede sein konnte, sondern das Streben nach Vermehrung von Reichtum und Macht das Wirtschaftshandeln der großen Handels- und Gewerbehäuser prägte.

Rat

Zur Unterstützung und Beratung in politischen und administrativen Angelegenheiten zogen Könige wie Fürsten Berater (consules, consiliarii) an ihren Hof; manche hielten sich ständig dort auf („tägliche Räte"), manche kamen nur von Fall zu Fall von ihren Häusern zum Fürsten („Räte von Haus aus"). Auch die Inhaber der Hofämter (→ Amt) wirkten im Rat, der sich seit dem späten 14. Jh. als Kollegium formierte. Unter der Bezeichnung Hofrat wurde der Rat zum Ausgangspunkt der zentralen Hof- und Landesverwaltung. Zunächst waren nur Adelige Mitglieder des Rates; seit dem 15. Jh. traten auch gelehrte, an den → Universitäten juristisch geschulte Räte auf. Vielfach haben die → Landstände Einfluß auf die Zusammensetzung des Fürstenrates gewonnen; der landsässige Adel war daran interessiert, Landfremde vom Beratergremium des Landesfürsten fernzuhalten. In vielen → Territorien bestanden enge Verbindungen zwischen dem Rat und dem fürstlichen Hofgericht, in dem Mitglieder des Rates als Beisitzer fungierten. Für den königlichen Hofrat bekam diese Verbindung besondere Bedeutung, als ihm König Maximilian seit 1497 Prozesse zur Entscheidung zuwies, die vor die königliche Instanz gebracht worden waren. Dies bildete die Grundlage für die Entwicklung des Reichshofrates, der im 16. Jh. als oberste königliche Gerichtsinstanz Recht sprach. Er stand in Konkurrenz zum Reichskammergericht (→ Reichsgerichte). Da auf seine Zusammensetzung und seine Tätigkeit die Reichsstände keinen Einfluß hatten, dominierte hier bis zum Ende des alten Reiches die ausschließlich vom Königtum abhängige Gerichtsbarkeit. – Als Rat wurde auch das wichtigste Verfassungs- und Verwaltungsorgan der → Stadt bezeichnet.

Rechtsaufzeichnungen

Bis in das Hochmittelalter war die alte Vorstellung lebendig, daß das Recht als System zur Regelung des menschlichen Zusammenlebens eine vorgegebene, überlieferte Ordnung ist, die durch hohes Alter

Ansehen und Autorität erhalten hatte. Gutes Recht mußte alt sein, und nur altes Recht konnte gut sein. Gefunden wurde das Recht im Urteilsspruch des Gerichts (→ Weistum). Der Nachweis hohen Alters war die beste Legitimation von Rechtsgrundsätzen, die in der göttlichen Schöpfungs- und Weltordnung begründet und aus ihr ableitbar waren. Eine Rechtssetzung, die neue, verbindliche, bisher nicht geltende Regeln aufstellte, gab es grundsätzlich nicht. Das mündlich tradierte Recht galt gewohnheitsmäßig. Das schloß die schriftliche Aufzeichnung nicht aus, wie die zwischen dem 6. und dem 8. Jh. entstandenen *Volksrechte* der Franken, Alamannen und Bayern zeigen. Sie waren wohl auf Veranlassung der merowingisch-karolingischen Könige unter Mitwirkung von Leuten mit Gerichtserfahrung entstanden; sie hielten das in schriftlicher Form fest, was rechtens war; neu gesetztes Recht sind sie nicht.

Vom 10. bis zum 12. Jh. waren die alten Volksrechtstexte nur mehr wenig bekannt. Die Gerichte wendeten mündlich überliefertes Gewohnheitsrecht an. Allgemein gültige Rechtssätze werden sichtbar in den Gerichtsurteilen, die in gleichen Rechtssachen zu übereinstimmenden Sprüchen kamen. Dieselbe Wirkung hatten Privilegien (→ Urkunde) übereinstimmenden Inhalts für unterschiedliche Empfänger. Dies wirkte sich umso mehr aus, wenn der Aussteller von Privilegien (meist der König) den Empfänger dadurch begünstigte, daß andere Leute zu Leistungen oder Zahlungen verpflichtet wurden. Dies war etwa bei Zoll- oder Marktprivilegien zugunsten von Bischöfen in der frühurbanen Stadtentwicklung (→ Stadt) der Fall.

Urteil und Privileg waren normensetzende Rechtsquellen; als Gesetzgebung im eigentlichen Sinn sind sie nicht zu betrachten. Ihnen fehlte die Abstraktion vom Einzelfall und die normative Systematik. Rechtsaufzeichnungen gab es nicht nur im Umkreis des Königs; die anderen → Rechtskreise und deren Herrschaftsträger und Rechtsgenossen waren befugt, überlieferte Rechtssätze weistumsartig festzustellen und aufzuzeichnen. So sind schon aus dem 11. Jh. → Hofrechte schriftlich überliefert.

Mit dem Anbruch des 12. Jhs. wandelte sich das Bild; mehrere Komponenten wurden für den Beginn einer neuen Entwicklung maßgebend. Die neue Ordnung der öffentlichen Sicherheit in den → *Landfrieden* wurde von den Königen seit Heinrich IV. (1103) in gesetzesartig wirkenden Urkunden festgelegt. Die im 12. und 13. Jh. vielfach überlieferten Landfriedensbestimmungen trafen neue, bis dahin nicht gekannte Anordnungen zur Friedenswahrung; allerdings waren sie nur befristet gültig und hatten zudem auch vertragsähnlichen Charakter. Sie haben aber für neue Probleme der Zeit in neuartiger Weise Lösungen geboten, nachdem der gewohnheitsmäßige, seit alters überlieferte Rechtsbrauch die Friedensordnung nicht mehr sichern konnte. Von Reichs wegen ergangene große Verträge haben Gesetzeskraft erlangt, wie das Wormser Konkordat (1122) oder die sogenannten Fürstengesetze von 1220/32 (→ Fürst). Eine weitere Komponente für den Wandel der Rechtsaufzeichnungen hin zur eigentlichen Gesetzgebung zeigt sich in der Entwicklung der *Stadtrechte* (→ Stadt). Die zahlreichen, inhaltlich parallel laufenden Privilegien der Stadtherren für die Gründungsstädte und die Rechtsbestätigungen für viele ältere Königs- und Bischofsstädte können als Gesetzgebungsrecht verstanden werden, weil sie für gleichartige Sachverhalte übereinstimmende rechtliche Regelungen trafen, die an vielen Orten in gleicher Weise galten. Die Stadtrechtsprivilegien bildeten außerdem die Grundlage für das Satzungsrecht, das der Rat in den Städten in Anspruch nahm für den Erlaß allgemein verbindlicher, „gesetzlicher“ Normen.

Auch in den reichsfürstlichen → Territorien haben sich seit dem 13. Jh. Rechtsaufzeichnungen zu umfangreichen Werken entwickelt (→ Landrecht), die zum Wandel im Gesetzesverständnis des Spätmittelalters beitrugen. In der Gesetzgebungsbefugnis fand die Fürstenherrschaft ein besonders wirksames Mittel zur Selbstdarstellung, auch wenn die Fürsten dazu den landsässigen Adel heranziehen mußten (→ Landstände), wie es das Reichsweistum von 1231 forderte.

Die großen Sammlungen der → Rechtsbücher waren zwar keine herrschaftlichen Kodifikationen, sondern private Arbeiten hervorragender Kenner des in der Rechtsprechung gebräuchlichen und bei den Gerichten angewendeten Rechts. Sie haben aber doch dazu beigetragen, daß die Vorstellung, schriftlich festgehaltenes Recht habe auch als „gesetztes“ (einmal festgesetztes) Recht zu gelten, weiter an Boden gewann.

Wichtige Impulse dafür gab auch das Bekanntwerden der rechtssystematischen Arbeiten der Glossatoren und Dekretisten, die das → römische und das → kanonische Recht systematisch erschlossen. Aus verschiedenen Stellen des Corpus iuris civilis wurde die Befugnis des Kaisers zur Gesetzgebung abgeleitet; die Dekrete Papst Gregors IX. im „Liber Extra“ wurden 1234 ausdrücklich als päpstliche Gesetze bezeichnet. Mit dem Beginn der → Rezeption der fremden Rechte wurde auch in Deutschland das Zeitalter der Rechtsaufzeichnungen von der Epoche der Gesetzgebung abgelöst.

Rechtsbücher

Das hochmittelalterliche Recht wurde mündlich überliefert; durch die Weitergabe unter den → Schöffen, durch die Traditionspflege der Gerichtsbeisitzer und der vorsitzenden Richter blieben die Normen lebendig. Dieser enge Bezug auf die gerichtliche Anwendungspraxis bewirkte eine starke regionale Aufsplitterung. Dazu kam, daß bis weit in das 11. Jh. herein die Gesellschaftsstruktur und damit auch das Rechtsleben mehr durch personale als durch territoriale Beziehungen geprägt war. Das 12. und 13. Jh. brachten hier den entscheidenden Wandel: Das → Landrecht formierte sich in der Weise, wie die Herrschaftsausübung insgesamt über die personenrechtliche Bindung sich zur Gebietsherrschaft entwickelte (→ Territorium).

Ebenfalls im 12. Jh. wurden die älteren Rechtssätze der römischen Kirche, das → kanonische Recht, gesammelt (Decretum Gratiani; um 1140 abgeschlossen) und an den italienischen und französischen Universitäten systematisch kommentiert. Durch die Anwendung in den geistlichen Gerichten der bischöflichen Offizialate wurde diese Art der Beschäftigung mit den überlieferten Rechtsmaterien allgemein bekannt. Es fanden sich nun auch Leute, die die Normen des weltlichen Rechts, wie es an den Gerichten gehandhabt wurde, sammelten und aufzeichneten. Das Ergebnis dieser Arbeiten, die überwiegend ohne amtliche und obrigkeitliche Initiative in Gang kamen, sind die Rechtsbücher, welche die wichtigsten Quellen zur mittelalterlichen Rechtsüberlieferung seit dem 13. Jh. darstellen. Solche Rechtsdenkmäler gibt es nicht nur aus dem deutschen Reich; aus Italien und Spanien, Frankreich und England und aus den nordischen Staaten sind vergleichbare Sammlungen überliefert.

Das berühmteste deutschsprachige Werk dieser Art ist der *Sachsenspiegel* des anhaltischen Ritters Eike von Repgow (gest. nach 1233), welcher bis in den 1230er Jahren als sachverständiger Rechtskenner bei den Gerichten seiner ostfälischen Heimat wirkte und von etwa 1215 an das dort angewandte Recht aufzeichnete, zunächst in einer lateinischen (nur in Bruchstücken erhaltenen) Fassung, der er dann eine deutsche folgen ließ. Das Werk ist in zwei große Teile gegliedert, das Landrecht und das Lehenrecht. Ersteres enthält überwiegend

Normen für Rechtsverhältnisse des bäuerlich-grundherrschaftlich-adeligen Lebensumkreises. Im strafrechtlichen Teil wird dem Recht der → Landfrieden breiter Raum eingeräumt; die Regeln des Verfahrensrechts spiegeln die alte Gerichtsverfassung, die den Richtern mit dem Gerichtsvorsitz und den Urteilern mit der Feststellung des Urteilsspruches getrennte Aufgaben zugewiesen hatte. Der Sachsenspiegel war in Ost- und Norddeutschland weit verbreitet; sogar aus dem Baltikum ist im Livländischen Spiegel eine Sachsenspiegelbearbeitung überliefert. In der ersten Hälfte des 14. Jh. bearbeitete der brandenburgische Hofrichter Johann von Buch, der in Bologna studiert hatte, eine glossierte Fassung des Sachsenspiegels; sie sollte die Anwendung des Rechtsbuches in der gerichtlichen Praxis erleichtern und Widersprüche zwischen heimischen und römischen Rechtssätzen ausgleichen. Johann von Buch hat auch die landrechtlichen Verfahrensregeln des Sachsenspiegels zusammengestellt („Richtsteig Landrechts") und damit ebenfalls zur Verbreitung des Rechtsbuches beigetragen. Auch für den Lehenprozeß gibt es eine ähnliche Sammlung aus dem späteren 14. Jh. („Richtsteig Lehenrechts").

Der Sachsenspiegel ist in zahlreichen Handschriften verschiedener deutscher Dialekte überliefert; es gibt Übersetzungen ins Lateinische und in slawische Sprachen.

Für Oberdeutschland erwuchsen aus Sachsenspiegel-Übersetzungen eigene Rechtsbücher, welche die süddeutschen Rechtsverhältnisse berücksichtigten, z.B. der sogenannte *Deutschenspiegel* und das kaiserliche Land- und Lehenrechtsbuch, welches seit dem frühen 17. Jh. als *Schwabenspiegel* bezeichnet wird. Diese beiden süddeutschen „Spiegel" sind wohl um 1275 in Augsburg entstanden. Der Schwabenspiegel hat weite Verbreitung in Süddeutschland und in den östlich und südlich angrenzenden Ländern gefunden. Übersetzungen ins Mittel- und Niederdeutsche gibt es ebenso wie solche in die französische und tschechische Sprache.

Im südlichen Hessen entstand um die Mitte des 14. Jhs. eine Ableitung des Schwabenspiegels; sie wird als „Kleines Kaiserrecht" bezeichnet (im Gegensatz zu dem im Schwabenspiegel vorliegenden „Großen Kaiserrecht") und heißt auch *Frankenspiegel* wegen der Verwendung fränkisch-hessischer Rechtsformen.

Ebenfalls vom Schwabenspiegel abhängig ist das Rechtsbuch Ruprechts von Freising (erste Hälfte des 14. Jhs.); es räumt den strafrechtlichen Bestimmungen besonders breiten Raum ein. Hier ist der Verfasser vom Recht der bayerischen → Landfrieden beeinflußt.

Alle diese Rechtsbücher sind Aufzeichnungen über das materielle Recht und das Verfahrensrecht, das an Gerichten bestimmter Gebiete angewendet worden ist. Einen herrschaftlichen Auftrag dazu, der etwa eine systematische Kodifikation hätte bezwecken sollen, gab es nicht. Die Rechtsbücher geben die Wirklichkeit im gerichtlichen Verfahren wieder. Da die Verfasser in der Auswahl, Wertung und Erklärung der im gerichtlichen Alltag festgestellten Rechtsmaterien auch rechtsschöpferisch wirkten, halfen sie mit, das durch die Schriftlichkeit fixierte Gewohnheitsrecht für die herrschaftliche Kodifizierung vorzubereiten (→ Landrecht; → Rechtsaufzeichnungen).

Rechtskreise

Unter Rechtskreisen versteht die rechtshistorische Forschung die im Mittelalter neben dem allgemein gültigen → *Landrecht* bestehenden Sonderrechte für bestimmte Rechtsbeziehungen. Wie das *Lehenrecht* (→ Lehenswesen), welches die innerhalb der Lehenhöfe geltenden Normen festhielt, bildete das → *Hofrecht* für die Rechtsverhältnisse in den Haus- und Hofverbänden einen derartigen Rechtskreis. Zum Hofrecht gehörte auch das Dienstrecht, welches in Ministerialenverbänden (→ Unfreie) galt. Auch das Stadtrecht mit seinen vielfältigen, auf Privilegien und Satzungen zurückgehenden Bestimmungen wird als eigener Rechtskreis bezeichnet, mit dem das Leben der Leute in den → Städten geregelt war. Die in den einzelnen Rechtskreisen geltenden materiellen Normen sind in unterschiedlicher Weise überliefert (→ Rechtsbücher; → Weistum). Zur Entscheidung von Streitigkeiten bestanden in den Lehens- und Hofverbänden Gerichte (→ Gerichtsbarkeit), welche seit dem Spätmittelalter in den landrechtlichen Hoch- und Niedergerichten aufgingen. Seitdem ging die Bedeutung der genannten Rechtskreise zurück.

Regalien

a) Die allgemeine Bedeutung

Das Wort ist von „jura regalia" (königliche Rechte) abgeleitet; es wurden damit solche Befugnisse bezeichnet, welche die → Könige seit den Zeiten der ostfränkischen Karolinger und der ottonischen Herrscher in Anspruch nahmen. In eigentlichem Sinn versteht man darunter Rechte, die besondere Abgaben einbrachten. Bei der Bezeichnung blieb es auch, wenn sich diese Rechte nicht mehr in Händen des Königtums befanden und wenn der Nutzen anderen Empfängern zufloß. Das war seit dem 12. Jh. vielfach der Fall, nachdem durch königliche Verleihung die meisten dieser ertragreichen Königsrechte an geistliche und weltliche → Fürsten übergegangen waren.

Jetzt entwickelte sich eine engere Bedeutung des Regalienbegriffs; man verstand nun darunter die weltlichen Herrschaftsrechte (Temporalien), die im Vollzug des Wormser → Konkordats (1122) die Könige den angehenden, von der Kurie in die geistlichen Befugnisse (Spiritualien) eingewiesenen Bischöfen zu verleihen hatten. Zur Ausübung der weltlichen Herrschaft, auch der Gerichtsbarkeit, waren die Bischöfe nach der Zepterinvestitur („Regalieninvestitur") befugt (→ Investitur). Dieser Vorgang wurde noch im 12. Jh. im Sinne des → Lehenswesens umgedeutet und als Regalienbelehnung verstanden, so daß die hohen Geistlichen denselben lehenrechtlichen Rang erhielten wie die weltlichen Reichsfürsten.

Der Regalienbegriff kommt noch in einer anderen Bedeutung vor; es war damit auch das Recht des Königs auf die Einkünfte der Bischofskirchen gemeint, wenn der jeweilige Bischofsthron vakant war. Diese Zwischennutzung bei bischöflichen Sedisvakanzen beruhte auf der königlichen Schutzherrschaft über die Reichskirche. Der König galt als Eigenkirchenherr der Bischofskirchen vor allem deshalb, weil diese von den ottonischen und salischen Königen in außerordentlich großzügiger Weise mit weltlichem Besitz und weltlichen Herrschaftsrechten ausgestattet worden waren. Seit dem Ende des Investiturstreits wurde diese Form des Regalienrechts normiert und zeitlich auf maximal ein Jahr nach Eintritt der Vakanz der geistlichen Stelle begrenzt.

b) Die einzelnen Regalien

Münzregal. Das Recht zur Münzherstellung nahm der König seit karolingischer Zeit in Anspruch (→ Münzwesen). Seit dem 10. Jh. sind viele Übertragungen dieses Rechts an Bischöfe nachgewiesen; in bischöflichen Münzstätten wurden Münzen mit dem Bild des Bischofs und solche mit dem Bild des Königs hergestellt. Auch Herzöge betätigten sich als Münzherren, ohne daß königliche Verleihungen nachgewiesen sind. Wegen der großen Bedeutung des Münzwesens für das städtische Wirtschaftsleben (→ Städte) kamen seit dem 13. Jh. auch Städte in den Besitz des Münzrechts. Es wurde vielfach von bürgerlichen Genossenschaften (Münzerhausgenossenschaften) ausgeübt. Wenn auch das königliche Münzrecht durch die äußerst zahlreichen Münzrechtsverleihungen an Fürsten und Städte ziemlich ausgehöhlt war, so blieb doch während des ganzen Mittelalters der Anspruch des Reiches lebendig, durch Anordnungen über Wert und Geltungsbereich der Münzen einen Anteil am Ertrag des Prägerechts zu behalten und über das Münzwesen Einfluß auf das Wirtschaftsgeschehen zu nehmen.

Zollregal. Schon in karolingischer Zeit wurde das Recht zur Zollerhebung (→ Zoll) vom Königtum in Anspruch genommen; geistliche wie weltliche → Fürsten erhielten dieses höchst einträgliche Recht in vielen Fällen durch königliche Verleihungen. Die territorialen Herrschaftsträger handhabten dieses Recht häufig recht eigenmächtig, besonders auch durch willkürliche Festlegung der Zollsätze. Im 12. und 13. Jh. versuchten die Staufer-Könige einer schikanösen Zollerhebung durch die Fürsten entgegenzuwirken; sie mußten aber zugestehen, daß die in Händen der Landesherrschaften befindlichen Zölle als rechtmäßig galten. Zölle, die an Plätzen unmittelbaren Königsguts eingehoben wurden, galten als Reichszölle; sie trugen jedoch zu den Reichsfinanzen nicht allzuviel bei, da das Zollregal im Spätmittelalter überwiegend in Händen der Territorialfürsten war.

Marktregal. Orte, an denen gleichzeitig zahlreiche Handelsgeschäfte abgeschlossen wurden (→ Markt), bedurften einer besonderen, rechtlich gesicherten Friedensgarantie, die in karolingischer Zeit von Königs wegen die Grafen leisteten. Besucher hatten Abgaben (Marktzölle, Standgelder) zu entrichten. Dadurch und durch die Gefälle, welche die an den Märkten ausgeübte Jurisdiktion erbrachten, wurde das Marktregal zu einem einträglichen Recht, um dessen Verleihung sich geistliche und weltliche → Fürsten bemühten. Diese wie auch die → Städte wurden zu Marktherren und trafen anstelle der königlichen Sachwalter die Anordnungen zur Regelung des Warenhandels auf den Märkten. Die Marktherrschaft wurde zu einem Bestandteil der Landeshoheit des Territorialstaates im Spätmittelalter (→ Territorium).

Geleitregal. Die öffentliche Sicherheit im Überlandverkehr lag im Mittelalter im argen. Reisende Personen (besonders Kaufleute) und transportierte Waren mußten durch den allgemeinen Friedensschutz, den die Königsherrschaft zu gewähren hatte, vor Raub oder einfacher Behinderung der freien → Straße gesichert werden. Dies geschah in der Weise, daß der Geleitsherr den Reisenden und den Transportfahrzeugen bewaffnete Begleiter mitgab, wofür Abgaben zu leisten waren. Vielfach hatten die mit der Zollerhebung Beauftragten auch für die Geleitstellung zu sorgen; wie das Zollregal, so ging auch das Geleitregal durch Verleihung oder durch eigenmächtige Aneignung an die Landesfürsten über, wie dies seit dem 12. Jh. belegt ist. Wie die Landfriedenssicherung (→ Landfrieden) in die Hände der Territorialfürsten kam, so wurde auch das Geleit zu einem Bestandteil der Landeshoheit. Es gewann umso mehr an Bedeutung, als die eigenmächtige Rechtsverwirklichung zurückgedrängt wurde (→ Gerichtsbarkeit).

Straßen- und Stromregal. Die großen, für den überörtlichen Verkehr wichtigen Landstraßen (vielfach auch Heerstraßen genannt) standen unter dem besonderen Friedensschutz des Königs, den schon in karolingischer Zeit die Grafen zu gewährleisten hatten. Dasselbe galt für die mit Schiffen oder Flößen befahrbaren Flüsse, welche als Wasserstraßen eine außerordentlich große Bedeutung für den Wirtschafts- und Militärverkehr hatten (→ Straße; → Schiffahrt). Das Königsrecht sollte sicherstellen, daß Straßen nicht willkürlich verlegt würden, daß kein Zwang zur Benutzung bestimmter Verkehrswege ausgeübt und daß sicheres Geleit gewährt wurde. Die Durchführung dieser vielfältigen und kostspieligen Aufgaben oblag meist den Zollberechtigten (→ Zoll). Da das Reich auch hier nicht in der Lage war, eine großräumige Verwaltungsorganisation für diese Aufgaben aufzubauen, kam mit der starken Zunahme des Waren- und Personenverkehrs seit dem Hochmittelalter (→ Stadt) die Aufsicht über Straßen und Ströme mehr und mehr in die Hände der Territorialfürsten, wenn sich auch bei diesem Komplex die königlichen Ansprüche nachhaltiger behaupten konnten als bei den meisten anderen Regalien.

Trotz der öffentlichen Rechte blieb der Gemeingebrauch an den Gewässern (Wasserschöpfen, Viehtränken) bestehen. Bei der Fischerei und bei der Nutzung der Flüsse durch Triebwerke (Mühlen, Hammerwerke) ergaben sich vielfach Spannungen zwischen den Anliegern und den herrschaftlichen Obrigkeiten, die vor allem im Spätmittelalter Nutzungsordnungen erließen.

An den Meeresküsten galt im allgemeinen das freie Fischereirecht. An den Ostseeküsten des Deutschordensstaates bestand jedoch schon seit dem 13. Jh. ein landesherrliches *Fischereiregal.* Die Küstenbewohner hatten ursprünglich auch das Recht, sich Schiffbrüchige und deren Güter anzueignen. Doch nahmen dieses *Strandrecht* (Wrakrecht) dann die Könige in Anspruch; seit dem 13. Jh. war das Strandregal in Händen der Landesherren. Ähnlich war die Rechtslage an den großen Flüssen, wo das Aneignungsrecht an gestrandeten Schiffen und deren Ladung als *Grundruhrrecht* bezeichnet wurde. Schon seit dem 12. Jh. versuchten die Könige, die mißbräuchliche und schikanöse Ausübung dieser fragwürdigen Berechtigung einzuschränken.

Forst- und Jagdregal. Inhalt des Bodenregals war das Recht des Königs zur Aneignung herrenlosen Landes. Solches gab es vor der hochmittelalterlichen Rodungsbewegung (→ Rodung) nur in den großen, siedlungsarmen Waldgebieten, die aufgrund des Forstregals (→ Forst) eingeforstet worden und damit in enge Beziehung zur Königsherrschaft gekommen sind. In der vielfältigen Forstnutzung kam dem Jagdrecht (Recht zur Aneignung wilder, jagdbarer Tiere) besondere Bedeutung zu. Unter der Bezeichnung Wildbannrecht nahm dies der Forstherr in Anspruch. Meist war damit auch das Fischereirecht in den Gewässern der Forsten verbunden. Durch königliche Verfügungen, die besonders seit der salischen Zeit häufig belegt sind, kamen Forst und Wildbann in fürstliche Hände. Das bildet die Grundlage für den Übergang der Forst- und Jagdregale an die Landesherrschaften, die Wald-, Wild- und Fischnutzung künftig reglementierten.

Bergregal. Das Recht, die Gewinnung von Bodenschätzen, die unter der Erdoberfläche verborgen sind, von einer Genehmigung abhängig zu machen und dafür Abgaben vom Betreiber zu verlangen, setzt voraus, daß das Eigentum am Bodenschatz vom Grundeigentum getrennt ist. Dies war bei den einzelnen Metallen und beim Salz in unterschiedlicher Weise der Fall (→ Bergbau). Am frühesten, sicher schon in ottonischer Zeit, richtete das Königtum sein Augenmerk auf den Abbau von Edelmetallen, besonders von Silber, das zur Herstellung von → Münzen notwendig war. Seit dem 13. Jh. ist das Bergregal, welches die Genehmigung zum Aufsuchen und nach erteilter Mutung zum Abbau umfaßte, überwiegend in Händen der Landesherrschaften, sei es durch ausdrückliche königliche Verleihung oder auch durch einfache Aneignung. Beim Abbau von Eisenerz forderten die Bergherren aufgrund der Bergbaufreiheit den Bergzehnt (Abgabe von geförderten Eisensteinen) und erteilten Abbaugenehmigungen in ähnlicher Weise, wie dies bei den zum Bergregal gehörenden Mineralien der Fall war. Auf Organisation und Recht des Eisensteinbergbaus hatten die Ratsgremien der Bergstädte (z.B. Amberg und Sulzbach in der Oberpfalz, Hüttenberg in Kärnten) großen Einfluß.

Judenschutzrecht. Die gesellschaftliche und rechtliche Stellung der → Juden wandelte sich im hochmittelalterlichen deutschen Reich. Seit den Verfolgungen, die von den letzten Jahren des 11. Jhs. an immer wieder über die Juden hereinbrachen, bemühten sich die Könige, den ursprünglich durch einzelne Privilegien gewährten Judenschutz in die allgemeine Landfriedenssicherung einzubauen. Die Juden gehörten nun zu den unter besonderem königlichen Schutz stehenden Personen. Dafür mußten Abgaben an die königliche Kammer gezahlt werden, woraus sich der Rechtsstatus der Kammerknechtschaft der Juden entwickelte. Dies bildete die Grundlage für den königlichen Judenschutz (Judenregal). Seit dem 13. Jh. war dieses Recht überwiegend in Händen der Landesherren oder städtischer Obrigkeiten. 1356 erkannte Kaiser Karl IV. in der → Goldenen Bulle das Judenregal der → Kurfürsten an.

Reichsgerichte

a) Das Königsgericht im frühen Hochmittelalter
Seit der Karolingerzeit galt allgemein die Anschauung, daß der → König oberster Garant der Rechts- und Friedensordnung war. Der Spruch des unter Vorsitz des Königs, dann auch des → Pfalzgrafen von Aachen, tagenden Gerichts hatte daher besonders weitreichende, allgemeine Wirkung. Wo sich der König aufhielt, konnte er Recht sprechen; die Kompetenz örtlicher Gerichte trat dabei zurück. Wie der regionale, so war auch der sachliche Zuständigkeitsbereich grundsätzlich nicht begrenzt. Das Königsgericht behandelte vornehmlich Klagen über Grund und Boden, weil die von ihm ausgesprochene Besitzeinweisung (→ Anleit) ein besonders wirksamer Rechtstitel für den Nachweis des Eigentums war. Strafrechtliche Fälle kamen vor dem Königsgericht kaum zur Verhandlung, weil kriminelle Delikte überwiegend über die → Fehde oder dann auch das Kompositionensystem der → Buße erledigt wurden. Das Königsgericht konnte die → Acht als Strafe aussprechen, wenn ein Beklagter sich nicht auf die Klage einließ und sich weigerte, vor Gericht zu erscheinen. Dieser Justizverweigerung durch den Beklagten entsprach die Rechtsverweigerung durch das Gericht, die dann vorlag, wenn sich Richter und Urteiler weigerten, eine Klagsache anzunehmen und das Verfahren bis zum Urteil durchzuführen. Auch in diesem Fall konnte das Königsgericht angerufen werden.

Die allgemeine soziale Umwälzung und die wirtschaftliche Entwicklung, die beide im 12. Jh. mit Macht einsetzten, stellten neue, größere Anforderungen an die Garantiemacht des Rechts- und Friedensschutzes. In der hergebrachten Form konnte das Königsgericht diese Aufgaben nicht erfüllen.

b) Das Reichshofgericht

Kaiser Friedrich II. versuchte daher, ein am Königshof tagendes Reichshofgericht zu organisieren, wobei wohl das Großhofgericht des Königreichs Sizilien als Vorbild diente. Vorsitzender war der dem Hochadel angehörende Reichshofrichter, dem ein Hofgerichtsnotar zur Erledigung der Urteilsausfertigungen zur Seite stehen sollte. Diese im Zusammenhang mit dem → Landfrieden von Mainz 1235 eingeleiteten Reformmaßnahmen der königlichen Gerichtsbarkeit hatten zunächst keinen dauerhaften Erfolg. Das Hofgericht hatte weiterhin keinen festen Sitz und entwickelte kein neues Verfahren, welches die Rechtssicherheit in höherem Maße garantiert hätte. Erst unter König Rudolf von Habsburg und dessen Nachfolgern gewann das Reichshofgericht größere Bedeutung; besonders seit der Zeit König Ludwigs des Bayern ergingen sehr viele Urteilssprüche, die vornehmlich vom ritterschaftlichen Niederadel und der reichsstädtischen bürgerlichen Oberschicht erwirkt wurden. Der reichsfürstliche Hochadel hatte weniger Interesse an der Gerichtsbarkeit des Reichshofgerichts; er wollte vielmehr seine territoriale Jurisdiktion durch Gerichtsstandsprivilegien abschließen (→ Evokation). In der ersten Hälfte des 15. Jhs. machte mehr und mehr das königliche Kammergericht dem Reichshofgericht Konkurrenz; König Friedrich III. hat es deshalb 1451 aufgehoben.

c) Das königliche Kammergericht

Neben dem Reichshofgericht war am königlichen Hof immer Recht gesprochen worden, besonders in Angelegenheiten der mit dem privilegierten Gerichtsstand vor dem König ausgestatteten Reichsfürsten (→ Fürst). Dieses Gericht tagte unter dem Vorsitz des Königs oder eines von ihm bestellten Kammerrichters; Beisitzer waren königliche Räte; es stand in enger Beziehung zur königlichen Kammer, wovon der Name königliches Kammergericht abgeleitet wurde. Unter Kaiser Sigismund erlangte es in der ersten Hälfte des 15. Jh. größere Wirksamkeit; es wurde häufiger angerufen als das Reichshofgericht, welches schließlich unter Friedrich III. seit 1451 eingestellt wurde. In den Jahren nach 1470 erreichte das Kammergericht unter der Leitung des Erzbischofs von Mainz besondere Bedeutung. Es wurde nun auch eine Kammergerichtsordnung (1471) mit genaueren Bestimmungen über die Besetzung des Gerichts erlassen. Der Einfluß des Königs und des königlichen Hofes war sehr stark; dies führte zu Reformforderungen der Reichsstände.

d) Das Reichskammergericht

Auf dem Reichstag in Worms einigten sich 1495 König Maximilian I. und die Reichsstände über die Neuordnung der obersten Gerichtsinstanz des Reiches; das königliche Kammergericht wurde in das Reichskammergericht umgewandelt. Es sollte einen festen Sitz haben, vom Königshof unabhängig sein und von den Reichsständen über die in einer Reichsmatrikel festgelegten Beiträge finanziert werden. Präsident war der vom König bestellte Kammerrichter. Als Beisitzer fungierten die von den Reichsständen vorgeschlagenen Assessoren. Wie das königliche Gericht und das königliche Kammergericht war auch das Reichskammergericht erste Instanz für Zivil- und Straffälle, in die Reichsunmittelbare verwickelt waren, und Appellationsgericht für Berufungen, die gegen Urteile territorialer Gerichte eingelegt wurden (→ Appellation). Die örtliche Zuständigkeit umfaßte das ganze Reich nördlich der Alpen, doch lehnte die Schweizer Eidgenossenschaft seit 1499 die Anerkennung des Reichskammergerichts ab.

Zur Regelung des Verfahrens erging ebenfalls 1495 die Reichskammergerichtsordnung. Über das anzuwendende materielle Recht wurde dabei bestimmt, daß bewiesene und vernünftige Rechtsgewohnheiten der Länder (→ Rechtsaufzeichnungen; → Rechtsbücher) grundsätzlich den „gemeinen Rechten des Reiches", d.h. den römischen und kanonischen Rechtsbüchern (→ Rezeption), vorgehen sollten. Der Gebrauch des heimischen Rechts mußte nachgewiesen werden. Oft gelang der Nachweis nicht in der von den gelehrten Gerichtsassessoren verlangten Weise, so daß sich das grundsätzlich nur subsidiär anzuwendende gemeine Recht doch recht nachhaltig in den Vordergrund schob.

Größere Wirksamkeit erlangte das Reichskammergericht erst in der frühen Neuzeit, nachdem es seit 1526 in der Reichsstadt Speyer endgültig installiert worden war. Seit 1693 hatte es seinen Sitz in Wetzlar.

e) Weitere, auf das Reich bezogene Gerichte

Im Süden und Südwesten des Reiches erhielten sich regionale Gerichte, die als kaiserliche → Landgerichte Bedeutung erlangten. Ebenfalls vom Reich bezogen die → Femegerichte Westfalens ihre Legitimation.

Reichskleinodien

Die heute in der Schatzkammer der Hofburg zu Wien aufbewahrte Sammlung von Herrschaftszeichen und Insignien des alten deutschen Reiches ist im Lauf einer längeren Entwicklung im Hochmittelalter zusammengekommen. Der Kronschatz des Reiches legitimierte den Herrscher. Weil bei der Krönung die echten Insignien verwendet werden mußten, achteten die gewählten Könige stets darauf, möglichst schnell in den Besitz des Schatzes zu kommen, den sie dann sorgfältig hüteten. Seit der Zeit der salischen Könige ist der Dom zu Speyer, während der Stauferzeit die pfälzische Burg Trifels als Aufbewahrungsort nachgewiesen; die spätmittelalterlichen Dynastien der Häuser Österreich, Bayern und Böhmen-Luxemburg ließen die Kleinodien in Klöstern oder Burgen ihrer Territorien verwahren. Seit 1424 hatte die Reichsstadt Nürnberg das Privileg, den Kronschatz des Reiches zu hüten. 1796 wurden die Insignien nach Wien geflüchtet; dort werden sie heute noch aufbewahrt (lediglich zwischen 1938 und 1945 waren sie nochmals in Nürnberg gewesen).

Die wichtigsten Kleinodien sind die eigentlichen Herrschaftssymbole, die zur Krönung notwendig waren: Die *Krone* (aus der Zeit Kaiser Ottos I.), das *Reichsschwert* (aus der Zeit Heinrichs III.), der *Reichsapfel* (aus dem 12. Jh.) und das *Zepter* (aus dem 14. Jh.). Zum Kronschatz gehörte die heilige Lanze, die Heinrich I. im 10. Jh. erworben hatte; sie war Reliquie und Herrschaftszeichen zugleich. Als Reliquiar für die Lanze diente das Reichskreuz (11. Jh.). Bestandteile des Kleinodienschatzes sind auch die Krönungsgewänder des Königs (Mantel, Ober- und Untergewand, Strümpfe, Handschuhe, Schuhe); verschiedene Stücke davon stammen aus dem normannischen Königreich Sizilien und kamen über Heinrich VI. zu den deutschen Königsinsignien. Der ganze Kronschatz, zu dem auch noch Reliquien und Reliquiare gehörten, galt als „Heiltum" des Reiches. Seit dem 14. Jh. fanden „Heiltumsweisungen" (öffentliche Ausstellungen für das Volk) statt; dabei konnten auch Ablässe erworben werden.

Das Reichsevangeliar, die „Stephansburse" (Reliquiar in Taschenform) und ein Säbel wurden bis zum Ende des 18. Jhs. im Domschatz von Aachen verwahrt. Diese Stücke stammen wohl aus dem 9. Jh.; auch sie wurden im Krönungszeremoniell verwendet.

Von den als Herrschaftszeichen verwendeten Königs- und Fürstenkronen sind besonders die Wenzelskrone der böhmischen Könige, die ungarische Stephanskrone und Kronen in bayerisch-pfälzischen Schatzkammern bekannt.

Reichstag

Aus der erstmals 1495 in Worms belegten Formel „des Königs und des Reichs Tag" entstand der Ausdruck Reichstag, wobei „Tag" die Versammlung der mit und neben dem König wirkenden Herrschaftsträger des Reiches meint. Der Sache nach haben diese Versammlungen der weltlichen und geistlichen → Fürsten, der → Grafen und → Herren ihre Wurzel in den königlichen Hoftagen. Aus karolingischer Tradition heraus war der Hochadel des mittelalterlichen Reiches dem König zu Rat und Hilfe verpflichtet; er mußte Hoffahrt leisten. Mit der seit dem 11. Jh. genauer erkennbaren Feudalisierung (→ Lehenswesen) der Fürstenherrschaften erstreckte sich die lehenrechtliche Treueverpflichtung der königlichen Lehensleute auch auf die Pflicht zum Besuch der vom Lehensherrn angesagten Tage, so daß die Hofversammlungen zu Zusammenkünften der königlichen Lehenskurie wurden.

Da das Reich stets ein Wahlreich war (→ König), sind die Versammlungen der Königswähler bei Thronvakanzen ebenfalls als reichstagsähnliche Hoftage zu verstehen; der Bezug zum Königtum war immer gegeben, auch wenn es keinen König gab. In der politischen Situation des späteren 11. Jhs. konnte es deshalb geschehen, daß auf Fürstenversammlungen der König abgesetzt und ein neuer König gewählt wurde (Absetzung Heinrichs IV. und Wahl Rudolfs von Schwaben 1076/77).

Die königlichen Hoftage dienten in erster Linie dazu, die fürstliche Adelsaristokratie an das Königtum und an das Reich zu binden. Dies gewann umso größere Bedeutung, als seit dem 12. Jh. mit dem Abschluß des Reichsfürstenstandes das Reich sich zunehmend zum Herrschaftssystem einer Fürstenverfassung entwickelte. Wichtige Reichsangelegenheiten bedurften fortan der Mitwirkung und Zustimmung der Reichsversammlungen; dazu gehörten Beschlüsse über Kriegszüge und Romfahrten, über Fürstenstandserhebungen und über die Zahlung von Reichssteuern sowie die Verfügung über Krongüter. Eine genaue Abgrenzung und Umschreibung der Zuständigkeiten gab es jedoch nicht.

Die → Goldene Bulle von 1356 hat das bis dahin erreichte organisatorische Gefüge der Reichsversammlungen bestätigend normiert. Das

Kurfürstenkolleg war nun als das erste Gremium der Reichsfürsten eindeutig umschrieben (→ Kurfürst); daneben gewann der Reichsfürstenrat als Zusammenschluß der Fürsten, reichsunmittelbaren Grafen unter Teilnahme der Bischöfe in ihrer Eigenschaft als geistliche Reichsfürsten Gestalt. Die Zugehörigkeit zu diesem Kreis war aber nicht eindeutig definiert.

Seit dem 13. Jh. konnten → Städte, die der königlichen Stadtherrschaft unmittelbar unterstanden oder die die bischöfliche Stadtherrschaft abgeschüttelt hatten, Vertreter zu den Reichsversammlungen entsenden. Dies war besonders dann erwünscht, wenn über finanzielle Fragen zu beraten und zu beschließen war. Ein entscheidendes Votum kam dem Städtekolleg, dessen Formierung im späteren 15. Jh. allmählich zu erkennen ist, aber nicht zu. Ein 1422 erstmals überliefertes matrikelartiges Verzeichnis weist neben den Fürsten und Grafen auch diejenigen Städte nach, die Reichsstandschaft beanspruchen konnten. Die *Reichsmatrikeln* waren in erster Linie Aufzeichnungen über die Leistungspflicht für Reichsaufgebote, sei es durch Truppenstellung oder durch Geldablösung.

Die Verhandlungsführung unter dem Vorsitz des Königs oder seines Beauftragten folgte dem auch in der Prozeßführung üblichen Brauch; auf den Antrag folgte die Umfrage, danach kam es zum Beschluß. Ursprünglich waren die Versammlungen auch als Gerichtsinstanz tätig. Mit dem Erstarken des königlichen Kammergerichts (→ Reichsgerichte) ging diese Kompetenz jedoch seit dem 14. Jh. mehr und mehr zurück.

Seit dem 13. Jh. ist zu erkennen, daß das Mehrheitsprinzip bei der Beschlußfassung an Bedeutung gewinnt. Es blieb jedoch offen, ob der König an die Beschlüsse gebunden war; ebenso war die Verbindlichkeit von Beschlüssen für Widersprechende oder für Nichtanwesende umstritten. In Steuersachen wurden Mehrheitsbeschlüsse auch in der frühen Neuzeit nicht anerkannt, so daß im Grunde nur die zustimmenden Reichsstände zur Leistung verpflichtet waren.

Rentenkauf

Erwerb des Rechts zum Bezug einer jährlich wiederkehrenden Leistung (Rente) aus einem Grundstück gegen eine einmalige größere Zahlung. Es handelt sich um eine frühbelegte Form der Umgehung des kanonischen Zinsverbotes (→ Darlehen); sehr häufig waren bei diesen Rechtsgeschäften kirchliche Institutionen (Klöster, Pfarreien, Benefizien) beteiligt. Seit dem 14. Jh. war der Rentenkauf ein Hauptfinanzierungsmittel der → Städte, die sich gegenüber ihren Bürgern zur jährlichen Rentenzahlung verpflichteten, wenn diese der Stadtkammer entsprechende einmalige Zahlungen leisteten. Ursprünglich war das Geschäft unaufkündbar; es wurde daher auch Ewiggeld genannt. Mit der Einführung von Rückkaufklauseln und der Radizierung der Rente auf alle Güter und Einkünfte des Verkäufers entwikkelte sich der Rentenkauf zum hypothekarisch gesicherten Darlehen. An manchen Orten (z.B. in München) gab es weiterhin Ewiggelder.

Residenz

Feste Hauptstädte als ständige Residenzen hatten die weltlichen Herrscher, die Könige, die Herzöge oder die anderen Reichsfürsten, im deutschen Reich während des Hochmittelalters nicht. König wie Fürsten waren ständig unterwegs; sie zogen von Pfalz zu Pfalz, von Burg zu Burg, von einem großen Grundherrschaftsbereich zum anderen. Das hing mit der Versorgung des Hofes zusammen; sie war von den grundherrschaftlichen Naturalerträgen abhängig, die nur unter großen Schwierigkeiten über größere Strecken transportiert werden konnten und deshalb an Ort und Stelle verbraucht wurden. Die Anwesenheit des Herrschers in den verschiedenen Teilen des Herrschaftsgebietes trug viel dazu bei, das Herrschaftssystem evident und lebendig zu erhalten; das Wanderleben hatte jedoch den großen Nachteil, daß dadurch der Aufbau einer geordneten Verwaltung und Gerichtsbarkeit sehr erschwert war.

Seit dem 13. Jh. hatten viele Fürsten in größeren Städten ihrer → Territorien burgartige Ansitze („feste Häuser"); diese lagen meist am Rand der Stadt innerhalb der Befestigung, so daß der Zugang von den Bürgern nicht behindert werden konnte. Unter den spätmittelalterlichen Herrscherhäusern der Habsburger, Wittelsbacher, Luxemburger und Zollern erreichten Städte wie Wien (Österreich), Innsbruck (Tirol), München (Bayern), Prag (Böhmen) oder Berlin-Kölln (Brandenburg) residenzartigen Hauptstadtcharakter der reichsfürstlichen Territorialstaaten. Eine Hauptstadt des Reiches gab es nicht.

Neben der fürstlichen Hofhaltung entstanden in den Residenzen seit dem 14. Jh. zentrale Verwaltungsstellen und Gerichte mit → Kanzleien, die am Ort die Geschäfte weiter führten, auch wenn der

Fürst abwesend war. Diese Entwicklung hat viel zur Stabilisierung der Fürstenstaaten beigetragen; sie stellt eine wichtige Voraussetzung für den seit dem 16. Jh. immer deutlicher in Erscheinung tretenden fürstlichen Absolutismus dar.

Feste Residenzen hatten seit dem Frühmittelalter die Bischöfe. Die vom Kirchenrecht geforderte „stabilitas loci" stellte den Bezug zur Bischofskirche her, auch wenn der Bischof häufig und oft auch längere Zeit abwesend war. Die Bischofspfalz neben dem Dom war stets der Mittelpunkt der Diözese. Daran änderte sich auch nichts, als seit dem 13. Jh. die weltlichen Territorien der geistlichen Fürsten, die Hochstifte, entstanden waren. Deren zentrale → Gerichtsbarkeit war gut organisiert, weil die bischöflichen Offizialatsgerichte für viele geistliche und weltliche Rechtsfälle zuständig waren. Mittelpunkt der Hochstiftsverwaltung war der Bischofshof.

Rezeption fremder Rechte

a) Materielle Grundlagen der Rezeption

Im allgemeinen Sprachgebrauch versteht man unter der „Rezeption" das Eindringen und die Übernahme von Verfahrensnormen und inhaltlichen Vorschriften des → römischen Rechts. Das von den italienischen Glossatoren (12. Jh.) und Kommentatoren (Postglossatoren des 13. und 14. Jh.) erläuterte und methodisch aufbereitete spätantike Recht wurde im Spätmittelalter in Deutschland bekannt und hat sich in einigen Bereichen des Zivilrechts, mehr aber durch die Entwicklung des gelehrten Juristenstandes auf Justiz und Verwaltung des Reiches und seiner Territorien ausgewirkt. Es bildete die Grundlage des „gemeinen Rechts", welches in weiten Gebieten des Reichs (mit Ausnahme der Schweiz oder der Herzogtümer Schleswig und Holstein) subsidiäre Geltung hatte. Wer sich darauf berief, hatte ohne weiteren Nachweis eine Begründung seines Klagebegehrens (intentio fundata). Grundsätzlich sollte das heimische Recht dem fremden Recht vorgehen; weil jedoch die Anwendung der deutschen Rechtsgewohnheiten nachgewiesen werden mußte, der Nachweis aber oft schwierig zu führen war, fand das fremde, geschriebene, Recht häufig in der Jurisdiktion Berücksichtigung. Diese Situation war durch die Reichskammergerichtsordnung von 1495 (→ Reichsgerichte) fixiert worden.

Ebenfalls über italienische Universitäten fand das langobardische Lehenrecht der „Libri feudorum" in das spätmittelalterliche Lehenrecht (→ Lehenswesen) im Reich Eingang. Auch dieser Rechtsbereich wurde von der Rezeption erfaßt.

Beim → kanonischen Recht kann man nicht von einer Rezeption in diesem Sinn sprechen; denn die kirchlichen Institutionen und die geistliche Gerichtsbarkeit hatten sich immer nach dem Recht der kirchlichen Canones zu richten. Das kanonische Recht hat auf diesem Weg einen außerordentlich großen Einfluß auf die Entwicklung der → Gerichtsbarkeit auch im weltlichen Bereich erlangt.

b) Zeit und Art des Eindringens der fremden Rechte

Eine Vorstufe der Rezeption des römischen Rechts brachte die Epoche Kaiser Friedrichs I., der zur Formulierung der oberitalischen Regalienkonstitution von Roncaglia (1158) Rechtsgelehrte aus Bologna heranzog und das römische Kaiserrecht zur Stärkung seiner Position gegenüber den italienischen Kommunen und gegen den päpstlichen Universalismusanspruch bemühte. Er, Friedrich II. und Heinrich VII. haben eigene Gesetze dem Corpus iuris civilis angefügt. In dieser Frühphase der Rezeption blieb die Wirkung des fremden Rechts auf die Stärkung der Kaiserherrschaft beschränkt; eine wesentliche Auswirkung auf die Gerichtspraxis im deutschen Reich erlangte sie nicht. Ein stärkerer Einfluß konnte sich erst bemerkbar machen, als vom 14. Jh. an in größerer Zahl deutsche Studenten italienische Universitäten aufsuchten und an deutschen → Universitäten (Wien 1365, Heidelberg 1386, Köln 1388, Leipzig 1409, Ingolstadt 1472, Tübingen 1477) römisches und kanonisches Recht gelehrt wurde. Die in neuer juristischer Methodik und Logik geschulten Juristen fanden nun Eingang in die fürstlichen Kanzleien und Hofgerichte und auch in die Gremien der großen Städte. Beispielhaft dafür sind die Bestimmungen der Reichskammergerichtsordnung von 1495, daß die Richterbank zur Hälfte mit gelehrten Doktoren besetzt sein sollte und daß das Gericht nach „des Reichs gemeinen Rechten“ (dem römischen und kanonischen) richten möge. Hier bahnte sich die sogenannte Vollrezeption („receptio in complexu“) an, die in der Neuzeit über die Methodenrezeption hinaus zur Rezeption von Verfahrens- und Zivilrechtsnormen führte.

Das in den oberitalienischen Rechtsschulen (besonders in Pavia und Mailand) seit dem späteren 11. Jh. entwickelte und gesammelte Lehenrecht der „Consuetudines feudorum“ (später „Libri feudorum“ genannt) wurde im 13. Jh. dem Corpus iuris civilis angefügt und erlangte auf diese Weise im ausgehenden Mittelalter Bedeutung für deutsche Lehenhöfe.

Richter

Im Hochmittelalter und auch noch überwiegend im Spätmittelalter ist der Richter diejenige Person, die den Vorsitz in dem aus → Schöffen oder Gerichtsbeisitzern gebildeten Gericht führte, für den geordneten Gang des Verfahrens sorgte, auf das Vorbringen der Klagepartei die Äußerung des Beklagten erfragte, gegebenenfalls Beweise einforderte, schließlich das Gericht um das Urteil ersuchte, dieses dann verkündigte und darüber dann schließlich auf Ersuchen der siegreichen Partei einen Gerichtsbrief ausfertigen ließ. Richter war der → König, der → Herzog, der → Graf; auch → Vögte in den → Immunitäten und Adelige (→ Adel) in ihren Haus- und Hofverbänden fungierten in dieser Weise als Richter. Der nach Ständen geordneten Gesellschaft des Mittelalters entsprechend, mußte der Richter mindestens Standesgenosse der Klageparteien sein. Besondere Voraussetzungen einer juristischen Ausbildung gab es für die Richter zunächst nicht; Lebenserfahrung und persönliche Autorität waren die wichtigsten Grundlagen für die Ausübung der Richterfunktion.

Die mittelalterliche → Gerichtsbarkeit wurde vom König abgeleitet. Auch Herzöge und andere Hochadelige, wie die → Markgrafen, übten eine aus dem Amt abgeleitete Jurisdiktion. Die Grafengerichtsbarkeit beruhte seit karolingischer Zeit auf dem vom König verliehenen Gerichtsbann (→ Bann). Die von den Grafen ausgeübte Gerichtsbarkeit und auch die Gerichtsbarkeit der → Vögte befanden sich im Hochmittelalter in Händen von Adeligen, die gleichzeitig auch in den Adelsimmunitäten und ihren Hofverbänden Richter waren. Diese Hocharistokraten, die den hochmittelalterlichen Fürstenstand (→ Fürst) bildeten, konnten diese Funktionen aber nicht mehr selbst wahrnehmen; sie delegierten vielmehr diese Aufgaben an Leute aus ihrer Ministerialität. Dieses den Fürsten vom König zugestandene Delegationsrecht wurde für die Entwicklung der → Territorien von großer Bedeutung; denn die von den Fürsten bestimmten *Landrichter* wirkten nach einer amtsrechtlichen Dienstbestallung. Sie wurden zu Beamten (→ Amt), die den Gerichtsbann (Befugnis zur Amtsausübung) von ihrem Dienst- und Landesherrn empfingen. Die Richterstellen waren häufig mit anderen Amtspositionen der landesherrlichen Territorialverwaltung, wie der Verwaltung von Burgen (Burgvögte, Burgpfleger) oder Burg- und Grundherrschaftsbezirken, verbunden. Dadurch ergab sich eine enge Verbindung von Jurisdiktions- und Administrationsaufgaben der spätmittelalterlichen Beamtenschaft.

Gelehrte Richter, die an italienischen oder deutschen → Universitäten an der Methode des römischen und kanonischen Rechts geschult waren, wirkten seit dem 15. Jh. an → Reichsgerichten und an fürstlichen → Hofgerichten als Beisitzer. In den territorialen → Landgerichten traten sie im Spätmittelalter noch kaum in Erscheinung. Die Bedeutung der Gerichtsbeisitzer als Urteilsfinder ging in manchen Teilen des Reiches (etwa in Altbayern) zurück, wodurch die Stellung der vorsitzenden Richter gestärkt wurde.

Rodung

Unter Rodung versteht man, dem Wortgehalt entsprechend, zunächst die Urbarmachung und Besiedlung von siedlungsfeindlichen Waldgebieten, wodurch im Hochmittelalter in den mittel- und süddeutschen Mittelgebirgen und in den mittleren Tallagen des alpinen Bereichs die Wohngebiete beträchtlich erweitert wurden. Die vom Elbe-Saale-Gebiet ausgehende Ostkolonisation ist teilweise auch als Rodungsbewegung verlaufen (→ Kolonisation). Von der Jahrtausendwende bis in die erste Hälfte des 14. Jhs. wuchs die Bevölkerungszahl. Wie außerordentlich zahlreiche Ortsnamen mit dem Grundwort -roth, -rode, -grün, -hagen (in Nord- und Mitteldeutschland), -reuth, -greuth, -ried, -schwend, -brand (in Oberdeutschland) erkennen lassen, wurden durch die Binnenkolonisation von bestehenden Orten im Altsiedelland ausgehend neue Wohnplätze erschlossen. Diese Siedlungsbewegung vom 11. bis zum 14. Jh. errichtete Einöden, Weiler und Dörfer; besonders für die Anlage der letzteren, die vielfach unter der Leitung eines → Lokators vor sich gingen, sind größere rechtliche, organisatorische und technische Maßnahmen zur Vorbereitung und Durchführung zu erschließen und (für die spätere Phase im 14. Jh.) auch aus den Quellen zu erkennen. Ausgangspunkt und Grundlage dafür waren in erster Linie die bestehenden geistlichen und weltlichen Herrschaften, welche dadurch ihren Herrschaftsanspruch auf bisher unerschlossene Gebiete (→ Allmende) ausbauen konnten, wie dies der von der modernen Forschung geprägte Satz „Rodung schafft

Herrschaft" widerspiegelt. Die wirtschaftliche Lage war für viele Rodungssiedler häufig sehr schwierig, besonders dann, wenn hoch gelegene und einem rauhen Klima ausgesetzte Gebiete erschlossen werden sollten. Um für diese schweren Arbeiten Rodungssiedler zu gewinnen, mußten die Unternehmer besondere Anreize bieten; dies geschah vornehmlich durch befristete Abgabenfreiheit oder durch Abgabenminderung oder durch rechtliche Besserstellung, wobei die personenrechtliche Bindung (→ Unfreie) meist reduziert wurde und im allgemeinen nur die dingliche, auf den Grundbesitz bezogene, Abhängigkeit (→ Grundherrschaft) bestehen blieb.

Römisches Recht

Durch die → Rezeption der fremden Rechte erlangte das römische Recht für die deutsche Geschichte seit dem Spätmittelalter große Bedeutung. Grundlage des rezipierten Rechtes waren die unter dem oströmischen Kaiser Justinian zwischen 528 und 534 zusammengestellten Rechtsbücher; seit dem 16. Jh. ist dafür die Bezeichnung *Corpus iuris civilis* üblich. Das große Werk besteht aus einem mit Gesetzeskraft ausgestatteten Lehrbuch, den Institutionen, aus einer umfangreichen Sammlung von Rechtsfällen, den Pandekten (Digesten), aus dem Codex Justinianus (Sammlung geltender Kaisergesetze) und aus den überwiegend in griechischer Sprache abgefaßten Novellen (Sammlung von Gesetzen Justinians). Während die Institutionen, der Codex und die Novellen in Italien bekannt blieben, gerieten die Pandekten in Vergessenheit. Erst die in Bologna im frühen 12. Jh. in hoher Blüte stehende Rechtsschule entdeckte sie wieder. Die italienischen Juristen versahen die Texte der Justinianischen Bücher mit Wort- und Sacherklärungen, den sogenannten Glossen. Durch diese, mit der „Glossa ordinaria" um die Mitte des 13. Jhs. abgeschlossenen Arbeiten wurde die juristisch-wissenschaftliche Beschäftigung mit Rechtsproblemen begründet; der gelehrte Juristenstand hat hier seinen Anfang. Die begriffliche Systematisierung der in den glossierten Texten überlieferten Materien setzten die Kommentatoren (Postglossatoren) bis in das 14. Jh. fort, wobei sie auch die Beziehungen zum → kanonischen Recht herstellten. Sie gaben der Rechtslehre an den italienischen Universitäten das Gepräge. Studenten aus dem deutschen Reich trugen das von den Glossatoren und Kommentatoren rezeptionsreif systematisierte Recht und die daran geschulte, scholastisch geprägte Begriffsdeduktion in die deutschen Länder und deren → Kanzleien und Gerichte. Auch im königlichen Hofgericht und später im Reichskammergericht (→ Reichsgerichte) wirkten → Richter, die an Universitäten ihre Ausbildung erhalten hatten. Der Siegeszug des Juristenrechts und der gelehrten Jurisprudenz an den deutschen → Universitäten geht von den italienischen Rechtsschulen des späten Mittelalters aus.

Rüge

In der frühmittelalterlichen Rechtsordnung galt der Grundsatz „Wo kein Kläger, da kein Richter"; nur auf die Klage eines Geschädigten oder seiner Familie kam ein Gerichtsverfahren in Gang. Das hatte schon in karolingischer Zeit zu Mißständen geführt; denn häufig sind Klagen unterblieben, weil die Betroffenen Angst vor einer racheartigen → Fehde hatten. Deshalb wurden die → Grafen verpflichtet, angesehene Leute unter Eid über bekannt gewordene Verbrechen zu befragen und gegebenenfalls nach deren Angaben („Rüge") ein Verfahren gegen den Beschuldigten zu eröffnen. Im Recht der → Landfrieden blieb das Rügeprinzip weiter lebendig; auch die → Femegerichte leiteten häufig auf die Rüge eines Freischöffens den Prozeß ein. Im Spätmittelalter wurde das Rügeverfahren weniger angewendet (besonders in Süddeutschland). Es wurde überflüssig, weil nun die Gerichte ihrem Auftrag, Verbrechen von Amts wegen zu verfolgen, besser nachkamen (→ Gerichtsbarkeit).

Rüstung

Die Ausrüstung des bewaffneten Kämpfers bestand aus Schutz- und Angriffswaffen. Im → Wehrwesen dominierte seit dem 10. Jh. der Ritter. Ihn schützte als Kopfbedeckung der *Helm*. Dieser bestand ursprünglich aus gebogenen Metallstäben, die mit Stoff oder Leder überzogen waren. Der Form nach glich er einem Kegel, dann seit dem 12. Jh. einem Topf, der in Augenhöhe mit Sehschlitzen versehen war. Weil der Reiter nun nicht mehr erkennbar war, brachte man auf dem Helm Erkennungszeichen („Helmzier") an, die meist mit dem → Wappen auf dem Schild übereinstimmten. Der Helm wurde nun meist ganz aus Eisen angefertigt (Eisenhut). Bei den Turnieren

(→ Zweikampf), die im 15. Jh. immer mehr zu besonderen Ereignissen der Adelsgesellschaft wurden, kamen prunkvoll gestaltete, technisch weiterentwickelte Helmformen mit klappbarem Visier, metallenem Kamm und Halsschutz in Gebrauch (Burgunderhelm).

Der Körper des Reiters war ursprünglich durch starke Lederjacken geschützt, die mit Metallstücken verstärkt wurden; daraus entwickelte sich schon seit dem 11. Jh. das Panzerhemd, seit dem 14. Jh. der aus Eisenplatten bestehende *Panzer*. Der Hals- und Brustschutz wurde als Brünne bezeichnet.

Als Schutzwaffe trug der Reiter, später auch der Fußkämpfer, einen *Schild*, der zunächst rund war, dann seit dem 13. Jh. die Form eines nach unten spitz zulaufenden Dreiecks hatte. Im 14. Jh. bürgerte sich der halbrunde Schild ein. Seit dem 12. Jh. waren auf den Schilden als Erkennungszeichen → Wappen aufgemalt. Auch die Fußkämpfer trugen Schilde, häufig in der Form von mannshohen, lederüberzogenen Holzkonstruktionen, die beim Abwehrkampf auf den Boden abgesetzt wurden und deshalb Setzschilde hießen.

Wie die Bedeutung der Schilde für das Wappenwesen zeigt, war diese ritterliche Schutzwaffe ein Rechtssymbol, das für die lehenrechtlich geordnete Gesellschaft (→ Lehenswesen) große Bedeutung hatte. Die Rangordnung der Lehensleute wurde durch die Heerschildordnung gebildet. Als Heerschild bezeichnete man auch die Heeresaufgebote der großen Vasallen.

Die wichtigste Hiebwaffe war seit den frühesten Zeiten das *Schwert*; meist war die Klinge auf beiden Seiten geschliffen. Im Spätmittelalter gab es lange Schwerter, die der Kämpfer nur mit beiden Händen schwingen konnte; sie hießen deshalb Bihänder und wurden nur von Fußsoldaten verwendet. Das Schwert hatte außerordentliche Bedeutung als Rechtssymbol. Da mit ihm häufig die Todesstrafe vollzogen wurde, galt es allgemein als Symbol der hohen → Gerichtsbarkeit. Dazu war es auch Herrschaftssymbol im allgemeinen, weil es die durch die Gerichtsbarkeit garantierte Rechts- und Friedensordnung darstellte.

Angriffswaffen zum Wurf und zum Stich waren *Speere* und *Lanzen*, die Reiter wie Fußkämpfer trugen. Beide hatten sich im Treffen zu unterstützen. Deshalb wurden nach der Lanzenbezeichnung → Gleve die kleinsten taktischen Einheiten des Heeres benannt. Seit dem 11. Jh. waren an den Lanzen häufig kleine Fahnen befestigt, in denen dann auch Wappenzeichen wiederkehrten (Fahnenlanze). Die spätmittelalterlichen Landsknechte trugen *Spieße* (leichte Lanzen), wovon der Ausdruck Spießgesellen abgeleitet ist. Den aus Holz angefertigten Spießen waren oft lange eiserne Spitzen aufgesetzt. Als Hellebarden wurden Lanzenwaffen bezeichnet, die beil- oder hakenartige Eisenspitzen hatten und hauptsächlich von → Landsknechten seit dem 14. Jh. getragen wurden.

Angriffswaffen mit größerer Reichweite waren die von Bogen abgeschossenen Pfeile und bolzenartige Geschosse, die schon mit der in hochmittelalterlicher Zeit nachgewiesenen *Armbrust* verschossen wurden. *Feuerwaffen* (→ Schießpulver) waren seit dem 14. Jh. in Deutschland bekannt; aber noch im 15. Jh. waren die von einem Mann zu bedienenden Gewehre schwer zu handhaben. Nur in seltenen Fällen spielten sie eine schlachtentscheidende Rolle.

Gerüstet waren auch die Ritterpferde, um sie vor Geschossen und Stichwaffen zu schützen. Die weit nach unten hängenden Decken aus Stoffen wurden im Spätmittelalter auch durch Metalleinlagen verstärkt; häufig waren auf den Decken auch Wappenzeichen angebracht.

Zur Ausrüstung gehörten auch die Fahnen, Banner und Flaggen, an langen Stangen befestigte Tücher, die ursprünglich zur militärischen Befehlsübermittlung dienten, dann allgemein zu Herrschaftszeichen wurden und auch → Wappen trugen. Als Rechtssymbol hatte die *Fahne* besonders im Lehenswesen Bedeutung. Sie diente bei Belehnungen als Symbol für die → Investitur, weshalb die Lehen der weltlichen → Fürsten auch Fahnlehen hießen.

Scharwerk

Arbeiten, die von mehreren Leuten („einer Schar") abwechselnd für einen Herrn zu leisten waren, wurden als Scharwerk bezeichnet; da ein Herr den Nutzen davon hatte, hießen sie auch Frondienste (→ Fronhof). In Ost- und Süddeutschland bürgerte sich der Ausdruck Robot (von westslaw. robota „Arbeit") seit dem 14. Jh. ein. Nach der Art der Arbeiten kann man unterscheiden zwischen solchen, die der Landwirtschaft des Herrn dienten (Mithilfe bei der Feldbestellung, bei Aussaat und Ernte), die von ländlichen Gewerbebetrieben zu leisten waren (Getreide mahlen, Brot backen, Bier brauen), die das herrschaftliche Verkehrs- und Transportwesen unterstützten (Mithilfe beim Straßenbau, Vorspanngestellung, Erledigung von Botengängen) und solchen, die zur Herrschaftsausübung beitrugen (Quartier und Verpflegung für Beamte und Jäger, Mithilfe beim Bau von Burgen, Schlössern und Befestigungen). Grund zur Scharwerkspflicht konnte die Haus- und Hofherrschaft sein (→ Grundherrschaft); derartige Leistungen waren meist nach dem Zeitaufwand oder der sachlichen Aufgabe begrenzt („gemessen“) und stellten einen Teil des Entgelts für die Überlassung von Leihegütern dar. Vielfach wurden Scharwerke auch von der Gerichtsherrschaft gefordert. Dieses öffentliche Scharwerk gehörte zum Bereich des → Landrechts; es war vielfach ungemessen und deshalb besonders unbeliebt. Die hier zu leistenden Spanndienste belasteten die Bauern deswegen sehr stark, weil sie in unvorhersehbarer Weise auch zu Zeiten mit starkem Arbeitsanfall in der eigenen Wirtschaft gefordert wurden.

Scharwerksdienste sind seit der karolingischen Zeit nachgewiesen. In Gebieten, in denen die Rentengrundherrschaft (→ Grundherrschaft) im Spätmittelalter herrschte, gingen die Forderungen der Herrschaften zurück, besonders dort, wo seit dem Entstehen der Gründungsstädte (→ Städte) im 13. Jh. viele Landleute in die Städte abwanderten. Die Ermäßigung von Scharwerk sollte die Bauern in den ländlichen Grundherrschaften halten. Im 15. Jh. kam auch die Ablösung der Scharwerke durch Geldzahlungen vor. Die Scharwerke wurden aber immer noch als äußerst lästig empfunden. Klagen darüber wurden besonders in den Bauernaufständen des 16. Jhs. laut.

Schießpulver

Das Schießpulver wurde seit der Mitte des 14. Jhs. in Deutschland bekannt; Rezepte zu seiner Herstellung waren einige Jahrzehnte vorher in den Ländern des Mittelmeerraumes entwickelt worden. Bei der handwerksmäßigen Herstellung in deutschen Pulvermühlen wurde im frühen 15. Jh. das gekörnte Pulver erfunden, welches höhere Explosivkraft entwickelte. Die Feuerwaffen waren zunächst auf Radgestellen montiert; sie wurden gegen Befestigungsanlagen oder zu deren Verteidigung eingesetzt. Seit dem 15. Jh. gab es auch tragbare Gewehre, sogenannte Handfeuerwaffen; entscheidende Bedeutung für den Ablauf von Gefechten oder Schlachten erlangten Schußwaffen erst seit dem 16. Jh. Die Feuerwerker, Sachverständige für den Umgang mit Pulver, und die Stückgießer als Hersteller von Feuerwaffen waren zunftmäßig organisiert (→ Zunft).

Schiffahrt

Die Schiff- und Floßfahrt auf den großen *Strömen* (Donau, Elbe, Weser, Rhein) und deren schiffbaren Nebenflüssen hatte wegen des sehr schlechten Zustandes der Landwege (→ Straße) große Bedeutung für den Personen- und Warentransport. In der Talfahrt betrugen die Tagesleistungen nach Gewicht und Entfernung ein Vielfaches des vergleichbaren Landtransports; die Bergfahrt mit Pferdezug war jedoch außerordentlich mühsam und gefährlich. Uferverbauungen, die den Treidelbetrieb erleichterten, gab es nur an wenigen Streckenabschnitten seit dem Spätmittelalter. Die Wasserstraßen galten wie die überörtlichen Landverbindungen als Königsstraßen; aufgrund des Stromregals (→ Regalien) wurden Abgaben (→ Zoll) gefordert, die seit dem 13. Jh. meist in die Hände territorialer Herrschaften gelangten und von diesen fiskalisch ausgebeutet wurden, so daß sich der Preis der transportierten Waren schon bei verhältnismäßig kurzen Strecken des Wassertransportes durch die Zollbelastung ganz erheblich steigerte. Diese Behinderung des Warentransports konnte jedoch das erhebliche Anwachsen der transportierten Gütermenge im Zusammenhang mit der Entwicklung des städtischen Wirtschaftslebens (→ Stadt) nicht bremsen.

Die *Seeschiffahrt* von den norddeutschen Küstenhandelsplätzen (→ Hafen) in der Ostsee, nach Skandinavien (Nordlandfahrt), zu den britischen Inseln, zur Kanalküste und zur Westküste Frankreichs („Baienfahrt") ging meist nach den Regeln der Küstenschiffahrt vor sich; seit dem 13. Jh. kommt allmählich der Kompaß in Gebrauch. Um dieselbe Zeit brachte der neue Schiffstyp der → Kogge erhebliche nautische Verbesserungen. Für die Rechtsverhältnisse der Kaufleute, welche Handel über See trieben, wurde das von den Kaufleutevereinigungen der → Gilden und Hansen entwickelte Seetransportrecht maßgebend; es bildete die Grundlage für das Recht des wirtschaftspolitischen Städtebundes der deutschen → Hanse.

Schilling

Germanische Bezeichnung für die byzantinische und merowingische Goldmünze „solidus". Seit dem 8. Jh. wurde die → Münze nicht mehr ausgeprägt; Schilling war nur mehr Rechnungseinheit für 12

Stück, so daß ein → Pfund 20 Schilling → Pfennig enthielt. Neben dieser Einheit „solidus brevis" war besonders in Bayern auch der „solidus longus" zu 30 Stück als Rechnungseinheit üblich; danach ergaben 8 Schilling ein Pfund. Als Münze wurde der Schilling erst wieder seit dem 14. Jh. in Anlehnung an die aus Frankreich übernommene Groschenprägung vor allem in den preußischen Ordensstaaten, dann auch von fränkischen und schwäbischen Münzherren ausgeprägt. Der Wert dieser Münze ging von ursprünglich zwölf Pfennig auf sechs Pfennig im 15. Jh. zurück (→ Geld).

Schöffe

Das mittelalterliche Gericht bestand aus dem → Richter, der das Verfahren leitete und das Urteil verkündete, und den Gerichtsbeisitzern, die das Urteil fanden. Diese mußten aus der Gerichtsgemeinde stammen, über Lebenserfahrung und Grundbesitz verfügen und Ansehen genießen. Schon seit karolingischer Zeit wurde diese Funktion als Amt verstanden, dessen Inhaber dem Gerichtsherrn durch → Eid in besonderer Weise verbunden waren. Diese Gerichtsbeisitzer wurden als Schöffen bezeichnet. In manchen Teilen des Reiches (etwa in Ostfalen oder Sachsen) war die Schöffenverfassung besonders ausgeprägt und weit verbreitet. Der Sachsenspiegel (→ Rechtsbücher) kannte einen eigenen Stand der Schöffenbarfreien. Das waren Leute, die zum Schöffenamt qualifiziert waren, freien Grundbesitz hatten, unter bestimmten Voraussetzungen aber auch Ministerialen (→ Unfreie) sein konnten.

In Süddeutschland, besonders im schwäbischen Bereich, seit dem 13. Jh. auch in Bayern, war der Amtscharakter der Schöffenfunktion weniger ausgeprägt. Hier wurde die Urteilerbank des Gerichts jeweils mit erfahrenen und angesehenen Landleuten besetzt, wobei die Aufgabenteilung zwischen Richter und Beisitzern in gleicher Weise bestand.

Schöffen und Gerichtsbeisitzer waren juristische „Laien". Seit dem 15. Jh. wurden sie in den königlichen und höheren landesfürstlichen Gerichten (→ Gerichtsbarkeit) mehr und mehr durch die gelehrten, an → Universitäten ausgebildeten Juristen verdrängt. Dies gab der → Rezeption der fremden Rechte im deutschen Reich starke Impulse.

Schule

Bis in das 13. Jh. haben ausschließlich kirchliche Einrichtungen Schulen eingerichtet und unterhalten; am wichtigsten waren die bei den → Domkapiteln unter der Leitung des Domscholasters bestehenden Domschulen. Sie dienten der Ausbildung des Klerikernachwuchses und vermittelten im allgemeinen das Wissen der „artes liberales" (der „freien Künste") in lateinischer Sprache (→ Universität). Die hochmittelalterliche Schriftkultur war fast ausschließlich lateinisch. Das galt für theologische, philosophische und literarische Texte ebenso wie für das Verwaltungsschriftgut der → Urkunden weltlicher und geistlicher Institutionen. Verfasser und Schreiber der Urkunden waren demgemäß bis in das 14. Jh. Geistliche. Neben den Domschulen gab es auch in den → Klöstern Schulen, in denen vor allem den monastischen Novizen theologische (besonders liturgische) Grundkenntnisse vermittelt wurden. Mit den Dom- und Klosterschulen waren häufig Bibliotheken verbunden, deren Handschriften die geistesgeschichtliche Überlieferung der Antike und des Mittelalters bergen.

Auch in größeren Pfarreien haben wohl schon in hochmittelalterlicher Zeit Pfarrer oder Hilfsgeistliche Unterricht erteilt, dessen Inhalt über die religiöse Unterweisung hinausging. Diese Schulen erreichten seit der Entwicklung der → Städte im 13. Jh. besondere Bedeutung. Aus ihnen erwuchsen die Pfarrschulen, auf die zunehmend der städtische Rat Einfluß nahm und für die er Schulmeister einstellte und besoldete. Die Lateinschulen vermittelten in den Städten den Söhnen der Oberschicht auch die für die Wirtschaftsführung in Gewerbe und Handel notwendigen Kenntnisse im Lesen, Schreiben und Rechnen und die Grundlagen des Triviums. Sie wurden umso wichtiger, je mehr die Schriftlichkeit in Politik, Verwaltung und Gerichtsbarkeit in der Volkssprache zunahm. Nun entstanden auch deutsche Schulen zur Elementarerziehung und zur Vermittlung grundlegender Schreib- und Rechenkenntnisse. Außer den vom Rat der Städte oder größeren Märkte betriebenen Schulen gab es auch Privatschulen von Schreib- und Rechenmeistern, die ihre Tätigkeit als Handwerk betrachteten. Lateinschulen gab es auf dem flachen Land überhaupt nicht (von den Klosterschulen abgesehen); auch das Netz der deutschen Schulen war sehr großmaschig. Mädchen erhielten systematischen Schulunterricht allenfalls in Schulen, die von Frauenklöstern unterhalten wurden.

Die Verbreitung gedruckter Bücher (→ Buchdruck) hat dem Schulwesen im allgemeinen starke Impulse gegeben; das ist aber erst vom 16. Jh. an nachhaltiger für die Volksbildung wirksam geworden.

Seuchen

Im Mittelalter haben Krankheiten, die als Seuchen epidemisch auftraten oder in endemischer Weise dauernd wirkten, geschichtliche Abläufe und die gesellschaftliche Gesamtsituation stark beeinflußt, wobei weder die ärztliche noch die volkstümliche Medizin prophylaktisch oder therapeutisch Schutz oder Hilfe bot, sondern allenfalls durch symptomatisch angezeigte Mittel Linderung momentaner Beschwerden brachte.

a) Epidemisch auftretende Krankheiten
In der Mitte des 14. Jhs. (1347/51) trat in weiten Teilen Süd-, West- und Mitteleuropas eine vom vorderen Orient über Schiffe nach den westlichen Mittelmeerhäfen übertragene, von dort explosionsartig weiter verbreitete bakterielle Infektionskrankheit des Lymphsystems mit sehr hoher Mortalitätsrate auf. Die Krankheit dieser Epidemie wurde als *Pest* bezeichnet, wobei es sich um die durch Nagetiere (vor allem Ratten) übertragene Beulenpest handelt. Mit dem Ausdruck Pest wurden im Mittelalter auch andere, epidemisch auftretende Krankheiten bezeichnet (Typhus, Fleckfieber, Ruhr oder Cholera). Die Entstehungsursachen und Verlaufsformen der einzelnen Krankheiten waren nicht bekannt, diese konnten auch nicht genau beschrieben werden, so daß die Zuordnung überlieferter Epidemien zu bestimmten Krankheiten häufig unmöglich ist. Die Pestepidemie des „Schwarzen Todes" (wegen der bei der Beulenpest häufig auftretenden dunklen Hautverfärbung) um die Mitte des 14. Jhs. hat die Verfolgung der im deutschen Reich lebenden → Juden veranlaßt, weil man der irrigen Meinung war, die Juden hätten durch Vergiftung der Brunnen die rapide Ausbreitung der Seuche bewirkt. Auch Erscheinungen von religiösem Fanatismus und exaltierter Spiritualität wurden dadurch ausgelöst (z. B. Geißler-Züge).

Zur Abwehr epidemischer Krankheiten wurden die Erkrankten abgesondert, wie dies auch bei den Aussätzigen der Fall war. Reisende aus Krankheitsgebieten wurden zeitweilig unter Beobachtung gestellt; daraus entwickelte sich die Quarantäne (als 40tägige Abschließung erstmals 1383 in Marseille nachgewiesen).

Die besonders im Mittelmeergebiet (aber nicht nur dort) auftretende *Malaria* hat durch Epidemien, von denen die deutschen Heere heimgesucht wurden, nachhaltige Wirkung auf die Italienpolitik der deutschen Könige gehabt. In den Jahren 964, 1022, 1037, 1083, 1137, 1155, 1167, 1190/91, 1254, 1313 wurden deutsche Aufgebote in Italien durch Malaria dezimiert. Die Kaiser Otto II., Otto III., Heinrich VI., Konrad IV. und Heinrich VII. sollen an Malaria gestorben sein.

b) Endemische Krankheiten

Zu den Krankheiten, die dauernd in der mittelalterlichen Population auftraten, gehörten vor allem die *Pocken*; wegen der endemischen Wirkung und der hohen Letalität sollen sie die Ursache dafür gewesen sein, daß die Bevölkerungszahl trotz hoher Geburtenzahlen nicht zugenommen hat.

Eine Volksseuche, die vom frühen Mittelalter bis zum 13. Jh. stetig zunahm, dann aber zurückging, war die Lepra. Der deutsche Ausdruck dafür war *Aussatz*; er zeigt an, daß der von der Krankheit Befallene von der Gesellschaft abgesondert (ausgesetzt) wurde. Seit dem hohen Mittelalter sind Leprosenhäuser, oft auch in Verbindung mit → Spitälern, nachgewiesen. Die Isolierung der Kranken und die ihnen auferlegte Pflicht zur besonderen Kennzeichnung haben sich gesellschaftlich ausgewirkt. Diese Maßnahmen waren medizinisch wohl richtig, wenn auch die für die Übertragung der Krankheit maßgebenden Bedingungen nicht bekannt waren. Die Absonderung der Kranken war auch ein bei Epidemien angewandtes Vorbeugungsmittel gegen die Ausbreitung der Krankheit.

Seit 1493 hat sich in Europa die von den westindischen Inseln eingeschleppte *Syphilis* verbreitet, die dann im 16. Jh. nicht nur endemisch, sondern auch pandemisch aufgetreten ist. Die Ansicht, daß diese gefährlichste Art der Geschlechtskrankheiten bereits im mittelalterlichen Europa aufgetreten sei, ist umstritten.

c) Schulmedizin und Volksmedizin im Mittelalter

Systematische Beobachtungen von Krankheitsabläufen und Angaben über Mittel zur Linderung der Beschwerden sind aus den → Klöstern der Karolingerzeit überliefert. Dort bestanden auch am frühesten Pflegeeinrichtungen für Kranke (→ Spital). Für die Überlieferung der medizinischen Lehren der Antike, besonders der Säftelehre des Hippokrates (gest. 377 v. Chr.) und des Galenus (gest. 199 n. Chr.), wurden persisch-arabische Ärzte, wie Avicenna (Ibn Sina; gest. 1037), wichtig. Ausgangspunkt für ihre Verbreitung im Abendland war die medizinische Schule von Salerno, die vom 11. bis zum 13. Jh. ihre höchste Blüte erlebte und alle medizinischen Fakultäten der europäischen Universitäten beeinflußte. Auch die medizinische Ausbildung an den deutschen → Universitäten vermittelte dieses Wissen den Studenten, die das Studium oft mit dem Magistergrad abschlossen. Viele Ärzte wurden „Meister" genannt; das kann bedeuten, daß diese Mediziner Universitätsstudien absolviert hatten. Häufig waren → Juden als Ärzte, auch als Leibärzte von Fürsten, tätig.

Für die medizinische Versorgung breiter Bevölkerungsschichten waren die handwerklich ausgebildeten und seit dem Spätmittelalter in → Zünften organisierten *Wundärzte* (Chirurgen) wichtiger als die gelehrten Magister oder Doktoren. Bei der Behandlung von Wunden, Knochenbrüchen, Zahnleiden oder beim Aderlassen wirkten hier auch Fertigkeiten und Erfahrungen von Badern weiter. Empirisch gewonnene Erkenntnisse über heilende oder vorbeugende Wirkungen von Pflanzen bei der Behandlung von Mensch und Tier haben auch Schäfer, Hirten oder Hebammen gesammelt und generationenlang in der ländlichen Bevölkerung weitergegeben. In den größeren spätmittelalterlichen → Städten waren von Amts wegen Ärzte oder Wundärzte (Stadtärzte) tätig. Seit dem 13. Jh. wurde es mehr und mehr üblich, daß Gerichte medizinische Sachverständige zur Beurteilung von Todesfällen oder Körperverletzungen heranzogen. Die gerichtlich angeordnete Leichenöffnung (Sektion) ist in Italien erstmals im frühen 14. Jh. nachgewiesen. Nördlich der Alpen kommen Sektionen erst im 16. Jh. vor; sie haben der medizinischen Anatomie zu wichtigen neuen Erkenntnissen verholfen.

Siegel

Siegel sind Zeichen, die durch Bild und Wort den Siegelinhaber darstellen; sie wurden als Abdrucke von einem Stempel (Typar), der ein negatives Relief trug, hergestellt. Sie dienten zur Beglaubigung von Rechts- und Geschäftsvorgängen, indem sie auf oder an → Urkunden angebracht wurden. Aus der Tradition der merowingischen und karolingischen Könige führten die mittelalterlichen Könige Siegel; seit dem 10. Jh. sind auch Siegel anderer Angehöriger des Hochadels (Herzöge, dann auch Markgrafen und Grafen) und von Bischöfen nachgewiesen. Domkapitel- und Klostersiegel gibt es seit dem 11. Jh.

Seit dem 12. Jh. führen auch → Städte eigene Siegel. Die meisten Siegel waren aus Wachs hergestellt worden; Metallsiegel (Bullen) aus Blei führten vor allem die Päpste, aus Gold bei besonders feierlichen oder teueren Besiegelungen die Kaiser (→ Goldene Bulle).

In der Umschrift nennen die Siegel in den allermeisten Fällen Namen und Titel des Inhabers; im Bild nehmen sie symbolisch auf Amt und Würde der siegelführenden Person oder Institution Bezug. Königssiegel der Karolingerzeit zeigen Herrscherdarstellungen nach antiken Gemmen; seit dem Hochmittelalter sind die Könige stilisiert auf den Bildsiegeln wiedergegeben und durch Herrschaftssymbole (Krone, Zepter, Thron) gekennzeichnet. Man nennt diese Siegel Porträtsiegel, wobei die Darstellung natürlich nur typisierend, nicht individuell porträtähnlich ist. Seit dem 14. Jh. finden sich auf Königssiegeln auch → Wappen. Fürstensiegel bilden häufig den Siegelinhaber als Reiter ab; hier kommen Wappensiegel schon seit dem 13. Jh. vor. Städtesiegel zeigen meist symbolische Stadtdarstellungen mit der Wiedergabe von Mauern, Toren und Türmen, wozu häufig Abzeichen für die Stadtherrschaft oder für einen Stadtpatron treten. Diese werden seit dem 14. Jh. auch in heraldischer Form abgebildet. Die Bilder auf Siegeln geistlicher Institutionen knüpfen häufig an Motive aus der Ikonographie des Kirchenheiligen an; auch hier findet das Wappenwesen seit dem 13. Jh. Eingang.

Das Recht der *Siegelmäßigkeit* umfaßte die Befugnis, Urkunden mit öffentlichem Glauben auszustellen. Es kam dem Adel bis herab zur Ritterschaft (→ Herr) zu, nachdem diese um 1300 als Geburtsstand abgeschlossen war. Nun konnte nur mehr derjenige, der rittermäßige Ahnen hatte und standesgemäß lebte, Wappengenosse sein und ein eigenes Siegel führen. In den Städten war das Siegelrecht im allgemeinen auf die Familien beschränkt, die Zugang zum Rat und zu den städtischen Ämtern hatten.

Das Siegel erlangte seit dem 13. Jh. außerordentlich weite Verbreitung, weil nun mit besiegelten → Urkunden der Beweis vor Gericht in besonders wirkungsvoller Form geführt werden konnte (→ Gerichtsbarkeit). Wer kein Siegel besaß, mußte einen Siegelmäßigen um die sogenannte Fremdbesiegelung bitten; dafür kam in erster Linie der Gerichts-, Grund- oder Lehensherr des Urkundenausstellers in Frage. Bei der Fremdbesiegelung waren zwei Siegler notwendig. An die Stelle eines Sieglers konnten zwei sogenannte *Siegelbittzeugen* treten, die die formale Richtigkeit der Besiegelung als Zeugen beglaubigten.

Spital

Mit Spital oder Hospital wurden im Mittelalter Einrichtungen bezeichnet, die reisenden Fremden und Pilgern Unterkunft und Verpflegung gewährten und mittellose, kranke und invalide Arbeitsunfähige versorgten. Grundlage war in jedem Fall das christliche Karitas-Gebot. Seit dem 9. Jh. sind bei vielen → Domkapiteln und bei zahlreichen → Klöstern spitalähnliche Versorgungsanstalten nachgewiesen, für deren Aufwand die geistlichen Institutionen aufkamen.

Besonderer Bedarf für derartige Einrichtungen ergab sich im Zusammenhang mit den → Kreuzzügen. Der Johanniterorden und der Deutsche → Orden unterhielten bei zahlreichen Ordenshäusern Spitäler, die um die Wende vom 12. zum 13. Jh. eingerichtet wurden.

Grundsätzlich waren die Spitäler geistliche Einrichtungen unter der Leitung von Klerikern. Patron war häufig Johannes der Täufer; im Spätmittelalter entstanden hauptsächlich Heilig-Geist-Spitäler. Mit der seit dem Hochmittelalter mehr und mehr in den Vordergrund tretenden Aufgabe der Armen- und Krankenbetreuung wuchs der Finanzbedarf. Die dafür notwendigen Mittel kamen aus Stiftungen. Die Verwaltung des auf diese Weise gebildeten Stiftungsvermögens und die sachgemäße Verwendung der Erträge traten stärker als Aufgabe der Spitalverwalter in Erscheinung, so daß der bisher überwiegend geistliche Charakter der karitativen Einrichtungen weniger deutlich zum Ausdruck kam.

Mit dem Entstehen vieler → Städte seit dem 13. Jh. wuchsen die Anforderungen an das soziale Versorgungssystem auch deshalb, weil die Haus- und Familienverbände, die bisher ziemlich ausschließlich die Alten- und Krankenversorgung selbst hatten leisten müssen, dazu auf die Dauer in der städtischen Gesellschaftsordnung nicht mehr in der Lage waren. Die Folge war die Gründung vieler Spitäler in den Städten, wofür entweder die fürstlichen Stadtherren oder einzelne vermögende Bürger oder auch die Stadtgemeinde selbst die Mittel bereitstellten. Die wichtigste Neuerung war, daß diese Spitäler durchgehend rechtsfähig waren und eigene Organe zur Erfüllung der Aufgaben erhielten (Spitalmeister, Spitalpfleger, Kellner als Vermögensverwalter, Pförtner). Die Aufsicht hatte meist der städtische Rat; das Spitalvermögen war jedoch vom Stadtvermögen getrennt. Bedeutende städtische Spitalstiftungen bestehen seit dem 13. Jh . in Lübeck, Goslar, Würzburg, Nürnberg oder München sowie in vielen anderen großen und kleinen Städten.

Die Spitalstiftungen gewährten den Insassen Unterkunft, Verpflegung und im Krankheitsfall auch Pflegedienste als → Pfründe. Für Bedürftige wurden diese aus dem Spitalvermögen geleistet; vermögende Bürger kauften sich in Spitäler ein, indem sie Grundbesitz oder Bargeld der Stiftung zuwandten. Die Erträge daraus bildeten die „Herrenpfründen", die besser ausgestattet waren als die aus dem vorhandenen Stiftungsvermögen geleisteten „Armenpfründen". Auf diese Weise entstanden auch innerhalb der Spitäler unterschiedliche soziale Gruppen.

Spitäler sind die Vorläufer der neuzeitlichen Krankenhäuser. In manchen Teilen des deutschen Sprachraums, vor allem in Österreich und der Schweiz, wird bis heute der Ausdruck Spital synonym für Krankenhaus wie für Versorgungsanstalt gebraucht, während in den anderen Gebieten mit Spital nur die Versorgungsanstalt gemeint ist.

Stadt

Die mittelalterliche Stadt unterschied sich in dreierlei Weise von den Ansiedlungen auf dem Land, den → Dörfern, Weilern, Einöden: Durch die Siedlungsform, durch das städtische Wirtschaftsleben, durch die Sozial- und Rechtsgemeinschaft der Einwohner. Die als → Markt bezeichneten Orte zeigen häufig stadtähnliche Strukturen, besonders im wirtschaftlichen Bereich.

Man schätzt die Zahl der Städte am Ende des Mittelalters auf etwa 3000. Der größte Teil davon hatte weniger als 1000 Einwohner; für etwa 150 Städte rechnet man mit einer Bewohnerzahl von 1000 bis 2000; in 20 Städten mögen 2000–10000 Leute gewohnt haben; nur etwa zwölf bis fünfzehn Städte galten als „Großstädte", die mehr als 10000 Einwohner hatten. An der Spitze der deutschen mittelalterlichen Städte stand Köln mit ca. 40000 Einwohnern. Die urbane Entwicklung in den deutschen Städten zeigt die allergrößte Mannigfaltigkeit; hier können nur einige typische Linien aufgezeigt werden.

a) Die Stadt als Siedlungsform

Die ältesten urbanen Orte in West- und Süddeutschland sind die frühmittelalterlichen Bischofsstädte (wie Köln, Mainz, Worms, Trier, Salzburg, Augsburg oder Regensburg), deren Baugestalt von Überresten der römischen Städte geprägt ist. Es gab dort mehr aus Stein errichtete Gebäude als auf dem flachen Land; auch die Umwehrung dieser Städte bestand häufig aus Steinmauern, weil die aus römischer Zeit stammenden Baumaterialien weiterverwendet wurden. Innerhalb der Befestigungen lagen freie, unbebaute Flächen; dort konnten in Zeiten äußerer Bedrohung Leute aus der Umgebung Schutz finden. Diese frühmittelalterlichen Stadtorte waren große Fluchtburgen (→ Burg). Sie lagen an überregionalen Verkehrswegen (→ Straße). Dies war auch bei den seit der ottonischen Zeit privilegierten Marktorten der Fall.

Dem Schutz der Einwohner und der Sicherheit des Markthandels dienten die in den frühen Städten nachweisbaren Befestigungsanlagen. Aus demselben Grund waren auch die seit dem 12. Jh. entstehenden Städte und Marktorte befestigt. Bei den Befestigungen handelt es sich zuerst meist um ziemlich primitive Erdwälle und Holzpalisaden, an deren Stelle dann seit dem 13. Jh. aus Steinen errichtete Mauern mit Toren und Türmen traten. Der Bau war jedoch technisch schwierig und finanziell höchst aufwendig. Die Durchführung zog sich jahrzehntelang hin; in vielen kleinen Städten wurde die vollständige Stadtbefestigung mit Steinmauern nie vollendet. Manche Städte, deren Zugang durch Naturgegebenheiten (Wasserläufe oder Sumpfgebiete) erschwert war, blieben ohne Befestigungsanlagen.

Die Mehrzahl der Gründungsstädte entstand in Anlehnung an Burgen oder Pfalzen, an Marktorte oder Dorfsiedlungen. Dies ist häufig am Stadtgrundriß abzulesen. Unregelmäßig angeordnete Hofstellen lassen einen „präurbanen" Ort als Siedlungskern erschließen; daneben sind regelmäßig abgesteckte Hausgrundstücke zu erkennen, die auf die Siedlungsentwicklung bei der Stadtentstehung hinweisen. Neben größeren Burganlagen erscheint die Stadtgründung häufig als „Suburbium". Städte, deren Gründung nicht an eine bereits bestehende Siedlung anknüpft, bezeichnet man als Städte „auf wilder Wurzel". Mehr als im Altsiedelland finden sich solche Gründungen in den Gebieten der → Kolonisation östlich der Elbe-Saale-Linie.

Weil die Städte befestigte Plätze waren, dienten sie in hervorragender Weise der Sicherung des → Landfriedens, wobei in der Entwicklung der → Territorien im 13. und 14. Jh. die Herrschaftsausübung der Fürsten nachhaltig in Erscheinung trat. Die meisten der damals von den Fürsten gegründeten oder ausgebauten Städte dienten der territorialen Herrschaftssicherung; die größeren wurden auch Mittelpunkte von Amtsbezirken (→ Amt); einige bevorzugten die Fürsten zu häufigeren und längeren Aufenthalten, so daß sich diese zu hauptstädtischen → Residenzen entwickelten. In diesen Orten kam der landesfürstlichen Burg, die meist am Rand des Mauerrings gelegen war, besondere Bedeutung zu.

Die Zuwanderung in die neuen städtischen Wohnsitze war im 13. und frühen 14. Jh. am stärksten (→ Bevölkerung). Freie und unbebaute Grundstücke innerhalb der Stadtumwehrung wurden knapp, so daß der Befestigungsring der volkreichen Städte erweitert werden mußte, um die Vorstädte, die meist an den auf die Stadt hinführenden Verkehrswegen entstanden waren, in die Befestigung einzubeziehen.

Das Gebiet der spätmittelalterlichen Städte war meist eng bebaut und durch schmale Gassen erschlossen. Es gab wenige größere Plätze, auf denen der Marktverkehr stattfand. In kleineren und mittleren Städten diente dazu als Straßenmarkt die platzartig erweiterte Hauptverkehrsstraße. Dort befanden sich auch öffentliche Gebäude, die als Rathäuser nicht nur Mittelpunkt der städtischen Verwaltung, sondern auch gesellschaftliche Treffpunkte der Stadtbevölkerung waren; oft beherbergten sie auch Verkaufseinrichtungen („Brotbänke“, „Fleischbänke“). Seit dem 14. Jh. setzten sich wegen der Feuersicherheit allmählich der Steinbau und das Ziegeldach durch. Die markantesten Gebäude waren die städtischen Pfarrkirchen, meist etwas abseits der Hauptplätze gelegen. Seit dem 13. Jh. sind in den meisten größeren Städten Kirchen und Konventgebäude der Predigerorden (Minoriten, Dominikaner) errichtet worden, die in der Seelsorge der Stadtbevölkerung wirkten (→ Pfarrei; → Orden). Größere Gebäudekomplexe entstanden seit dieser Zeit auch für die städtischen Spitalstiftungen, die alte, kranke und arbeitsunfähige Stadtbewohner betreuten (→ Spital).

Handwerker gleicher oder verwandter Branchen siedelten sich häufig nachbarschaftlich in bestimmten Gassen oder Stadtvierteln an. Gründe der Handwerkstechnik oder der Energiegewinnung an Wasserläufen waren dafür maßgeblich.

Die seit dem 12. Jh. immer nachhaltiger in Erscheinung tretende Absonderung der → Juden von den christlichen Stadtbewohnern führte in den Städten zur Bildung von ghettoartigen Judenvierteln; sie waren häufig durch Mauern abgegrenzt. Die Judengemeinden hatten Synagogen, Gemeindehäuser und Bäder. Bei den Judenverfolgungen (besonders in der Mitte des 14. Jhs. und im Lauf des 15. Jhs.) wurden häufig die jüdischen Häuser abgerissen, anstelle der Synagogen Marienkirchen errichtet und die Grundstücke von der Stadt und den Bürgern in Besitz genommen.

b) Die Stadt als Wirtschaftsplatz

Die seit dem Frühmittelalter nachgewiesenen urbanen Orte waren wichtige Zentren des → Handels, der auf → Märkten und → Messen abgewickelt wurde. Unter den Händlern gab es zahlreiche → Juden. Hier dominierte der Umsatz von außergewöhnlichen Waren, für die nur Angehörige der Oberschichten Bedarf hatten. Für den Austausch von Lebensmitteln und Waren des täglichen Gebrauchs bestand zunächst kein großes Bedürfnis, weil die Haus- und Hofverbände (→ Fronhof) diese zum größten Teil selbst herstellten. Seit dem 10. Jh. ist hier jedoch ein allmählich einsetzender Wandel zu erkennen; die von den ottonischen und salischen Königen verliehenen Marktrechtsprivilegien zeigen, daß der Warenaustausch zwischen Produzenten und Konsumenten zunahm. Dies geschah im Tauschverkehr oder auch durch Geldgeschäfte (→ Geld). Die Kaufleute erlangten schnell größere Bedeutung, je mehr Waren im Nahverkehr umgesetzt wurden. Auch der über weite Strecken gehende Export- und Importhandel nahm mengenmäßig offensichtlich im beginnenden Hochmittelalter stark zu. Neben den Jahrmärkten, zu denen die Fernhändler erschienen, gewannen für das städtische Wirtschaftsleben vor allem die Wochenmärkte große Bedeutung.

Diese wirtschaftlichen Gegebenheiten führten seit dem 12. Jh. zusammen mit dem Wandel sozialer und rechtlicher Bedingungen zur Entstehung außerordentlich zahlreicher neuer Städte. Dort siedelten sich viele Handwerker an, die ihre technischen Kenntnisse in der Textil- und Lederverarbeitung, in der Keramik- und Metallarbeit, im Mühlen- oder Brauwesen aus den ländlichen Herrschaftsverbänden mitbrachten. In der Produktion für den städtischen Markt und in der dadurch gegebenen Konkurrenzsituation wurden die Fertigkeiten des städtischen → Handwerks im Verlauf weniger Generationen außerordentlich gesteigert; in den einzelnen Branchen setzte eine starke Differenzierung ein. So gab es seit dem 14. Jh. unter den Metallverarbeitern neben den eigentlichen Schmieden auch Zinngießer, Kupfer- und Messingschmiede („Kaltschmiede"), Waffen- und Messerschmiede, Panzer- und Harnischmacher, Spengler und Gürtler, Gold- und Silberschmiede. Im Textilgewerbe gab es neben den Woll- und Leinenwebern und den Färbern auch Barchent- und Seidenweber.

Die städtischen Handwerke waren in → Zünften organisiert. Anfänge dafür finden sich bereits im 12. Jh.; im 14. Jh. war das Zunftwesen als Kontrollsystem für die Ausübung und den Zugang zur handwerklichen Tätigkeit, für Preise und Löhne und zur Qualitätsüberwachung weitgehend ausgebildet. In sozialen und technischen Fragen besaßen die Zünfte gewisse Selbstverwaltungsrechte, die im Spätmittelalter jedoch zunehmend von den städtischen und den landesfürstlichen Obrigkeiten eingeschränkt wurden.

Die städtischen Handwerker bedienten den örtlichen Markt, produzierten Waren auf Vorrat und verkauften diese auch nach auswärts. Im 15. Jh. kam dafür die neue Produktions- und Absatzform des → Verlagssystems auf.

Die Großhändler bildeten die Führungsschicht der städtischen Kaufmannschaft. In den Reichsstädten lebten die Patrizier und in den Landstädten die Ratsbürger vornehmlich vom Großhandel. Die Kleinhändler im Ladengeschäft genossen geringeres Ansehen. Die Patrizier in den Reichsstädten und die Ratsbürger in den landesherrlichen Städten durften überwiegend nur im Großhandel tätig sein. Die Gewinnmöglichkeiten im risikoreichen Groß- und Fernhandel waren bedeutend; viele Familien der städtischen Oberschicht kamen auf diese Weise zu großen Geldvermögen. Sie traten häufig als Darlehensgeber für den Hochadel auf, besonders auch für die Landesherren, welche die Stadtherrschaft innehatten.

Auch die städtische Finanzpolitik hatte Einfluß auf das Wirtschaftsleben in den spätmittelalterlichen Städten. Die Stadtgemeinde war großer Auftraggeber (etwa beim Befestigungsbau oder bei der Errichtung öffentlicher Gebäude) für viele Handwerke; sie hatte die dem Stadtherrn abzuliefernde Stadtsteuer auf die Bürger umzulegen und einzusammeln; durch → Rentenkauf der Bürger beschaffte sie sich Kapital für politische Aktionen oder wirtschaftliche Unternehmungen.

c) Die Stadt als Sozial- und Rechtsgemeinschaft

Die städtische Bevölkerung war in jeder Phase der Entwicklungsgeschichte der Stadt in sozial und rechtlich unterschiedliche Gruppen gegliedert. Da die frühen Städte als große Burganlagen in Erscheinung traten, waren dort für den Militärdienst zahlreiche Burgleute ritterlichen Standes ansässig; weil diese Städte auch meist kirchliche Zentren waren, gehörten zu den Stadtbewohnern auch Kleriker und andere Kirchendiener; auch die Arbeiter in Herrenhöfen (→ Fronhof), die von der Stadt aus landwirtschaftliche Grundstücke in der engeren Umgebung bewirtschafteten, wohnten dort; unter den Kaufleuten, die sich ständig oder zeitweilig im Stadtbereich aufhielten, waren auch → Juden. Sie alle standen unter der Herrschaft des Königs als

Stadtherrn; in den Bischofsstädten hatten durch Privilegien die Bischöfe das Stadtregiment erhalten, das durch → Vögte ausgeübt wurde. Sie standen häufig in Konkurrenz mit → Burggrafen, welche die vom Königtum abgeleiteten Funktionen des Grafenamts in Anspruch nahmen.

Seit dem 12. Jh. zogen in die alten stadtartigen Plätze und in die neuen Gründungsstädte zahlreiche Neusiedler. Sie kamen in erster Linie aus den Grundherrschaften der Umgebung, wo sie häufig als Handwerker gearbeitet hatten. Aber auch Angehörige des → Adels, besonders aus dem Ministerialenstand (→ Unfreie), erwarben Grundstücke und Häuser in den Städten. Sie bildeten zusammen mit den Großkaufleuten schon bald die städtische Führungsschicht der Ratsbürger. Die Trennung des städtischen Patriziats und des Ratsbürgertums vom Landadel, der nur mehr auf den Schlössern in der Umgebung wohnte und seine Landgüter bewirtschaftete, setzte erst in der letzten Phase des Spätmittelalters ein.

Zum mittelalterlichen Bürgerstand im engeren Sinn gehörten die im Kleinhandel und in dem nach → Zünften organisierten Handwerk tätigen selbständigen städtischen Unternehmer, die Handlungsdiener, Handwerksgesellen, Tagelöhner und Hilfsarbeiter beschäftigten. Diese bildeten die städtische Unterschicht.

Die Rechtsordnung der Städte war herrschaftlich organisiert; in aller Regel war der König als Garant des Marktfriedens oberster Stadtherr. An seine Stelle traten durch Weiterverleihung geistliche und weltliche Fürsten in die Stadtherrenfunktion ein. Besonders die weltlichen Fürsten haben seit dem 13. Jh. durch die zahlreichen Gründungsstädte ihre Position als Inhaber der Stadtherrschaft stark ausgebaut. Die Befugnis zur Stadtgründung, womit die Abhaltung von Märkten genehmigt und die Anlage von Befestigungen angeordnet werden konnte, kam seit der ersten Hälfte des 13. Jhs. den Fürsten zu. Der Zahl nach übertrafen die landesfürstlichen Städte die unter Königsherrschaft stehenden Städte bei weitem; der wirtschaftlichen Bedeutung und der Einwohnerzahl nach dominierten jedoch die Königsstädte, die seit dem späteren 13. Jh. als Reichsstädte gelten können (z. B. Aachen, Nürnberg, Frankfurt a. Main, Goslar, Dortmund); zu ihnen gehörten auch die Städte, welche sich von der bischöflichen Stadtherrschaft befreit hatten und deshalb freie Reichsstädte genannt wurden (z. B. Köln, Hamburg, Bremen, Regensburg). Von den Fürstenstädten hatten besonders die Hauptstädte der größeren Territorien Bedeutung (z. B. Wien, München, Freiburg im Breisgau, Braunschweig). Von den gegen Ende des Mittelalters bestehenden 3000 Städten waren etwa 80 Reichsstädte, die seit dem 13. Jh. Zugang zum → Reichstag fanden. Die Masse der Städte stand unter der Stadtherrschaft der Reichsfürsten, die dadurch ihre Territorialherrschaft (→ Territorium) wesentlich verstärkten. Wenn in den Territorien → Landstände zusammentraten, fanden auch Vertreter der Städte und Märkte Zugang zur Ständekorporation.

Die rechtliche Sonderstellung der Bürgergemeinde, *„die Stadt im Rechtssinn"*, entwickelte sich seit dem frühen 12. Jh., indem die → Bürger in genossenschaftlicher Weise Einfluß auf die Regelung der städtischen Angelegenheiten erhielten und damit die Grundlage für die kommunale Selbstverwaltung legten. Die führenden Stadtgeschlechter, besonders aus der Kaufmannschaft, schlossen sich zuerst in den rheinischen Bischofsstädten (z. B. Köln, Mainz, Worms u. a.) zu Schwurverbänden (→ Eid) zusammen und lehnten sich gegen die bischöfliche Stadtherrschaft auf. Hier ertrotzten sich die Bürger Freiheitsrechte; im Lauf des 12. und 13. Jhs. gewährten viele Stadtherren solche Rechte durch Privilegien. Viele Angelegenheiten der Handels- und Marktaufsicht, der Gewerbe- und Lebensmittelkontrolle, der Bau-, Feuer- und Gesundheitspolizei konnten die Bürger selbst regeln.

Nachdem die Genossenschaft der führenden Bürger immer mehr korporative Gestalt annahm und zur „communitas civium" mit eigener Rechtspersönlichkeit geworden war, mußte zwangsläufig ein Organ geschaffen werden, das für die Körperschaft rechtsverbindlich handeln konnte. Die Rechtspersönlichkeit der Stadt trat in den alten Kommunitäten seit dem späteren 12. Jh. deutlich in Erscheinung durch das Stadtsiegel (→ Siegel). Der Siegelstempel, der in manchen Städten der Frühzeit sich zunächst auch im Gewahrsam des Stadtherrn befand, wurde in Händen des vom Stadtherrn eingesetzten Rates zum Symbol der *städtischen Autonomie*.

Der städtische *Rat* stellt sich von Anfang an als kollegiales Organ gleichberechtigter Mitglieder dar, die durch Mehrheitsbeschluß die Entscheidungen trafen. Im allgemeinen bildeten zwölf Männer den Rat; es gab jedoch auch Stadträte, die 24, 40 oder auch noch mehr Mitglieder hatten. Zugang zum Rat hatten die Angehörigen der städtischen Oberschicht, in den Reichsstädten die Patrizier, in den Landstädten die Ratsbürger. Die Amtszeiten waren kurz, meist ein Jahr. Doch fanden sehr häufig Wiederwahlen aus dem Kreis der städtischen Oligarchie statt.

Der Rat wurde zur städtischen Obrigkeit, die das Recht hatte, allgemein verbindliche Anordnungen für alle Stadtbewohner zu treffen. Dieses kommunale „Satzungsrecht" trat neben das vom Stadtherrn gewährte Privilegienrecht. In den Reichsstädten lag die politische Führung beim Rat und den Bürgermeistern; in den Landstädten dominierte häufig die Aufsicht durch den Landesherrn und seine Beamten. Innerhalb der Stadt übte der Rat die innere Verwaltung im Wirtschaftsleben, in der Bauordnung, in der Feuer-, Gesundheits- und Sicherheitspolizei, im Befestigungswesen, bei der Bürgeraufnahme und bei der Besteuerung der Bürger aus.

Der Rat wurde von einem aus seiner Mitte gewählten Bürgermeister geleitet, der die Stadtbediensteten überwachte. Im Lauf des Spätmittelalters entstanden zahlreiche städtische Ämter (Stadtkammer, Bauamt, Stadtkanzlei), die von ehrenamtlichen Ratsherren oder auch von besoldeten Stadtbediensteten versehen wurden.

In Städten, in denen seit dem 14. Jh. die → Zünfte Mitwirkung an der Stadtverwaltung verlangten, kam es seit dieser Zeit zur Bildung eines äußeren, größeren Rates, der sich jedoch gegenüber dem inneren Rat als dem eigentlichen Leitungsgremium der Stadt in den meisten Fällen nicht in entscheidender Weise durchsetzen konnte. Dies galt noch mehr für die allgemeinen Bürgerversammlungen, die in Krisensituationen der Stadtentwicklung wohl die politische Meinungsbildung innerhalb der Stadt beeinflußten, zur nachhaltigen politischen Willensbildung und zur eigenen Handlungsfähigkeit aber weniger in der Lage waren.

Das *Stadtrecht* baute auf dem Privilegienrecht des Stadtherrn auf und wurde durch das Satzungsrecht des Rates in sehr differenzierter Weise weiterentwickelt. Sein Geltungsbereich in der Stadt und in der umliegenden Flur wurde als Weichbild bezeichnet; das Stadtrecht stellte eine Sonderform des → Landrechts dar. Es kann als eigener → Rechtskreis für die Stadtbewohner gelten. Einige mittelalterliche Städte erwarben noch im Mittelalter ein größeres Landgebiet (z. B. die Reichsstädte Ulm, Rothenburg ob der Tauber, Dortmund); die allermeisten Städte bildeten jedoch kein größeres Territorium, so daß die Geltung des Stadtrechts auf ihren engeren örtlichen Umkreis beschränkt blieb.

Durch die Übertragung des Privilegien- und Satzungsrechts einer Stadt an ein anderes, schon bestehendes oder in der Entstehung befindliches städtisches Gemeinwesen entstanden große und weitreichende *Stadtrechtsfamilien*. Die „Mutterstädte" wirkten hier vielfach als → Oberhof für die „Tochterstädte".

Einen starken Anreiz für die Zuwanderung grundherrschaftlicher Hintersassen in die Städte boten die von den Stadtherren und anderen städtischen Grundbesitzern den Zuzüglern gewährten besseren Grundleiherechte. Es gab dort überwiegend die freie Erbleihe von Grundstücken, so daß ein Einwanderer unfreien Standes (→ Unfreie) die persönliche Freiheit erlangte, wenn der bisherige Leibherr seine Rechte nicht binnen Jahr und Tag geltend machte. Dies drückt das Rechtssprichwort „Stadtluft macht frei" aus. Ein in die Stadt ziehender Leibeigener konnte auf diese Weise die persönliche Freiheit erlangen; an die Stelle der Leibherrschaft trat die allgemeine Herrschaft des Stadtherrn und des Rates. Da die Abgaben von städtischen Leihegütern in aller Regel in Geld zu leisten waren, hießen solche Leiheverhältnisse freie Erbzinsleihe.

Weitere Neuerungen der Stadtrechtskodifikationen betrafen das Familienrecht. Die Rechtsstellung und die Geschäftsfähigkeit alleinstehender Frauen, besonders wenn sie verwitwet waren und selbständig Geschäfte führten, wurden verbessert. Auch die Handlungsfähigkeit der im Haus des Vaters lebenden unverheirateten, volljährigen Söhne nahm zu; gleichzeitig wurde vielfach die Haftung des Vaters für Delikte des Sohnes abgebaut. Im ehelichen Vermögensrecht wurden in den Städten verschiedene Formen des Güterrechts der Ehegatten entwickelt (→ Ehe). Im Erbrecht erhielten die Bürger der Städte eher als die ländliche Bevölkerung die rechtliche Möglichkeit, letztwillig über das Vermögen zu verfügen; die volle Testierfreiheit (→ Testament) setzte sich zuerst in der städtischen Rechtsordnung durch.

Im städtischen Wirtschafts- und Ordnungsrecht finden sich zahlreiche neue Bestimmungen, welche die besonderen, in den Städten häufig vorkommenden, im Landrecht aber nicht geregelten Sachverhalte normierten, so etwa über den Warentransport und den Handelsverkehr, über Zunfthandwerker und Handelsgesellschaften, über das Gesundheitswesen, die Brandverhütung und die Bauausführung städtischer oder privater Gebäude.

Die wichtigste Entwicklung im Prozeßrecht der Stadtrechte war, daß im Beweisverfahren der auf die Dauer unbefriedigende Formalbeweis durch → Eid oder gerichtlichen → Zweikampf abgeschafft und an dessen Stelle die Tatsachenermittlung durch sachkundige Zeugen oder durch andere sachliche Beweismittel trat.

In den *Stadtgerichten* hatte zunächst der vom Stadtherrn legitimierte und mit dem → Bann versehene → Richter den Vorsitz. Beisitzer waren → Schöffen aus der städtischen Oberschicht; sie waren dadurch in besonderer Weise zur Mitgliedschaft im Rat qualifiziert. Seit dem 13. Jh. erhielten die meisten Städte die Kompetenz des → Niedergerichts (→ Gerichtsbarkeit), welches der Rat ausübte, so daß der Stadtrichter als dessen Bediensteter galt. Die Jurisdiktion des → Hochgerichts erreichten nur die größeren Reichsstädte. Die Landstädte kamen im Mittelalter im allgemeinen nicht über die niedergerichtliche Kompetenz hinaus.

Steuer

Zu jeder Zeit kannte das Mittelalter Abgaben, die unter der Bezeichnung „stiura" (lat. exactio) die Untertanen, Hintersassen, Grundholden, Vogtei- und Eigenleute dem Inhaber der Herrschaft leisten mußten; in keinem Fall aber darf diese überwiegend in Geld zu leistende „Steuer" mit dem modernen Steuerbegriff gleichgesetzt werden. Die mittelalterliche Steuer ist vielmehr aus einer besonderen Leistung der Abhängigen an ihre Herren erwachsen, die zur Abwendung einer außerordentlichen Notlage von der Herrschaft erbeten wurde. Daher kommt auch der mittelalterliche Ausdruck „Bede" (Bitte) für diese Abgabenart. Eine solche Bitte konnten die Abhängigen jedoch nicht nach Belieben abschlagen; sie waren vielmehr aus dem allgemeinen Dienst- und Treueverhältnis, welches dem vom Herrn gewährten Schutz entsprach, verpflichtet, dem Ersuchen zu folgen, wenn der Grund für die Zahlungsaufforderung hinreichend war. Gründe waren Kriegsgefahr („Landesnot") oder die Notwendigkeit, das Lösegeld für einen in Gefangenschaft geratenen Herrn aufzubringen oder die Kosten für ein aufwendiges Leichenbegängnis, für die Wehrhaftmachung eines fürstlichen Sohnes oder die Aussteuer einer fürstlichen Tochter „zusammenzusteuern".

Den Aufwand für die Herrschaftsausübung hatten die Herren grundsätzlich aus ihrem eigenen Besitz, dem Patrimonium, zu tragen. Einen wichtigen Teil davon bildeten die Abgaben der Abhängigen aus dem jeweiligen Abhängigkeitsverhältnis heraus (→ Grundherrschaft); Steuern im eigentlichen Sinn waren diese Leistungen nicht. Besondere Anforderungen an die fürstlichen Kassen ergaben sich seit dem 13. Jh. bei der Entwicklung der → Territorien. Die neue Amts- und Gerichtsorganisation, die den Landfrieden sichern sollte, konnte von den Fürsten nicht allein finanziert werden; auch die Adelsgrundholden (→ Adel) mußten zu diesem neuen staatlichen Aufwand beitragen. Dies konnte aber nur mit Zustimmung der Grundherren geschehen. In den größeren Territorien traten daher die → Landstände als Verhandlungspartner den Fürsten gegenüber, um über die Rechtmäßigkeit der Steuerforderung, über deren Festsetzung und die Einhebung zu befinden. Auf dieser Grundlage entstand im Spätmittelalter die *Landsteuer* als Beitrag des Landes zum staatlichen Aufwand des Fürsten. Vielfach gewannen die Landstände großen Einfluß auf die Verwaltung dieser Steuer, die die Adelshintersassen den ständischen Steuereinnehmern, die fürstlichen Hintersassen der fürstlichen Kameralverwaltung zahlen mußten. Bis zum Ende des Mittelalters kam der überwiegende Teil der Einnahmen der Reichsfürsten aus ihrem Kammervermögen, aufgebracht von den fürstlichen Hintersassen, und aus den → Regalien. Die Steuern bildeten dazu nur eine „Beisteuer". Grundsätzlich konnten auch adelige und geistliche Grundherren ihre Hintersassen besteuern, wenn außerordentliche Notlagen eine besondere Leistung begründeten.

Besondere Bedeutung hat die *Stadtsteuer*, die aufgrund der Stadtherrschaft König und Fürsten von den seit dem 12. Jh. entstehenden und aufblühenden → Städten erhoben. Diese Beträge hatten die Bürgergemeinden insgesamt zu zahlen; die städtische Obrigkeit, der Rat, zog die Bürger und Beisassen (städtische Bewohner ohne volles Bürgerrecht) je nach Vermögen zu diesen Leistungen heran. Diese Umlageforderung läßt die mittelalterliche Stadtsteuer als eine allgemeine, die Stadtbewohner gleichheitlich treffende Abgabe erscheinen. Neben diesen direkten Steuern wurden seit dem 13. Jh. auch indirekte Abgaben, das sogenannte *Ungeld*, als Aufschlag auf Getränke und Lebensmittel erhoben. Häufig waren die daraus fließenden Einnahmen den Städten zur Finanzierung des Mauerbaues zugewiesen.

Die dem Schutz des Königs oder der Fürsten unterstehenden → Juden hatten als Einzelpersonen oder auch korporativ über die Judengemeinden die *Judensteuer* zu zahlen.

Die Stadtsteuer von den Reichsstädten und die Judensteuer, soweit die Juden nicht dem landesfürstlichen Judenschutz (→ Regalien) unterstanden, bildeten im Spätmittelalter die wichtigsten Einnahmen, die der König von Reichs wegen erheben konnte. Andere Steuerforderungen des Königs waren schwer durchzusetzen; sie bedurften der Zustimmung des → Reichstags und waren schwer einzuziehen, selbst wenn ein zustimmender Beschluß des Reichstags vorlag. Angesichts der Bedrohungen von außen, die die Angriffe der Hussiten oder der

Türken im 15. Jh. brachten, nahmen die königlichen Steuerforderungen zu. Ein gut funktionierendes System einer Reichssteuer konnten die Könige jedoch nicht aufbauen. Auch der auf dem Reichstag von 1495 in Worms beschlossene „Gemeine Pfennig" der Reichsstände brachte keinen grundsätzlichen Wandel.

Als wichtiger Gesichtspunkt des mittelalterlichen Steuerwesens ist noch festzuhalten, daß es dem Adel und der höheren Geistlichkeit gelang, für ihren persönlichen Besitz und die in Eigenregie bewirtschafteten Güter die Befreiung von der Steuerleistung durchzusetzen. Die mittelalterlichen Steuern hatten in erster Linie die abhängigen Bauern und die städtischen Bürger und Beisassen aufzubringen.

Straße

Das deutsche Lehnwort „Straße" ist vom lat. (via) strata (= gepflasterter Weg) abzuleiten. Sachlich knüpft dies an das nach Planung und technischer Durchführung auf hervorragender Höhe stehende römische Straßenwesen an. Römerstraßen waren linksrheinisch und südlich des obergermanischen und des rätischen Limes' vielfach erhalten; sie wurden streckenweise weiterhin benutzt; zu ihrem Unterhalt geschah jedoch so gut wie nichts. Von einem eigentlichen Straßenbau kann man im gesamten Mittelalter kaum sprechen. Die großen Verkehrslinien folgten den Fernhandelswegen oder auch den Richtungen nach Pilgerzielen (Aachen, Santiago, Rom, Jerusalem). Gegenüber den in frühmittelalterlicher Zeit dominierenden West-Ost-Wegen (Niederrhein – Sachsen; Niederlande – Westfalen; Mittelrhein – Maingebiet – Bayern - Ostmark) gewannen seit der Ottonen- und Salierzeit die Nord-Süd-Verbindungen für den Italienverkehr an Bedeutung; von den Alpenübergängen waren der Große St. Bernhard, der Septimer (und die anderen Bündener Pässe) und der Brenner am wichtigsten. Im 13. Jh. wurde der Gotthard-Paß für den Verkehr erschlossen. Bei den Paßstraßen sind am frühesten eigentliche Baumaßnahmen für Anlage und Unterhalt von weiträumigen Verkehrswegen zu erkennen, wobei teilweise örtliche Transportgenossenschaften, welche Transportmonopole auf einzelne Güter oder auch auf einzelne Strekken besaßen, mitwirkten. Größere Kunstbauten gab es im 15. Jahrhundert (z.B. Ausbau der Via Mala am Splügen 1473 oder des Kesselbergs in Oberbayern 1492). Im Flachland wird erstmals bei den Brükkenbauten die öffentliche Fürsorge für das überörtliche Wegsystem sichtbar; die 1146 fertiggestellte Steinerne Brücke über die Donau in Regensburg ist ein technisches Meisterwerk ersten Ranges. Bedeutend war auch die etwa gleichzeitig entstandene Mainbrücke in Würzburg. Das Regensburger Bauwerk war offensichtlich Vorbild für die Moldaubrücke in Prag und die Elbebrücke in Dresden (beide aus dem 12. Jahrhundert).

Die für den Straßenunterhalt geforderten Abgaben (Brücken- und Straßenzölle) wurden von den Landesherrschaften vielfach kleinlich, schikanös und verkehrsbehindernd als fiskalisches Finanzinstrument entwickelt. Ähnlich war dies seit dem 13. Jh. bei den Geleitsabgaben der Fall; das Geleit als Sorge für die Sicherheit auf den öffentlichen Verkehrswegen gehörte zur Friedenssicherung, eine ursprünglich dem Königtum zukommende Aufgabe, welche vom 12. Jh. an als Geleitregal (→ Regalien) in die Hände der Territorialherrschaften überging.

Territorium

a) Definition

Der mittellateinische Ausdruck „territorium" bezeichnet ein umgrenztes Gebiet, ein Stück Ackerland oder auch ein ganzes Anwesen mit Acker-, Wiesen- und Waldgrundstücken samt allem Zubehör. Begrifflich verbunden war damit auch die Herrschaft über dieses Gebiet und die dazugehörigen Leute. Auf diese Weise erhielt der Territorium-Begriff die inhaltliche Bedeutung von „Gebiet und damit verbundener Herrschaft"; er wurde zum Fachausdruck für das Gebiet, in dem herrschaftliche Rechte ausgeübt werden. Seit dem Spätmittelalter ist damit im speziellen der landesfürstliche Territorialstaat gemeint; in dieser engeren Bedeutung wird der Ausdruck hier verwendet.

In einem längeren Entwicklungszeitraum, der im 12. Jh. einsetzte und in manchen Gebieten im 15. Jh. noch nicht abgeschlossen war, haben die größeren, lehenrechtlich hochstehenden Reichsfürsten die Herrschaftsrechte über ihre eigene Klientel und über die Hintersassen ihrer → Vogteien aktiviert und dazu Justiz- und Administrationsrechte über die Haus- und Hofverbände anderer, lehenrechtlich tiefer stehender Adeliger erworben. Daraus gestalteten sie die Landesherrschaft, die sich grundsätzlich über alle Einwohner eines bestimmten Herrschaftsgebietes erstreckte. Träger dieser neuen Herrschaftsform waren zunächst die → Herzöge, dann auch die herzogsgleichen → Markgrafen, → Burggrafen und einige → Grafen. Besonders zu nennen sind im Norden die Herren von Brabant, Flandern, Geldern, Holland, Jülich, Braunschweig und Lüneburg, Mecklenburg und Pommern, im mittleren Gebiet die Herren von Lothringen, Pfalz, Hessen, Brandenburg und Meißen, im Süden die von Burgund, Baden, Württemberg, Bayern, Böhmen und Österreich.

Eine Besonderheit der deutschen Reichsverfassung ist die reichsfürstliche Stellung des Episkopats (→ Bistum). Alle Erzbischöfe, fast alle Bischöfe und auch Prälaten einiger Klöster wurden Landesherren.

b) Entstehungselemente

Der Erwerb der Landesherrschaft gelang nur denjenigen Hochadeligen, die selbst großen *Allodialbesitz* hatten, die viele und volkreiche Hofverbände besaßen und über Leute nach → Hofrecht Herrschaft ausübten. Eine weitere Voraussetzung war der Besitz von *Vogteirechten* über Klöster und Kirchen und deren Besitz (→ Vogt). Die weltlichen → Immunitäten des Eigenbesitzes und die geistlichen Immunitäten des Vogteibesitzes bildeten wichtige Grundlagen für den Aufbau der flächenhaften Herrschaft; die Einkünfte aus diesen Besitzungen ermöglichten den Dynasten eine aktive Territorialpolitik unter Ausnutzung von Kauf-, Tausch-, Pfandschafts- oder Erbgelegenheiten; manche scheuten auch vor offener Gewalt nicht zurück, wenn es galt, Besitz und Einfluß zu mehren.

Die bedeutenderen Mitglieder des Hochadels hatten Gerichts- und Administrationsbefugnisse der → *Grafen* inne; sie besaßen auch die vom Reich abgeleiteten → *Regalien*. Diese und die → *Gerichtsbarkeit* sind die wichtigsten rechtlichen Grundlagen für die Entwicklung der Territorialherrschaft nach den Grundsätzen des → Landrechts, wodurch die einzelnen bisher hofrechtlich geordneten Personenverbände in das neue, vorwiegend gebietsmäßig organisierte Herrschaftssystem eingegliedert wurden. Den Übergang dieser Rechte in die Hände der Landesherren dokumentierten die Fürstengesetze Friedrichs II. von 1220 und 1231/32 (→ Fürst), in denen die Inhaber der wichtigsten Regalien erstmals auch als *Landesherren* (domini terrae) bezeichnet wurden. Zentren der Adelsherrschaften waren die → Burgen, die den Herren oder ihren Dienstleuten als Wohnsitz dienten; dorthin mußten die Abgaben der Untertanen geliefert werden; dort war das → Scharwerk zu leisten. Seit dem 13. Jh. gewann das von den Fürsten in Anspruch genommene Recht, → Städte zu gründen, sehr große

Bedeutung für die Stabilisierung der Landesherrschaft. Die *Gründungsstädte* lagen meist an verkehrsgeographisch wichtigen Plätzen; sie wirkten als wirtschaftliche Zentren für das Umland und waren oft Sitz der fürstlichen Richter und Beamten.

Die Territorialfürsten entwickelten ein neues *Amtsrecht* (→ Amt). Die Beamten wurden durch einen Dienstvertrag (Bestallung) in das Amt eingewiesen; nach dessen Ablauf oder Auflösung mußten sie es wieder verlassen. Dadurch blieb der unmittelbare Einfluß des Landesherrn auf Gericht und Verwaltung in wesentlich stärkerer Weise erhalten, als dies bei der Ämterbesetzung nach lehenrechtlichen Normen der Fall gewesen war. Die Burgpfleger und Landrichter hatten Aufgaben in Verwaltung und → Gerichtsbarkeit wahrzunehmen; sie stellten gegenüber den Hintersassen der fürstlichen → Grundherrschaften, den Vogteileuten (→ Vogt) und den allgemeinen Landgerichtsuntertanen (→ Landgericht) die örtliche Herrschaft dar. Seit dem 13. Jh. entstand die flächenmäßige, lineare Abgrenzung der Amts- und Gerichtsbezirke; auf diese Weise hat das Ämterwesen die spätmittelalterlichen Fürstenstaaten konsolidiert. Hier wurden die Grundlagen für die Staatsentwicklung der frühen Neuzeit gelegt; das Reich hat Vergleichbares nicht hervorgebracht, zumal die spätmittelalterlichen Könige als Landesherren selbst damit beschäftigt waren, Landesherrschaften aufzubauen. Die spätere Geschichtsschreibung hat dies (unter negativem Vorzeichen) als eine dem Reichsgedanken abträgliche „Hausmachtpolitik" bezeichnet. Dabei wird jedoch verkannt, daß die spätmittelalterlichen Könige aus den Häusern Österreich, Bayern und Luxemburg allein auf diesem Weg Geltung und Einfluß erhalten und bewahren konnten, wollten sie als → König etwas bedeuten.

Die vom Fürstentum abhängigen Landrichter hatten die seit der Entwicklung der → Landfrieden neu definierte hohe → Gerichtsbarkeit auszuüben. Damit hatten sie eine die früheren Personenverbände übergreifende Kompetenz erhalten. Nur über die Fürstenstaaten konnte das elementare Anliegen der überörtlichen *Friedenssicherung* erfüllt werden. Daraus ergab sich eine der wichtigsten Entstehungskomponenten der Landesherrschaften.

Seit dem 13. Jh. haben reichsständische Herzogs-, Fürsten- und Grafenfamilien ihre Territorien häufig geteilt. Zunächst handelte es sich meist um die Teilung von Nutzungsrechten und Einkünften unter gleichberechtigten Inhabern einer Herrschaft zu gesamter Hand; daraus entwickelten sich jedoch in den meisten Fällen echte *Herr-*

schaftsteilungen, aus welchen selbständige Fürstentümer hervorgingen. So entstanden aus dem Besitz des Hauses Pfalz-Bayern das pfälzische Territorium am Rhein und das Herzogtum Bayern (endgültig 1329), die beide mehrfach in Sonderlinien und Herrschaften aufgeteilt wurden. Bei den niedersächsischen Welfen gab es seit 1286 die Herrschaften der fürstlichen Linie in Grubenhagen, Göttingen, Braunschweig und Lüneburg; die brandenburgischen Askanier haben ihre norddeutschen Gebiete seit 1258 einer jüngeren und älteren Linie zugeteilt. Nachdem die Zollern die Mark Brandenburg erworben hatten, kam es im 15. Jh. zu Teilungen des Zollernbesitzes dort und in Franken. Die Fürsten und Herzöge von Mecklenburg teilten zwischen 1229 und 1442 ihre Herrschaften mehrfach, ebenso die Markgrafen von Meißen aus dem Haus Wettin; ihre Teilungsanordnung von 1485 hat die bis in die Neuzeit bestehenden Linien der wettinischen Albertiner und Ernestiner begründet. Auch im Haus Habsburg gab es im 14. und 15. Jh. erzherzogliche Linien in den Ländern Ober- und Niederösterreich einerseits und in den innerösterreichischen, tirolischen und alamannischen Besitzungen andererseits.

Diese vom deutschen Hochadel, wie auch den gräflichen und den freiherrlichen Familien geübte Praxis ist für die verfassungsgeschichtliche Entwicklung des Spätmittelalters deshalb von besonderem Interesse, weil sie zeigt, daß Besitz- und Rechtskomplexe unterschiedlicher Herkunft (dynastisches Eigengut, Kirchenvogteieinkünfte, Lehen und Ämter vom Reich) zu einer herrschaftlich-hoheitlichen Einheit zusammengewachsen waren, über die die Inhaber nach erbrechtlichen Normen ihrem dynastischen Interesse entsprechend verfügen konnten. Das Reich versuchte, die Unteilbarkeit der großen Reichslehen und der Grafschaften durchzusetzen; das gelang jedoch nicht. Erst Kaiser Karl IV. setzte in der → Goldenen Bulle (1356) fest, daß die Gebiete, mit denen Amt und Würde der → Kurfürsten verbunden waren, unteilbar sein müßten. Hier setzte sich das Erstgeborenenerbrecht (Primogenitur) durch, das später auch die meisten der größeren Reichsfürstenfamilien einführten, um der sich abzeichnenden, politisch unerwünschten territorialen Zersplitterung entgegenzuwirken. Der dynastische Zusammenhalt innerhalb der Adelsfamilien fand bei Landesteilungen durch Erbfolgevereinbarungen für den Fall des Fehlens erbberechtigter Nachfolger einzelner Linien seinen Ausdruck; gelegentlich blieben auch einzelne Herrschaftsrechte oder -einkünfte im gemeinsamen Besitz mehrerer dynastischer Linien.

Eine wichtige Voraussetzung für die Teilung der fürstlichen Länder war die genaue Ermittlung der Einkünfte und der herrschaftlichen Rechte; deshalb wurden in vielen Territorien Güter- und Abgabenverzeichnisse (→ Urbar) angelegt, die wichtige Quellen für die Sozial-, Rechts- und Wirtschaftsgeschichte darstellen.

c) Funktionen der Territorialherrschaft

Im Spätmittelalter haben die meisten der größeren Reichsstände, die Kurfürsten, Herzöge und Markgrafen, die Erzbischöfe und Bischöfe als Herren ihrer weltlichen Herrschaftsgebiete, territorialstaatliche Rechte und Befugnisse in der Justiz, in der inneren Verwaltung und im Steuer- und Wehrwesen in Anspruch genommen. Bei der hohen → *Gerichtsbarkeit* in Strafsachen und bei Streitigkeiten um Grundstücke wuchsen in der Hand der Fürsten Kompetenzen aus der früheren Grafengerichtsbarkeit und aus der Blutgerichtsbarkeit der → Landfrieden zusammen; sie umfaßte im allgemeinen alle zum Territorium gehörigen Personen. In der niederen Gerichtsbarkeit (→ Niedergericht), die wichtige Entwicklungsimpulse aus der hofrechtlichen Abhängigkeit der Hintersassen erhalten hatte, besaßen die fürstlichen Gerichte die Zuständigkeit der kleinen Kriminalität (Körperverletzung und Beleidigung) und der zivilrechtlichen Forderungsklagen über die landesherrlichen Grundholden, die Vogteileute und über diejenigen Adels- und Klosterhintersassen, die nicht in geschlossenem Adels- oder Klosterbesitz („Hofmark") wohnten. In letzterem Fall stand das Niedergericht dem adeligen oder geistlichen Grundherrn zu. In manchen Teilen des Reiches, besonders im fränkisch-schwäbischen Süden und Südwesten (wo eine größere, aus dem Herzogtum entstandene Fürstenmacht fehlte), trat die hohe Gerichtsbarkeit als Zeichen der Landesherrschaft kaum in Erscheinung; dort haben sich überterritoriale → Landgerichte erhalten.

Die Fürsten besaßen ferner die *Befugnis zum Erlaß allgemein gültiger Gebote und Verbote*; diese hatte außerordentliche Bedeutung für die Regelung vieler Fragen des täglichen Lebens in der öffentlichen Sicherheit, im Straßenverkehr (Geleit) und in der Wirtschaft (→ Handel; → Handwerk). Diese Ordnungsaufgaben haben ihre Wurzeln zum Teil in den → Regalien, zum Teil in der Haus- und Hofherrschaft der Fürsten und bei den → Städten in der landesfürstlichen Stadtherrschaft. Mit dieser allgemeinen Anordnungsbefugnis steht in enger Verbindung das Fürstenrecht zur *Rechtsfeststellung*, die häufig in der Form des gerichtlichen → Weistums vor sich ging und eine wichtige Vorstufe der neuzeitlichen Gesetzgebung war (→ Rechtsaufzeichnungen).

Die Inhaber der Landesherrschaft zogen ihre Untertanen auch zur Leistung von → *Steuern* heran und verlangten *Kriegsdienstleistungen* bei Bedrohung des Landes von außen (→ Wehrwesen). Diese Pflicht wurde für die Untertanen im 15. Jh. drückender, als anstelle der ritterlichen Lehensaufgebote häufiger größere Heerhaufen von Fußkämpfern aus Landsleuten zusammengestellt wurden.

Auch gegenüber kirchlichen Institutionen innerhalb der Territorien nahmen die Landesfürsten Rechte in Anspruch, so daß man schon im Spätmittelalter wenigstens ansatzweise von einer landesfürstlichen *Kirchenhoheit* sprechen kann. Bei Klöstern beruhte sie vielfach auf der → Vogtei, die die Landesherren innehatten; bei den Pfarrkirchen (→ Pfarrei) war meist der Besitz des Kirchenpatronats die Grundlage für einen allgemeinen Einmischungsanspruch bei der Verwaltung der Kirchengüter. Bei der Ausbreitung der reformatorischen Lehren im 16. Jh. hat dieser landesfürstliche Anspruch eine außerordentlich weitreichende Bedeutung erlangt.

Im Lauf des Spätmittelalters gelang es den größeren Reichsfürsten, durch zielbewußten Ausbau der einzelnen Landesherrschaftsrechte die *Landeshoheit* zu erreichen, welche die Grundlage der modernen Staatlichkeit innerhalb des Reiches der Neuzeit gebildet hat. Dadurch wurden die das Hochmittelalter prägenden Beziehungen zwischen den adeligen Herren und den ihnen untergebenen Leuten in einer neuen Weise gestaltet und die Basis für den Obrigkeitsstaat der frühen Neuzeit gelegt. Dies vollzog sich in den Territorien; das macht die Bedeutung der Länder in der Geschichte des Reichsgebiets aus.

d) Landesherren und Landsassen

In der mittelalterlichen Ständeordnung dominierte der → Adel, der dadurch definiert ist, daß seine Angehörigen Herrschaft über andere abhängige Leute ausübten. Daran änderte der Aufstieg der Fürsten zu Landesherren grundsätzlich nichts. Nun bestand jedoch die Notwendigkeit, die bestehenden Adelsrechte gegeneinander abzugrenzen. Dies geschah in den größeren Territorien meist in der Form von vertragsähnlichen Vereinbarungen („Herrschaftsverträgen") zwischen den Fürsten und dem landsässigen Adel, der wegen land- oder lehenrechtlicher Abhängigkeit, wegen dienstrechtlicher Bindungen oder einfach wegen der größeren Bedeutung der Fürsten sich einem übergeordneten fürstlichen Herrschaftsanspruch nicht entziehen konnte. Dabei blieb die höhere, landgerichtische Jurisdiktion den Fürsten, während die niedere („hofmärkische") Gerichtsbarkeit die adeligen → Landstände weiterhin in eigener Kompetenz ausüben konnten. Der auf diese Weise in die Territorien eingebundene → Adel mußte mit seinen Hintersassen auf Anforderung der Landesherren → Steuern entrichten und dadurch zum allgemeinen Landesaufwand seinen Beitrag leisten. Bei der Steuererhebung und bei der Stellung des militärischen Aufgebots hatten die in Landständekorporationen zusammengeschlossenen Adeligen gebietsweise starken Einfluß. Die Stände, zu denen im 14. Jh. auch die Landstädte und die über geschlossenen Grundbesitz verfügenden Klöster Vertreter zu den → Landtagen entsandten, trugen bei zur Festigung des Zusammenhalts der fürstlichen Territorialstaaten, auch wenn sie in politischen oder finanziellen Fragen häufig im Gegensatz zu den Landesherren standen. In vielen Territorien erlangten die Stände Einfluß auf die Besetzung des fürstlichen → Rates, der seit dem 14. Jh. zum zentralen Regierungsorgan wurde, und der wichtigeren → Ämter in der Landesverwaltung und der Gerichtsbarkeit.

Testament

Bis in das Hochmittelalter herauf dominierte im Erbrecht der Grundsatz, daß die nächsten Blutsverwandten der → Familie eines Verstorbenen dessen Nachlaß erhalten. Doch schon in karolingischer Zeit gab es Verfügungen von Todes wegen, durch die kirchliche Institutionen (vor allem Bischofs-, Pfarr- und Klosterkirchen) mit Vermögenswerten bedacht wurden. Dafür mußten die Geistlichen Seelenmessen und Jahrtage zum Seelenheil der Verstorbenen abhalten. Auf diese Weise bürgerte es sich ein, daß Personen über ihren Nachlaß oder Teile davon verfügten, soweit sie diese selbst erworben hatten und kein Anwartschaftsrecht von Erbberechtigten bestand. Wenn derartige Abmachungen von zwei Vertragspartnern getroffen wurden, dann sprach man von *Erbverträgen*, die grundsätzlich unauflösbar waren und beim Tod eines der Vertragschließenden wirksam wurden. Erbverträge zwischen Angehörigen fürstlicher oder adeliger Familien haben wegen der dadurch begründeten Herrschaftsfolge in fürstlichen → Territorien oft bedeutende politische Folgen gehabt.

Im Unterschied zu den Erbverträgen sind Testamente einseitige Rechtsgeschäfte, die der Testator zu Lebzeiten auch widerrufen kann.

Je mehr sich die Bindungen, die innerhalb eines Familien- und Hausverbandes (→ Haus) bestanden, lockerten, um so größer wurden die Möglichkeiten, letztwillig über das eigene Vermögen zu verfügen. Die volle Testierfreiheit wurde zuerst in den → Städten erreicht. Zur Errichtung von sogenannten Privattestamenten genügte die Mitwirkung von mehreren Zeugen; öffentliche Testamente wurden vor Gericht, dem städtischen → Rat oder einem → Notar erklärt.

Unfreie

Im Mittelalter ist die Schicht der Menschen, welche nur reduzierte Persönlichkeitsrechte besaßen, sehr stark differenziert gewesen. Als allgemeines Kennzeichen einer geminderten Freiheit kann gelten, daß der Unfreie keine Freizügigkeit besaß (also auf den Besitzungen seines Herrn wohnen und wirtschaften mußte) und bei der Eheschließung den Partner nur innerhalb des Haus- und Hofverbandes des Herrn (→ Familie; → Haus) suchen durfte (also kein freies Konnubium hatte).

Ausgangspunkt für diese gesellschaftliche Gliederung ist die schon für die germanische Frühzeit zu erschließende Hausherrschaft des voll rechts- und waffenfähigen → Freien, der über die Abhängigen persönliche und sachliche Herrschaft ausübte. Das bedeutete für die Unfreien Dienstleistung für den Herrn und Unterwerfung unter dessen hausherrliche Anordnungs- und Gerichtsgewalt, für den Herrn das Eintreten in Schuld- und Haftungsverhältnisse des Abhängigen nach außen. Dienst des Mannes und Treue des Herrn bedingten einander. Dies ist der Inhalt des noch in spätmittelalterlicher Zeit nachgewiesenen, im Früh- und Hochmittelalter weit verbreiteten → Hofrechts. Der dem Hofrecht unterworfene Unfreie war nach → Landrecht nicht oder nur beschränkt handlungsfähig. Außerhalb des Hofverbandes mußte der Herr den Abhängigen vertreten und für ihn einstehen.

Herrn in diesem Sinn waren Adelige, Freie und kirchliche Institutionen. Besonders letztere, vor allem Bischofskirchen und Klöster, waren im Besitz großer Ländereien, zu denen die die Bauerngüter bewirtschaftenden Leute gehörten. Die unterste Schicht der Abhängigen waren die Angehörigen des unfreien Gesindes; ihre lateinische Bezeichnung „mancipia" besagt, daß sie sich völlig in der Hand (manus) der Herren befanden. Sie waren zu ungemessenen Leistungen jeder Art bei der Bewirtschaftung der → Fronhöfe verpflichtet. Da es in herrschaftlichen → Villikationen auch Bauernwirtschaften und gewerbliche Handwerksbetriebe in größerer Entfernung vom Herrnhof gab, wirtschafteten Abhängige auf solchen Gütern oft recht selbständig. Damit konnten sie eine bessere Rechtsstellung, häufig die personenrechtliche Unabhängigkeit, erlangen. Solche Rechtsverhältnisse kamen auch dann vor, wenn sich freie Bauern mit ihrem Gut in die Schutzherrschaft eines weltlichen oder geistlichen Herrn begaben. Das war eine wichtige Voraussetzung für die spätmittelalterliche → Grundherrschaft, welche sich in Süddeutschland mehr zur Rentengrundherrschaft, in Nordost- und Ostdeutschland mehr zur → Gutsherrschaft entwickelte.

Die der Leibherrschaft unterworfenen *Leibeigenen* waren zur Leistung von Leibzins und, sofern sie ein selbständiges Gut bewirtschafteten, zu Grundzins verpflichtet. Zu den Eigenleuten gehörten auch diejenigen Personen, die nur Grundzins zu entrichten hatten. Das waren die persönlich freien, aber sachenrechtlich an ein Gut gebundenen Grundholden. Sie waren rechtlich besser gestellt, so daß sie auch als *Minderfreie* bezeichnet werden. Für sie kommen auch die Ausdrücke Barschalken, Bar-(Bier-)gilden, Pfleghafte, Liten, Grundhörige vor. Die *Rodungsfreien*, die in Gebieten der Binnenkolonisation (→ Rodung) häufig vorkommen, hatten eine ähnliche Rechtsstellung. Seit dem Hochmittelalter haben besonders im Bereich kirchlicher Grundherrschaften Unfreie die leibrechtliche Bindung durch Zinszahlung an die Herrschaft ablösen können, weshalb diese bessergestellten Unfreien *Zensualen* (Zinsige, Zinser) genannt wurden.

Grundsätzlich wurde die Zugehörigkeit zu den Unfreien durch die Abstammung von unfreien Eltern bestimmt, wobei (gelegentlich noch im 14. Jh.) der Grundsatz galt, daß bei Ehen zwischen freien und unfreien Partnern die Kinder „der ärgeren Hand" folgten, d.h. unfrei wurden; es erscheint jedoch fraglich, die Freien und Unfreien als Geburtsstände zu bezeichnen, weil diese nicht scharf geschieden waren und häufig der Übergang von der einen in die andere Gruppe möglich war.

Dies gilt insbesondere für die ritterlichen Dienstleute großer Herren, die *Ministerialen* (ministeriales). Unfreie Bedienstete, die militärische Dienste als Berittene leisteten, gab es schon in karolingischer Zeit. Durch die Art der Dienstleistung im Heerbann, bei der Burghut (Verwaltung von festen Häusern und → Burgen) und in der Hofhaltung der Herren waren sie aus der Masse der anderen Unfreien herausgehoben. Seit dem 11. Jh. kam es zur Aufzeichnung von Dienstrechten für diese Personengruppe. Da nun auch ihre Lehensfähigkeit anerkannt war und sie im normierten Lehenrecht des 12. Jhs. einen Heerschild erhielten (→ Lehenswesen), näherten sich die ursprünglich unfreien Ministerialen dem Adelsstand (→ Adel). Diese besonders von den Königen aus dem Salier- und Stauferhaus geförderte Entwicklung machte die Reichsministerialen zu wichtigsten Faktoren der Reichsverfassung. Auch andere Hochadelige, besonders die Reichsfürsten, bauten umfangreiche Ministerialenverbände auf; während diese über die Ritterschaft zum Adel gekommenen „Dienstherren" in den Herrenstand aufstiegen und in den landsässigen Adel (z.B. in Brandenburg, Schlesien, Böhmen, Bayern oder Österreich) eingegliedert wurden, gelangten Reichsministerialen (besonders im schwäbischen Südwesten, am Ober- und Mittelrhein und im Moselland) in den Grafenstand und wurden schließlich reichsunmittelbar.

Die geburtsständische Vereinheitlichung des Ministerialenstandes wurde seit dem 12. Jh. offensichtlich auch dadurch gefördert, daß sich Edelfreie in Dienstverhältnisse zu Hochadeligen begaben. Dies mag mit eine der Voraussetzungen dafür gewesen sein, daß die Rechtswirksamkeit der Standesminderung durch unfreie Herkunft an Bedeutung verlor und schließlich zu Ende des Mittelalters ganz unterging.

Die unmittelbaren Folgen der Leibeigenschaft waren rückläufig, seit die Auflösung der großen Herrnhofverbände (→ Fronhof) voranschritt und durch das rechtlich lockere Grundherrschaftssystem von Adel und Kirche (→ Grundherrschaft) abgelöst wurde; diese Entwicklung beschleunigte sich seit den allgemeinen Umwälzungen, die das 13. Jh. brachte. Die stärkeren persönlichen Lasten der Eigenleute traten zunächst in den unfreien Leiherechten der Grundherrschaften in Erscheinung; die unfreien Grundholden waren stärker belastet als die Besitzer freier Leiherechte. Sie mußten neben den anderen Grundherrschaftsabgaben auch noch den Leibzins entrichten. Außerdem war die Freizügigkeit der Eigenleute beschränkt. Die unmittelbare rechtliche Auswirkung des → Hofrechts war jedoch rückläufig, je mehr sich dieser Rechtsbereich dem allgemein verbindlichen → Landrecht annäherte, so daß auch die Folgen der unfreien Leiherechte gegen Ende des Mittelalters denen der freien Leihe ziemlich ähnlich waren. Die Entwicklung wurde durch die Herrschaftsausübung in den landesfürstlichen → Territorien verstärkt.

Universität

Die Geschichte der Universitäten im deutschen Reich beginnt mit der Gründung der hohen Schule in Prag durch König Karl IV., der als Landesherr von Böhmen dort 1348 ein „Studium generale" nach dem Vorbild der im 12. Jh. entstandenen hohen Schule von Paris (der berühmtesten Lehrstätte für Theologie und Philosophie) errichtete; bald wurde auch eine Juristenfakultät nach dem Vorbild der bedeutendsten Rechtsschule des Mittelalters, der Universität Bologna, eröffnet. Weitere Universitäten gründeten die Herzöge von Österreich (Wien 1365/85), die Pfalzgrafen (Heidelberg 1385), die Markgrafen von Meißen (Leipzig 1409), die Herzöge von Mecklenburg (Rostock 1419) und Pommern (Greifswald 1456), Österreich (Freiburg i. Br. 1457; Tübingen 1477, gemeinsam mit Württemberg) und Bayern (Landshut 1472). Auch Städte richteten Hochschulen ein (Erfurt 1392, Köln 1389, Basel 1460, Trier 1473), ebenso der Erzbischof von Mainz in seiner Bischofsstadt (1477). Die Universitäten erhielten den Rechtsstatus eigener Korporationen mit der Befugnis, Satzungen zu erlassen und ihr Vermögen zu verwalten. Sie unterstanden jedoch stets der Aufsicht der Landesherrschaften, die dies aus der Stiftung ableiteten. Zur Vermögensausstattung dienten häufig kirchliche → Pfründen und → Pfarreien, die den mit päpstlichen Privilegien ausgestatteten Körperschaften inkorporiert wurden. Die Privilegierung durch die Kurie war notwendig, weil Theologie und kanonisches Recht Kernfächer der Lehre waren und die Universitäten zunehmend für die Klerikerausbildung wichtig wurden. Außerdem beanspruchte die Kirche die geistlich-geistige Universalität, der die gesamte „Universitas litterarum" unterworfen war. Auch die Inhaber der höchsten weltlichen Gewalt, die Kaiser, nahmen das Recht zur Universitätsbestätigung in Anspruch, was für deutsche Universitäten seit dem 15. Jh. nachgewiesen ist.

Die Gesamtheit der Universitätslehrer und der Studenten war landsmannschaftlich nach Nationen und fachlich nach Fakultäten gegliedert. Voraussetzung für das Studium in den höheren Fakultäten (Theologie, Rechte und Medizin) war die Ausbildung in den „artes liberales", welche die „Artistenfakultät" in den Fächern des Triviums (Grammatik, Rhetorik und Dialektik) und des Quadriviums (Arithmetik, Geometrie, Musik und Astronomie) vermittelte. Dieses Studium wurde mit dem Bakkalaureat abgeschlossen; höhere akademische Grade waren die Magister- und die Doktorenwürde, womit auch die Lehrberechtigung verbunden war. Lehrsprache war Lateinisch, Lehrziel war die Vermittlung des kirchlich autorisierten Wissens in der Theologie, im → römischen und im → kanonischen Recht und in der hippokratisch-galenischen Medizin (→ Seuchen). Inhalt und Methode folgten dem Lehrgebäude der Scholastik, die von der aristotelischen Philosophie ebenso wie von der augustinischen Theologie geprägt war. Die Hochscholastik des 13. Jhs. hatte ihre Hauptvertreter in Albertus Magnus (gest. 1280) und Thomas von Aquino (gest. 1274). Der daraus erwachsene spätscholastische Nominalismus (Hauptvertreter war Wilhelm von Ockham, gest. 1349) verstand sich als moderne Form des Weges zur Erkenntnis. Die Vertreter dieser Lehrmeinungen folgten der „via moderna" im Gegensatz zur „via antiqua" der Thomisten. Dieser sogenannte Wegestreit spielte an vielen Universitäten bis in das 15. Jh. eine wichtige Rolle, bis der aufkommende Humanismus neue Aspekte der wissenschaftlichen Arbeit bot.

Impulse für die Gründung deutscher Universitäten gingen vom großen Schisma der Kirche (seit 1378) aus, da die meisten deutschen Fürsten der Obödienz des römischen → Papsttums folgten, während die bisher vielbesuchte Universität Paris den Päpsten in Avignon anhing. Als Folge der Nationen-Einteilung der Universität Prag verließen zu Beginn des 15. Jhs. zahlreiche Lehrer und Studenten die Stadt. Das führte zur Gründung der Universität Leipzig; auch die Universität Erfurt erhielt dadurch Zulauf.

Vom späteren 15. Jh. an wirkten Juristen, die an Landesuniversitäten im → römischen und → kanonischen Recht ausgebildet worden waren, in fürstlichen Ratskollegien (→ Rat) und in den → Hofgerichten der Territorien. Auch in den großen Reichsstädten wurden rechtsgelehrte Stadtschreiber angestellt.

Urbar

Grundstücke, die einen Ertrag abwerfen, werden als urbar bezeichnet; daraus hat die mittelalterliche Verwaltungssprache den latinisierten Begriff „Urbarium" (in deutschen Quellen: Urbar) für das Verzeichnis von Gütern, die zu einer geistlichen oder weltlichen → Grundherrschaft gehören und dieser Abgaben leisten, geprägt. Als Synonyme kommen vor *Salbücher* (Abgabenverzeichnis vom Salland des Herrnhofes), Grundbücher, Lagerbücher, Zinsregister oder -rodel (schweizerisch; von Rotulus für rollenförmiges Güterregister abgeleitet). Urbare sind seit dem 10. Jh. zuerst aus dem Bereich geistlicher Grundherrschaften überliefert, wo sie entwicklungsgeschichtlich vielfach an Einkünfteregister, welche in Traditionsbüchern überliefert sind, anknüpfen. Aus weltlichen Herrschaften sind Urbare und ähnliche Güter- und Einkünfteverzeichnisse vereinzelt aus dem 12. Jh., in großer Anzahl dann seit dem 13. Jh. erhalten. Dies läßt die Entwicklung zur schriftlichen Verwaltungsabwicklung im geistlichen und dann auch im weltlich-herrschaftlichen Bereich erkennen. Die Urbare stellen wichtige Quellen für die Wirtschafts- und Sozialgeschichte und für die Entwicklung der territorialstaatlichen Herrschaften (→ Territorium) dar, weil die Verwaltung der patrimonialen Grundherrschaften vielfach in enger Verbindung zur Gerichts- und Ämtereinteilung der Territorialstaaten der Fürsten des späten Mittelalters standen. Die bayerischen Herzogsurbare (von etwa 1230 an überliefert), die böhmisch-österreichischen Urbare (13. Jh.), das Habsburger Urbar (1308) und das Landbuch der Mark Brandenburg (1375) lassen dies beispielhaft erkennen.

Urfehde

Die frühmittelalterliche Gesellschaft reagierte auf strafbares Verhalten einzelner Leute in den meisten Fällen mit der → Fehde, die als erlaubte Selbsthilfe zur Wiederherstellung von Friede und Recht galt. Die Fehde konnte auch durch ein Friedensgelöbnis, welches mit einem → Eid bekräftigt war, beendet werden. Dieser Vorgang wurde als Urfehde bezeichnet. Solange die Fehde wirkte, gab es auch die Urfehde; die Öffentlichkeit hatte großes Interesse an der Wiederherstellung befriedeter Zustände durch Urfehdeverträge, so daß unter gewissen Voraussetzungen die Verweigerung der Urfehdeleistung die → Acht nach sich ziehen konnte.

Alle → Bauern und die meisten → Bürger waren nicht fehdefähig. Seit dem 13. Jh. kommt der Ausdruck Urfehde auch bei diesem Personenkreis vor. Bauern oder Bürger leisteten Urfehde bei der Entlassung aus der Straf- oder Untersuchungshaft, womit sie versicherten, sich wegen eventuell erlittener Schäden nicht zu rächen und auferlegte Landesverweisungen zu beachten.

Urkunde

Erst seit dem 15. Jh. erhält das Wort Urkunde die bis heute übliche Bedeutung: Dokument, in dem unter Beachtung bestimmter, die Form, wie den Inhalt betreffenden Regeln Rechts- und Geschäftsvorgänge schriftlich festgehalten sind. Vorher wurden die Schriftstücke als „Briefe" (litterae) bezeichnet. Das Wort Urkunde hatte die Bedeutung von „Beweis" oder „Beweismittel". Die Wortgeschichte zeigt, daß die wichtigste Funktion der Urkunde die Sicherung der Beweiskraft war. Diese Aufgabe wurde im Schriftwesen während des Hoch- und Spätmittelalters in zweierlei Weise erfüllt.

a) Die Siegelurkunde
Größtes Ansehen und unanfechtbare Beweiskraft besaßen die Königsurkunden, deren formaler Aufbau (Formular) durch die Überlieferung der Karolinger-Diplome geprägt war. Zwischen dem Eingangsprotokoll mit Namens- und Titelnennung des Urkundenausstellers und der Bezeichnung des Empfängers und dem Schlußprotokoll mit den Unterschriften, der Beglaubigung und den Zeit- und Ortsangaben der Datierung stand der eigentliche Kontext mit der rechtsgeschäftlichen Verfügung (dispositio). Das wichtigste Zeichen für die inhaltliche und formale Rechtskraft der Königsurkunde war das → Siegel. Nach Schrift, Textformulierung und Besiegelung waren die auf → Pergament ausgefertigten Dokumente in der mannigfaltigsten Weise unterschiedlich gestaltet, was häufig von Rang und Stand des Empfängers und von der Bedeutung der Verfügung abhängig war (→ Goldene Bulle).

Die königliche Siegelurkunde war die Grundlage für die Entwicklung des Urkundenwesens der weltlichen Fürsten, der höheren geistlichen Würdenträger, geistlicher Institutionen (wie Domkapitel, Klosterkonvente) und der Städte. Beginnend im 12. Jh., gewann seit dem 13. Jh. die Siegelurkunde die überwiegende Bedeutung für die schriftliche Dokumentation im Rechts- und Verwaltungsleben. Von öffentlichen → Notaren ausgefertigte Urkunden erreichten im deutschen Reich demgegenüber nur eine geringe Bedeutung. Die Urkunden wurden vornehmlich in → Kanzleien hergestellt, die auch die spätmittelalterlichen Amts- und Geschäftsbücher führten (→ Urbar). Für Briefe und Mandate (Einzelanweisungen für bestimmte Geschäftsvorgänge) wurden in den einzelnen Kanzleien besondere formale und inhaltliche Formen entwickelt; sie bilden die Grundlage für die seit dem 13. Jh. in Einzelstücken, im 14. Jh. in größerer Zahl und im 15. Jh. massenhaft überlieferten Amtsschreiben fürstlicher und städtischer Kanzleien. Aus ihnen entwickeln sich die *Akten*, die aus mehreren, inhaltlich zusammengehörenden Schriftstücken bestehen und, wie die Urkunden und Amtsbücher, in → Archiven gesammelt worden sind.

b) Ältere Geschäfts- und Beweisurkunden

Vom 8. bis zum 10. Jh. sind Urkunden durch geistliche Institutionen (Bischofskirchen oder Klöster) überliefert, mit denen Rechtsgeschäfte über Grundstücke oder Personen (wie Kauf, Tausch, Schenkung) vollzogen worden sind. Die formularhaft abgefaßten Texte, die Unterschriften oder Handzeichen der Beteiligten, die Nennung von Zeugen und die Übergabe der Dokumente an die Empfänger haben die Rechtskraft der Vorgänge bewirkt und, im Fall einer späteren Anfechtung, den Beweis des rechtmäßigen Eigentums ermöglicht. In der Epoche des allgemeinen Rückgangs der Schriftkultur während des 9. und 10. Jhs. wurden solche Urkunden seltener ausgefertigt; man begnügte sich nun meist mit kurzen Notizen, in denen in erster Linie nur mehr die Zeugen des Vorgangs festgehalten worden sind. Wie die älteren Urkunden (cartae) wurden auch die einfachen Notizen (notitiae) von den Empfängern in Handschriften eingetragen. Diese nennt man *Traditionsbücher*, weil sie in erster Linie Eigentumsübergaben (traditiones) enthalten. Da die Kirche in besonderer Weise an der schriftlichen Sicherung ihrer Eigentumsrechte interessiert sein mußte, sind derartige Codizes in großer Zahl bis in das 13. Jh. aus Bischofs- und Klosterkirchen überliefert. Da die Zeugennennung in den Traditionsnotizen nach Ablauf weniger Jahrzehnte kaum mehr Beweiswert hatte, wurden seit dem 12. Jh. solche Niederschriften zur Sicherung der Rechtskraft auch mit Siegeln derjenigen Personen versehen, die durch das Rechtsgeschäft verpflichtet waren. Auf diese Weise setzte sich auch im privaten Rechts- und Geschäftsleben, besonders im Grundstücksverkehr, die Siegelurkunde durch.

c) Die Urkundensprache

Urkunden sind Niederschriften über Rechtsvorgänge, die sicher in der Volkssprache abgewickelt worden sind; in dem nach den Dialekten der deutschen Stämme differenzierten frühmittelalterlichen Deutsch (8. bis spätes 12. Jh.) und dem hochmittelalterlichen Deutsch (spätes 12. bis spätes 13. Jh.) wurde auch vor den Gerichten verhandelt. Gleichwohl sind die Urkunden, welche höchst wichtige Rechtsquellen darstellen, bis in die erste Hälfte des 13. Jhs. ziemlich ausschließlich lateinisch abgefaßt. Dann werden zunächst noch vereinzelt, seit dem späteren 13. Jh. häufig und im 14. Jh. weit überwiegend, die Urkunden deutsch formuliert; auch die → Rechtsbücher sind in deutschen Fassungen überliefert; für Amtsbücher, wie → Urbare, Rechnungs- oder Lehenbücher, gibt es seit dem 13. Jh. deutschsprachige Belege. Ein Grund für das langdauernde Vorherrschen der lateinischen Sprache mag gewesen sein, daß der deutschen Sprache die rechtlich klare Begrifflichkeit fehlte und daß dadurch die Schwierigkeit, in der Volkssprache Rechtszusammenhänge eindeutig zu formulieren, recht groß war. Außerdem waren bis ins Spätmittelalter die Verfasser der Urkunden (→ Notare) Geistliche, welche der überregional verständlichen Kult- und Geschäftssprache des Lateinischen mächtig waren. Im Schriftverkehr mit geistlichen Empfängern und mit solchen des außerdeutschen Sprachraums dominierte das Lateinische bis in die Neuzeit.

Daß die Sprache der Urkunden und des anderen Kanzleischriftgutes seit der zweiten Hälfte des 13. Jhs. das Deutsche wurde, hängt vor allem mit der wachsenden Bedeutung des Urkundenbeweises im Gerichtsverfahren (→ Gerichtsbarkeit) zusammen. Da nur das mündlich Vorgetragene im Prozeß wirksam war, mußte die im Verfahren verlesene Urkunde in der Volkssprache abgefaßt sein.

d) Urkundenfälschungen

Die Urkunden weltlicher und geistlicher Autoritäten, in erster Linie der Kaiser, Könige und Päpste, waren grundsätzlich unanfechtbar, gewährten also einen hohen Grad von Rechtssicherheit. Der mittelalterlichen Rechtsanschauung entsprechend, hatte der Nachweis älterer Rechtsansprüche den Vorrang vor jüngeren Verlautbarungen (→ Rechtsaufzeichnungen). Dies führte dazu, daß vom 10. bis zum 13. Jh. außerordentlich viele Herrscherurkunden von Empfängern in fälschender oder verfälschender Absicht hergestellt worden sind, um für vermeintliche oder auch offensichtlich zu Unrecht beanspruchte Rechte schriftlich beurkundete Grundlagen zu erhalten. Obwohl zu keiner Zeit an der objektiven Rechtswidrigkeit derartiger Manipulationen Zweifel bestehen konnten, fehlte vielen Urkundenfälschern oder -verfälschern das subjektive Unrechtsbewußtsein, wenn sie Dokumente zum Nachweis guter (und deshalb möglichst alter) Rechte herstellten. Der Nachweis von Fälschungen war im Mittelalter nur schwer möglich, da die Kenntnis der Kanzleigewohnheiten, welche Falsifikate erkennen lassen, wenig verbreitet war. Bekannt sind die Urkundenfälschungen des Bischofs Pilgrim von Passau (971–991), der damit seinem Bischofssitz den Rang eines Erzbistums verschaffen wollte. Diese Aktion gelang nicht. Im 12. Jh. häuften sich die in Klöstern angefertigten falschen Urkunden über Vogteiverhältnisse. Außer Geistlichen haben auch weltliche Fürsten Urkundenfälschungen herstellen lassen; ein vielerörterter Fall ist das „Privilegium maius" des österreichischen Herzogs Rudolf IV. (um 1360), der damit die Vorrechte, welche die → Kurfürsten durch die → Goldene Bulle (1356) erlangt hatten, dem Haus Österreich sichern wollte (→ Erzherzog).

Die Feststellung falscher oder verfälschter Urkunden ist eine der wichtigsten Aufgaben der Urkundenlehre (Diplomatik), die vom 17. Jh. an bis heute den damit zusammenhängenden Problemen nachgeht. Neben der Ermittlung des der Fälschung zugrundeliegenden ursprünglichen Sachzusammenhangs sind Zeit und Umstände der Fälschungsaktionen zu erforschen, womit wichtige Erkenntnisse für die Fälschungsepoche zu gewinnen sind.

Verlagssystem

Organisationsform der Gewerbeproduktion. Seit der Zeit um 1400 wurde es nach französischen und italienischen Vorbildern zunächst in Oberdeutschland (vor allem bei der schwäbischen Tuchproduktion und im Nürnberger Metallgewerbe) üblich, daß ein meist dem Kaufmannsstand angehöriger Verleger dem produzierenden Handwerker Herstellungsaufträge erteilte, das Rohmaterial vorstreckte („verlegte"), die Produkte gegen Festpreise abnahm und auf der Grundlage entsprechender Marktkenntnisse den Absatz der Waren in größerem Stil organisierte. Produzierende Handwerke, deren Meister sich dem Verlagssystem anschlossen, erlangten dadurch erhebliche Wettbewerbsvorteile gegenüber den → Handwerken, die in der Organisationsform der → Zünfte verharrten und dadurch, je länger umso mehr, in der wirtschaftlichen Entwicklung behindert waren. Die Verleger beschäftigten häufig Heimarbeiter, die keiner Zunft angehörten.

Villikation

Verband von bäuerlichen Anwesen mindestens einer größeren Dorfsiedlung (daher die Bezeichnung villicatio, die von villa, das Dorf, abgeleitet ist) um den Mittelpunkt eines → Fronhofes, der Wohn- und Herrschaftssitz des adeligen Herrn oder des Beauftragten der geistlichen Herrschaft (→ Meier) war. Zu großen Villikationen (Fronhofsverbänden) konnten auch mehrere Fronhöfe gehören. In diesen dominierte die herrschaftliche Eigenwirtschaft; in den den Fronhöfen zugeordneten, zu bäuerlichen Leiherechten ausgegebenen Höfen wirtschafteten Abhängige des Villikationsherrn. Oft waren Siedlungseinheiten auch die kirchlichen Einheiten (Eigenkirche; → Pfarrei). Die der Herrschaft Unterworfenen genossen in vielfach differenzierter Weise persönliche oder dingliche Freiheitsrechte (→ Freie; → Unfreie). Neben der agrarischen Tätigkeit spielte auch das Gewerbeleben eine wichtige Rolle in den Fronhofsverbänden. Aus der autarken Hauswirtschaft entwickelten sich früh die Metallhandwerke und die Müllerei (→ Handwerk) zur wirtschaftlichen Selbständigkeit; diese und auch die Handwerke der Textilproduktion (Weberei) erreichten in den Fronhofsbetrieben einen solchen technischen Stand, daß die Fronhofshandwerker bei der Abwanderung in die seit dem 12./13. Jh. massenhaft entstehenden → Städte die Grundlage für die städtische Handwerkerschaft bilden konnten. Die Entwicklung des Städtewesens war einer der wesentlichen Gründe für den Rückgang der Villikationen, die sich seit dem 12. Jh. meistens auflösten, wobei die Fronhöfe entweder zu Zentren der (ostdeutschen) → Gutsherrschaft oder auch zu Regiebetrieben adeliger Hofmarksherren werden konnten. Die Villikation kann als wirtschaftlich-soziale Organisationsform der verhältnismäßig statisch angelegten Gesellschaftsordnung bis zum 12. Jh. gelten. Mit der allgemein wachsenden gesellschaftlichen Mobilität in personaler, wie in lokaler Hinsicht, mit dem Wandel in der Adelsschicht (→ Adel) und mit dem Wandel im personalen Freiheitsbegriff löste sich das auf den Fronhöfen aufbauende Villikationssystem auf. Dieses System war bei den wirtschaftlich und sozial höchst differenziert entwickelten Völkern, die in den Ländern von den Küsten der Nordsee und Ostsee bis zu den Alpen und zum Schweizer Jura lebten, die Basis für die weitere Entwicklung der → Grundherrschaften des Adels und der Kirche im Spätmittelalter.

Vogt, Vogtei

Vogt (advocatus) und Vogtei (adovocatia) gehören zu den wichtigsten Begriffen der mittelalterlichen Verfassungs- und Rechtsentwicklung. Sie kommen in unterschiedlichen Bedeutungsbereichen vor.

a) Im landrechtlichen Bereich

Nach der früh- und hochmittelalterlichen Rechtsordnung war nur der wehrfähige Mann, der sein Recht in der → Fehde selbst verwirklichen konnte, voll rechtsfähig. Alle anderen Personen standen unter der → Munt eines solchen Wehrfähigen, der ihr Vogt war. Seit der Frühzeit waren die Besitzbereiche des → Adels vielfach aus dem Amtsbereich der → Grafen herausgenommen, sie waren den Grafen gegenüber „immun", sie stellten → *Immunitäten* dar. In besonderer Weise galt dies für den Kirchenbesitz der Bistümer und Klöster, die seit dem frühen 9. Jh. Vögte haben mußten. Hier liegt die Wurzel der kirchlichen Immunität.

Unter der allgemeinen landrechtlichen Vogtei standen die → Frauen, die Kleriker, die abhängigen → Bauern und die → Fremden sowie (wegen der Religionsverschiedenheit) die → Juden. Bei den Frauen war dafür maßgebend, daß sie von Natur aus nicht zum vollen Waffengebrauch befähigt waren. Geistliche durften wegen des vom Kirchenrecht geforderten Verbots der Gewaltausübung keine Waffen tragen; die Bauern hatten das Waffenrecht eingebüßt, weil sie wegen der Bindung an die Güter für längere Kriegs- oder Fehdezüge nicht abkömmlich waren; die Land- und Glaubensfremden standen außerhalb der Rechtsordnung und bedurften deswegen eines Vogtes. Die Schutzgewalt über die Juden nahm der König in Anspruch; das begründete die Kammerknechtschaft der Juden. Dieses Recht ging dann an die Reichsfürsten über (→ Regalien). Die aus der Berufsausübung abgeleitete, persönlich wirksame Vogtei der Kleriker konnte nur beim niederen Klerus (Pfarrer und andere Seelsorger, Benefiziaten und Hilfsgeistliche) durchgesetzt werden. Die höheren kirchlichen Würdenträger (Prälaten) erhielten weltliche Besitz- und Herrschaftsrechte zur Ausübung übertragen, so daß ihre volle Rechts- und damit auch die volle Waffenfähigkeit nicht fraglich sein konnte. So war auch die Blutbannausübung durch geistliche Landesherrn auf die Dauer nicht zu verhindern; 1298 hat darum Papst Bonifaz VIII. das Verbot der Blutbannausübung durch Geistliche aufgehoben.

Vogteiartige Herrschaft gab es auch bei Sachen, die im öffentlichen Gebrauch standen, wie → Straßen oder → Forste und Gewässer. Das bildete die Grundlage für königliche, später landesfürstliche, Vorbehaltsrechte, die → Regalien.

In den Adelsimmunitäten der Karolingerzeit wurde die → Gerichtsbarkeit durch Vögte der Immunitätsherren wahrgenommen. Die Grafen hatten über sie gewisse Aufsichtsrechte. Die Grafenämter waren in Händen derselben Adelsschicht, die auch die großen Immunitäten besaß; darum ging die Bedeutung des vom Königtum abhängigen Grafenamts in der Gerichtsbarkeit zurück, so daß schließlich das autogene Adelsrecht dominierte und die Adelsvogteien der Immunitäten zur Grundlage der hochmittelalterlichen Dynastenherrschaften wurden. Diese bildeten eine der wichtigsten Voraussetzungen für die → Territorien der spätmittelalterlichen Reichsfürsten.

b) Im kirchlichen Bereich

Von der Bevogtung der Kleriker ist die Vogtherrschaft über das Kirchengut zu unterscheiden. Während die meisten Pfarrkirchen (→ Pfarrei) unter der Vogtei ihrer Eigenkirchenherren standen, mußten die Bischofskirchen und Klöster seit karolingischer Zeit Vögte bestellen, die im allgemeinen dem Hochadel angehörten. Das Kirchengut ging meist auf Schenkungen und Stiftungen zurück, wobei Schenker und Stifter als Vögte über das Stiftungsgut den Kirchen oder den Klöstern verbunden blieben; deshalb waren die Vogteirechte in viele Einzelkomplexe aufgelöst. Die Inhaber der Vogtei über die Bischofskirche selbst galten als Hauptvögte (Kastvögte) der Bistümer; es gab neben ihnen aber viele Herren, die Vogteien über einzelne Gutskomplexe der Bischofs- und Domkapitelgüter ausübten. Bei den Klöstern war es ähnlich; die Gründerfamilie hatte weiterhin die Vogtei (Gründervogtei) über die Klostergüter inne. Die Rechte der Vögte waren nicht nur auf die Vertretung der bevogteten Institutionen vor Gericht oder gegenüber Ansprüchen anderer Herren beschränkt, sie umfaßten auch die Wahrnehmung von Ordnungs- und Herrschaftsrechten innerhalb der vogteilichen Immunitäten und damit die Jurisdiktion über die auf den Kirchengütern lebenden Hörigen. Die Immunitäten waren der Einwirkung der Grafen entzogen; die Vögte erhielten umso größere Bedeutung, weil sie über die Kirchenhintersassen außer der hofrechtlichen Muntherrschaft (→ Hofrecht) auch noch die landrechtliche Gerichtskompetenz in Anspruch nehmen konnten. Die Klostergründer und die Stifter von Gütern zu den Bischofskirchen waren einerseits Wohltäter kirchlicher Institutionen, nahmen andererseits aber auch alle Möglichkeiten wahr, über die Vogtei den herrschaftlichen Einfluß über die Kirchengüter auszubauen. Die eigentliche Schutzfunktion der Vögte entwickelte sich zu einem allgemeinen Einmischungsanspruch, welcher von den Vogteiherren oft in rücksichtsloser und machtgieriger Weise ausgeübt wurde.

Dagegen wurde in den kirchlichen Kreisen Widerspruch laut. Die Kirchenreformbewegung wandte sich seit dem späten 10. Jh. gegen die Auswüchse des Vogteiwesens. Der Investiturstreit des 11. und 12. Jhs. richtete sich gegen die auf dem Vogteigedanken aufbauende Kirchenherrschaft des Königs ebenso wie gegen die Kirchenherrschaft des Adels im allgemeinen. Das Ergebnis war die Zurückweisung der Ansprüche der Vögte.

Dieser komplizierte und vielschichtige Vorgang läßt sich in folgender Weise gliedern: Die Vogteien über die Bischofskirchen blieben auch nach dem Wormser → Konkordat (1122), das den Abschluß des Investiturstreites (→ Investitur) gebracht hatte, in Händen des dynastischen Hochadels oder des Königshauses; daran änderte sich auch nichts im Anfangsstadium der Entwicklung der weltlichen Herrschaftsgebiete der geistlichen Fürsten, der Hochstifte. Im Lauf des 13. Jhs. gelang es jedoch nahezu allen Erzbischöfen und Bischöfen, die Herrschaft der Hauptvögte abzuschütteln. Meistens bot dazu das Aussterben der Vogtfamilie den Anlaß, indem die Bischöfe die Bestellung neuer Vögte zu verhindern wußten (z.B. beim Aussterben der Staufer wurde 1268 die Bischofskirche von Augsburg vogtfrei). Die allgemeine Schirmvogtei des Königs über die Reichskirche blieb zwar erhalten; damit waren jedoch keine wesentlichen rechtlichen Eingriffsmöglichkeiten mehr verbunden. Die Schirmvogtei stärkte vielmehr das Beziehungsgefüge zum Reich und begünstigte somit die Entwicklung der geistlichen → Territorien. Zahlreiche Lokalvogteien über Güter von Bischofskirchen und von Domkapiteln blieben in Händen des reichsfürstlichen Dynastenadels. Die damit verbundenen Herrschafts- und Gerichtsrechte dienten den Fürsten im Spätmittelalter zum Ausbau ihrer Territorialstaaten. Dabei wurde die → Grundherrschaft, welche den geistlichen Institutionen blieb, von der Gerichtsherrschaft (→ Gerichtsbarkeit), die die weltlichen Fürsten für ihre Territorien beanspruchten, getrennt.

Die Klöster und Klostergüter standen meist unter der Vogtei der Gründer oder der Stifter der Güter. Bei manchen der alten, in frühkarolingischer Zeit gegründeten, großen Abteien verlief die Entwicklung in ähnlicher Weise wie bei den Bischofskirchen; wo es den Äbten und Konventen gelang, die Herrschaft der Vogtfamilien abzuschütteln, erlangte das Kloster die Reichsstandschaft (z. B. St. Emmeram in Regensburg, Stablo und Malmedy). Meist kamen die Vogtrechte jedoch in die Hände der Landesfürsten entweder durch Erbgang beim Aussterben der adeligen Vogtfamilien oder auch durch Usurpation und Gewalttätigkeit. Daraus entwickelte sich der spätmittelalterliche allgemeine Klosterschutz der Landesfürsten.

Diesen wurden auch viele der Gründungsklöster des 12. Jhs. unterworfen. Hier war unter dem Einfluß der gleichzeitigen Kirchenreformbewegung die Stellung der Vögte etwas anders geregelt gewesen. Die Gründervögte aus dem Dynastenadel benötigten zur Ausübung der → Gerichtsbarkeit die königliche Bannleihe; das stärkte zwar den königlichen Einfluß auf die Dauer nicht, bewirkte aber doch eine Lockerung der Bindung an die adelige Gründersippe. Dies kam der Entwicklung der spätmittelalterlichen territorialstaatlichen Kloster- und Kirchenherrschaft zugute.

Viele der Reformklöster bemühten sich um den „päpstlichen Schutz", der primär in geistlicher Weise die Unabhängigkeit und Freiheit der Konvente von weltlicher Einmischung, besonders der Vögte, sichern sollte. Der Zisterzienserorden erreichte bei seinen Klostergründungen, daß die Vogtei allgemein auf eine päpstliche und königliche (beziehungsweise landesfürstliche) Schirmvogtei reduziert wurde, mit der nachhaltige Herrschaftsrechte nicht mehr verbunden waren. Zur Erinnerung an frühere herrschaftliche Abhängigkeiten blieben unter der Bezeichnung von „Vogteiabgaben" Zahlungsverpflichtungen der ehemaligen Vogteihintersassen bestehen.

c) In der Reichsgutsverwaltung

Die Verwaltung von Reichsgütern lag häufig in Händen von Ministerialen (→ Unfreie), die besonders seit der Stauferzeit den Amtstitel „Vogt" führten. Der Titel mag sich in Anlehnung an die allgemeine landrechtliche Königsvogtei oder auch an die zahlreichen Kirchenvogteien, welche die Königsdynastien besaßen, eingebürgert haben. Reichsgutsbezirke, die in Vogteien eingeteilt waren, gab es am Oberrhein, in Schwaben und Franken, im Egerland und im thüringisch-obersächsischen Gebiet. Bis in die Gegenwart hat sich die Landschaftsbezeichnung Vogtland im sächsisch-thüringisch-bayerischen Grenzgebiet erhalten; es handelt sich dabei um eine Gegend, in der seit dem 12. Jh. größere Reichsgutskomplexe von Vögten verwaltet wurden. Diese waren ursprünglich Ministerialen, die den Amtscharakter der Vogteiverwaltung in ein Lehenverhältnis umwandeln und auf diese Weise ein territoriales Fürstentum aufbauen konnten.

König Rudolf von Habsburg bemühte sich im späteren 13. Jh., die nach dem Tod des letzten Staufers (1268) dem Reich entfremdeten Güter wieder in unmittelbare königliche Verwaltung zu nehmen und setzte dafür *Landvögte* ein. In der Schweiz, in Schwaben, im Elsaß, in der Wetterau und in Franken entstanden Landvogteien; auch der habsburgische Stammbesitz in der Schweiz wurde von Vögten verwaltet. Das Reichsgut ließ sich auf diese Weise jedoch nicht zusammenhalten; die von Vögten verwalteten Güter gingen meist an fürstliche Territorien über. Einige Landvogteien blieben habsburgischer Besitz in Vorderösterreich.

Wappen

Die Wortgeschichte des Ausdrucks Wappen gibt den wichtigsten Hinweis auf die Entstehung des vom Hochmittelalter bis heute weit verbreiteten Wappenwesens: Wappen ist die niederdeutsche Form für Waffen. Gemeint ist damit die wichtigste Verteidigungswaffe des Ritters, der Schild (→ Rüstung). Auf ihm wurden, wohl schon seit dem späten 11. Jh., farbige Kennzeichen angebracht, um den durch die Rüstung mit dem geschlossenen Helm nicht mehr erkennbaren Reiter identifizieren zu können. Der Wandel der Kriegstechnik (→ Wehrwesen), wodurch der berittene Kämpfer zum wichtigsten Bestandteil des Kampfaufgebotes geworden war, gab den wesentlichen Impuls zur Entstehung des Wappenwesens. Durch die großen Heere der Kreuzfahrer (→ Kreuzzug) seit dem Ende des 11. Jhs. dürfte diese Gewohnheit zur Kennzeichnung der Reiter besonders verbreitet worden sein.

Die Wappenzeichen wurden zuerst auf dem Schild des Ritters angebracht, dann auch auf dem Helm („Helmzier"), dem Waffenrock, der Pferdedecke und auf der Fahne. Die ältest überlieferten Bilder stellen die Könige des Tierreiches dar, den Adler (vor allem beim König und seinem Gefolge) und den Löwen (besonders bei reichsfürstlichen Adeligen seit dem 12. Jh. verbreitet). Als weitere Identifizierungsmerkmale wurden neben den Wappenbildern (den *gemeinen Figuren*) schon bald (noch im 12. Jh.) auch einfache geometrische Teilungen der Schildfläche gewählt, die *Heroldstücke*. Bekannte Beispiele dafür sind die Vierung des Zollernschildes (Teilung der Schildfläche durch eine horizontale und eine vertikale Linie in vier Felder), die Rautenteilung des Bayernwappens seit der Mitte des 13. Jhs. oder der österreichische „Bindenschild", bei dem die Schildfläche durch zwei horizontale Linien in drei Teile zerlegt ist. Bei diesen geometrischen Teilungen wird besonders deutlich, daß jedes Wappen farbig ausgeführt werden mußte, um die Figuren und die Felder (bei den geometrischen Teilungen) individuell dem Wappeninhaber entsprechend zu kennzeichnen. Seit den Anfängen des Wappenwesens gilt daher die Regel, daß ein Wappen in einem Schild stehen muß und daß die Felder und Figuren nach Form und Farbe definiert sind.

Die Gewohnheit, Wappen als Erkennungszeichen zu führen, nahmen schon bald nach ihrem Aufkommen im ritterlichen Heerwesen andere, nicht zum ritterlichen Adel gehörige Kreise und Institutionen auf. Für Bischöfe und Äbte, Hochstifte und Klosterkonvente sind ebenso wie für Städte schon im 13. Jh. Wappen nachgewiesen. Überliefert sind die Wappen hauptsächlich auf → Siegeln; daneben sind seit dem 13. Jh. Wappenbücher erhalten, die vor allem deshalb wichtig sind, weil sie auch die Farben der Wappen erkennen lassen.

Wappen konnten ursprünglich nur Ritter führen; das führte dazu, daß das Wappenrecht zum Adelsprivileg wurde, das auch dem städtischen Patriziat zukam. Wie Erhebungen in den Adelsstand, so konnte seit dem 14. Jh. auch die Wappenfähigkeit durch eine königliche oder reichsfürstliche Verleihung erlangt werden, wie sogenannte Wappenbriefe (Urkunden über die Verleihung eines Wappens) zeigen. Auch Hofpfalzgrafen haben Wappenbriefe ausgestellt (→ Pfalzgraf). Mit dem Wappenrecht war die Siegelmäßigkeit, das Recht ein Wappensiegel zu führen und damit Urkunden zu beglaubigen, verbunden.

Die künstlerische Blütezeit des Wappenwesens liegt im Spätmittelalter vom 13. bis zum 15. Jh. Die Zahl der Wappeninhaber nahm außerordentlich stark zu. Genaue Kenntnisse über die richtige Form und über das individuelle Recht zur Wappenführung konnten nur mehr Spezialisten besitzen; dies führte zur Bildung des Standes der → *Herolde*, die sich im Gefolge von Fürsten als besondere Sachkenner des Wappenwesens (seitdem Heraldik genannt) hervortaten, bei Turnieren (→ Zweikampf) als Gutachter über die Zulassung adeliger Bewerber wirkten und damit allgemein zu fürstlichen Zeremonienmeistern und zu Verkündern wichtiger Nachrichten wurden.

Die Gestaltung der Wappen beeinflußte seit dem 13. Jh. auch die

Entwicklung der *Fahnen*. Diese waren zur Kennzeichnung von militärischen Einheiten auf dem Feldzug („Feldzeichen“) seit frühmittelalterlicher Zeit überall in Gebrauch (→ Rüstung). Das an einer Lanze befestigte rechteckige oder dreieckige, einfarbige Stück Stoff signalisierte dem Krieger die Zugehörigkeit zum Verband des Herrn, dessen Wappenbild auf dem Tuch des *Banners* wiederkehrte. Die Fahnenlanze wurde zum Rechtssymbol, das beispielsweise bei der lehenrechtlichen → Investitur als Sinnbild verwendet wurde. In Anlehnung an die farbige Ausführung der Wappen wurden im Spätmittelalter die von den Wappeninhabern geführten Fahnen mehrfarbig gestaltet, indem die Farben der Wappenfigur und des Wappenfeldes in den verschiedenfarbigen Streifen der Fahne ihre Darstellung fanden. In aller Regel zeigen deshalb die alten Fahnen nur zwei Farben; erst seit dem 16. Jh. kommen die „Trikoloren“ auf.

Wehrwesen

Die Pflicht, bei einer Bedrohung durch äußere Feinde zu den Waffen zu greifen und unter der Führung des → Herzogs ins Feld zu ziehen, traf ursprünglich jeden waffenfähigen Mann, der für die Ausrüstung selbst sorgen mußte und die Kosten des Einsatzes zu tragen hatte. Dies war jedoch schon in karolingischer Zeit nicht mehr allgemein durchführbar, weil die Aufwendungen für → Rüstung und Pferde die Masse der → Freien sehr stark belasteten. Außerdem waren viele zum Kriegsdienst verpflichteten Leute gerade in der für Feldzüge allein in Frage kommenden Sommer- und Herbstzeit aus Gründen der Wirtschaftsführung in der Heimat nicht entbehrlich und deshalb auch nicht abkömmlich. Diese Gegebenheiten bewirkten, daß sich viele dienstpflichtige Freie in den Schutz eines vermögenderen Herrn begaben, der als Gegenleistung für die Einordnung in seinen Haus- und Hofverband die Kriegsdienstlasten übernahm. Auf diese Weise hat bis ins Hochmittelalter ein Teil der ursprünglich freien bäuerlichen Bevölkerung das Waffenrecht und damit einen wichtigen Teil der mittelalterlichen Rechtsfähigkeit verloren (→ Unfreie).

Das Recht, die zum Wehrdienst Verpflichteten aufzurufen, wurde als *Heerbann* bezeichnet; es kam dem König zu. Er war der oberste Kriegsherr. Mit der zunehmenden Feudalisierung der mittelalterlichen Adelsgesellschaft (→ Adel) wurde der Kriegsdienst zur wichtigsten Pflicht des Lehensmannes, der als ritterlicher Vasall diente

(→ Lehenswesen). Mit der Entwicklung der vasallitischen Dienstleistung ging der Wandel der Kriegstechnik Hand in Hand. Der Kern des mittelalterlichen Heeres bestand aus gepanzerten Reitern. Die Handhabung der neuen Waffentechnik war schwierig; die Fähigkeit dazu verlieh dem mittelalterlichen Ritter (→ Herr) Ansehen.

Es gab zwar stets, wenn auch häufig nur in rudimentärer Form, das allgemeine Landaufgebot der mit Hieb- oder Stichwaffen ausgerüsteten Fußkämpfer. Aber für die großen Unternehmungen der unter der Leitung der Könige stehenden Rom- und Italienzüge und der → Kreuzzüge bildeten die über die Lehenspflicht aufgebotenen Ritterkontingente den Kern der Heere.

Die Vasallen der Krone hatten aus der lehenrechtlichen Verpflichtung heraus die Kriegsdienste zu leisten; sie zogen dazu ihre eigenen Lehensleute heran, so daß sich das Reichsheer zu einem Kontingentsheer der großen Lehensleute wandelte. Neben den Reichsfürsten (→ Fürst) und den anderen unmittelbar vom König Belehnten waren besonders die Reichsdienstmannen, die Ministerialen (→ Unfreie), zum Dienst im Reichsheer verpflichtet. Das hat ihnen den Zugang zur Adelsgesellschaft ermöglicht. Seit der ottonischen Zeit hatte auch die Reichskirche aufgrund der vom König übertragenen Güter Aufgebote zum Heerbann zu schicken.

Die Verpflichtung zur Teilnahme an Heereszügen war jedoch nicht unbeschränkt. Seit dem 12. Jh. mußten die Kronvasallen den Aufrufen zu Italienzügen nur dann folgen, wenn es sich um die Krönungsfahrt nach Rom handelte. Lehensleute aus den Gebieten östlich der Elbe waren im allgemeinen nur zu Diensten gegen die östlichen und südöstlichen Nachbargebiete (Wenden, Polen, Böhmen) verpflichtet. Auch der Herzog von Österreich hatte seit der Erhebung der Ostmark zum Herzogtum (1156) das Privileg, Kriegsdienste nur in den an seine Herrschaft angrenzenden Ländern leisten zu müssen. Auch die Dauer der Kriegszüge, zu denen der Lehensmann verpflichtet war, wurde seit dem 12. Jh. im allgemeinen auf sechs Wochen begrenzt. Nun war es auch möglich, die persönliche Dienstleistung durch Geldzahlungen abzulösen. Das ergab für den Aufgebotsherrn die Möglichkeit, *Soldritter* anzuwerben; das waren rittermäßige Adelige, die gegen Sold ins Feld zogen. Hier ist eine Wurzel des Söldnerwesens, welches das Kriegswesen des Spätmittelalters beherrscht, zu erkennen. Ein weiterer Grund ergab sich aus dem seit dem 14. Jh. in Erscheinung tretenden Wandel der Kriegstechnik. Die letzte große Reiterschlacht auf dem Boden des deutschen Reichs fand 1322 auf dem Feld zwischen Mühldorf und Ampfing in Oberbayern statt, als die Heere der Kronprätendenten Ludwig von Bayern und Friedrich von Österreich aufeinanderstießen. Später wurden die Kämpfe durch den Einsatz von Söldnern, die zu Fuß kämpften, entschieden.

Die enge Verbindung zwischen Kriegsdienstleistung und Lehenswesen bewirkte die rechtlich normierte Standesdefinition der zum Waffendienst verpflichteten, dazu aber auch befugten und berechtigten Personen. Als → *Fehde* war der Waffengebrauch an die Einhaltung bestimmter Regeln gebunden; das galt für Auseinandersetzungen zwischen einzelnen Fehdefähigen ebenso wie für Kriege zwischen Königen und Fürsten, denen die jeweils zugeordneten Lehensgefolge dabei zu dienen hatten.

Theoretisch war der Kriegsdienst durchdrungen von der Idee des ritterlichen Verhaltens, mochte die Wirklichkeit des Feldzugs auch ganz anders ausgesehen haben. Unterstützt wurde diese Idealisierung durch die Fundierung der ritterlichen Ethik in der christlichen Lehre, wodurch der Kampf gegen die Heiden und Ungläubigen als besondere Leistung des miles christianus gekennzeichnet war. Dazu kam, daß nach Augustins Lehren der Krieg als bellum iustum gerechtfertigt und daß der deutsche Episkopat in besonderer Weise zu Kriegsdienstleistungen für den König verpflichtet war und viele Bischöfe als Angehörige der Adelsschicht Kriegsdienst leisteten. Die → Kreuzzüge wurden als christlicher Kampf gegen die Ungläubigen verstanden; dies war auch bei Aktionen gegen die Wenden und andere Slawen und schließlich im Kampf gegen die Hussiten im 15. Jh. der Fall. Daß dazu stets auch wirtschaftliche, politische und soziale Motivketten zu allen Zeiten die kriegerischen Auseinandersetzungen bedingten, versteht sich von selbst.

Die *Strategie* der Ritterheere war meistens darauf abgestellt, den Gegner von mehreren Seiten anzugreifen und dann auf einem (häufig auch zwischen den Gegnern vereinbarten) Feld die Entscheidung in der Schlacht zu suchen. Taktisch bewegten sich die Ritter wie Einzelkämpfer, die jeweils einen Gegner suchten.

Diese als Tjost bezeichnete Kampfart lebte in den Turnieren (→ Zweikampf) fort, nachdem die Ritterheere von den Landsknechtsaufgeboten (→ Landsknecht) abgelöst worden waren.

Nun wurden die Heere in erster Linie von Fußkämpfern, die mit langen Spießen ausgerüstet waren, gebildet; sie setzten sich meist aus angeworbenen Söldnern und aus den von den Städten zum Kontingent des jeweiligen Stadtherrn gestellten Heerscharen zusammen.

Die mit langen Spießen ausgerüsteten Fußsoldaten wurden in tiefgestaffelten Vierecken aufgestellt, die dem Ansturm der Reiter häufig standhalten konnten. Das Reiterheer verlor seine kampfentscheidende Bedeutung.

Wie der Ritter hatte der Söldner für die Ausrüstung (→ Rüstung) und die Verpflegung auf dem Zug selbst zu sorgen. Der Bedarf sollte auf den lokalen Märkten gedeckt werden; daß es dabei vielfach zu Gewalttätigkeiten und Übergriffen der Bewaffneten gekommen ist, lag auf der Hand.

Weinbau

Die landwirtschaftliche Sonderkultur des Rebenanbaus und die Kellereiwirtschaft sind seit der Spätantike in den Rhein- und Moselgebieten und in den oberdeutschen Ländern südlich des obergermanischen und rätischen Limes' bekannt. Offensichtlich wurden sie von der romanisierten, gallokeltischen Bevölkerung den Germanen der fränkisch-alamannisch-baiuwarischen Stämme tradiert, wie die einheitliche Lehnwort-Terminologie des Bedeutungsfeldes Wein und Weinbau zeigt. Da Wein das mittelalterliche Volksgetränk war, legten im Altsiedelland (→ Rodung) und bei der → Kolonisation der Ostgebiete die Siedler neue Rebenflächen an. In vielen Lagen, wenn sie klimatisch nur einigermaßen geeignet waren, wurden Reben gezogen, daraus Weine gekeltert und diese von der großen Masse der Bevölkerung getrunken. Bessere Weinsorten (wie Rhein- und Neckarwein, Welsch-Wein und Tiroler Wein) waren schon früh begehrte Importartikel für die geistliche und weltliche Oberschicht. – Die Bierbereitung war wohl im Hochmittelalter bekannt, spielte jedoch erst seit dem ausgehenden 15. Jh. eine größere Rolle; Volksgetränk wurde das Bier in weiten Teilen Deutschlands erst in der frühen Neuzeit.

Weistum

Das mittelalterliche deutsche Recht wurde „gewiesen“; dies bedeutet, daß die Urteiler im Gerichtstermin (→ Gerichtsbarkeit) den Nachweis bestehenden objektiven Rechts zur Grundlage ihres Spruches machten (→ Rechtsaufzeichnungen). Wenn es sich dabei auch in den allermeisten Fällen um die Klärung ganz spezieller Fragen handelte, so beanspruchte dieses gerichtliche Weistum auch allgemeine Geltung. Das Zustandekommen des Landrechtsbuchs Kaiser Ludwigs des Bayern (→ Landrecht) aus dem 14. Jh. zeigt dieses Verfahren zur Feststellung geltenden Rechts durch gerichtliche „Weisung" deutlich. Auch königliches Recht wurde auf diese Weise festgestellt, wie das Reichsweistum von 1274 über die Ausübung der hohen Gerichtsbarkeit oder das Weistum von 1281 über die Mitwirkung der Kurfürsten bei Verfügungen über Reichsgut oder das Weistum über die Königswahl des Kurvereins von Rhens von 1338 zeigen.

Seit den Forschungen der Rechtsgermanistik des 19. Jhs., besonders seit Jakob Grimm (Edition der „Deutschen Weisthümer" ab 1840), hat der Ausdruck Weistum eine weitere Bedeutung gewonnen; man versteht in diesem Sinn unter Weistümern Rechtssatzungen, vorwiegend aus dem bäuerlich-dörflichen Umkreis. Sie handeln von den Beziehungen innerhalb der → Grundherrschaften und regeln die Nutzung von Gemeinschaftseinrichtungen (Mühle, Schmiede, Taferne, Bad) und von Gemeindegründen (→ Allmende). Unter der Mitwirkung („Weisung") der Dorfgenossen wurden sie häufig von den jeweiligen Herrschaften schriftlich fixiert. Seit dem 13. Jh. in großer Zahl überliefert, tragen sie unterschiedliche Bezeichnungen, wie Ehafttaiding oder Ehaftrecht (Bayern), Banntaiding (Österreich), Öffnung (Schweiz). In manchen Fällen enthalten solche Quellen ältere Normen hofrechtlicher Verbände (→ Hofrecht).

Wergeld

Die → Buße für die Tötung eines Mannes war seit dem Frühmittelalter das Wergeld; der Wortbestandteil „Wer-" ist sprachlich verwandt mit dem lateinischen „vir". Die Höhe des Wergeldes war vom Stand und Ansehen des Getöteten abhängig; zu zahlen war es an dessen → Familie. Das Wergeld für einen → Unfreien erhielt dessen Herr. Dieses System änderte sich in karolingischer Zeit: Ein Teil des Betrages war dem Richter zu zahlen; seit spätkarolingischer Zeit fiel diesem das ganze Wergeld zu. In dem seit dem 12. Jh. entwickelten Recht der → Landfrieden wurde die Möglichkeit, Leibesstrafen durch die Zahlung des Wergeldes abzulösen, stark eingeschränkt. Der Ausdruck Wergeld ist deshalb in den meisten Gebieten des Reiches (vor allem in Mittel- und Süddeutschland) seit dem 13. Jh. nicht mehr überliefert.

Wüstung

Wenn einzelne bäuerliche Anwesen oder auch ganze Ortschaften, Fluren oder Teile von Gemarkungen von der ansässigen Bevölkerung verlassen und nicht mehr regelmäßig bewirtschaftet werden, so nennt man diesen Vorgang „Wüstung“. Dies kam zu allen Zeiten vor, etwa wenn Erben beim Tod eines Hofinhabers fehlten oder wenn sich für ungünstig gelegene Orte oder Fluren keine Siedlungsinteressenten mehr fanden. Gehäuft kamen Wüstungen, die in späterer Zeit nicht wieder besiedelt wurden, seit der ersten Hälfte des 14. Jhs. vor, was offensichtlich mit der um diese Zeit stagnierenden oder auch rückläufigen Entwicklung der → Bevölkerung zusammenhängt. Gebiete mit hohem Wüstungsanteil (bis zu einem Drittel der vorhandenen Orte und mehr) waren die fränkisch-hessisch-thüringischen Mittelgebirgslandschaften und Teile der nördlich davon gelegenen Altmark, von Brandenburg und Mecklenburg sowie des östlichen Westfalen; auch im schlesisch-mährischen Bergland, in Teilen des bayerischen Waldes und in den fränkisch-schwäbischen Jura- und Keuperlandschaften sowie in Höhenlagen von Odenwald und Eifel sind in den beiden spätmittelalterlichen Jahrhunderten viele Orte „wüstgefallen“ und später nicht mehr oder nur teilweise wieder besiedelt worden. Es gingen bei dieser Bewegung vielfach Orte wieder ein, die erst wenige Generationen vorher durch die → Rodungen der Binnenkolonisation oder durch die ostdeutsche Siedlung (→ Kolonisation) nutzbar gemacht worden waren. Die Bevölkerungszahl nahm in den Landgebieten auch wegen der Abwanderung in die → Städte ab; es war deshalb nicht mehr notwendig, abgelegene und ertragsarme Fluren zu bewirtschaften, deren Nutzung bei der höheren Einwohnerzahl des 13. Jhs. noch lohnend gewesen war.

Zehnt

Zehnten waren Abgaben von Gutserträgen an die Pfarrkirche; ihre Leistung in Naturalien von Getreide und Großvieh (Großzehnt) sowie anderen Feldfrüchten und Kleinvieh (Kleinzehnt) war auf der Grundlage alttestamentlicher und altkirchlicher Vorschriften in Höhe des zehnten Teils der Erträge seit der Karolingerzeit kirchlich geboten. Die Zehnten stellten einen wichtigen Teil des Pfarreinkommens

(→ Pfarrei) dar. Die Zehnteinhebung war ein wichtiger Grund für die frühzeitige Abgrenzung der Pfarrsprengel. Bei Adelskirchen beanspruchte der weltliche Kirchenherr zwei Drittel des Zehnts; ein Drittel erhielt der Pfarrer als Besoldungsanteil. Bei den anderen Kirchen standen je ein Viertel dem Bischof und dem Pfarrer zu; ein weiteres Viertel war für Arme und Fremde bestimmt; aus dem letzten Viertel wurde das Kirchengebäude unterhalten.

Zehntpflichtig waren grundsätzlich alle Grundbesitzer im Pfarrsprengel, weltliche wie geistliche. Die Klöster bemühten sich häufig um Befreiung von der Zehntpflicht; durch päpstliche Privilegien wurde dies vielen Konventen für die Zehnten aus Rodungen („Neubruchzehnt") gewährt. Der Zisterzienserorden (→ Orden) wurde im 13. Jh. auch von den Altzehnten frei.

Durch Kauf, Tausch oder Verpfändung kamen seit dem Hochmittelalter viele Zehntberechtigungen in den Besitz von Laien. Die Kirche war zwar grundsätzlich gegen die *Laienzehnten* eingestellt, konnte deren Entstehung aber nicht verhindern, da kirchliche Institutionen selbst bei größerem Kapitalbedarf (etwa bei größeren Bauvorhaben) an der Veräußerung interessiert waren. Zudem war die Zehnteinhebung kompliziert und kostspielig, da es sich um eine Holschuld handelte, die der Berechtigte selbst auf dem Feld des Verpflichteten eintreiben mußte. Der Zehntberechtigte war häufig verpflichtet, zum Aufwand für den Kirchenbau beizutragen.

Seit dem 12. Jh. hat auch die päpstliche Kurie von Klerus und Gläubigen Abgaben in der Höhe eines Zehntels der Jahreseinkommen verlangt (*Papstzehnt*) zur Finanzierung besonderer Vorhaben (→ Kreuzzüge, Kampf gegen die Türken im 15. Jh.), dann aber auch zur Deckung des allgemeinen päpstlichen Finanzbedarfs. Zeitweilig (vor allem im 13. Jh.) erbrachten diese Zehnten den größten Teil der Einkünfte der Kurie (→ Papsttum).

Zent

Vom unteren Neckarland über Mainfranken bis nach Hessen und in den thüringischen Grenzraum reicht das Verbreitungsgebiet der vom Hochmittelalter bis in die frühe Neuzeit unter der Bezeichnung Zent erwähnten Gerichtsbezirke, die in den meisten Fällen die hohe Straf- und Zivilgerichtsbarkeit ausübten und Verwaltungsfunktionen im Heer- und Finanzwesen hatten. Die Gebietsorganisation war von der spätmittelalterlichen territorialen Herrschaftsentwicklung abhängig; auch die Siedlungsbewegung in Rodungsgebieten hat die Zentorganisation beeinflußt; in manchen Gebieten bestanden auch Zusammenhänge zwischen den Grenzen der Zentbezirke und denen der Pfarr- und Dekanatssprengel. Es ist ungeklärt, ob diese mittelalterliche Zent von dem in der karolingischen Zeit nachgewiesenen Unterbezirk der Grafschaft, der centena, abzuleiten ist. Im rheinfränkischen Gebiet könnten solche Zusammenhänge bestehen. Sprachgeschichtlich hängen Zent und centena zusammen; mit letzterem Ausdruck ist die Hundertschaft als Teil der Grafschaft gemeint.

Zins

Der Ausdruck Zins (census) hat im Mittelalter vielschichtige Bedeutung. Es werden damit die in Naturalien oder Geld zu leistenden Abgaben von bäuerlichen Leihegütern in den → Grundherrschaften verstanden; die Grundholden waren zu jährlich wiederkehrenden Zinszahlungen an die Grundherren verpflichtet. Diese Zinse waren Gegenleistungen für die Überlassung von Grund und Boden. Derartige *Grundzinse* mußten in den → Städten die zuziehenden Bürger für die Überlassung von Bau- oder Wirtschaftsgrundstücken an den Stadtherrn entrichten.

Personen unfreien Standes (→ Unfreie) hatten dem Herrn *Leibzins* zu entrichten. Mit dem Rückgang der persönlichen Unfreiheit im Spätmittelalter wurden derartige Abgabenverpflichtungen häufig zu Anerkennungsgebühren verhältnismäßig geringen Wertes („*Rekognitionszinse*“).

Die Verpflichtung zu Zinszahlungen konnte im Hochmittelalter jedoch auch dadurch entstehen, daß Unfreie gegen die Entrichtung eines besonderen Zinses von der personenrechtlichen Bindung frei wurden. Für solche Leute kommt auch die Bezeichnung *Zensualen* (censuales) vor. In kirchlichen Personenverbänden bestanden derartige Zinsleistungen oft in Wachsabgaben, wovon der Ausdruck *Wachszinsige* für kirchliche Zensualen abgeleitet ist.

Mit Zins wurde schließlich auch der Preis für das als → Darlehen zeitweilig überlassene Bargeld bezeichnet. Das kirchliche Recht hat diese Form der Zinsnahme unter Christen verboten. Verstöße gegen das kanonische Zinsverbot unterlagen der geistlichen Gerichtsbarkeit. Da die → Juden dieser jedoch nicht unterstanden, konnten viele Zinsgeschäfte auf Darlehensbasis zwischen Christen und Juden abgewikkelt werden. Letztere wurden von ihren Schutzherren dazu privilegiert, wobei häufig Höchstzinssätze festgesetzt wurden. Diese erreichten Jahresraten von 40 bis 60 Prozent der Darlehenssumme. Bei der Vereinbarung der Zinshöhe spielte die Sicherung der Darlehen durch Pfänder oder die Kreditwürdigkeit der Schuldner eine Rolle. Größere Darlehensgeschäfte zwischen Juden und Christen wurden im Spätmittelalter wegen der Vertreibung der meisten jüdischen Geschäftsleute seltener. Unter christlichen Kaufleuten abgeschlossene Geldgeschäfte mit Zinsvereinbarung galten als gerechtfertigt und damit nicht als Wucher, wenn sie eine bestimmte, obrigkeitlich festgesetzte Grenze nicht überstiegen (im 17. Jh. bis 8 Prozent). Mit Wucher (usura), der mittelalterlichen Bezeichnung für Darlehenszins im allgemeinen, wurde nun die ungerechtfertigt überhöhte Zinsforderung bezeichnet.

Zoll

Zölle waren Abgaben für die Benutzung von Verkehrswegen (Straßen, Brücken, Hafenanlagen) oder von besonderen Handelseinrichtungen (Märkten), die für Personen oder für transportierte oder im Handel angebotene Waren geleistet werden mußten und derjenigen Herrschaft zukamen, welche die Sicherheit des überörtlichen Verkehrs und des Marktlebens garantierte. In frühmittelalterlicher Zeit war dies das Königtum, so daß seitdem die *Verkehrszölle* (Straßen-, Brücken- und Hafengelder, Schiffahrtsabgaben), *Grenz- und Marktzölle* zu den Königsrechten, den → Regalien im weiteren Sinne, gehörten. Das Zollrecht stand in enger Verbindung mit dem Marktrecht; häufig wurden beide zusammen vom König an geistliche, dann auch an weltliche Große verliehen, so daß im 12. Jh. die Zoll- und Abgabenerhebung höchst unübersichtlich war. Die Fürstengesetze von 1220/32 (→ Fürst) bestätigten diese Befugnis den geistlichen und weltlichen Reichsfürsten, denen jedoch im Reichslandfrieden von 1235 (→ Landfrieden) ausdrücklich aufgegeben war, für den Minimalunterhalt der Verkehrswege zu sorgen und durch Gewährung des Geleits für die Sicherheit auf den größeren Handelsstraßen zu sorgen. Außerdem war ausdrücklich festgelegt worden, daß neue Zollstätten nur mit königlicher Genehmigung errichtet werden dürften. Damit war die Herkunft des Zollrechts als Königsrecht (Regal) in Erinnerung gerufen. Rudolf von Habsburg und die anderen spätmittelalterlichen Könige haben zahlreiche Anordnungen über das Zollwesen getroffen; sie errichteten neue Zollstätten und überließen bestehende Zölle territorialen Herrschaftsträgern zur Schuldentilgung, als Pfand oder auch zum Kauf. Die territorialen → Landfrieden im späteren 13. Jh. wurden zum Teil wenigstens durch die Erhebung neuer Zölle finanziert, was das Reich nicht verhindern konnte. Die Entwicklung lief insgesamt auf eine Territorialisierung des Zollwesens hinaus; kennzeichnend dafür ist die Bestimmung der → Goldenen Bulle von 1356, die den Kurfürsten den Besitz der Zölle sicherte.

Die Folgen dieser Zollpolitik zeigten sich besonders deutlich am Rhein, dessen Anlieger der → Pfalzgraf bei Rhein und die rheinischen Erzbischöfe-Kurfürsten waren. Da seit alters nicht nur an Landverbindungen, sondern auch an Wasserstraßen Verkehrszölle erhoben wurden, war der Rhein seit dem Hochmittelalter der für die Zollerhebung ergiebigste Wasserweg. Die rheinischen Kurstaaten deckten im Spätmittelalter ihren Finanzbedarf zum großen Teil aus den Rheinzöllen. Nicht nur hier, sondern auch in den anderen → Territorien wurde der Zoll zum Finanzzoll, mit dessen Hilfe die Einnahmen der fürstlichen Kammern vermehrt wurden. Den Königen flossen Einnahmen aus Zöllen in den Reichsstädten nur mehr dann zu, wenn sie sich dort aufhielten. In Bischofsstädten wurden die Zölle dem König während des Aufenthalts bei einem Reichstag oder bei der Vakanz des bischöflichen Stuhles ledig.

Wirtschaftspolitische, nicht nur einseitig fiskalische Bedeutung hatte das Zollwesen vor allem bei der Entwicklung der → Städte. Markt-, Münz- und Zollrechtsverleihungen bildeten häufig wichtige Ausgangspositionen für die urbane Entwicklung vieler Handelsplätze. Dazu kam, daß die handeltreibenden Bürger in vielen Fällen Zollfreiheit an fremden Handelsplätzen und Zollstätten auf dem Privilegienweg erhielten und auf diese Weise entscheidend ihre Handelsbeziehungen und ihren Umsatz ausweiten konnten. Besonders die Reichsstadt Nürnberg hat dieses System virtuos gehandhabt und dabei im 14. Jh. in 72 Orten und Gebieten Zollpräferenzen für ihre Bürger erlangt. Die herrschaftliche Zollpolitik wirkte sich hier zu Gunsten einzelner Wirtschaftszweige und einzelner Handelshäuser aus, die sich ihrerseits den Inhabern des Zollregals gegenüber erkenntlich zeigten. Die Vertreter kaufmännisch-wirtschaftlicher Interessen und die fiskalisch denkenden Zollherren fanden sich dabei häufig zu gemeinsamen Aktionen zusammen.

Zunft

Zünfte waren Verbände von Handwerkern (→ Handwerk) oder anderen Gewerbetreibenden (z.B. Kleinhändlern), denen jeweils die Meister mit den Gesellen und Lehrlingen eines einzelnen Handwerks oder einer Gruppe von verwandten Handwerks- oder Gewerbezweigen angehörten. Das waren die „zünftigen" Handwerke. Sie sind seit dem 12. Jh. in den → Städten entstanden, erstmals nachgewiesen in alten Städten des Rhein- und Maingebietes (z.B. Worms, Mainz oder Würzburg). Die wichtigsten Impulse zur Entstehung und Entwicklung der Zünfte kamen aus der mittelalterlichen Gesellschaftsordnung, die insgesamt vom Leben der Einzelpersonen in größeren Verbänden geprägt war. Die Handwerkerzünfte verstanden sich als kirchliche Bruderschaften; sie errichteten Meßstiftungen und wirkten kirchlich-karitativ für ihre Mitglieder, wenn diese in Not geraten waren. Große Bedeutung hatten die Zünfte im gesellschaftlichen Leben der handwerklichen Bürgerschicht; die Zunfthäuser mit den Zunftladen waren der Mittelpunkt für die Versammlungen der Zunftmeister. In Zunftstatuten war das wirtschaftliche Leben geregelt. Die Arbeitszeit, der Zugang zum Handwerk, die Zulassung zur Meisterprüfung, das Verhältnis der Meister, Gesellen und Lehrlinge untereinander, die Rechte und Pflichten der einzelnen Zunftangehörigen, schließlich die Sorge für einwandfreie Rohstoffe und für die Qualität der Verarbeitung, die Preisgestaltung und die Regelung des Wettbewerbs wurden in den Statuten genossenschaftlich festgelegt. Bald spielte jedoch die hoheitliche Bestätigung der Zunftsatzungen, sei es durch die Stadtobrigkeiten, sei es durch die fürstlichen Territorialherrschaften, eine bedeutende Rolle. Die Zunftmeister hatten daran Interesse, weil durch den damit garantierten Zunftzwang die Monopolstellung der Handwerker sachlich (für einzelne Branchen) und örtlich (für bestimmte Stadt- oder Landgebiete) gesichert wurde. Mit dem im Spätmittelalter wachsenden Wettbewerb verschärften die Zünfte die Bestimmungen über die Zulassung zur Ausbildung; im allgemeinen wurden nur mehr Meistersöhne zugelassen, so daß im 15. Jh. für die Handwerksbetriebe praktisch ein numerus clausus gegeben war.

Die Zünfte, die für ihre eigenen Angelegenheiten gewisse Selbstverwaltungsrechte genossen und eine spezifische Fachjurisdiktion ausüben konnten, wurden von gewählten Zunftmeistern geleitet. Die in den Zünften organisierten Handwerker und Gewerbetreibenden stellten einen erheblichen Teil der städtischen Bevölkerung. Die Zunftmeister versuchten daher, Einfluß auf Politik und Verwaltung der Städte zu gewinnen. Dieses Bestreben hatte nur in wenigen Fällen nachhaltigen Erfolg (so in Zürich, wo seit 1336 die Zünfte das Stadtregiment beherrschten); in manchen Städten kamen Zunftmeister wenigstens zeitweilig in die wichtigen Ratsgremien (z. B. Straßburg); in anderen Orten (z. B. Nürnberg, Frankfurt a. Main oder Ulm) erlangten die Zünfte wenig Einfluß auf das Stadtregiment. Sehr häufig entstanden nach Zunftkämpfen in deutschen Städten neben den entscheidenden, engeren Ratsgremien größere, die Handwerker repräsentierende Ratsversammlungen („äußerer Rat") mit gewissen Kontrollrechten über den inneren Rat. Problematisch war die Wirksamkeit der Zunftmeister im öffentlichen Dienst auch deshalb, weil sie überwiegend in kleinen Betrieben mit wenigen Gesellen und Lehrlingen arbeiteten und somit nicht für längere Zeit abkömmlich waren.

Die Zunftorganisation, welche im 13. und 14. Jh. durch die Vorschriften zur Ausbildung und zur Qualitätskontrolle entscheidend zur Blüte des spätmittelalterlichen Handwerks und Gewerbes beigetragen hat, konnte die gesamtwirtschaftliche Krise des Handwerks im 15. Jh. nicht abwenden; Versuche dazu stellten die überregionalen Zunftbünde und die territorialstaatliche Vereinheitlichung der Zunftstatuten dar. Mehr bewirkte jedoch die neue Wirtschaftsform des → Verlagssystems, welches die engen Grenzen der Zunftstatuten auflöste und eine Kooperation des produzierenden Gewerbes mit dem Kaufmannsstand (→ Handel) herbeiführen sollte.

Zweikampf

Aus frühmittelalterlicher Zeit überkommen, spielte bis in das 13. Jh. der gerichtliche Zweikampf zur Entscheidung von Streitigkeiten zwischen waffenfähigen Personen eine Rolle. Es handelte sich dabei in gewissem Sinn um eine legalisierte, auf die Prozeßparteien beschränkte, nach bestimmten Regeln ausgetragene → Fehde, für die dann schon in karolingischer Zeit Lohnkämpfer als beauftragte Streiter angeworben werden konnten. Auch die Anfechtung eines gerichtlichen Urteils führte zum gerichtlichen Zweikampf. Derartige Streitentscheidungen wurden schließlich den → Gottesurteilen zugerechnet. Die Kirche wandte sich gegen die Anwendung des Zweikampfs im

Gerichtsverfahren; auf dem 4. Laterankonzil (1215) wurde er ausdrücklich verboten. Auch die Rechtsordnung vieler → Städte schloß ihn aus, so daß Bürger und Kaufleute den gerichtlichen Zweikampf ablehnen konnten. In der Adelsgesellschaft aber, in welcher die Fehde bis zum Ende des 15. Jhs. ein erlaubtes Rechtsmittel war, blieb auch der Zweikampf erhalten; er wurde gelegentlich sogar von Fürsten als Repräsentanten ihrer Herrschaften zur Kriegsentscheidung ausgefochten.

Als zweikampfartiges, ritterliches Kampfspiel des Adels war das *Turnier*, welches in der höfischen Gesellschaft Frankreichs besonders im 12. Jh. gepflegt worden war, bis in die erste Hälfte des 16. Jhs. beliebt. Dem Reiterkampf Mann gegen Mann konnten sich nur Adelige stellen; veranstaltet wurden die Turniere an Fürstenhöfen oder bei Zusammenkünften von Turniergesellschaften. Dies waren Vereinigungen des höheren → Adels, der auf geburtsständischen Abschluß bedacht war; seit dem 15. Jh. wurde die Zugehörigkeit zum Turnieradel in formal reglementierten Turnierordnungen festgelegt. Der niedere Adel wurde zu den Turnieren nicht mehr zugelassen.

Literatur zur Geschichte des Mittelalters

Zusammenfassende Darstellungen und Handbücher

Bibliographie

Dahlmann-Waitz, Quellenkunde der deutschen Geschichte. Bibliographie der Quellen und der Literatur zur deutschen Geschichte, 10. Auflage (seit 1965 in Lieferungen); bis 1991 sind 6 Bände, 10 Lieferungen und Register zu Band 1 und 2 erschienen; für die Geschichte des Mittelalters sind besonders die Bände 5 und 6, für die Geschichte der Länder die Bände 3 und 4 wichtig

Winfried Baumgart, Bücherverzeichnis zur deutschen Geschichte. Hilfsmittel, Handbücher, Quellen, 8. Auflage, 1990

Peter-Johannes Schuler, Grundbibliographie Mittelalterliche Geschichte (Historische Grundwissenschaften in Einzeldarstellungen 1) 1990

Allgemeine Wörterbücher zur Geschichte

Hellmuth Rössler – Günther Franz (Hgg.), Sachwörterbuch zur deutschen Geschichte, 1958; Nachdruck in 2 Bänden, 1970

Konrad Fuchs – Heribert Raab, dtv-Wörterbuch zur Geschichte, 2 Bände, 7. Auflage, 1990

Eugen Haberkern – Joseph Friedrich Wallach, Hilfswörterbuch für Historiker. Mittelalter und Neuzeit, 2 Bände, 7. Auflage, 1987

Lexikon des Mittelalters, 4 Bände und 5 Lieferungen (Aachen – Kietz), 1980–1990

Richard van Dülmen (Hg.), Das Fischer Lexikon Geschichte, 1990

Quellenkunde und geschichtliche Hilfswissenschaften

Hartmut Boockmann, Einführung in die Geschichte des Mittelalters, 4. Auflage, 1988

Wilhelm Wattenbach – Wilhelm Levison – Heinz Löwe, Deutschlands Geschichtsquellen im Mittelalter. Vorzeit und Karolinger, 6 Hefte, 1952–1990; Beiheft: Rudolf Buchner, Die Rechtsquellen, 1953

Wilhelm Wattenbach – Robert Holtzmann – Franz-Josef Schmale, Deutschlands Geschichtsquellen im Mittelalter. Die Zeit der Sachsen und Salier, 3 Teile, 1967–1971

Wilhelm Wattenbach – Franz-Josef Schmale, Deutschlands Geschichtsquellen im Mittelalter. Vom Tode Heinrichs V. bis zum Ende des Interregnums, Band 1, 1976

Alphons Lhotsky, Quellenkunde zur mittelalterlichen Geschichte Österreichs (Mitteilungen des Instituts für österreichische Geschichte, Erg.-Band 19), 1963

Ahasver von Brandt, Werkzeug des Historikers. Eine Einführung in die Historischen Hilfswissenschaften, 12. Auflage, 1989

Harry Bresslau, Handbuch der Urkundenlehre für Deutschland und Italien, Band 1, 2. Auflage, 1912; Band 2/I, 1915; Band 2/II, 1931 (Nachdrucke 1958 und 1968; dabei Band 2/I und 2/II in einem Band); Registerband von Hans Schulze, 1960

Hermann Grotefend, Taschenbuch der Zeitrechnung des deutschen Mittelalters und der Neuzeit, 12. Auflage, 1982

Erich Kittel, Siegel (Bibliothek für Kunst- und Antiquitätenfreunde 11), 1970

D. L. Galbreath – Léon Jéquier, Handbuch der Heraldik, aus dem Französischen übertragen von Ottfried Neubecker, 1990

Arthur Suhle, Deutsche Münz- und Geldgeschichte von den Anfängen bis zum 15. Jahrhundert, 8. Auflage, 1975

Friedrich Frhr. von Schrötter, Wörterbuch der Münzkunde, 2. Auflage, 1970

Eckhart G. Franz, Einführung in die Archivkunde, 3. Auflage, 1989

Kirchengeschichte und kirchliche Rechtsgeschichte

Hubert Jedin (Hg.), Handbuch der Kirchengeschichte, Band 3: Die mittelalterliche Kirche, 2 Halbbände, 2. Auflage, 1973 (Sonderausgabe 1985)

Albert Hauck, Kirchengeschichte Deutschlands, 5 Bände (mit Teilbänden), 10. Auflage, 1969 (Nachdruck nach 5.–7. Auflage, 1952–1953)

Franz Xaver Seppelt, Geschichte der Päpste. Von den Anfängen bis zur Mitte des zwanzigsten Jahrhunderts, Band 2: Die Entfaltung der päpstlichen Machtstellung im frühen Mittelalter. Von Gregor dem Großen bis zur Mitte des elften Jahrhunderts, 2. Auflage, 1955; Band 3: Die Vormachtstellung des Papsttums im Hochmittelalter von der Mitte des elften Jahrhunderts bis zu Coelestin V., neubearb. von Georg Schwaiger, 1956; Band 4: Das Papsttum im Spätmittelalter und in der Renaissance von Bonifaz VIII. bis zu Klemens VII., 2. Auflage von Georg Schwaiger, 1957

Horst Fuhrmann, Von Petrus zu Johannes Paul II. Das Papsttum: Gestalt und Gestalten, 2. Auflage, 1984

Willibald M. Plöchl, Geschichte des Kirchenrechts, Band 1: Das Recht des ersten christlichen Jahrtausends. Von der Urkirche bis zum großen Schisma, 2. Auflage, 1960; Band 2: Das Kirchenrecht der abendländischen Christenheit 1055–1517, 2. Auflage, 1962

Hans Erich Feine, Kirchliche Rechtsgeschichte, Band 1: Die katholische Kirche, 5. Auflage, 1972

Josef Höfer – Karl Rahner (Hgg.), Lexikon für Theologie und Kirche, 2. Auflage, 14 Bände, 1957–1968 (Sonderausgabe in 14 Bänden 1986)

Carl Andresen – Georg Denzler, Wörterbuch der Kirchengeschichte, 3. Auflage, 1989

Karl Heinrich Rengstorf – Siegfried von Kortzfleisch (Hgg.), Kirche und Synagoge. Handbuch zur Geschichte von Christen und Juden. Darstellung und Quellen, Band 1, 1968

Rechts-, Verfassungs- und Verwaltungsgeschichte

Hermann Conrad, Deutsche Rechtsgeschichte, Band 1: Frühzeit und Mittelalter, 2. Auflage, 1962 (Neudruck 1982)

Heinrich Mitteis – Heinz Lieberich, Deutsche Rechtsgeschichte. Ein Studienbuch, 18. Auflage, 1988

Karl Kroeschell, Deutsche Rechtsgeschichte 1 (bis 1250), 9. Auflage, 1989; 2 (1250–1650), 7. Auflage, 1989

Adalbert Erler – Ekkehard Kaufmann (Hgg.), Handwörterbuch zur deutschen Rechtsgeschichte, 4 Bände (Aachen bis Strafprozeßordnung), 1971–1990

Helmut Coing (Hg.), Handbuch der Quellen und Literatur der neueren europäischen Privatrechtsgeschichte, Band 1: Mittelalter (1100–1500), 1973

Heinrich Mitteis, Der Staat des hohen Mittelalters. Grundlinien einer vergleichenden Verfassungsgeschichte des Lehnszeitalters, 11. Auflage, 1987

Hans K. Schulze, Grundstrukturen der Verfassung im Mittelalter, Band 1: Stammesverband, Gefolgschaft, Lehnswesen, Grundherrschaft, 2. Auflage, 1990; Band 2: Familie, Sippe und Geschlecht, Haus und Hof, Dorf und Mark, Burg, Pfalz und Königshof, Stadt, 1986

Rolf Sprandel, Verfassung und Gesellschaft im Mittelalter, 3. Auflage, 1988

Heinrich Mitteis – Heinz Lieberich, Deutsches Privatrecht, 9. Auflage, 1981

Hans Schlosser, Grundzüge der Neueren Privatrechtsgeschichte, 6. Auflage, 1988

Kurt G. A. Jeserich – Hans Pohl – Georg-Christoph von Unruh (Hgg.), Deutsche Verwaltungsgeschichte, Band 1: Vom Spätmittelalter bis zum Ende des Reiches, 1983

Wirtschafts- und Sozialgeschichte

Handbuch der europäischen Wirtschafts- und Sozialgeschichte, Band 2: Jan A. van Houtte (Hg.), Europäische Wirtschafts- und Sozialgeschichte im Mittelalter, 1980; Band 3: Hermann Kellenbenz (Hg.), Europäische Wirtschafts- und Sozialgeschichte vom ausgehenden Mittelalter bis zur Mitte des 17. Jahrhunderts, 1986

Hermann Aubin – Wolfgang Zorn (Hgg.), Handbuch der deutschen Wirtschafts- und Sozialgeschichte, Band 1: Von der Frühzeit bis zum Ende des 18. Jahrhunderts, 1971

Hermann Kellenbenz, Deutsche Wirtschaftsgeschichte, Band 1: Von den Anfängen bis zum Ende des 18. Jahrhunderts, 1977

Otto Brunner, Sozialgeschichte Europas im Mittelalter, 2. Auflage, 1984

Karl Bosl, Die Gesellschaft in der Geschichte des Mittelalters, 4. Auflage, 1987

Carlo M. Cipolla – Knut Borchardt, Bevölkerungsgeschichte Europas, 1971

Hans-Werner Goetz, Leben im Mittelalter vom 7. bis zum 13. Jahrhundert, 3. Auflage, 1987

Günther Franz (Hg.), Deutsche Agrargeschichte, Band 2: Wilhelm Abel, Geschichte der deutschen Landwirtschaft vom frühen Mittelalter bis zum 19. Jahrhundert, 3. Auflage, 1978; Band 3: Friedrich Lütge, Geschichte der deutschen Agrarverfassung vom frühen Mittelalter bis zum 19. Jahrhundert, 2. Auflage, 1967; Band 4: Günther Franz, Geschichte des deutschen Bauernstandes vom frühen Mittelalter bis zum 19. Jahrhundert, 2. Auflage, 1976; Bd. 6: Günther Franz (Hg.), Geschichte des deutschen Gartenbaues, 1984

Werner Rösener, Bauern im Mittelalter, 3. Auflage, 1987

Edith Ennen, Die europäische Stadt des Mittelalters, 4. Auflage, 1987

Hans Planitz, Die deutsche Stadt im Mittelalter. Von der Römerzeit bis zu den Zunftkämpfen, 5. Auflage, 1980

Hartmut Boockmann, Die Stadt im späten Mittelalter, 2. Auflage, 1987

Eberhard Isenmann, Die deutsche Stadt im Spätmittelalter. 1250–1500. Stadtgestalt, Recht, Stadtregiment, Kirche, Gesellschaft, Wirtschaft, 1988

Erich Keyser – Heinz Stoob (Hgg.), Deutsches Städtebuch. Handbuch städtischer Geschichte, 5 Bände (mit Teilbänden), 1939–1974

Alfred Hoffmann (Hg.), Österreichisches Städtebuch, 5 Bände, 1968–1988 (Oberösterreich, Niederösterreich, Burgenland, Tirol und Vorarlberg)

Germania Judaica, Band 1: Von den ältesten Zeiten bis 1238, Neudruck mit Nachträgen, 1963; Band 2: Von 1238 bis zur Mitte des 14. Jahrhunderts, 2 Teilbände, 1968; Band 3/I: 1350–1519. Ortschaftsartikel Aach – Lychen, 1987

Ismar Elbogen – Eleonore Sterling, Die Geschichte der Juden in Deutschland. Eine Einführung, 1966

Otto Stobbe, Die Juden in Deutschland während des Mittelalters in politi-

scher, socialer und rechtlicher Beziehung, 1866 (Nachdruck mit einem Vorwort von Guido Kisch, 1968)
Jüdisches Lexikon. Ein enzyklopädisches Handbuch des jüdischen Wissens, 5 Bände, 1927–1930
Edith Ennen, Frauen im Mittelalter, 3. Auflage, 1987
Arno Borst, Lebensformen im Mittelalter, 4. Auflage, 1987
Harry Kühnel (Hg.), Alltag im Spätmittelalter, 2. Auflage, 1986
Heinrich Schipperges, Die Kranken im Mittelalter, 1990

Geschichte des Reiches und der Länder

Handbuch der europäischen Geschichte, hg. von Theodor Schieder, Band 1: Europa im Wandel von der Antike zum Mittelalter, hg. von Theodor Schieffer, 1976; Band 2: Europa im Hoch- und Spätmittelalter, hg. von Ferdinand Seibt, 1987; Band 3: Die Entstehung des neuzeitlichen Europa, hg. von Josef Engel, 1971
Gebhardt, Handbuch der deutschen Geschichte, hg. von Herbert Grundmann, Band 1: Frühzeit und Mittelalter; Band 2: Von der Reformation bis zum Ende des Absolutismus (§§ 128–160: Die deutschen Territorien), 9. Auflage, 1970
Horst Fuhrmann, Einladung ins Mittelalter, 4. Auflage, 1989; italienische Ausgabe: Guida al medioevo, 2. Auflage, 1990
Reinhard Schneider, Das Frankenreich (Grundriß der Geschichte 5), 1982
Hans K. Schulze, Vom Reich der Franken zum Land der Deutschen. Merowinger und Karolinger (Das Reich und die Deutschen), 1987
Josef Fleckenstein, Grundlagen und Beginn der deutschen Geschichte (Deutsche Geschichte 1), 3. Auflage, 1988
Friedrich Prinz, Grundlagen und Anfänge. Deutschland bis 1056 (Neue Deutsche Geschichte 1), 1985
Eduard Hlawitschka, Vom Frankenreich zur Formierung der europäischen Staaten- und Völkergemeinschaft 840–1046. Ein Studienbuch zur Zeit der späten Karolinger, der Ottonen und der frühen Salier in der Geschichte Mitteleuropas, 1986
Johannes Fried, Die Formierung Europas 840–1046 (Grundriß der Geschichte 6), 1991
Horst Fuhrmann, Deutsche Geschichte im hohen Mittelalter. Von der Mitte des 11. bis zum Ende des 12. Jahrhunderts (Deutsche Geschichte 2), 2. Auflage, 1983
Hermann Jakobs, Kirchenreform und Hochmittelalter 1046–1215 (Grundriß der Geschichte 7), 2. Auflage, 1988
Alfred Haverkamp, Aufbruch und Gestaltung, Deutschland 1056–1273 (Neue Deutsche Geschichte 2), 1984

Hartmut Boockmann, Stauferzeit und spätes Mittelalter. Deutschland 1125–1517 (Das Reich und die Deutschen 7), 1987

Joachim Leuschner, Deutschland im späten Mittelalter (Deutsche Geschichte 3), 2. Auflage, 1983

Erich Meuthen, Das 15. Jahrhundert (Grundriß der Geschichte 9), 2. Auflage, 1984

Ludo Moritz Hartmann, Geschichte Italiens im Mittelalter, 4 Bände (mit Teilbänden) 1897–1915; Band 1, 2. Auflage, 1923 (Neudruck 1969)

Werner Goez, Grundzüge der Geschichte Italiens in Mittelalter und Renaissance, 2. Auflage, 1984

Laetitia Böhm, Geschichte Burgunds. 2. Auflage, 1979

Algemene geschiedenis der Nederlanden, 15 Bände, 1977–1983

Franz Petri, Die Kultur der Niederlande (Handbuch der Kulturgeschichte, Sonderausgabe), 1972

Horst Lademacher, Geschichte der Niederlande. Politik – Verfassung – Wirtschaft, 1983

Georg Wilhelm Sante – A. G. Ploetz-Verlag, Geschichte der deutschen Länder. „Territorien-Ploetz", Band 1: Die Territorien bis zum Ende des alten Reiches, 1964 (die seit 1973 für die Länder der [ehemaligen] Bundesrepublik Deutschland erschienenen Sonderausgaben enthalten auch Quellen- und Literaturnachweise)

Gerhard Köbler, Historisches Lexikon der deutschen Länder. Die deutschen Territorien vom Mittelalter bis zur Gegenwart, 3. Auflage, 1990

Handbuch der historischen Stätten. Deutschland, Band 1: Schleswig-Holstein und Hamburg, 3. Auflage, 1976; Band 2: Niedersachsen und Bremen, 4. Auflage, 1976; Band 3: Nordrhein-Westfalen, 2. Auflage, 1970; Band 4: Hessen, 3. Auflage, 1976; Band 5: Rheinland-Pfalz und Saarland, 2. Auflage, 1965; Band 6: Baden-Württemberg, 2. Auflage, 1980; Band 7: Bayern, 2. Auflage, 1974; Band 8: Sachsen, 1965; Band 9: Thüringen, 2. Auflage, 1989; Band 10: Berlin und Brandenburg, 2. Auflage, 1985; Band 11: Provinz Sachsen. Anhalt, 1975; (Band 14:) Ost- und Westpreußen, 1966; (Band 15:) Schlesien, 1977

Handbuch der historischen Stätten. Österreich, Band 1: Donauländer und Burgenland, 1970; Band 2: Alpenländer und Südtirol, 2. Auflage, 1978

Hermann Wäschke, Anhaltische Geschichte. Band 1: Geschichte Anhalts von den Anfängen bis zum Ausgang des Mittelalters, 1912

E. Haring – Albrecht Timm, Geschichte der Provinz Sachsen und des Landes Anhalt, 2. Auflage, 1965

Berthold Sütterlin, Geschichte Badens, Band 1: Frühzeit und Mittelalter, 2. Auflage, 1968

Das Land Baden-Württemberg. Amtliche Beschreibung nach Kreisen und Gemeinden, hg. von der Landesarchivdirektion Baden-Württemberg, Band 1: Allgemeiner Teil, 2. Auflage, 1977; Band 2–8, 1976–1984

Max Spindler (Hg.), Handbuch der bayerischen Geschichte, Band 1: Das alte Bayern. Das Stammesherzogtum bis zum Ausgang des 12. Jahrhunderts, 2. Auflage, 1981; Band 2: Das alte Bayern. Der Territorialstaat vom Ausgang des 12. Jahrhunderts bis zum Ausgang des 18. Jahrhunderts, 2. Auflage, 1988; Band 3: Franken, Schwaben, Oberpfalz bis zum Ausgang des 18. Jahrhunderts, 2 Teilbände, verbesserter Nachdruck, 1979

Wolfgang Ribbe, Geschichte Berlins, Band 1: Von der Frühgeschichte bis zur Industrialisierung, 1987

Karl Bosl (Hg.), Handbuch der Geschichte der böhmischen Länder, Band 1: Die böhmischen Länder von der archaischen Zeit bis zum Ausgang der hussitischen Revolution, 1967; Band 2: Die böhmischen Länder von der Hochblüte der Ständeherrschaft bis zum Erwachen eines modernen Nationalbewußtseins, 1974

Friedrich Prinz, Böhmen im mittelalterlichen Europa. Frühzeit, Hochmittelalter, Kolonisationsepoche, 1984

Johannes Schultze, Die Mark Brandenburg, Band 1: Entstehung und Entwicklung unter den askanischen Markgrafen (bis 1319); Band 2: Die Mark unter Herrschaft der Wittelsbacher und Luxemburger (1319–1375); Band 3: Die Mark unter Herrschaft der Hohenzollern (1415–1535), 2. Auflage, 1989

Richard Moderhack, Braunschweigische Landesgeschichte im Überblick (Quellen und Forschungen zur braunschweigischen Geschichte 23), 1976

Herbert Schwarzwälder, Geschichte der Freien Hansestadt Bremen, Band 1: Von den Anfängen bis 1810, 1975

August Ernst, Geschichte des Burgenlandes, 1987

Heinrich Büttner, Geschichte des Elsaß. I. Politische Geschichte des Landes von der Landnahmezeit bis zum Tode Ottos III. (Neue deutsche Forschungen, Abt. Mittelalterliche Geschichte 8), 1939

Lucien Sittler, L' Alsace, Terre d' Histoire, 1984

Philippe Dollinger, L' Alsace au haut moyen âge, 1976

Francis Rapp, L' Alsace à la fin du moyen âge, 1977

Werner Jochmann – Hans-Dieter Loose (Hgg.), Hamburg. Geschichte der Stadt und ihrer Bewohner, Band 1: Von den Anfängen bis zur Reichsgründung, 1982

Karl E. Demandt, Geschichte des Landes Hessen, 2. Auflage, 1972

Walter Heinemeyer (Hg.), Das Werden Hessens (Veröffentlichungen der Historischen Kommission für Hessen 50), 1986

Eberhard Gönner, Geschichte Hohenzollerns. Vom 11. bis zum 20. Jahrhundert, 1991

Claudia Fräss-Ehrfeld, Geschichte Kärntens, Band 1: Das Mittelalter, 1984

Meinrad Schaab, Geschichte der Kurpfalz, Band 1: Mittelalter, 1988

Michel Parisse (Hg.), Histoire de la Lorraine, 3. Auflage, 1982; deutsche

Ausgabe: Lothringen – Geschichte eines Grenzlandes, von Hans-Walter Herrmann, 1984
Manfred Hamann, Mecklenburgische Geschichte. Von den Anfängen bis zur landständischen Union von 1523 (Mitteldeutsche Forschungen 51), 1968
Rudolf Lehmann, Geschichte der Niederlausitz (Veröffentlichungen der Berliner historischen Kommission beim Friedrich-Meinecke-Institut der freien Universität Berlin 5), 1963
Karl Gutkas, Geschichte des Landes Niederösterreich, 6. Auflage, 1983; Ders., Geschichte Niederösterreichs, 1984
Carl Haase (Hg.), Niedersachsen. Territorien – Verwaltungseinheiten – geschichtliche Landschaften (Veröffentlichungen der Niedersächsischen Archivverwaltung 31), 1971
Hans Patze (Hg.), Geschichte Niedersachsens, Band 1: Grundlagen und frühes Mittelalter, 2. Auflage, 1985
Siegfried Haider, Geschichte Oberösterreichs, 1987
Albrecht Eckhardt - Heinrich Schmidt (Hgg.), Geschichte des Landes Oldenburg. Ein Handbuch, 3. Auflage, 1988
Karl und Mathilde Uhlirz, Handbuch der Geschichte Österreich-Ungarns, Band 1: Bis 1526, 2. Auflage, 1963
Erich Zöllner, Geschichte Österreichs. Von den Anfängen bis zur Gegenwart, 8. Auflage, 1990
Heinrich Reimers, Ostfriesland bis zum Aussterben seines Fürstenhauses, 1925; 2., durch einen Nachtrag ergänzte Ausgabe, 1973
Bruno Schumacher, Geschichte Ost- und Westpreußens, 7. Auflage, 1987
Martin Wehrmann, Geschichte von Pommern, Band 1: Bis zur Reformation (1523), 2. Auflage, 1919
Oskar Eggert, Geschichte Pommerns, Band 1: Mittelalter, 1974
Gerd Heinrich, Geschichte Preußens. Staat und Dynastie, 1984
Franz Petri – Georg Droege (Hgg.), Rheinische Geschichte, Band 1/II: Frühes Mittelalter, 1980; Band 1/III: Hohes Mittelalter, 1983
Kurt Hoppstädter – Hans-Walter Herrmann, Geschichtliche Landeskunde des Saarlandes, Band 2: Von der fränkischen Landnahme bis zum Ausbruch der französischen Revolution (Mitteilungen des historischen Vereins für die Saargegend, Neue Folge 4), 1977
Rudolf Kötzschke – Hellmut Kretzschmar, Sächsische Geschichte. Werden und Wandlungen eines Deutschen Stammes und seiner Heimat im Rahmen der Deutschen Geschichte, 1965
Karlheinz Blaschke, Geschichte Sachsens im Mittelalter, 1990
E. Haring – Albrecht Timm, Geschichte der Provinz Sachsen und des Landes Anhalt, 1965
Heinz Dopsch (Hg.), Geschichte Salzburgs. Stadt und Land, Band 1/I – III: Vorgeschichte, Altertum, Mittelalter, 1981–1984

Geschichte Schlesiens, hg. von der Historischen Kommission für Schlesien, Band 1: Von der Urzeit bis zum Jahre 1526, 5. Auflage, 1988

Otto Brandt (u. a.), Geschichte Schleswig-Holsteins. Ein Grundriß, 8. Auflage, 1981

Olaf Klose (Hg.), Geschichte Schleswig-Holsteins, Band 3: Herbert Jankuhn, Die Frühgeschichte. Vom Ausgang der Völkerwanderung bis zum Ende der Wikingerzeit, 1957; Band 4/I: Walther Lammers, Das Hochmittelalter bis zur Schlacht von Bornhöved, 1982; Band 4/II: Erich Hoffmann, Spätmittelalter und Reformation, 1990

Hanno Helbling (u. a.), Handbuch der Schweizer Geschichte, Band 1 (Von der Urgeschichte bis zum Ende der Gegenreformation), 1972

Geschichte der Schweiz und der Schweizer, Band 1, 2. Auflage, 1983

Hans Pirchegger, Geschichte der Steiermark, Band 1: Bis 1282, 2. Auflage, 1936; Band 2: Bis 1740, 2. Auflage, 1942

Berthold Sutter (Hg.), Die Steiermark. Land, Leute, Leistung, 1971

Hans Patze – Walter Schlesinger (Hgg.), Geschichte Thüringens, Band 1: Grundlagen und frühes Mittelalter (Mitteldeutsche Forschungen 48/I), 1968; Band 2/I: Hohes und spätes Mittelalter, 1974; Band 2/II: Hohes und spätes Mittelalter, 1973 (Mitteldeutsche Forschungen 48/II, Teil 1 und 2)

Josef Fontana (Hg.), Geschichte des Landes Tirol, Band 1: Von den Anfängen bis 1490, 1985; Band 2: Die Zeit von 1490 bis 1848, 1986

Hans Pirchegger, Die Untersteiermark in der Geschichte ihrer Herrschaften und Gülten, Städte und Märkte (Buchreihe der Südostdeutschen Kommission 10), 1962

Benedikt Bilgeri, Geschichte Vorarlbergs, Band 1: Vom freien Raetien zum Staat der Montforter, 1971; Band 2: Bayern, Habsburg, Schweiz – Selbstbehauptung, 1974

Friedrich Metz (Hg.), Vorderösterreich. Eine geschichtliche Landeskunde, 3. Auflage, 1978

Wilhelm Kohl (Hg.), Westfälische Geschichte, Band 1: Von den Anfängen bis zum Ende des alten Reiches, 1983

Karl Weller – Arnold Weller, Württembergische Geschichte im südwestdeutschen Raum, 9. Auflage, 1981

Register der Sachen und Namen

Buchanzeigen